Jan Henrik Soll

Ideengenerierung mit Konsumenten im Internet

Betriebswirtschaftslehre für Technologie und Innovation, Band 55

Herausgegeben von Prof. Dr. Dr. h.c. Sönke Albers,
Prof. Dr. Dr. h.c. Klaus Brockhoff (em.),
Prof. Dr. Holger Ernst,
Prof. Dr. Hans Georg Gemünden,
Prof. Dr. Dr. h.c. Jürgen Hauschildt,
Prof. Dr. Thorsten Teichert

Geschäftsführender Herausgeber:
Professor Dr. Dr. h.c. Sönke Albers,
Institut für betriebswirtschaftliche Innovationsforschung,
Christian-Albrechts-Universität zu Kiel

In der Schriftenreihe werden Ergebnisse von Forschungsarbeiten veröffentlicht, die sich in herausragender Weise mit Fragen des Managements neuer Technologien, der industriellen Forschung und Entwicklung und von Innovationen aus betrieblicher Perspektive beschäftigen. Die Reihe richtet sich an Leser in Wissenschaft und Praxis, die Anregungen für die eigene Arbeit und Problemlösungen suchen. Sie ist nicht auf Veröffentlichungen aus den Instituten der Herausgeber beschränkt.

Jan Henrik Soll

Ideengenerierung mit Konsumenten im Internet

Mit einem Geleitwort von Prof. Dr. Holger Ernst

Deutscher Universitäts-Verlag

Bibliografische Information Der Deutschen Nationalbibliothek
Die Deutsche Nationalbibliothek verzeichnet diese Publikation in der
Deutschen Nationalbibliografie; detaillierte bibliografische Daten sind im Internet über
<http://dnb.d-nb.de> abrufbar.

Dissertation WHU – Otto Beisheim School of Management, Vallendar, 2006

1. Auflage November 2006

Alle Rechte vorbehalten
© Deutscher Universitäts-Verlag | GWV Fachverlage GmbH, Wiesbaden 2006

Lektorat: Brigitte Siegel / Sabine Schöller

Der Deutsche Universitäts-Verlag ist ein Unternehmen von Springer Science+Business Media.
www.duv.de

Das Werk einschließlich aller seiner Teile ist urheberrechtlich geschützt.
Jede Verwertung außerhalb der engen Grenzen des Urheberrechtsgesetzes
ist ohne Zustimmung des Verlags unzulässig und strafbar. Das gilt insbesondere für Vervielfältigungen, Übersetzungen, Mikroverfilmungen und die
Einspeicherung und Verarbeitung in elektronischen Systemen.

Die Wiedergabe von Gebrauchsnamen, Handelsnamen, Warenbezeichnungen usw. in diesem
Werk berechtigt auch ohne besondere Kennzeichnung nicht zu der Annahme, dass solche
Namen im Sinne der Warenzeichen- und Markenschutz-Gesetzgebung als frei zu betrachten
wären und daher von jedermann benutzt werden dürften.

Umschlaggestaltung: Regine Zimmer, Dipl.-Designerin, Frankfurt/Main
Druck und Buchbinder: Rosch-Buch, Scheßlitz
Gedruckt auf säurefreiem und chlorfrei gebleichtem Papier
Printed in Germany

ISBN-10 3-8350-0439-5
ISBN-13 978-3-8350-0439-9

Geleitwort

Die Dissertation von Herrn Soll leistet zwei wesentliche Beiträge: Zum einen kann die Arbeit von Herrn Soll dem Themenkomplex „Virtuelle Kundenintegration in die Neuproduktentwicklung (VKI)" zugeordnet werden. Die Nutzung des Internets für die Einbindung von Kunden in die Neuproduktentwicklung verspricht große Potenziale, insbesondere in Märkten beziehungsweise Industrien, in denen große Distanzen zwischen Kunden und Herstellern bestehen (z.b. Konsumgüter). Da es kaum aussagefähige empirische Befunde zur virtuellen Kundenintegration in die Neuproduktentwicklung gibt, liefert die vorliegende Arbeit erste wichtige Hinweise zu einem bisher kaum erforschten Aspekt der VKI, nämlich der Einbindung von Kunden in die frühe Phase der Neuproduktentwicklung, d. h. die Ideengenerierungsphase.

Zum anderen leistet die Arbeit von Herrn Soll einen Beitrag zur Innovationsforschung, der unabhängig vom Medium Internet zu sehen ist. In der Innovationsforschung gibt es zahlreiche Ansätze, die sich mit vorteilhaften Eigenschaften von Konsumenten oder Kunden, die von Unternehmen in Innovationsprozesse eingebunden werden sollten, beschäftigen. Ein prominenter Vertreter dieser Forschungsrichtung ist die „Lead User"-Forschung, die allerdings weitgehend auf Industriegütermärkte beschränkt ist. Obwohl es erste Ansätze gibt, den „Lead User"-Ansatz auch auf Konsumgütermärkte zu erweitern, muss man einschränkend sagen, dass sich die bisherigen Studien auf ganz spezifische Industrien (Industrien mit stark ausgeprägtem Hobbycharakter) beschränken, die eher untypisch für klassische Konsumgüter sind. Grundsätzlich ist daher zu vermuten, dass sich die Befunde bisheriger „Lead User"-Arbeiten nicht automatisch auf klassische Konsumgüter übertragen lassen. Die bisherigen „Lead User"-Arbeiten vernachlässigen Effekte, die in Konsumgütermärkten eine starke Rolle spielen. Dabei handelt es sich um Einstellungen der Konsumenten gegenüber Unternehmen, mit denen sie zusammen innovieren sollen, oder zu Produkten, zu denen sie einen innovativen Beitrag leisten sollen. An diesen offenen Punkten der „Lead User"-Forschung setzt die Arbeit von Herrn Soll an. Sie untersucht, ob die klassischen Eigenschaften von „Lead User" auch in klassischen Konsumgütermärkten zu finden sind und ob eventuell andere Eigenschaften von Konsumenten wichtig für erfolgreiche kooperative Innovationsprozesse zwischen Konsumenten und Unternehmen sind. Ferner werden Einstellungen von Konsumenten zum Produkt und zum Unternehmen und ihre Auswirkungen auf den Erfolg der Kundeneinbindung in Innovationsprozesse analysiert.

Herr Soll führte empirische Experimente und großzahlige Befragungen durch, um die aufgestellten Hypothesen zu testen. Dies lieferte eine umfangreiche Datenmenge, die eine Vielzahl von Auswertungen ermöglichte. Aus der großen Menge interessanter Befunde, sollen an dieser Stelle nur einige Aspekte hervorgehoben werden. Herr Soll weist nach, dass Ideenwettbewerbe im Internet durchführbar sind, interessante Konsumenten erreicht werden können und Konsumenten, wenn sie eine Idee haben, diese auch dem Unternehmen übermitteln. Die Arbeit zeigt weiterhin, welche Anreize Unternehmen für Konsumenten gewähren sollten und wie Ideenwettbewerbe im Internet zu gestalten sind, um maximale Reichweiten zu erzielen und um eine hohe Anzahl von Ideen zu generieren. Dies sind wertvolle Erkenntnisse für Unternehmen, denn hochwertige, marktseitig generierte Ideen sind der Beginn erfolgreicher Innovationsprozesse. Die Arbeit erweitert zusätzlich den bisherigen Kenntnisstand der Innovationsforschung über Eigenschaften und Wahrnehmungen von Konsumenten, die einen Einfluss auf die Abgabe hochwertiger Ideen haben. Insgesamt hat Herr Soll eine Dissertation vorgelegt, die sowohl für die Wissenschaft als auch für die Praxis wichtige Erkenntnisse liefert. Daher kann ich die Lektüre der Dissertation beiden Zielgruppen sehr empfehlen.

Prof. Dr. Holger Ernst

Vorwort

Kundenbedürfnisse aufzudecken und in Produkte umzusetzen, ist Element jedes Innovationsprozesses und hat einen zentralen Einfluss auf den späteren Markterfolg. Die zuverlässige Erkennung von Kundenbedürfnissen ist für Konsumgüterunternehmen von überragender Bedeutung und nimmt auch in der wissenschaftlichen Forschung breiten Raum ein. Das Internet hat im Bereich der Produktentwicklung neue Formen des Kontakts mit den Konsumenten geschaffen. Diese Arbeit untersucht die Möglichkeiten, die das Internet zur Generierung von Produktideen durch Konsumenten eröffnet. Die gewonnenen Erkenntnisse und die in dieser Arbeit entwickelten Methoden lassen sich im Web 2.0 sehr gut einsetzen. Als die Idee zu dieser Arbeit entstand, waren Communities und Blogs noch wenig verbreitet. Inzwischen sind die von ihnen geschaffenen Möglichkeiten in aller Munde. Die in dieser Arbeit untersuchte virtuelle Kundeneinbindung wird dadurch zusätzlich an Dynamik gewinnen.

Ich möchte meinem akademischen Lehrer, Herrn Professor Dr. Holger Ernst, für die Förderung und Unterstützung in allen Phasen der Entstehung dieser Arbeit danken. Als Doktorand am Lehrstuhl für Innovationsmanagement der WHU hatte ich große Freiheit beim Vorantreiben meiner Arbeit; dies war von unschätzbarem Wert. Mein Zweitgutachter, Herr Professor Manfred Krafft, war eine wertvolle Hilfe bei zahlreichen Fragen, insbesondere bei der Konzeption der Nachbefragung und des Designs der Datenauswertung. Nicht zuletzt hat eine seiner Vorlesungen im Hauptstudium mein Interesse an empirischer Forschung im Bereich Marketing geweckt.

Insbesondere bin ich Herrn Jürgen Griebsch und Herrn Mario Vogl von Bosch Siemens Hausgeräte GmbH zu Dank verpflichtet. Ohne Herrn Griebsch hätte es die Zusammenarbeit mit der BSH nicht gegeben. Herr Vogl war eine nicht zu ersetzende Hilfe bei der internen Abstimmung und der Durchführung. Ihre Unterstützung hat die empirischen Grundlagen der Arbeit ermöglicht. Allen Mitarbeitern aus der Abteilung Produktmarketing Geschirrspülen, die mich bei der Umsetzung des Experiments unterstützt haben, sei ebenfalls gedankt.

Meine Kollegen Marcus Rumpf, Simon Papies, Carsten Vogt, Nils Omland, Ulrich Lichtenthaler und Philipp Bubenzer hatten ständig ein offenes Ohr für die typischen Probleme eines Doktoranden und standen bei Bedarf mit Rat und Tat zur Seite. Michael Bartl danke ich für zahlreiche fachliche Hinweise. Ohne Almut Hübinger wäre der Lehrstuhl nicht komplett und das Arbeitsklima nur halb so nett gewesen.

Der akademische (und anderweitige) Diskurs mit der Espressofraktion - insbesondere mit Rolf Hellermann sowie seinen Kolleginnen und Kollegen vom Lehrstuhl für Produktionsmanagement, Andreas Schröter und Jan Miczaika - war sowohl für das Wohlbefinden als auch für den Fortgang der Forschungsbemühungen wichtig.

Eine besondere Stütze waren meine Eltern. Mein Vater stand immer mit Rat und Tat zur Seite und hat das Manuskript mehrfach kritisch durchgesehen. Meine Mutter sorgte für die notwendige Motivation, die Dissertation in einem zeitlich vertretbaren Rahmen zu beenden. Ihre Fürsprache und Unterstützung waren es, die mir den Entschluss zur Promotion leicht gemacht haben.

Jan Henrik Soll

Inhaltsverzeichnis

1 **Einleitung** 1
   1.1 Problemstellung 1
   1.2 Aufbau der Arbeit 5

2 **Grundlagen** 7
   2.1 Ausgewählte Aspekte der Neuproduktentwicklung 7
      2.1.1 Die Bedeutung der Innovation 7
      2.1.2 Marktorientierung und Kundenorientierung 8
      2.1.3 Kundenorientierte Innovationsprozesse 10
      2.1.4 Der Neuproduktentwicklungsprozess 11
      2.1.5 Die Bedeutung der frühen Phase des Neuproduktentwicklungsprozesses 13
      2.1.6 Klassische Methoden zur Ermittlung von Kundenbedürfnissen im Rahmen der Frühphasen der Neuproduktentwicklung 14
   2.2 Kundeneinbindung in die Neuproduktentwicklung 17
      2.2.1 Ziele und Formen der Kundeneinbindung 17
      2.2.2 Auswahl der einzubindenden Kunden 19
      2.2.3 Besonderheiten der Kundeneinbindung in die Neuproduktentwicklung von Konsumgütern 23
      2.2.4 Verbreitung der Methoden in der Unternehmenspraxis 27
   2.3 Die Nutzung des Internet zur Kundeneinbindung in die Entwicklung von Konsumgütern 28
      2.3.1 Der Einsatz des Internet bei der Kundeneinbindung 29
      2.3.2 Forschung zur virtuellen Kundeneinbindung 31
         2.3.2.1 Grundsätzliche Arbeiten zur Gestaltung der virtuellen Kundeneinbindung 32
         2.3.2.2 Methodische Arbeiten zur virtuellen Kundeneinbindung . . . 34
         2.3.2.3 Arbeiten zur Ausgestaltung der virtuellen Kundeneinbindung in spezifischen Situationen 39
         2.3.2.4 Empirische Arbeiten zu ausgewählten Aspekten der virtuellen Kundeneinbindung 40

  2.3.3 Auswahl von Kunden für die virtuelle Kundeneinbindung 41
    2.3.3.1 Theoretische Überlegungen zur Identifikation im Internet . . 41
    2.3.3.2 Methoden zur Wissensgenerierung durch breite Kundengruppen 43
    2.3.3.3 Eignung der Methoden im Kontext der Ideenphase 46
2.4 Einordnung der bisherigen Forschung 50
  2.4.1 Forschungsstand zur virtuellen Kundeneinbindung in Konsumgütermärkten 50
  2.4.2 Bewertung der bisherigen Forschung zur Einbindung von Kunden in den frühen Phasen des Innovationsprozesses 55
  2.4.3 Forschungslücken und Positionierung der eigenen Arbeit 59

3 Methodenexperiment zu Ideenwettbewerben im Internet 61
3.1 Vorgehen 61
3.2 Das Experiment in der Marktforschung 61
  3.2.1 Überblick über methodische Grundlagen 62
  3.2.2 Umsetzung in der Praxis 64
  3.2.3 Das Web-Experiment 66
3.3 Die Struktur des Experiments 68
  3.3.1 Formales Design des Experiments in dieser Untersuchung 68
  3.3.2 Abhängige Variablen 69
3.4 Datenerhebung und Datengrundlage 73
  3.4.1 Durchführung des Web-Experiments 74
  3.4.2 Datengrundlage 74
3.5 Faktoren des Experiments 76
  3.5.1 Anreize 78
    3.5.1.1 Beschreibung des Faktors 78
    3.5.1.2 Hypothesenformulierung 80
  3.5.2 Zugang zu Ideen anderer Konsumenten („Zusatzideen") 81
    3.5.2.1 Beschreibung des Faktors 81
    3.5.2.2 Hypothesenformulierung 82
  3.5.3 Zugang zu zusätzlichen Informationen („Zusatzinformationen") 83
    3.5.3.1 Beschreibung des Faktors 83
    3.5.3.2 Hypothesenformulierung 84
  3.5.4 Themenbreite 86
    3.5.4.1 Beschreibung des Faktors 86
    3.5.4.2 Hypothesenformulierung 87

		3.5.5	Übersicht über die Hypothesen	88
3.6	Auswertung des Experiments			88
	3.6.1	Methodische Grundlagen		89
	3.6.2	Einflussfaktoren auf die Ansichtsquote		90
	3.6.3	Einflussfaktoren auf die Teilnahmequote		92
	3.6.4	Einflussfaktoren auf die Ideenquote		94
	3.6.5	Einflussfaktoren auf die Ideenqualität		95
	3.6.6	Der Einfluss der Marke		98
3.7	Gesamtbetrachtung der Ergebnisse			101

4 Einfluss der Persönlichkeitsfaktoren auf Ideenabgabe und Ideenqualität — 104

- 4.1 Ableitung der Hypothesen — 104
  - 4.1.1 Vorgehen — 104
  - 4.1.2 Innovationsbezogene Eigenschaften des Konsumenten — 104
    - 4.1.2.1 Innovativität — 105
    - 4.1.2.2 Meinungsführerschaft — 108
    - 4.1.2.3 Produktwissen — 110
    - 4.1.2.4 Neue Bedürfnisse — 112
    - 4.1.2.5 Latente Unzufriedenheit — 114
  - 4.1.3 Wahrnehmung des Produkts — 116
    - 4.1.3.1 Produktinvolvement — 116
    - 4.1.3.2 Produktkomplexität — 118
  - 4.1.4 Wahrnehmung des Anbieters — 119
    - 4.1.4.1 Vertrauen in die Marke — 119
    - 4.1.4.2 Loyalität — 122
  - 4.1.5 Übersicht über die Hypothesen — 123
  - 4.1.6 Weitere erhobene Merkmale — 123
    - 4.1.6.1 Motivationsgrundlage und erwartete Anreize — 124
    - 4.1.6.2 Vorherige Erfahrungen — 125
- 4.2 Methodische und empirische Grundlagen der Untersuchung — 127
  - 4.2.1 Vorgehen — 127
  - 4.2.2 Datenerhebung und Datengrundlage — 127
    - 4.2.2.1 Nachbefragung — 127
    - 4.2.2.2 Beschreibung der Teilnehmerstruktur — 130
  - 4.2.3 Grundlagen der verwendeten Analysemethoden — 133
    - 4.2.3.1 Methoden zur Analyse der Einflussfaktoren auf Ideenabgabe und Ideenqualität — 133

		4.2.3.2	Methodische Grundlagen der Konstruktmessung 137
		4.2.3.3	Messung und Validierung der exogenen Variablen 145

- 4.3 Befunde 165
  - 4.3.1 Vorgehen 165
  - 4.3.2 Einflussfaktoren auf die Ideenabgabe 165
    - 4.3.2.1 Deskriptive Analyse von Gründen gegen eine Ideenabgabe . . 165
    - 4.3.2.2 Deskriptive Analyse der Motivationsgrundlagen 167
    - 4.3.2.3 Vorhersage der Ideenabgabe 173
  - 4.3.3 Einflussfaktoren auf die Ideenqualität 187
    - 4.3.3.1 Modelle zur Vorhersage der Qualität der eingereichten Beiträge 187
    - 4.3.3.2 Deskriptive Analyse des Einflussfaktors Erfahrung 194
- 4.4 Gesamtbetrachtung der Ergebnisse 199
  - 4.4.1 Ergebnisse zur Ideenabgabe 199
  - 4.4.2 Ergebnisse zur Ideenqualität 203
  - 4.4.3 Fazit 205

5 Zusammenfassung und Implikationen 208

- 5.1 Zusammenfassung der Ergebnisse 208
- 5.2 Implikationen für Forschung und Praxis 212
- 5.3 Ausblick 213

A Anhang 217

- A.1 Tabellen 217
- A.2 Fragebogen 219

Literaturverzeichnis 221

Stichwortverzeichnis 245

Tabellenverzeichnis

2.1 Die Rolle des Konsumenten im Innovationsprozess 33
2.2 Übersicht über die Vor- und Nachteile verschiedener internetgestützter Methoden zur Wissensgewinnung und Identifikation im Rahmen der Ideenphase . . . 49
2.3 Übersicht über im Rahmen dieser Arbeit relevante Studien zur virtuellen Kundeneinbindung 53
3.1 Wichtige Merkmale der Experimenttypen im Vergleich 67
3.2 Der Versuchsplan des Methodenexperiments im Überblick 69
3.3 Übersicht über die verschiedenen zur Ideenbewertung vorgeschlagenen Schemata 73
3.4 Übersicht über Einblendungen und Teilnahmen beim Experiment 75
3.5 Ausprägungen der abhängigen Variablen im Überblick 76
3.6 Übersicht über die vermutete Wirkung der Faktoren 88
3.7 Übersicht über die Güte der ANOVA für die Ansichtsquote 91
3.8 Übersicht über die geschätzten Parameter für die abhängige Variable Ansichtsquote 91
3.9 Übersicht über die Güte der ANOVA für die Teilnahmequote 93
3.10 Übersicht über die geschätzten Parameter für die abhängige Variable Teilnahmequote 93
3.11 Übersicht über die Güte der ANOVA für die Ideenquote 94
3.12 Übersicht über die geschätzten Parameter für die abhängige Variable Ideenquote 94
3.13 Übersicht über die Güte der ANOVA für die Ideenqualität gemessen als Summe der Teilbewertungen 96
3.14 Übersicht über die Güte der ANOVA für die Ideenqualität gemessen als Produkt der Teilbewertungen 96
3.15 Übersicht über die geschätzten Parameter für die abhängige Variable Ideenqualität (gemessen als Summe) 97
3.16 Übersicht über die geschätzten Parameter für die abhängige Variable Ideenqualität (gemessen als Produkt) 97
3.17 Übersicht über die Ergebnisse der Varianzanalysen der getrennten Auswertung für Bosch und Siemens 99

3.18 Übersicht über das Ergebnis der Hypothesenprüfung 101
4.1 Übersicht über die vermuteten Wirkungen auf Ideenabgabe und Ideenqualität . 124
4.2 Übersicht über Teilnehmerzahlen und Rücklaufquote der Nachbefragung 129
4.3 Übersicht über die Soziodemographie der Teilnehmer an Ideenwettbewerb und Nachbefragung 131
4.4 Übersicht die Teilnehmer an der Nachbefragung mit eingereichtem Beitrag . . . 132
4.5 Übersicht über die verwendeten Gütekriterien zur Beurteilung der Regressionen 137
4.6 Übersicht über die verwendeten Gütekriterien zur Beurteilung der Messmodelle 145
4.7 Übersicht über die Indikatoren zur Messung der Persönlichkeitseigenschaften . . 147
4.8 Ergebnisse der explorativen Faktorenanalyse für die Konstrukte zur Messung der Persönlichkeitseigenschaften 150
4.9 Gütekriterien für das Konstrukt Innovativität 151
4.10 Gütekriterien für das Konstrukt Meinungsführerschaft 151
4.11 Gütekriterien für das Konstrukt „Latente Unzufriedenheit" 152
4.12 Gütekriterien für das Konstrukt Wissen 153
4.13 Gütekriterien der gemeinsamen konfirmatorischen Faktorenanalyse für die Konstrukte, die die Persönlichkeitseigenschaften des Konsumenten erfassen 154
4.14 Übersicht über die Diskriminanzvalidität der Konstrukte zur Messung der Persönlichkeitseigenschaften 155
4.15 Übersicht über die Indikatoren zur Messung der Produktwahrnehmung und der Produktzufriedenheit 155
4.16 Ergebnisse der explorativen Faktorenanalyse für die Konstrukte zur Messung der Produktwahrnehmung 156
4.17 Gütekriterien für das Konstrukt Involvement 157
4.18 Gütekriterien für das Konstrukt Produktkomplexität 158
4.19 Übersicht über die Indikatoren zur Messung der Wahrnehmung des Anbieters am Beispiel Bosch 158
4.20 Ergebnisse der explorativen Faktorenanalyse für die Konstrukte zur Messung der Markenwahrnehmung mit dem Konstrukt Vertrauen (Teil 1) 160
4.21 Ergebnisse der explorativen Faktorenanalyse für die Konstrukte zur Messung der Markenwahrnehmung (Teil 2) 161
4.22 Gütekriterien für das Konstrukt Vertrauen 162
4.23 Gütekriterien für das Konstrukt Kundenloyalität 163
4.24 Übersicht über die Hypothesen nach Anpassung im Rahmen der Konstruktvalidierung 164
4.25 Korrelationen und deskriptive Statistik der verwendeten Konstrukte 175

4.26 Gütekriterien der logistischen Regression zur Erklärung der Ideenabgabe (Modell 1) 177
4.27 Übersicht über die Koeffizienten der logistischen Regression zur Erklärung der Ideenabgabe (Modell 1) 177
4.28 Gütekriterien der logistischen Regression zur Erklärung der Ideenabgabe (Modell 2) 179
4.29 Übersicht über die Koeffizienten der logistischen Regression zur Erklärung des Ideeneinreichens (Modell 2) 179
4.30 Gütekriterien der logistischen Regression zur Erklärung der Ideenabgabe (Modell 3) 182
4.31 Übersicht über die Koeffizienten der logistischen Regression zur Erklärung des Ideeneinreichens (Modell 3) 182
4.32 Gütekriterien der logistischen Regression zur Erklärung der Ideenabgabe mit Lead-User-Eigenschaft als Dummy-Variable (Modell 4) 186
4.33 Übersicht über die Koeffizienten der logistischen Regression zur Erklärung der Ideenabgabe (Modell 4) 186
4.34 Korrelationen und deskriptive Statistik der verwendeten Konstrukte 188
4.35 Deskriptive Statistik der abhängigen Variablen 189
4.36 Gütekriterien der Tobit-Regressionen zur Erklärung der Ideenqualität mit Variablen gemäß Modell 4.9 190
4.37 Übersicht über die Koeffizienten der Tobit-Regressionen zur Erklärung der Ideenqualität mit Variablen gemäß Modell 4.9 191
4.38 Gütekriterien der Tobit-Regressionen zur Erklärung der Ideenqualität mit Variablen gemäß Modell 4.10 193
4.39 Übersicht über die Koeffizienten der Tobit-Regressionen zur Erklärung der Ideenqualität mit Variablen gemäß Modell 4.10 193
4.40 Mittelwertvergleich der Ideenbewertung für Teilnehmer mit und ohne vorherige Erfahrung 198
4.41 Übersicht der Ergebnisse der Hypothesenprüfung 205

A.1 Übersicht über die Ausprägungen der abhängigen Variablen nach Experimentvariante 217

Abbildungsverzeichnis

1.1	Aufbau der Arbeit	6
2.1	Schematische Darstellung eines in Phasen gegliederten Innovationsprozesses	12
2.2	Methodik zur Lead-User-Identifikation	22
3.1	Screenshot der Homepage von Siemens Hausgeräte mit der Einladung zum Experiment als Pop-Up	70
3.2	Screenshot der zweiten Seite des Experiments	70
3.3	Graphische Übersicht über die Verteilung der Teilnehmerzahlen beim Experiment (Gesamtzahl für beide Marken)	75
3.4	Verwendete Faktoren und abhängige Variablen	78
4.1	Klassifizierung der erwarteten Anreize und Motivationsgrundlagen	125
4.2	Gründe für das Nicht-Einreichen einer Idee	166
4.3	Erwartete Anreize und Motivationsgrundlagen	168
4.4	Anreize und Motivationsgrundlagen in der Einschätzung von Konsumgüterunternehmen	171
4.5	Innovationsverhalten der Teilnehmer, die bereits an Kundeneinbindungsmaßnahmen teilgenommen haben	195
4.6	Erfahrungen bei vorherigen Unternehmenskontakten	197

1 Einleitung

1.1 Problemstellung

„Der beste Weg zum Kunden: FRAGEN. ZUHÖREN. VERSTEHEN. HANDELN." Diese Zeilen schrieb die Redaktion des Wirtschaftsmagazins „brand eins" auf die Titelseite der November-Ausgabe im Jahr 2003. Eigentlich sollte man denken, dass dies für die Hersteller von Konsumgütern ein Allgemeinplatz ist, der im Mittelpunkt ihrer Innovationsprozesse steht (Goldenberg et al. 2003, S. 120). Über die Jahre wurde eine Vielzahl von Verfahren entwickelt, wie sich Kundenbedürfnisse optimal aufdecken und für die Neuproduktentwicklung nutzen lassen. Entsprechende Darstellungen sind Teil jedes Lehrbuchs zu Marktforschung und Neuproduktentwicklung: Die Bücher von Aaker et al. (2001), Brockhoff (1999), Urban und Hauser (1993) sowie Wind (1982) sind nur einige Beispiele. Auch in der Forschung ist in vielen Studien nachgewiesen worden, dass eine konsequente Ausrichtung neuer Produkte an den Bedürfnissen von Konsumenten den Markterfolg erhöht.[1] Diese Erkenntnis findet in den Konzepten der Markt- und Kundenorientierung Ausdruck: Sie stehen im Zentrum des modernen Marketingverständnisses und werden deshalb von vielen Unternehmen propagiert (Slater und Narver 1998, S. 1001).

Dennoch scheint die Umsetzung in der Praxis der Neuproduktentwicklung schwierig zu sein. So urteilt Nokia-Vorstand Mary McDowell über die Absatzprobleme des Unternehmens im Jahr 2004: „Wir müssen Kundenwünsche besser verstehen."(o.V. 2004c, S. 62). Dies zeigt, dass das Erkennen von Kundenbedürfnissen zentral für den Neuprodukterfolg ist (Ernst 2002). Anderseits lässt sich an den hohen Flopraten von Neuprodukten ablesen, dass es der traditionellen testenden Marktforschung schwer fällt, Kundenbedürfnisse und Kundenerfahrungen systematisch zu erfassen (Urban und Hauser 1993, S. 4). Dies ist keine einfache Aufgabe: Gängige Methoden der testenden Marktforschung erlauben einem Konsumenten auf Grund der Strukturierung häufig nur eine Artikulation in Formularform. Das sichert zwar eine einfache Auswertung, erfasst aber die unstrukturierten Anforderungen und Wünsche der Konsumenten nicht (Leonard und Rayport 1997). Qualitative Methoden wie Beobachtungen und Fokusgruppen sind hingegen äußerst aufwändig und mit hohem Kosten- und Zeitaufwand verbunden, die Auswertung ist komplex. Deshalb ist es für ein Konsumgüterunternehmen in der Regel schwer, außerhalb strukturierter Methoden mit seinen Kunden im Rahmen der Neuproduktentwicklung in Kontakt zu treten.

---

[1] Eine Übersicht, die zahlreiche Erfolgsfaktorenstudien umfasst, liefert Ernst (2002).

Abgesehen von dieser Barriere haben die Unternehmen in der Regel ein weiteres Problem: Sie kennen ihre Kunden auf individueller Ebene nicht, da der Vertrieb der Produkte über Intermediäre erfolgt. Dies ist ein zentraler Unterschied selbst zu standardisierten Industriegütern. Genauso wenig sind sich die Konsumenten bewusst, dass ihre Verwendungserfahrung und ihre Verbesserungsideen für Unternehmen interessant sein könnten. Zwar gibt es Anzeichen dafür, dass Konsumenten auch in Konsumgütermärkten sinnvolle Produktideen und teilweise sogar Prototypen entwickeln (Lüthje 2004). Jedoch ist es für Unternehmen äußerst mühsam und auch kostenintensiv, auf diese innovativen Konsumenten aufmerksam zu werden.

Durch die zunehmende Verbreitung des Internet wird diese Barriere aufgehoben, es findet eine Desintermediation statt; dadurch entstehen Konsumgüterunternehmen verschiedene Vorteile, wie ein direkter Kundenzugang unter Umgehung des Handels (Wirtz 2001, S. 160-164). So gut wie alle Markenanbieter unterhalten heute umfangreiche Homepages. Diese halten für den Konsumenten in der Regel viele Informationen über das Produktangebot des Unternehmens bereit. Wichtiger ist jedoch, dass sie erlauben, in einen Dialog mit Konsumenten zu treten. Sie schaffen einen direkten Kontakt zum Kunden. Diese Möglichkeit wird von den Unternehmen nur langsam entdeckt. Am Anfang standen Einzelaktionen: So ließ Langnese seine Kunden abstimmen, welche Retro-Eissorte das Unternehmen wieder einführen sollte, Mars fragte Konsumenten danach, welche Farbe das nächste M&M haben sollte, Aeroflot fand ihr neues Unternehmensmotto in einem Kundenwettbewerb. Die Konsumenten fühlen sich erhört und danken es: Kundenbefragungen führen zu höherer Zufriedenheit (Dholakia und Morwitz 2002a). Dennoch handelte es sich eher um einzelne Aktionen, denn um eine systematische Unterstützung der Neuproduktentwicklung.

Inzwischen haben einige Konsumgüterhersteller erkannt, welches Potenzial das Internet eröffnet, um systematisch Kunden in die Neuproduktentwicklung einzubinden. Procter & Gamble unterhält eine eigene Webseite, auf der Konsumenten zu zahlreichen Produkten ihre Ideen und Verbesserungsvorschläge einreichen können. In Deutschland nutzt Henkel die Online-Community womensnet.de, um Produktideen und Verwendungserfahrungen zu bekommen. Diese Unternehmen nutzen die „virtuelle Kundeneinbindung", um ihre Neuproduktentwicklung zu unterstützen (Ernst 2004). Dazu stehen ihnen neu entwickelte Methoden zur Verfügung, die es ihnen erlauben, schneller und kostengünstiger Ergebnisse zu bekommen. Zusätzlich sind sie häufig besser als diejenigen herkömmlicher Methoden (Dahan und Hauser 2002).

Die systematische Gewinnung von Kundeninformationen wie Präferenzen und Bedürfnisse ist insbesondere am Anfang des Innovationsprozesses von herausragender Bedeutung. Dieser frühen Phase des Innovationsprozesses kommt eine zentrale Bedeutung für den späteren Markterfolg zu, da bis zur Entwicklung des Produktkonzepts wesentliche Parameter des Endprodukts festgelegt werden (Khurana und Rosenthal 1997, S. 103). Deshalb sollte die frühe Phase auf

1.1 Problemstellung

einer möglichst breiten Wissensbasis aufbauen, um erfolgreiche neue Produkte zu entwickeln. Eine Unterstützung in diesen Phasen durch Konsumenten erscheint daher besonders erfolgversprechend.

Dabei haben so genannte Lead User eine hohe Bedeutung (von Hippel 1986). Diese Kundengruppe existiert auch in Konsumgütermärkten und generiert relevante Produktideen (Franke und Shah 2003 sowie Lüthje 2004). Allerdings gilt dies auch für „normale" Konsumenten: Auch sie generieren wertvolle Produktideen und sind demnach dafür geeignet, ihre Kenntnisse und ihr Wissen in die Neuproduktentwicklung einzubringen (Kozinets 2002 sowie Kristensson et al. 2004). Durch einen systematischen Kontakt mit diesen Konsumenten erschließen Unternehmen sich deren für die Neuproduktentwicklung wertvolles Wissen.

Trotz dieser Erkenntnisse der Innovationsforschung sind Unternehmen wie Henkel und Procter & Gamble Pioniere. Während testende Online-Marktforschung heute in vielen Unternehmen gängig ist, suchen nur wenige einen direkten Kontakt zu den Konsumenten (Wermelskirchen 2002). Das Ziel dieser Arbeit ist es daher, eine Methode zu entwickeln, mit deren Hilfe Konsumgüterunternehmen sich systematisch Produktideen und Konsumentenbedürfnisse erschließen können, um die frühe Phase des Neuproduktentwicklungsprozesses zu unterstützen.

Zu diesem Zweck sind Ideenwettbewerbe optimal geeignet. Sie geben einem Konsumenten die Möglichkeit, zu einem festgelegten Thema in freier Form sein Wissen offenzulegen. Gleichzeitig können Unternehmen solche Teilnehmer identifizieren, die für ähnliche Maßnahmen besonders geeignet sind. Dazu kann ein Ideenwettbewerb auch mit einem geschlossenen Frageteil kombiniert werden (Iansiti und MacCormack 1997, S. 114). Die Methode vereint eine sehr hohe Reichweite mit einem geringen Durchführungsaufwand: Es kann also auf einfachem Weg eine große Menge Wissen gewonnen werden.

Trotz dieser Vorteile sind Ideenwettbewerbe nie methodisch untersucht worden. Allerdings werden in der Kreativitätsforschung zahlreiche Faktoren beschrieben, die einen Einfluss auf die Ergebnisse von Methoden zur Ideengenerierung haben (Pinsonneault und Barki 1999). Daher wird der Effekt von Gestaltungsparametern auf Reichweite und Ergebnis von Ideenwettbewerben in dieser Arbeit mit einem Experiment untersucht.

Neben methodischen Gesichtspunkten hängt die Qualität des generierten Wissens aber insbesondere von den Konsumenten ab, die sich am Ideenwettbewerb beteiligen. Allerdings herrscht Unklarheit darüber, wie Persönlichkeitsfaktoren auf das Teilnehmerverhalten wirken. Wie erläutert, gibt es widersprüchliche Ergebnisse, welche Eigenschaften Konsumenten aufweisen, die qualitativ hochwertige Beiträge einreichen. Außerdem ist noch nicht untersucht worden, ob die Wahrnehmung des Produkts und vor allem auch der Marke einen Einfluss auf die Teilnahmebereitschaft der Konsumenten und die Qualität der Ergebnisse ausübt. In den existierenden

Methoden der Marktforschung ist dies irrelevant, da der Auftraggeber für den Kunden in aller Regel nicht erkennbar ist und keinen Einfluss auf die Resultate hat. Bei der virtuellen Kundeneinbindung ist das anders; es ist eine Marke beziehungsweise das durchführende Unternehmen erkennbar. Dementsprechend könnten auch Variablen, die das Konsumentenverhalten beschreiben oder dieses beeinflussen, so etwa die Markenwahrnehmung, einen Effekt haben. In der bisherigen Forschung zum Thema Kundeneinbindung und Identifikation innovativer Kunden ist dies außer acht gelassen worden. Daher berücksichtigt diese Untersuchung Einflussfaktoren aus beiden Bereichen. Es wird zum einen analysiert, welche Eigenschaften Konsumenten auszeichnen, die Beiträge beim Ideenwettbewerb einreichen. Zum anderen wird untersucht, welche Persönlichkeitsfaktoren eine Prognose der Ideenqualität gestatten.

Die Kombination von Methodenexperiment und Untersuchung der Teilnehmer erlaubt eine ganzheitliche Betrachtung. Einerseits kann eine Empfehlung ausgesprochen werden, in welcher Weise virtuelle, internetbasierte Ideenwettbewerbe gestaltet werden sollten, um eine hohe Reichweite und eine hohe Ergebnisqualität zu sichern. Methodische Fehler werden so zukünftig vermieden. Andererseits erlaubt die Analyse der Konsumenteneigenschaften die Identifikation einer Gruppe, die sich für eine Beteiligung besonders eignet. Darum sollten sich tiefergehende Erkenntnisse ergeben als bei einer getrennten Betrachtung. Dieses Vorgehen erlaubt eine fundierte Einschätzung, welche Möglichkeiten die Einbindung von Kunden insbesondere in die Ideengenerierung, aber auch in spätere Phasen des Neuproduktentwicklungsprozesses, eröffnet.

Entsprechend ergeben sich folgende Forschungsziele für diese Untersuchung:

- Es soll untersucht werden, wie Ideenwettbewerbe entlang zentraler Parameter gestaltet werden müssen, um sowohl eine optimale Reichweite als auch eine hohe Qualität der Beiträge sicherzustellen. Zu diesem Zweck wird ein Methodenexperiment benutzt, da es die Untersuchung kausaler Zusammenhänge zwischen Gestaltungsparametern und deren Effekt auf die abhängigen Variablen gestattet. In Kapitel 3 werden relevante Gestaltungsparameter identifiziert und Hypothesen über ihren Effekt auf die abhängigen Variablen gebildet. Im Anschluss erfolgt eine empirische Überprüfung.

- Zur Überprüfung der Wirkung von Persönlichkeitsmerkmalen und latenten Variablen aus der Konsumentenforschung werden relevante Konstrukte identifiziert und Hypothesen bezüglich ihrer Wirkung aufgestellt. Die Erhebung der zur Messung notwendigen Indikatoren im Anschluss an das Methodenexperiment mit einem Online-Fragebogen und die Konstruktvalidierung ist in Kapitel 4.1 dargestellt. Die Konstrukte dienen dazu, die personengebundenen Einflussfaktoren auf Teilnahmebereitschaft und Beitragsqualität genauer zu untersuchen.

- Basierend auf den Ergebnissen des Methodenexperiments und der Konstruktvalidierung werden die Hypothesen bezüglich Teilnahme und Ideenqualität überprüft. Dazu wird untersucht, wie sich Einsender guter Ideen von solchen weniger guter unterscheiden lassen. So könnten Kundeneigenschaften eine Vorhersage gestatten, ob ein Beitrag eingereicht wird. In einem zweiten Schritt wird versucht, mit diesen Kriterien zuverlässige Indikatoren für eine gute Beitragsqualität zu bilden. Vorgehen und Ergebnisse sind in Kapitel 4.3 dokumentiert.

Dieser Forschungsansatz ermöglicht es, sowohl methodische Empfehlungen zur optimalen Gestaltung der Methode Ideenwettbewerbe zu geben als auch die Auswahl einer geeigneten Zielgruppe zu unterstützen.

1.2 Aufbau der Arbeit

Die Arbeit ist in fünf Kapitel gegliedert. Im Anschluss an diese Einleitung werden in Kapitel 2 zunächst die notwendigen Grundlagen für die weitere Diskussion gelegt. Die Ausführungen beginnen mit der Vorstellung notwendiger Grundlagen über marktorientierte Innovationsprozesse. Dabei wird die besondere Rolle der frühen Phase des Neuproduktentwicklungsprozesses für den Markterfolg neuer Produkte herausgearbeitet. Klassische Formen der Kundeneinbindung mit besonderem Augenmerk auf die Identifikation geeigneter Kunden werden ebenfalls vorgestellt. Darauf folgt eine Diskussion, welche Möglichkeiten das Internet hierfür eröffnet. Dies schließt einen ausführlichen Überblick über den Stand der Forschung im Bereich „Virtuelle Kundeneinbindung" (VKE) ein. Die Übersicht gestattet es, Defizite der bisherigen Forschung aufzuzeigen. Anschließend wird die Positionierung dieser Arbeit erläutert.

Den Kern der Arbeit bilden das Methodenexperiment zur optimalen Gestaltung von Ideenwettbewerben in Kapitel 3 sowie die Analyse des Einflusses der Persönlichkeitsfaktoren auf die Bereitschaft, eine Idee einzureichen, und auf die Ideenqualität in Kapitel 4. Kapitel 3 enthält dementsprechend die Beschreibung des Methodenexperiments im Produktbereich Haushaltsgeräte. Zunächst werden die verwendeten Experimentfaktoren, also die systematisch variierten Gestaltungsparameter eines Ideenwettbewerbs, abgeleitet und Hypothesen bezüglich ihrer Wirkung auf die abhängigen Variablen aufgestellt. Darauf folgt die Diskussion der Ergebnisse der empirischen Analyse; diese werden danach bewertet.

Kapitel 4 ist das zweite Kernelement der Arbeit. Es beginnt mit der Identifikation von Konsumenteneigenschaften (Abschnitt 4.1), die auf Ideenabgabe und Ideenqualität einen Einfluss haben könnten. Sie gliedern sich in die Bereiche Persönlichkeitseigenschaften, Produktwahrnehmung und Markenwahrnehmung. Zu jedem Konstrukt werden Hypothesen über dessen

Abbildung 1.1: Darstellung des Aufbaus der Arbeit und wesentlicher Inhalte der Kapitel

Wirkung auf die abhängigen Variablen gebildet. Im Anschluss werden in Abschnitt 4.2 die methodischen Grundlagen der empirischen Untersuchung und der Datenerhebung erläutert. Der Abschnitt endet mit der Validierung der Konstrukte. Abschnitt 4.3 beschreibt die Untersuchung der Einflussfaktoren auf Ideenabgabe und Ideenqualität. Zunächst werden Modelle gebildet, die die Bereitschaft, eine Idee einzureichen, erklären sollen. In einem zweiten Schritt wird versucht, mit denselben unabhängigen Variablen die Qualität einer Idee zu erklären. Zusätzlich werden der Einfluss vorheriger Erfahrungen und die Motivationsgrundlagen der Teilnehmer auf deskriptiver Ebene diskutiert. Danach werden die Ergebnisse erläutert und bewertet.

Zum Abschluss werden in Kapitel 5 die Ergebnisse der Arbeit in ihrer Gesamtheit betrachtet und Anknüpfungspunkte für die weitere Forschung sowie Implikationen für die Praxis der Neuproduktentwicklung von Konsumgütern beschrieben. Abbildung 1.1 illustriert den Aufbau der Arbeit.

2 Grundlagen

2.1 Ausgewählte Aspekte der Neuproduktentwicklung

2.1.1 Die Bedeutung der Innovation

Produktinnovationen haben einen bedeutenden Einfluss auf den Unternehmenserfolg (Ernst 2001, S. 1-3).[2] Dieser Gedanke geht auf Schumpeter (1911) zurück, der die Durchsetzung neuartiger „Kombinationen" als zentrales Kriterium eines erfolgreichen Unternehmers betrachtet. Seine Überlegungen haben in der Wissenschaft breite Anerkennung gefunden: Produktinnovationen werden als elementare Voraussetzungen für einen nachhaltigen Unternehmenserfolg angesehen (Brockhoff 1999, S. 1).

Für Unternehmen sind Produktinnovationen aus verschiedenen Gründen unverzichtbar. Dadurch dass zahlreiche Produkte einem Lebenszyklus unterworfen sind, also nach einer bestimmten Zeitspanne obsolet werden, besteht ein konstanter Druck, sie durch neue zu ersetzen (Homburg und Krohmer 2003, S. 462). Dieser Zwang wird durch kürzere Produktlebenszyklen zusätzlich verschärft (Urban und Hauser 1993, S. 8); allerdings ist ungeklärt, ob sie tatsächlich kürzer werden (Bayus 1998, S. 772-773 und Bayus 1994, S. 306). Ganz allgemein sind Produktinnovationen aber notwendig, um den Markterfolg eines Unternehmens langfristig zu sichern (Ernst 2001, S. 2). Produktinnovationen gestatten es einem Unternehmen, eine Vielzahl von strategischen Zielen zu verfolgen (Urban und Hauser 1993, S. 6-12): Dazu zählen etwa die Erhöhung von Marktanteil und Umsatz, die Reaktion auf das Verhalten von Wettbewerbern oder den technischen Fortschritt und das Verfolgen sonstiger finanzieller Ziele. Beispielsweise sind bei bei vielen Unternehmen große Teile des Umsatzes und des Gewinns von der Einführung neuer Produkte und damit von Innovationen abhängig (Brockhoff 1999, S. 1).

Produktinnovationen können entweder Technologie-induziert sein („Technology Push"), also aus dem technischen Fortschritt entstehen, oder vom Markt ausgelöst werden („Market Pull") (Homburg und Krohmer 2003, S. 462). Dabei resultieren Innovationen in letzterer Kategorie aus unerfüllten oder nicht optimal erfüllten Kundenbedürfnissen. Dennoch müssen auch aus dem

---

[2] Produktinnovationen werden in dieser Arbeit verstanden als neue Produkte oder Services, die von Unternehmen eingeführt werden, um Marktbedürfnisse oder Bedürfnisse externer Nutzer, etwa Konsumenten, zu erfüllen (Damanpour 1991, S. 561).

technologischen Fortschritt entstehende Innovationen Bedürfnisse der Konsumenten abdecken, um am Markt erfolgreich zu sein (Ernst 2004, S. 198).[3] Die Erkennung von existierenden, aber auch zukünftigen Kundenbedürfnissen bildet deshalb eine zentrale Aufgabe der Neuproduktentwicklung. Deren systematische Aufdeckung ist ein wichtiges Mittel, um das hohe Floprisiko von Produktinnovationen zu verringern (siehe zu Flopraten Crawford 1987). Daher sollte eine Organisation gewisse Voraussetzungen erfüllen, um am Markt erfolgreiche Produktinnovationen entwickeln zu können. Dazu zählen insbesondere Markt- und Kundenorientierung, die sich in entsprechend ausgerichteten Innovationsprozessen äußern können. Die zugehörigen Konzepte werden in den nächsten Abschnitten näher beleuchtet.

2.1.2 Marktorientierung und Kundenorientierung

Das Konzept der Marktorientierung hat in den letzten 20 Jahren eine verstärkte Aufmerksamkeit erfahren. So urteilen Deshpandé und Farley (1993, S. 23): „...managers are returning to the dictum of the so-called 'marketing concept', with its call for customer orientation and innovations as the focus for all business planning and strategy." Diese Aussage spiegelt sich in der Entwicklung der Konzepte Kundenorientierung und Marktorientierung wider. Dabei wird in der Regel Kundenorientierung als Teil der Marktorientierung gesehen (siehe etwa Lüthje 2000, S. 6). Ähnlich argumentieren Jaworski und Kohli (1993, S. 54) sowie Slater und Narver (1998). Hingegen betrachten Deshpandé und Farley (1993, S. 23-24) die beiden Konzepte als deckungsgleich; diese Sichtweise vertreten auch Homburg und Krohmer (2003, S. 1010) und begründen dies mit der überragenden Bedeutung der Kundenorientierung.

Marktorientierung wird definiert als „the organizationwide *generation* of market intelligence pertaining to current and future customer needs, *dissemination* of the intelligence across departments and organizationwide *responsiveness* to it"(Kohli und Jaworski 1990, S. 6). Dies deutet an, dass Marktorientierung zum einen ein (unternehmens-) kulturelles Phänomen ist, aber auch in der Gestaltung der Führungsteilsysteme, also funktional, Ausdruck findet. Narver und Slater (1990, S. 22-23) betonen die Bedeutung der Orientierung an Kundenbedürfnissen und der funktionsübergreifenden Koordination innerhalb eines Unternehmens neben der Bedeutung der Wettbewerbsorientierung. Aus dieser Sichtweise wird der Zusammenhang zwischen Kundenorientierung und Marktorientierung deutlich: Letztlich ist die Kundenorientierung der bedeutendste Teilbereich.

---

[3] Konsumenten im Verständnis dieser Arbeit sind potenzielle und aktuelle Verwender eines Konsumguts. Es handelt sich also um eine größere Gruppe im Vergleich zum existierenden Kundenstamm eines Unternehmens. Im Rahmen dieser Arbeit werden die beiden Begriffe Kunde und Konsument im Kontext von Konsumgütern aus Gründen der besseren Lesbarkeit jedoch synonym verwendet.

2.1 Ausgewählte Aspekte der Neuproduktentwicklung

Zahlreiche Studien untersuchen den Einfluss der Marktorientierung auf die Profitabilität eines Unternehmens. So argumentieren Slater und Narver (1995, S. 63), dass durch Marktorientierung ein höherer Wert für den Kunden geschaffen wird, der sich entsprechend auf die Profitabilität auswirkt. Der Effekt ist auch empirisch nachgewiesen: Obwohl im Verständnis der Marktorientierung und in deren Messung zwischen den Studien teilweise starke Unterschiede bestehen, konstatieren alle Untersuchungen einen positiven Einfluss (Homburg und Pflesser 2000, S. 449-451). In ihrer Studie identifizieren Narver und Slater (1990, S. 32-33) Marktorientierung sogar als einen zentralen Einflussfaktor für die Profitabilität eines Unternehmens. Auch in den folgenden Jahren bildete der Einfluss auf den Unternehmenserfolg ein zentrales Forschungsgebiet. Jaworski und Kohli (1993, S. 64) beschreiben, dass dieser positive Zusammenhang sogar unabhängig von Kontingenzfaktoren und Wettbewerbsintensität besteht. Dies wird auch von Homburg und Pflesser (2000) für ihr umfassendes Verständnis der Marktorientierung bestätigt (Homburg und Pflesser 2000, S. 457-458). Innovationen spielen eine zentrale Rolle für diesen Zusammenhang. So zeigen Han et al. (1998, S. 40-41), dass sie das entscheidende Bindeglied in der Wirkungskette zwischen Marktorientierung und Unternehmenserfolg sind. Dies unterstreicht die überragende Bedeutung von Innovationen für die Wettbewerbsposition.

Bereits die Definition der Marktorientierung deutet an, dass sie einen starken Einfluss auf die Neuproduktentwicklung hat. Ein wichtiges Bindeglied dabei ist die Kreativität; sie ist ein wichtiger Moderator zwischen Marktorientierung und Neuprodukterfolg (Im und Workman Jr 2004, S. 127-128). Dies ist damit zu begründen, dass Marktorientierung die Gewinnung von Wissen über Wettbewerbs- und Markttrends bedingt, was wiederum die Kreativität bei der Neuproduktentwicklung fördert. Marktorientierung findet entsprechend ihren Niederschlag in gewissen Aktivitäten und Verhaltensweisen. Slater und Narver (1998, S. 1002-1003) beschreiben, dass sich marktorientierte Unternehmen an den expliziten und latenten Bedürfnissen ihrer Kunden ausrichten. Um letztere systematisch aufzudecken, bedienen sie sich traditioneller Marktforschung, aber auch innovativer Methoden wie der Einbindung von Lead Usern. Damit handeln sie aktiv und langfristig, während Kundenorientierung in der Auffassung von Slater und Narver (1998) kurzfristiger und reaktiver ausgerichtet ist und nur die expliziten Kundenbedürfnisse berücksichtigt. In dieser Sichtweise ist Marktorientierung also der weitergehende Ansatz. Alle von kundenorientierten Unternehmen durchgeführten Aktivitäten sind damit auch in marktorientierten Unternehmen anzutreffen.

Im Rahmen dieser Arbeit wird die Fragestellung der Kundeneinbindung in Innovationsprozesse untersucht. Ob diese Methoden als eher marktorientiert oder kundenorientiert anzusehen sind, ist für die Zwecke dieser Arbeit nicht erheblich. Daher wird hier der Begriff „kundenorientierter Innovationsprozess" verwendet. Gleichzeitig wird auch die Abgrenzung von anderen Teilbereichen der Markt- und Kundenorientierung deutlich, die im Rahmen der Neuproduktentwicklung nicht relevant sind (Lüthje 2000, S. 6).[4]

2.1.3 Kundenorientierte Innovationsprozesse

Wie beschrieben, umfasst die Marktorientierung im Rahmen der Neuproduktentwicklung das systematische Erkennen aktueller und zukünftiger, noch latenter Kundenbedürfnisse und aller anderen Informationen, die für die Neuproduktentwicklung von Bedeutung sind (Jaworski und Kohli 1993, S. 54). Sie müssen im nächsten Schritt in den zu entwickelnden Produkten umgesetzt werden (Berthon und Hulbert 1999, S. 37). Auf diese Weise kann mit einem hohen Markterfolg des neuen Produktes gerechnet werden (Atuahene-Gima und Ko 2002, S. 69). Damit handelt es sich letztlich um eine Betrachtung der Auswirkung der Marktorientierung auf das Teilsystem Neuproduktentwicklung, die Atuahene-Gima (1996) untersucht. Seine Studie zeigt, dass Marktorientierung einen positiven Effekt sowohl auf Aspekte wie Prozessqualität als vor allem auch auf den Neuprodukterfolg hat (Atuahene-Gima 1995, S. 285-286).

Dabei kann die Kundenorientierung des Innovationsprozesses in unterschiedlichen Formen verwirklicht werden. Zum einen können klassische Methoden der Marktforschung wie Umfragen, Fokusgruppen und Konzepttests eingesetzt werden (Slater und Narver 1998, S. 1004).[5] Dies spiegelt sich auch in den Operationalisierungen der Konstrukte wider, mit denen Markt- und Kundenorientierung üblicherweise gemessen werden (Ernst 2001, S. 178). Zur Entdeckung von latenten Bedürfnissen der Konsumenten werden im Rahmen der Neuproduktentwicklung von Unternehmen Methoden wie „Lead User",[6] langfristige Entwicklungspartnerschaften und Beobachtung eingesetzt (Slater und Narver 1998, S. 1003). Dies dient dem Aufdecken von Informationen, die ansonsten beim Kunden verbleiben würden (Leonard und Rayport 1997, S. 105-108). Diese bezeichnet von Hippel (1994, 432) als „sticky information" und entwickelt Methoden, wie dieses Wissen explizit gemacht und für eine kundenorientierte Neuproduktentwicklung genutzt werden kann (von Hippel 1998).

Letztlich handelt es sich bei den beschriebenen Methoden um Formen der Kundeneinbindung. Diese finden, abgesehen von der generellen Orientierung an Kundenbedürfnissen, in den allgemein gehaltenen Erfolgsfaktorenstudien zur Neuproduktentwicklung keine explizite Berücksichtigung (Ernst 2002, S. 9). Sie lassen offen, wie und wann Kunden konkret eingebunden werden sollten (Brown und Eisenhardt 1995, S. 372). Eine Ausnahme bildet die Arbeit von Gruner

---

[4] Hierzu zählen zum Beispiel alle Aktivitäten nach dem Kauf eines Produktes, etwa die Beschwerdebehandlung (siehe Maxham III und Netemeyer 2003 sowie Hansen et al. 1995).
[5] Eine nähere Beschreibung diverser klassischer Methoden, die im Rahmen der frühen Phase des Innovationsprozesses üblicherweise eingesetzt werden, findet sich in Abschnitt 2.1.6 ab Seite 14.
[6] Das Lead-User-Konzept geht zurück auf von Hippel (1986) und wird später noch ausführlich beschrieben (siehe Abschnitt 2.2.2 ab Seite 19).

und Homburg (2000). Diese untersucht die Kundeneinbindung auf Basis von Konstrukten, die die Interaktion zwischen Kunde und Hersteller erfassen. Dabei werden deren Intensität, Kundencharakteristika sowie die technische und finanzielle Attraktivität der Einbindung untersucht (Gruner und Homburg 2000, S. 7). Zudem differenziert die Untersuchung nach Phasen des Innovationsprozesses. Im Ergebnis konstatieren die Autoren, dass die Kundeneinbindung besonders in dessen frühen und späten Phasen einen positiven Effekt auf den Erfolg der Neuproduktentwicklung hat.

Diese Ergebnisse legen die Vermutung nahe, dass die Kundeneinbindung als eine Form der Markt- und damit auch Kundenorientierung prinzipiell in der Lage ist, den Neuprodukterfolg zu verbessern. In der frühen Phase des Innovationsprozesses hat diese dabei einen besonders starken positiven Einfluss (Gruner und Homburg 2000, S. 12).

2.1.4 Der Neuproduktentwicklungsprozess

Die Neuproduktentwicklung umfasst auf dem Weg von der Ideenfindung bis zur Markteinführung zahlreiche Aktivitäten.[7] Zur gedanklichen Strukturierung wird sie in einzelne Prozessschritte zerlegt, man spricht vom Phasenmodell oder Phasenkonzept der Neuproduktentwicklung (siehe etwa Brockhoff 1999, S. 102-110). Dessen sequentielle Struktur wird teilweise kritisiert, da in der Realität häufig Überlappungen der einzelnen Phasen auftreten (Hauschildt und Petersen 1987). Dennoch ist die Adäquanz des Phasenmodells unbestritten, da es die Realität hinreichend gut abbildet. Dies wird auch darin widergespiegelt, dass alle maßgeblichen Publikationen zur Neuproduktentwicklung einen phasenorientierten Prozess zugrunde legen (siehe für einen Überblick Ernst 2002, S. 8).

Je nach Forschungsgegenstand und Intention der Autoren finden sich dabei sehr grobe Einteilungen mit mindestens drei Phasen (siehe etwa Füller et al. 2003, S. 41) bis hin zu sehr feinen Untergliederungen in zehn oder mehr Phasen (Brockhoff 1999, S. 106). Dabei ist die Terminologie häufig unterschiedlich, die zugeordneten Inhalte sind aber vergleichbar (Schröder und Jetter 2003, S. 518). Letztlich handelt es sich dabei nur um eine (inhaltlich eventuell sinnvolle) Untergliederung von drei Hauptphasen. Dementsprechend wird im Rahmen dieser Arbeit ein aus fünf Phasen bestehendes Modell verwendet, das die ersten beiden Hauptphasen jeweils unterteilt.

Die drei Hauptphasen lassen sich wie folgt gliedern:

---

[7] In dieser Arbeit werden die Begriffe Innovationsprozess und Neuproduktentwicklungsprozess synonym verwendet. Die Begriffe Produktentwicklung und Neuproduktentwicklung (NPE) sind hingegen nicht deckungsgleich, die Produktentwicklung ist eine spezifische Phase der Neuproduktentwicklung.

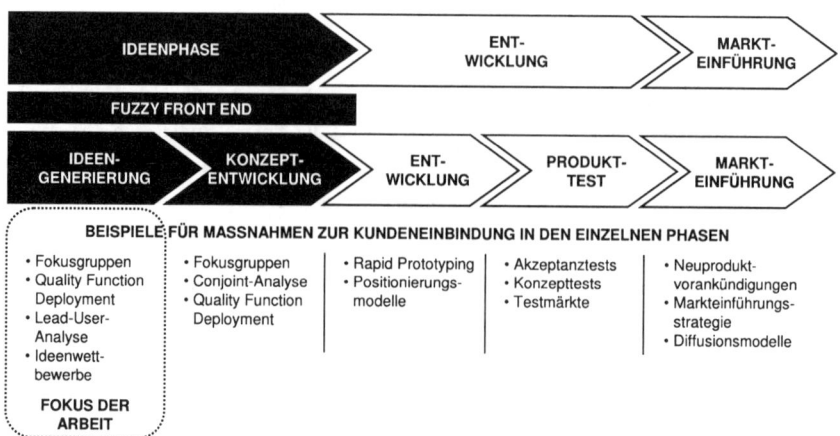

Abbildung 2.1: Schematische Darstellung eines in Phasen gegliederten Innovationsprozesses: Gegenüberstellung der Teilung in drei und fünf Phasen

- **Ideenphase:** Diese Phase umfasst alle Aktivitäten von der Ideengenerierung bis zur Entwicklung von Produktkonzepten. Am Ende steht die Auswahl der in späteren Schritten zu realisierenden Produktkonzepte. In der englischsprachigen Literatur wird diese frühe Phase auch als „fuzzy-front-end" bezeichnet (Khurana und Rosenthal 1997, S. 105).

- **Entwicklungsphase:** Die Phase umfasst alle Schritte von der Realisierungsentscheidung eines Produktkonzepts bis zur Entscheidung für oder gegen eine Serienfertigung.

- **Markteinführung:** Die Phase umfasst alle Schritte, die zur Vorbereitung der Serienfertigung, Markteinführung und Kontrolle des Markterfolgs dienen.

Für den fünfphasigen Innovationsprozess dieser Arbeit wird die Ideenphase in eine Ideengenerierungs- und eine Konzeptentwicklungsphase aufgespalten.[8] Gleiches gilt für die Entwicklungsphase, die in die eigentliche Entwicklungs- und eine Testphase gegliedert wird. Dies verdeutlicht Abbildung 2.1.

Auch wenn die Abbildung eine Gleichförmigkeit unterstellt, so unterscheiden sich die Phasen bezüglich Dauer und Kosten erheblich. Bei Konsumgütern verursacht die Ideenphase im Verhältnis geringe Kosten (weniger als 10 Prozent der Gesamtkosten) und beansprucht nur sechs bis acht Monate.[9] Am längsten dauert hingegen die Entwicklungsphase, in der ein viel verspre-

---

[8] In dieser Arbeit werden Ideengenerierung und Ideenbewertung untersucht. Bei letzterer handelt es sich um einen Teilbereich der Konzeptentwicklung. Daher ist nur ein Teil der Konzeptphase im Fokus der Arbeit und entsprechend in Abbildung 2.1 grau eingefärbt.

[9] Konsumgüter wird in dieser Arbeit als Sammelbegriff für langlebige Konsumgüter (Consumer Durables) und schnell drehende Konsumgüter (Fast Moving Consumer Goods) verwendet.

chendes Konzept zur Marktreife gebracht wird; hier fallen auch deutlich höhere Kosten an. Am höchsten sind diese jedoch für Konsumgüter bei der Markteinführung (Urban und Hauser 1993, S. 60-63).

2.1.5 Die Bedeutung der frühen Phase des Neuproduktentwicklungsprozesses

Wie bereits in Abschnitt 2.1.4 erläutert, fallen in den ersten beiden Phasen Ideengenerierung und Konzeptentwicklung des fünfstufigen Innovationsprozesses, der in dieser Arbeit verwendet wird (siehe Abbildung 2.1), also bis zur Fertigstellung eines Produktkonzepts, im Verhältnis sehr geringe Kosten an. Zudem können diese beiden Phasen zügig durchschritten werden. In der Literatur spricht man daher auch von den „frühen Phasen" des Innovationsprozesses.[10] Zugleich kommt diesem Teil aber eine sehr hohe Bedeutung für den Produkterfolg zu, da zentrale Parameter des späteren Produkts bereits weitestgehend festgelegt werden (Khurana und Rosenthal 1997, S. 103, Krieger 2005, S. 257 sowie Moenaert et al. 1995, S. 244-245). So zeigen zahlreiche Studien von Cooper und Kleinschmidt, dass die vorbereitenden Arbeiten der Entwicklung von zentraler Bedeutung für den späteren Produkterfolg sind (Cooper 1979).[11] Zahlreiche weitere Autoren bestätigen dieses Ergebnis, die Arbeiten von Ernst 2002, Krieger 2005, S. 51-54 sowie Montoya-Weiss und Calantone 1994 verschaffen einen umfangreichen Überblick.

In den frühen Phasen des Innovationsprozesses begegnen Unternehmen häufig hoher Unsicherheit (Koen et al. 2002, S. 13). Dies ist zum Teil durch die verhältnismäßig lange Zeitspanne bis zur Einführung bedingt (Schröder und Jetter 2003, S. 519). Dadurch ist die korrekte Einschätzung technologischer und marktbedingter Unsicherheit äußerst komplex. Bedeutender erscheint aber die Unschärfe.[12] Damit soll ausgedrückt werden, dass die Frühphasen inhaltlich eher qualitativer, informeller und damit relativ unpräziser Natur sind (Kim und Wilemon 2002, S. 273).[13] Die Aktivitäten umfassen insbesondere das Erkennen von Technologie- und Markttrends sowie (latenten) Kundenbedürfnissen, um Ideen für neue Produkte gewinnen zu können (Sethi et al. 2001, S. 74). Dabei kommen sowohl strukturierte als auch unstrukturierte Techniken zum Einsatz (Wind 1982, S. 248). Letztlich geht es hier um Prozesse, bei denen Ideen durch Informationssuche, Lernprozesse, Kreativität oder Experimentieren gewonnen werden sollen (Kim und Wilemon 2002, S. 273).

---

[10] Unterteilt man den Innovationsprozess nur in drei Teile, so gibt es mit der Ideenphase entsprechend nur eine „frühe Phase".
[11] Die Autoren haben zahlreiche Studien insbesondere auf Projektebene durchgeführt, die alle zu inhaltlich ähnlichen Ergebnissen kommen. Einen Überblick liefert Ernst (2002, S. 8).
[12] Auf englisch als „fuzziness" bezeichnet.
[13] Dies schließt nicht aus, dass die an sich inhaltlich unstrukturierten Aktivitäten systematisch organisiert und durchgeführt werden. Ansätze dazu präsentieren etwa Khurana und Rosenthal (1998), Schröder und Jetter (2003) sowie Kim und Wilemon (2002).

Insofern kann es nicht verwundern, dass sich zahlreiche Autoren damit befassen, wie die frühen Phasen gestaltet werden müssen und welches Wissen dort generiert werden muss, um den Produkterfolg sicherzustellen. Khurana und Rosenthal (1998, S. 60-61) liefern einen umfangreichen Überblick über Erfolgsfaktoren in Frühphasen. Neben strategischen, organisatorischen und Projektmanagement-bezogenen Faktoren, die in dieser Arbeit nicht betrachtet werden, haben insbesondere Marktverständnis und das Erkennen von Kundenbedürfnissen einen zentralen Einfluss. Dies wird auch in einer Meta-Analyse von Henard und Szymanski (2001, S. 369) deutlich. In Konsumgütermärkten ist das systematische Erfassen von Kundenbedürfnissen daher ein zentrales Anliegen der Marktforschung.

Sinnvoll ist dafür eine breit aufgestellte Gewinnung von Produktideen. Diese können sowohl aus unternehmensinternen als auch aus -externen Quellen stammen (einen Überblick liefert etwa Wind 1982, S. 247-248). Im Vordergrund dieser Arbeit steht dabei die Untersuchung des Konsumenten als Ideenquelle. Eine Ideenbewertung erfolgt in der Regel durch ein Unternehmen selbst, aber auch hier kann es sinnvoll sein, Konsumenten einzubinden (Füller et al. 2003, S. 41). Ob dies möglich ist, hängt in erster Linie von der Aufgabenstellung und ihren Fähigkeiten ab. In Konsumgüterbranchen spielen Konsumenten bisher in aller Regel nur eine passive Rolle (Sethi et al. 2003, S. 395).[14] Im Zuge der Markteinführung dominieren Aktivitäten der klassischen Marktforschung, die in zunehmenden Maße auch Online im Word Wide Web durchgeführt werden können (Wermelskirchen 2002).

Im Folgenden sollen aber zunächst klassische Methoden vorgestellt werden, die Unternehmen dabei unterstützen, aus möglichst zahlreichen Quellen viele Produktideen und ein hohes Maß an Information über Kundenbedürfnisse in den Frühphasen des Innovationsprozesses gewinnen zu können. Im Anschluss daran werden die neueren, internetgestützten Methoden vorgestellt.

2.1.6 Klassische Methoden zur Ermittlung von Kundenbedürfnissen im Rahmen der Frühphasen der Neuproduktentwicklung

Im Rahmen der frühen Phasen der Neuproduktentwicklung setzen Konsumgüterunternehmen verschiedene Methoden der Marktforschung ein, um Kundenbedürfnisse, Produktvorteil, Produktpotenzial und Akzeptanz von Produktkonzepten abzuschätzen (Holt 1988, S. 250). Deren möglichst genaue Analyse hat, wie im vorangegangenen Abschnitt erläutert, zentrale Bedeutung für den späteren Produkterfolg. Die klassische Marktforschung bedient sich dazu einer Reihe von Methoden, die den Konsumenten beziehungsweise seine Präferenzen und seine latenten

---

[14] Allerdings existieren für einige Produktbereiche Ansätze, die es Kunden ermöglichen, auch ohne technisches Wissen ausgefeilte Produkte zu entwickeln. Dazu werden so genannte Toolkits eingesetzt (siehe für eine Einführung Thomke und von Hippel 2002)

Bedürfnisse als Untersuchungsobjekt betrachten und damit davon ausgehen, dass er Schwierigkeiten hat, diese selbständig zu artikulieren. Hauptaufgabe dieser Methoden ist also die zuverlässige Erkennung der Kundenbedürfnisse, die die Grundlage für vom Unternehmen generierte Produktideen und Produktkonzepte bilden. Im Rahmen der in diesem Abschnitt vorgestellten Methoden spielt der Konsument also vor allem eine passive Rolle und wird meist nur fallweise und nur auf Betreiben eines Unternehmens in den Innovationsprozess eingebunden. Dies entspricht dem klassischen Paradigma der Marktforschung.

Übergeordnetes Ziel aller Methoden zur Ermittlung von Bedürfnissen ist es, auf systematische Weise empirische Daten über subjektive und objektive Eigenschaften des Marktes zu gewinnen, um eine Grundlage für produktpolitische Entscheidungen zu schaffen (Hammann und Erichson 2000, S. 30). Darüber hinaus existieren spezialisierte Methoden, die als Datengrundlage auch auf Kundenbedürfnisse zurückgreifen; zu dieser Kategorie zählt etwa das „House of Quality" (auch Quality Function Deployment, kurz QFD). Es erfordert als Dateninput unter anderem Konsumentenbedürfnisse und setzt diese damit als bekannt voraus (Pullman et al. 2002, S. 358). Damit dient das Verfahren nicht primär der Erkennung und Quantifizierung von Kundenbedürfnissen, sondern deren Berücksichtigung im Neuproduktentwicklungsprozess (Griffin und Hauser 1993, S. 3).[15] Im Folgenden sollen daher nur die Verfahren der testenden und entdeckenden Marktforschung vorgestellt werden, die explizit die Quantifizierung und Entdeckung von Kundenbedürfnissen erlauben und gleichzeitig in der Praxis verbreitet sind. Dies dient der Verdeutlichung der jeweiligen spezifischen Vor- und Nachteile der Methodenkategorie.

In der Unternehmenspraxis dominiert die testende Marktforschung, Konsumenten bewerten also in der Regel bereits fertig formulierte Produktkonzepte in strukturierter Form (Hansen und Raabe 1991, S. 172). Es handelt sich damit um reaktive Verfahren zumeist quantitativer Natur. Ein bekanntes Beispiel ist etwa die Conjoint-Analyse, die unter anderem zur Konzeptbewertung breite Anwendung findet (Green et al. 2001, S. 66-68). Diese ermöglicht die Identifizierung optimaler Produktkonzepte bereits in frühen Stadien und eignet sich auch für große Teilnehmerzahlen. Allerdings schränkt die Conjoint-Analyse die Artikulationsmöglichkeiten der Konsumenten auf den Befragungsgegenstand ein: Denkbar ist, dass die berücksichtigten Eigenschaften die Konsumentenbedürfnisse nicht exakt treffen. Dann erhält man zwar ein im Rahmen der Untersuchung optimiertes Produktkonzept, das allgemein aber suboptimal sein kann, da die wahren Bedürfnisse nicht vollständig berücksichtigt worden sind. Zudem haben Konsumenten keinen Anreiz, ihre wahren Präferenzen aufzudecken (Schäfers 2004, S. 32).

Das Erkennen dieser unbekannten latenten Bedürfnisse der Konsumenten erlauben entdeckende Verfahren der Marktforschung. Hierzu zählen im Kontext der Konsumgüterentwicklung ins-

---

[15] Im Rahmen des QFD werden Kundenbedürfnisse in der Regel mit den in diesem Abschnitt vorgestellten Methoden der entdeckenden Marktforschung aufgedeckt (Griffin und Hauser 1993, S. 6-7)

besondere qualitative Methoden wie etwa die Beobachtung. Sie haben das Ziel, Zusammenhänge zu ergründen, die zu komplex für eine Abbildung mit testenden Verfahren sind, oder explorativ Kundenmeinungen und -einschätzungen einzuholen (Aaker et al. 2001, S. 188). Eines der gängigsten qualitativen Verfahren, die in den Phasen der Ideengenerierung und Ideenauswahl eingesetzt werden, sind Fokusgruppen (Urban und Hauser 1993, 136).[16] Sie finden in Neuproduktentwicklungsprozessen für Konsumgüter breite Anwendung. Fokusgruppen werden eingesetzt, um die Reaktion von Konsumenten auf Produktkonzepte detailliert beurteilen zu können oder aber auch, um gemeinsam mit ihnen Neuproduktideen zu generieren (Aaker et al. 2001, S. 187-188). Im Vordergrund steht dabei die Gewinnung phänomenologischer Erkenntnisse über den Konsumenten (Calder 1977, S. 356-357). Qualitative Methoden sind in der Regel aufwändig in der Durchführung. So schätzen Aaker et al. (2001, S. 195) die durchschnittlichen Kosten auf 3000 US-Dollar pro Fokusgruppe mit typischerweise 8-10 Teilnehmern. Zudem ist die Auswertung der qualitativen Daten komplex, was die Skalierbarkeit zusätzlich einschränkt.[17]

Letztlich weisen die klassischen Methoden daher zwei zentrale Nachteile auf. So gestatten vor allem quantitative Methoden in der Regel nicht, dass der Konsument eine aktive Rolle spielt. Dies schränkt den möglichen Erkenntnisgewinn auf die in der Untersuchung berücksichtigten Sachverhalte ein. Die Problematik wird von qualitativen Methoden teilweise umgangen. Jedoch haben sie nur eine sehr kleine Reichweite, was eine Befragung breiter Konsumentenschichten erschwert. Dies kann erklären, warum Konsumenten in frühen Phasen des Innovationsprozesses selten eine aktive Rolle spielen.

Allen Methoden, ob qualitativ oder quantitativ, ist zudem gemein, dass der Kunde in der Regel nur in den Prozess einbezogen wird, wenn er dazu von einem Unternehmen explizit eingeladen wird (Sawhney und Kotler 1999, S. 10). Entsprechend dominiert diese fallweise Einbindung auch in der Realität (Hansen 1982, S. 184). Konsumenten in dieser passiven Rolle nennen Sawhney und Prandelli (2001, S. 258) „clandestine immigrants". Sie äußern sich nur, wenn sie zuvor angesprochen werden. Diese Strategie bezeichnet von Hippel (1978b, S. 40) daher als „Manufacturer Active Paradigm". Es dominiert die Neuproduktentwicklung, insbesondere für Konsumgüter, bis heute (Alam 2002, S. 251). Allerdings setzt sich in der Literatur zunehmend die Ansicht durch, dass die aktive Einbindung von Kunden insbesondere in den Frühphasen des Innovationsprozesses dessen Qualität verbessert (Linder et al. 2003, S. 47). Dem Konsumenten wird so ermöglicht, auch initiativ auf Unternehmen zuzugehen und sich an Neuproduktentwicklungsprozessen zu beteiligen.

---

[16] Inhaltlich verwandt sind Tiefeninterviews mit einzelnen Konsumenten. Vor- und Nachteile im Vergleich zu Fokusgruppen beschreiben Griffin und Hauser (1993, S. 7).
[17] Diese ist für Tiefeninterviews prinzipiell noch schlechter.

2.2 Kundeneinbindung in die Neuproduktentwicklung

Kunden werden von zahlreichen Unternehmen in die Wertschöpfung eingebunden, da dies Gewinn und/oder Gesamtwohlfahrt steigern kann (Anderson 1991, S. 966-968). Dies ist meist in der Distribution und auch in der Produktion der Fall (siehe für eine Einführung Reichwald und Piller 2002 sowie Grün und Brunner 2003). Ein bekanntes Beispiel hierfür ist „Mass Customization". Jedoch kann mit der Einbindung auch schon früher in der Wertschöpfungskette angesetzt werden: Bereits Ende der 1970er-Jahre wurde der Vorschlag geäußert, Kunden aktiv in Neuproduktentwicklungsprozesse einzubinden. Dies beruhte auf der Erkenntnis, dass Kunden nicht nur unerfüllte Produktbedürfnisse aufweisen, sondern teilweise auch bereits fertige Lösungen für diese entwickelt haben (von Hippel 1978b, S. 41-42). Die Auswahlentscheidung, ob Kunden eingebunden werden sollten und welche Kunden am besten geeignet sind, wird von produktbezogenen Kriterien wie Neuigkeitsgrad und Komplexität des zu entwickelnden Produkts, aber auch der Phase, in die eingebunden werden soll, beeinflusst (Brockhoff 2003, S. 477-479). Aufbauend auf diesen Erkenntnissen hat sich ein breiter Literaturzweig entwickelt, der sich mit der Kundeneinbindung in die Neuproduktentwicklung befasst. Dabei beschränken sich die Untersuchungen zumeist auf Industriegütermärkte. Erst in jüngerer Zeit finden sich Studien, die sich explizit auf Konsumgütermärkte beziehen. Im Folgenden soll daher erläutert werden, welche Ziele für die Kundeneinbindung in der Literatur genannt werden, welche Formen typischerweise existieren, welche Merkmale eingebundene Kunden aufweisen sollten und welche Vor- und Nachteile eine Kundeneinbindung hat. Abschließend wird gesondert beleuchtet, wie Ansätze der Kundeneinbindung aus Industriegütermärkten auf Konsumgütermärkte übertragen werden können.

2.2.1 Ziele und Formen der Kundeneinbindung

Übergeordnetes Ziel der Kundeneinbindung ist die Steigerung des Innovationserfolgs (Alam 2002, S. 250). Die geschieht primär durch *Risikoreduktion, Effizienzsteigerung* und eine *Verbesserung der Kundenbindung* (siehe für einen Überblick Gruner 1997, S. 68-71).

Das Ziel der *Risikoreduktion* umfasst zwei Dimensionen. Zum einen wird eine Fehlervermeidung in der Entwicklung angestrebt, zum anderen kann durch Kundeneinbindung das Neuproduktentwicklungsrisiko auf ein akzeptables Maß reduziert werden. Die Fehlervermeidung in frühen Phasen erfordert vor allem, dass (latente) Kundenbedürfnisse korrekt eingeschätzt werden (MacCormack et al. 2001, S. 137). Die in Abschnitt 2.1.6 vorgestellten klassischen Methoden weisen hier häufig Defizite auf. Daher finden sich in der Literatur Quellen, die propagieren, dass Unternehmen Konsumenten aktiv Ideen kommunizieren lassen sollten (ein frühes Beispiel der deutschsprachigen Literatur liefern Hansen und Raabe 1991). Der Aspekt der Risikoreduktion folgt einer ähnlichen Logik, ist aber generellerer Natur. Eine aktive Kommunikation mit Kunden in den frühen Phasen ermöglicht eine bessere Beurteilung der Erfolgsaussichten von Produktkonzepten, etwa durch Nutzung von Kundenkompetenzen (Prahalad und Ramaswamy 2000, S. 80).

Eine *Effizienzsteigerung* kann durch Kostenreduktion oder Zeitersparnis erzielt werden. Werden durch Kundeneinbindung bessere Produktkonzepte entwickelt, fallen weniger Kosten für Änderungen an. Dieses Argument lässt sich natürlich auch auf die späten Phasen des Innovationsprozesses übertragen. Zeitersparnis ermöglicht schnellere Entwicklungszyklen und vermindert damit das Marktrisiko eines neuen Produktes (Gruner 1997, S. 174-176).

Letztlich kann die Kundenintegration auch die *Kundenbindung* verbessern. In Industriegütermärkten kann dies damit begründet werden, dass dem in die Entwicklung integrierten Kunden Kosten für eine Einbindung entstehen, die, rationales Verhalten unterstellt, von dem besser an die Bedürfnisse angepassten neuen Produkt aufgewogen werden (von Hippel 1986, S. 797). In Konsumgütermärkten lässt sich diese erhöhte Kundenbindung vor allem auch durch Reputationseffekte erklären. So setzt Procter & Gamble seine Bestrebungen, neu entwickelte Produkte und Produktverbesserungen an Kundenwünschen zu orientieren, aktiv als Verkaufsargument ein. Zudem gibt es Belege, dass Kunden, die von einem Unternehmen in Marktforschungsaktivitäten einbezogen wurden, sich diesem stärker verbunden fühlen als „normale" Kunden (Dholakia und Morwitz 2002b, S. 165-166).

Die Kundeneinbindung kann unterschiedlich gestaltet werden. Zum einen muss entschieden werden, ob Kunden nur in bestimmten Phasen des Innovationsprozesses eingebunden werden sollen oder in allen. Auch muss unterschieden werden, ob Kunden fallweise, also in der Regel einmalig, oder kontinuierlich und damit in der Regel phasenübergreifend eingebunden werden sollen (Rüdiger 2001, S. 4-5). Ein wichtiger Faktor ist hier die Motivation des Kunden: Je aufwändiger eine Einbindung, desto stärker muss der Kunde zu einer Integration bereit sein (Lüthje 2000, S. 24). Zudem kann die Einbindung von Kunden formalisiert oder nicht formalisiert erfolgen. Zu letzterer Kategorie zählen insbesondere Formen, bei denen Kundeneinbindung nicht aktiv betrieben wird, sondern davon abhängt, ob Kunden freiwillig Beiträge leisten (Brockhoff 2003, S. 466-469). Alternativ kann die Kundeneinbindung formalisiert werden (Gruner 1997, S. 74). In diesem Fall sind im organisatorischen Bereich Entscheidungen zu treffen, in welchen Phasen des Innovationsprozesses auf welche Weise Kunden eingebunden werden sollen (Rüdiger 2001, S. 8-10).

2.2.2 Auswahl der einzubindenden Kunden

Die Kundenauswahl hängt in erster Linie von der untersuchten Fragestellung und damit der eingesetzten Methode ab, aber auch davon, ob und in welcher Form Ergebnisse generalisierbar sein müssen. In der klassischen Marktforschung werden daher große Anstrengungen unternommen, um sicherzustellen, dass Probanden die spätere Zielgruppe des Produktes möglichst gut repräsentieren und damit die Untersuchungsergebnisse übertragbar sind (Aaker et al. 2001, S. 374-375). Es ist allerdings fraglich, ob ein solches Vorgehen auch für die Untersuchung von Fragestellungen, die die frühen Phasen des Innovationsprozesses betreffen, geeignet ist (Lüthje 2000, S. 23).

Die Generierung von Produktkonzepten, die ein hoher Innovationsgrad auszeichnet und die eine gute Erfüllung zukünftiger Kundenbedürfnisse versprechen, steht insbesondere in den frühen Phasen im Vordergrund (siehe Abschnitt 2.1.5). Daher ist eine Beschränkung auf für spätere Zielgruppen möglichst repräsentative Probanden nicht notwendig (Lilien et al. 2002, S. 1043). Im Gegenteil sollten Kunden gewonnen werden, die für die Ideengenerierung und die weitere Einbindung vorteilhafte Eigenschaften haben (Sawhney und Prandelli 2001, S. 264-365). Ähnlich argumentiert Lüthje (2000, S. 24), der für frühe Phasen des Innovationsprozesses theoretisches Sampling und für späte Phasen repräsentative Stichproben vorschlägt.

Damit verbleibt die Fragestellung, welche Eigenschaften Kunden aufweisen müssen, die in frühen Phasen des Innovationsprozesses eingebunden werden. Das auf von Hippel zurückgehende Lead-User-Konzept liefert erste Anhaltspunkte (von Hippel 1986). Diesem zufolge existieren bestimmte Kunden, die für eine Zusammenarbeit im Rahmen der Neuproduktentwicklung ideal geeignet sind, und deren Einbindung besonders gute Ergebnisse liefert (Urban und von Hippel 1988, S. 570). Zum einen können sie eine akkurate Einschätzung ihrer Produktbedürfnisse liefern und zum anderen entwickeln sie diese Bedürfnisse früher als andere Marktteilnehmer. Entsprechend definiert von Hippel (1986, S. 796) den Lead User in Industriegütermärkten anhand von zwei Kriterien:

1. Lead User haben Produktbedürfnisse, die auch andere Marktteilnehmer entwickeln werden, allerdings Monate oder Jahre später.
2. Lead User profitieren in erheblichen Maße von einem Produkt, dass diese Bedürfnisse erfüllt.

Das Konzept ist eine Weiterentwicklung des vorher durch von Hippel (1978a) entwickelten „Customer Active Paradigm". Danach entwickeln einige Kunden in Industriegütermärkten eigenständig relevante Produktideen und suchen sich dann selbständig Unternehmen, die das Produkt für sie realisieren können und übermitteln ihre Ideen (von Hippel 1978b, S. 40). Diese

Sicht wird im Lead-User-Konzept unter anderem dahingehend weiterentwickelt, dass auch ein Hersteller aktiv auf Kunden zugehen kann. Es postuliert die Existenz von Kunden, die relevante Produktideen besitzen und zudem für eine Unterstützung der Neuproduktentwicklung äußerst motiviert sind. Daher entwickeln Lead User auch erste Lösungen für ihre Bedürfnisse (von Hippel 1986, S. 791). Im Gegensatz zu klassischen Methoden der Marktforschung werden damit nicht nur Kundenbedürfnisse erhoben, sondern vielmehr auch mögliche Lösungen und vollständige Produktkonzepte. Im Paradigma der traditionellen Methoden verbleibt diese Aufgabe beim Produkthersteller.

Dies deutet bereits an, dass das Lead-User-Konzept seine Wurzeln im Industriegüterbereich hat. Die grundlegenden Arbeiten von Hippels zum „Customer Active Paradigm" (von Hippel 1978b) und zum Lead-User-Konzept (von Hippel 1986) beziehen sich auf Industriegüter. So begründet von Hippel (1978a, S. 40) diesen Fokus mit dem hohen Erfolg der Hersteller-gesteuerten Neuproduktentwicklung für schnell drehende Konsumgüter. Auch Untersuchungen anderer Autoren oder aus anderen Ländern beschränken sich in der Regel auf Industriegüter (siehe beispielsweise Biemans 1991, Herstatt und von Hippel 1992, Morrison et al. 2000 sowie Olson und Bakke 2001). Dies könnte auch darin begründet liegen, dass Industriegüterunternehmen einen besseren Kontakt zum Kunden haben. Oftmals werden Produkte über einen Außendienst vertrieben oder es besteht anderweitig ein direkter Kontakt mit dem Kunden (Ernst et al. 2004, S. 123).

Zudem wird darauf verwiesen, dass das Profil der einzubindenden Kunden von der Innovationshöhe des zu entwickelnden Produkts abhängt (Im und Workman Jr 2004, S. 126). So verweist Brockhoff (1998, S. 7) darauf, dass bestehende Kunden eventuell nicht für radikale Produktinnovationen geeignet sind. Ein Grund hierfür ist die so genannte „functional fixedness". Danach behindern gewohnte Verwendungsweisen eines Produktes oder bekannte Lösungswege für ein Problem das Finden neuer, andersartiger, überlegener Lösungsansätze (Adamson 1952, S. 288). Ähnlich äußern sich Christensen et al. (1998) sowie Goldenberg et al. (2003, S. 120), die davon ausgehen, dass eine radikale technologische Innovation die Bedürfnisse bestehender Kunden gerade nicht erfüllt.

Letztlich ist dies aber kein expliziter Widerspruch zum Lead-User-Konzept, da diese prinzipiell auch außerhalb der Bestandskunden gesucht werden können und auch sollen. Folgerichtig nimmt das Konzept in der Literatur zur Kundeneinbindung breiten Raum ein. Es umfasst zahlreiche Aspekte, die von anderen Autoren weiter ausgebaut werden: Dazu zählen etwa Motivationsgrundlagen, Kundenwissen, Innovativität und Höhe des Nutzens (siehe für eine Übersicht Gruner 1997, S. 78).[18] So entsteht breiter Raum, um die Lead-User-Kriterien von Hippels je

---

[18] Der Begriff Innovativität und sein englisches Pendant Innovativeness werden beide gleichbedeutend in dieser Arbeit benutzt.

2.2 Kundeneinbindung in die Neuproduktentwicklung

nach Einsatzgebiet weiter zu spezifizieren und auszubauen.[19]

In der Literatur werden verschiedene Verfahren zur Identifikation von Lead Usern beschrieben. Diese lassen sich in zwei Grundtypen einteilen. Gemeinsam ist vielen Verfahren die Identifikation über Produkttrends (Lüthje und Herstatt 2004, S. 562-563). So wird mindestens ein Trend ausgewählt, der für das entwickelnde Produkt von entscheidender Bedeutung ist. Im zweiten Schritt werden Indikatoren festgelegt, die Lead User für diesen Trend auszeichnen. Zwar sind die Indikatoren je nach Produkt prinzipiell unterschiedlich, jedoch wird häufig die Eigenentwicklung von Produkten als Hinweis auf das Kriterium des starken Vorteils aus einem den Bedürfnissen der Lead User entsprechenden Produkts genutzt (Herstatt und von Hippel 1992, S. 214). Die Identifikation mit Hilfe dieser Indikatoren schließlich unterscheidet die Verfahren: Ursprünglich wurde die Suche über qualitative Verfahren propagiert (Krieger 2005, S. 109-110). Ein anderer Ansatz ist die Identifikation über Screening-Fragebögen, also ein standardisiertes empirisches Verfahren, das hochgradig automatisierbar ist.

Im nächsten Schritt werden mit den so identifizierten Lead Usern gemeinsam Produktkonzepte entwickelt. Diese berücksichtigen deren Bedürfnisse und basieren auf deren Ideen und auf Modifikationen existierender Produkte. Urban und Hauser (1993) schlagen Kreativworkshops als Methode der Konzeptgenerierung vor.[20] Im letzten Schritt werden die Konzepte dann getestet. Dabei sollten auch Nicht-Lead-User einbezogen werden, da diese den Großteil der Kunden ausmachen und sich deren Bedürfnisse von denen der Lead User unterscheiden können. Für die Evaluierung durch typische Kunden können etwa klassische Methoden wie die Conjoint-Analyse eingesetzt werden. In der Beschreibung der Schritte findet sich zwar kein expliziter Hinweis darauf, dass die Methodik nur für Industriegüter geeignet ist. Allerdings ist sie ursprünglich für Verwendung insbesondere in diesem Bereich entwickelt worden (Urban und von Hippel 1988).

Der Vergleich der beiden Methoden zeigt, dass sie sich insbesondere hinsichtlich des Durchführungsaufwands unterscheiden. Dieser ist um so höher, je weniger die Identifikation standardisiert ist und je stärker qualitative Verfahren bei der Ideen und Konzeptgenerierung eingesetzt werden. Eine schematische Gegenüberstellung zeigt Abbildung 2.2.

Eine standardiserte, quantitative Identifikationsmethode gemäß der in Abbildung 2.2 vorgestellten Struktur schlagen Urban und Hauser (1993, S. 139) in Anlehnung an von Hippel (1986, S. 797) vor:

1. **Festlegung von Indikatoren zur Identifikation:** Da Lead User neue Bedürfnisse früher als der Markt verspüren, sind sie diesem in zumindest einem Produkttrend voraus. Es gilt da-

---

[19] Wie dies geschehen kann, wird für den Bereich Konsumgüter in Abschnitt 2.2.3 ab Seite 23 erläutert.
[20] Herstatt et al. (2002, 65-68) beschreiben den Einsatz einer vergleichbaren Methode bei Johnson & Johnson.

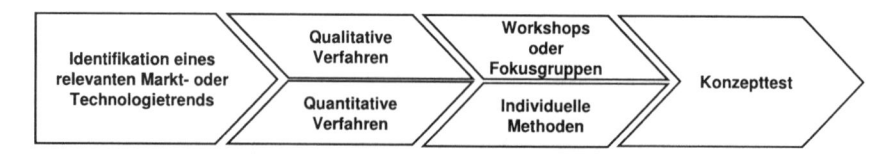

```
┌─────────────────┐╲┌─────────────┐╲┌─────────────┐╲┌─────────────┐
│ Identifikation  │ │ Qualitative │ │  Workshops  │ │             │
│    eines        │ │  Verfahren  │ │    oder     │ │             │
│ relevanten      │╱├─────────────┤╱│ Fokusgruppen│╱│ Konzepttest │
│ Markt- oder     │ │Quantitative │ │ Individuelle│ │             │
│ Technologietrends│ │  Verfahren  │ │   Methoden  │ │             │
└─────────────────┘╱└─────────────┘╱└─────────────┘╱└─────────────┘
```

Abbildung 2.2: Methodik zur Lead-User-Identifikation

her, zukünftige Trends zu identifizieren, damit entsprechende Indikatoren festgelegt und anschließend Lead User für diese identifiziert werden können. Zum zweiten muss die Höhe des Nutzens, der für ihn durch das Innovationsprojekt entsteht, gemessen werden, da dies eine wichtige Bestimmungsgrundlage eines Lead Users ist. Hier schlagen die Autoren drei Messgrößen vor. Kundeneigene Entwicklungen und Verbesserungen bestehender Produkte sind demnach ein Maß für den Nutzen, den der Kunde durch eine Produktverbesserung beziehungsweise ein neues Produkt erwartet. Das zweite Maß bildet die Unzufriedenheit des Kunden, da es positiv mit dem erwarteten Kundennutzen korreliert. Als drittes Maß nennen die Autoren die Adoptionsgeschwindigkeit von Innovationen.

2. **Identifikation der Lead User:** Nach der Spezifikation der Indikatoren können diese nun eingesetzt werden, um Lead User zu identifizieren. Das Screening geschieht dabei mittels normaler Fragebogen-gestützter Marktforschung. Zur Auswertung schlagen die Autoren eine Clusteranalyse vor. Als Ergebnis erhält man eine Gruppe, die sowohl führend bezüglich des relevanten Trends ist als auch von dessen Umsetzung in ein Produkt entscheidend profitiert.

In Abgrenzung dazu schlagen Morrison et al. (2004) einen konstruktbasierten Messansatz vor. Dieser ist unabhängig von produktspezifischen Trends und kann prinzipiell für verschiedenste Produktkategorien ohne Anpassung eingesetzt werden. Zudem propagieren Morrison et al. (2004) ein kontinuierliches Verständnis der Lead-User-Eigenschaft. Sie argumentieren, dass diese Eigenschaft nicht, wie in den oben beschriebenen Messverfahren unterstellt, dichotom ist.[21] Zur Messung verwenden sie eine Skala aus sieben Items, die aus vier Dimensionen, darunter auch leicht abgewandelt die beiden zentralen Elemente der auf von Hippel (1986) zurückgehenden Lead-User-Definition, besteht.

Diese wird ergänzt durch eine Selbsteinschätzung der Lead-User-Eigenschaft sowie die Generierung eigener Produktweiterentwicklungen.[22] Der wichtigste Beitrag der Arbeit von Morrison et al. (2004) ist aber darin zu sehen, dass dies die erste Entwicklung einer generischen, das heißt

---

[21] Zur besseren Abgrenzung verwenden die Autoren den Begriff „leading edge status".
[22] Das untersuchte Produkt ist Software, Träger der vermuteten Lead-User-Eigenschaft sind Organisationen, keine individuellen Personen.

nicht auf einen spezifischen Trend bezogene, Identifikationsmethode ist. Auf diese Weise kann die Auswahl von Lead Usern erheblich vereinfacht werden. Dies ist insbesondere in Produktmärkten, in denen kein direkter Kontakt zum Kunden existiert oder die Kundenzahl extrem groß ist, ein entscheidender Vorteil gegenüber den beiden oben beschriebenen und in Abbildung 2.2 dargestellten Verfahren.

Betrachtet man die akademische Diskussion über die Einbindung von Kunden in die Entwicklung von Industriegütern, wird deutlich, dass alle Ansätze gemein haben, Kunden mit bestimmten Eigenschaften auszuwählen. Es finden sich zahlreiche empirische Belege, dass insbesondere Lead User hierzu geeignet sind (siehe beispielsweise Gruner 1997, S. 208 und Krieger 2005, S. 110-111). Im nächsten Abschnitt wird daher beleuchtet, ob und wie sich der Lead-User-Ansatz auf Konsumgüterbereiche übertragen lässt.

2.2.3 Besonderheiten der Kundeneinbindung in die Neuproduktentwicklung von Konsumgütern

Eine direkte Übertragung des für Industriegüter bewährten Lead-User-Konzeptes auf Konsumgütermärkte ist nur möglich, wenn zwei Vorbedingungen erfüllt sind. Zum einen muss die Existenz von Lead Usern für diese Produkte gegeben sein. Zum anderen ist entscheidend, ob sie auch in diesen Märkten eine besondere Rolle für die Entwicklung erfolgreicher Produkte spielen. Der gesamte Bereich ist bis dato wenig untersucht.[23] Zudem wird keine einheitliche Terminologie verwendet, jedoch werden immer Konsumenten mit besonderen Merkmalen beschrieben.[24]

Mit der Existenz von Lead Usern in Konsumgütermärkten im Allgemeinen beschäftigen sich nur wenige Arbeiten. Diese entstammen zumeist der Schule von Hippels. Die Arbeiten von Shah (2000) sowie Franke und Shah (2003) beschäftigen sich mit der Herkunft wesentlicher Innovationen in verschiedenen Sportarten. Dabei kann Shah (2000, S. 3-4) zeigen, dass wesentliche Produktverbesserungen und neue Produkte in den Sportarten Skateboarding, Snowboarding und Windsurfen von Sportlern selbst ausgingen. Diese wurden zum Teil von den Nutzern selbst kommerzialisiert und zum Teil von Herstellerfirmen aufgegriffen und in deren Produkten berücksichtigt. Zudem zeigt die Studie, dass Hersteller in neuen Sportarten nicht die dominanten Entwickler von hoch innovativen Produkten waren, sondern vielmehr ein Großteil von den Nutzern selbst entwickelt wurde (Shah 2000, S. 10). Bei der Untersuchung handelt es sich um

---

[23] Von Interesse sind hier nur Arbeiten, die sich mit der Existenz und Einbindung von Kunden in Innovationsprozesse beschäftigen. Artikel, die sich mit der Entwicklung von spezifischen Methoden zur internetbasierten Kundeneinbindung befassen, wie etwa die „Virtual Customer"-Methoden (Dahan und Hauser 2002), werden in diesem Abschnitt noch nicht betrachtet.
[24] Aus Gründen der Vereinfachung wird in dieser Arbeit trotzdem der Begriff „Lead User" verwendet, auch wenn sich die Konzeption inhaltlich leicht von derjenigen aus Industriegütermärkten unterscheidet.

eine explorative Feldstudie, die existierende Innovationen ex-post nach ihrer Quelle untersucht. Innovationen durch Nutzer werden dabei als Lead-User-Innovationen bezeichnet. In einer weiteren Studie können Franke und Shah (2003) Lead User auch für weitere stark spezialisierte Sportarten zeigen. Beiden Untersuchungen ist gemein, dass es sich letztlich entweder um besondere oder aber recht junge Sportarten handelt.

Lüthje (2000) wählt hingegen einen anderen Weg. Zunächst leitet er methodisch ab, welche Eigenschaften Lead User in Konsumgütermärkten haben müssten.[25] Es handelt sich um eine Modifizierung und Ergänzung der in Abschnitt 2.2.2 erläuterten Kriterien von Hippels (von Hippel 1986, S. 796). Die Eigenschaften sind im Folgenden aufgeführt (Lüthje 2004, S. 32-44):

- **Neue Bedürfnisse:** Lead User in Konsumgütermärkten zeichnen sich dadurch aus, dass sie Anforderungen an Produkte stellen, die die Mehrheit erst später entwickelt.

- **Unzufriedenheit:** Durch das Entstehen neuer Bedürfnisse entwickelt der Kunde eine latente Unzufriedenheit mit dem bestehenden Marktangebot. Die Unzufriedenheit kann den Konsumenten motivieren, nach deren Gründen und später auch nach Lösungsmöglichkeiten zu suchen. So erkennt der Kunde, dass seine Bedürfnisse nicht durch das bestehende Marktangebot abgedeckt werden.

- **Verwendungswissen:** Damit ein Kunde Ideen für neue Produkte oder Produktverbesserungen entwickeln kann, muss er ein zumindest elementares Verständnis von dessen Funktionsweise gewinnen. Dies kann etwa durch Verwendung desselben oder eines ähnlichen Produkts oder aber auch durch andere Informationsquellen geschehen. So kann er Wirkungszusammenhänge verstehen und eventuell die Gründe für seine Unzufriedenheit aufdecken.

- **Objektwissen:** Objektwissen ist technisches Wissen über ein Produkt. Dazu zählen etwa Kenntnisse über Produktaufbau, Komponenten, Materialien, Verfahren und Technologien. Dies ermöglicht dem Kunden die Entwicklung eigenständiger Lösungen oder im Extremfall gänzlich neuer Produkte.

In einem zweiten Schritt setzt Lüthje diese Kriterien ein, um für eine Einbindung besonders geeignete Kunden zu identifizieren. Zu diesem Zweck verwendet er einen Fragebogen, der die vorgestellten Kriterien abfragt. Diese müssen alle simultan erfüllt werden, eine Kompensation ist nicht möglich (Lüthje 2000, S. 150). Er folgt damit der von Urban und Hauser (1993, S. 139) vorgeschlagenen Methodik. Lüthje fordert die Erfüllung folgender Kriterien:

---

[25] Er verwendet den Begriff „innovativer Kunde", um deutlich zu machen, dass es sich um ein Konzept für Konsumgütermärkte handelt.

2.2 Kundeneinbindung in die Neuproduktentwicklung

1. **Verwendungs- und Objektwissen:** Es werden nur Kunden ausgewählt, deren Objekt- und Verwendungswissen größer ist als der Durchschnitt aller untersuchten Konsumenten.

2. **Trendführerschaft und neue Bedürfnisse:** Für eine Einbindung auszuwählende Kunden sollten führend bezüglich des relevanten Produkttrends sein. Dementsprechend werden nur solche Kunden ausgewählt, deren neue Bedürfnisse stärker ausgeprägt sind als im Mittel bei allen Befragten. Gleiches gilt für das Kriterium der Trendführerschaft.

3. **Eigenständige Idee / Unzufriedenheit:** Für eine sofortige Ansprache sind solche Kunden auszuwählen, die die bereits genannten Kriterien erfüllt haben und zudem bereits eigenständig Produktvorschläge oder Innovationsideen entwickelt haben. Reicht dies nicht aus, sind im zweiten Schritt zusätzlich solche Kunden anzusprechen, die sich durch eine besonders hohe Unzufriedenheit auszeichnen.

Damit stellt Lüthje das umfassendste Konzept zur Identifikation von Lead Usern in Konsumgütermärkten vor. Er weist deren Existenz zudem auch in einigen Branchen nach. Dabei handelt es sich um Outdoor-Ausrüstung (Sportartikel), Gesellschaftsspiele und öffentlicher Personennahverkehr (ÖPNV). In einem weiteren Schritt kann er zeigen, dass die mit seiner Methodik identifizierten Kunden in von Produktherstellern veranstalteten Kreativworkshops erfolgversprechende Produktideen und -konzepte entwickeln (Lüthje 2000, S. 194-199). Lüthje liefert ein methodisch in sich geschlossenes Konzept zur Kundenauswahl und Kundeneinbindung. Er konnte zeigen, dass Lead User in Konsumgütermärkten existieren und erfolgversprechende Produktideen und -konzepte entwickeln.

Auch andere Autoren befassen sich mit der Rolle innovativer Kunden in Konsumgütermärkten, wenn auch in weniger detailliertem Maßstab (so etwa Sawhney und Prandelli 2001, S. 262 und Krafft und Krieger 2004, S. 219) Sie empfehlen, solche Kunden auszuwählen, die Trendsetter oder Meinungsführer für das jeweilige Produkt sind. Sie begründen ihre Meinung damit, dass diese Kunden in der Regel ein höheres Wissen über das Produkt besitzen und die Meinung anderer Konsumenten in ihrem sozialen Umfeld beeinflussen können. Zudem nennen sie Unzufriedenheit mit vorkonfigurierten Produkten als Motivationsgrundlage für die Bereitschaft, sich an Neuproduktentwicklungsaktivitäten zu beteiligen. Weitere Voraussetzungen sind Vertrauen in den Produkthersteller sowie eine „gemeinsame Sprache" (Sawhney und Prandelli 2001, S. 261). Kunden, die diese Kriterien erfüllen, bezeichnen die Autoren als „High Involvement"-Kunden. Es handelt sich um ein rein theoretisches Konzept, das empirisch nicht validiert wurde. Auf die konkrete Gestaltung der Kundeneinbindung gehen die Autoren nur kursorisch ein und empfehlen den Einsatz von Beobachtung, Rollenspielen und dauerhaften gemeinsamen Lernbeziehungen mit Kunden (Sawhney und Prandelli 2001, S. 272-273).

Die Untersuchung von Kristensson et al. (2004) befasst sich mit einem leicht abgewandelten Thema. Sie überprüfen, ob von normalen Kunden generierte Produktideen und -konzepte besser sind als solche, die von Lead Usern und Experten entwickelt wurden. Dabei wurden von drei Teams, professionellen Produktentwicklern auf Unternehmensseite sowie einem Team aus Lead Usern und einem Team aus normalen Nutzern auf Kundenseite, Ideen für neue mobile Serviceangebote eines Mobilfunkunternehmens entwickelt (Kristensson et al. 2002, S. 57-58). Nach einer Einführung in das Produktumfeld hatten die Gruppen zwölf Tage Zeit, Produktkonzepte zu erstellen. Im Anschluss wurde das Gruppenergebnis von Experten und erfahrenen Nutzern hinsichtlich der Kriterien Neuigkeitsgrad, Wert, Realisierbarkeit und Anzahl der Ideen bewertet (Kristensson et al. 2004, S. 8). Interessanterweise schnitten die Ideen der normalen Nutzer hinsichtlich Neuigkeitsgrad und Kreativität besser ab, auch generierten sie eine höhere Anzahl von Ideen. Einzig die Realisierbarkeit schnitt im Durchschnitt schlechter ab als bei Lead Usern und Experten (Kristensson et al. 2004, S. 10). Das Ergebnis deutet an, dass auch durchschnittliche Konsumenten ohne technisches Wissen nach einer entsprechenden Einführung in der Lage sind, sinnvolle und hochwertige Produktkonzepte zu entwickeln.[26] Anscheinend sind Konsumenten bei der Ideengenerierung weniger als Experten vom Status Quo in einer Produktkategorie beeinflusst (Sutton 2002, S. 85).

Vergleicht man diese Erkenntnisse mit denen von Lüthje (2000), ist fraglich, ob seine Identifikationskriterien verallgemeinerbar sind. Die Literatur zu Innovationsprozessen zeigt, dass die technische Spezifizierung von Produktkonzepten in der Regel erst nach Abschluss der frühen Phasen erfolgt (siehe Abschnitt 2.1.5). Andere Autoren erwähnen die technische Ausarbeitung daher nicht explizit (so etwa Sawhney und Prandelli 2001, S. 262-263). Ebenfalls aus diesem Grunde fordert Ulwick (2002, S. 92), dass Konsumenten nur zu ihren Bedürfnissen und Ansprüchen an ein neues Produkt befragt werden, nicht aber danach, wie dieses Produkt konkret aussehen sollte. Für die technische Umsetzung sind unternehmensinterne Entwicklungsabteilungen besser geeignet.

Entsprechend sollte man zwischen der Generierung von Produktideen sowie Anstößen dazu und kompletten Produktkonzepten unterscheiden. Während Lüthje (2000) eher auf letztere abzielt, befassen sich die anderen vorgestellten Untersuchungen mit Produktideen und Anstößen dazu. Insofern sollten gewisse Unterschiede in den Befunden nicht verwundern. Insbesondere in Konsumgütermärkten ist fraglich, ob die Gewinnung von ausgearbeiteten Produktkonzepten Ziel der Kundeneinbindung sein sollte. Zentraler Baustein für ein erfolgreiches Produkt ist die Qualität der zugrunde liegenden Idee (Henard und Szymanski 2001, S. 369); deren erfolgreiche Umsetzung kann ein Unternehmen eigenständig gewährleisten. Eine Einschränkung auf Konsumenten, die ausgearbeitete Produktkonzepte generieren, erscheint vor diesem Hintergrund

---

[26] Zu einem ähnlichen Ergebnis kommen auch Ciccantelli und Magidson (1993, S. 347).

fraglich.

Dies legen auch die Ergebnisse von Kristensson et al. (2004) nahe, in deren Untersuchung die besten Ideen von normalen Kunden generiert werden. Zwar deuten die Untersuchungen von Lüthje (2000) und Shah (2000) die Existenz von Lead Usern oder innovativen Kunden in Konsumgütermärkten an; durch welche Kriterien sie sich auszeichnen und ob sie auch die besten Ideen generieren, ist aber ungeklärt.

2.2.4 Verbreitung der Methoden in der Unternehmenspraxis

Obwohl, wie beschrieben, zahlreiche Anzeichen bestehen, dass Kunden in Konsumgütermärkten innovative und wertvolle Ideen für neue Konsumgüter und Konsumentenservices generieren, haben Methoden zur Einbindung wenig Verbreitung in der Unternehmenspraxis gefunden. Zwar setzen einige Firmen wie Ikea „Customer Panels" zur Entwicklung neuer Produkte und Services ein, aber dennoch zielen viele Unternehmen eher darauf ab, Meinungen in strukturierter Form zu bestehenden Konzepten einzuholen (Böttcher 2003). Man kann davon ausgehen, dass abseits von Beschwerdestellen und allgemeinen Kundenservicezentren kein kontinuierlicher Dialog mit Kunden, insbesondere nicht zu Innovationsthemen, besteht (Hansen und Raabe 1991, S. 178-179). In der Praxis dominiert, wenn überhaupt, eine fallweise Einbindung in Projekte, bei denen eine Beteiligung unabdingbar erscheint.

Dies resultiert offensichtlich aus der von Industriegütermärkten stark unterschiedlichen Kundenbeziehung. So sehen sich Konsumgüterunternehmen zumeist einer sehr großen Kundenzahl gegenüber. Zudem sind ihnen diese in den allermeisten Fällen unbekannt, da kein direkter Kundenkontakt besteht: Die dominante Form des Vertriebs ist die über Zwischenhändler, wobei der Kunde im Regelfall nur mit der letzten Handelsstufe in Berührung kommt (Hansen und Raabe 1991, S. 179-180).[27] Ein direkter Kontakt entsteht meist nur, wenn beim Endkunden Probleme bei der Verwendung des Produktes auftreten (siehe dazu die Ausführungen von Maxham III und Netemeyer 2003, S. 46-48). Diese beiden Faktoren führen dazu, dass Konsumgüterunternehmen in der Regel auf Methoden der klassischen Marktforschung zurückgreifen, um Produktideen zu validieren und Kundenbedürfnisse zu erkennen. Häufig werden dazu externe Marktforschungsunternehmen beauftragt, ein Kontakt zwischen Unternehmen und Kunde entsteht nicht.[28]

---

[27] Dies gilt nicht für Versandhändler und Serviceanbieter wie Banken und Telefongesellschaften, die in aller Regel einen direkten Zugang zum Kunden haben. Dieser kann für verschiedenste Marketingaktivitäten wie Preisdifferenzierung aber auch die Kundeneinbindung in die Neuproduktentwicklung genutzt werden (Chen und Ganesh 2002, S. 198).
[28] Eine Kommunikation von personenbezogenen Daten an den Auftraggeber ist Marktforschungsinstituten untersagt. Dies schreibt der standesrechtliche Kodex zur Praxis der Markt- und Sozialforschung vor. Er ist abrufbar unter http://www.adm-ev.de/pdf/Kodex_D.pdf.

Letztlich ist die nur geringe Verbreitung der Kundeneinbindung damit eher auf organisatorische Schwierigkeiten denn auf die mangelnde Eignung der Kunden zurückzuführen. Zum einen fehlt den Unternehmen eine systematische Zugangsmöglichkeit zum Endkunden, zum anderen sind Maßnahmen, die einen direkten Kontakt zum Endkunden ermöglichen, wie etwa Kundenclubs, relativ aufwändig in der Implementierung und daher in der Praxis relativ selten. Allerdings zeigen die vorgestellten Arbeiten, dass Kunden wertvolle Beiträge in den frühen Phasen des Innovationsprozesses leisten können. Dies spiegelt sich zum Teil bereits darin wider, dass Unternehmen zahlreiche klassische Methoden zur Unterstützung einsetzen. Diese engen den Kunden aber teilweise zu stark ein; weniger strukturierte Beteiligungsmöglichkeiten könnten wesentlich wertvollere Beiträge leisten.

2.3 Die Nutzung des Internet zur Kundeneinbindung in die Neuproduktentwicklung von Konsumgütern

Im vorangegangenen Abschnitt wurden die Schwierigkeiten geschildert, die sich einem Konsumgüterunternehmen stellen, wenn es mit bestehenden oder potenziellen Kunden in einen Dialog im Rahmen der Neuproduktentwicklung eintreten will. Daher sind Methoden, die nicht im Rahmen der klassischen Marktforschung vor allem zu testenden Untersuchungen eingesetzt werden, auch nicht sehr verbreitet.[29]

So wie die immer weitere Verbreitung des Internet einen starken Einfluss auf die Wertschöpfungskette von Konsumgüterunternehmen hat, eröffnet sie auch neue Möglichkeiten der Kundenansprache.[30] Über das Internet können kostengünstig große Kundengruppen direkt angesprochen werden.[31] Im Vergleich zu klassischen Massenkommunikationsmedien ermöglicht die Nutzung des Internet eine erheblich höhere Informationsdichte, vor allem aber gibt es dem Kunden einen Rückkanal zum Unternehmen. Dies gestattet eine Zwei-Wege-Kommunikation. Durch die technische Entwicklung und die zunehmende Verbreitung von breitbandigen Internetanschlüssen können auch grafisch hochwertige Visualisierungen im Internet eingesetzt werden.[32]

---

[29] Dies gilt etwa für die von Lüthje (2000, S. 130-161) vorgeschlagene Methodik zur Einbindung fortschrittlicher Kunden.
[30] Obwohl technisch gesehen die Kommunikation über das World Wide Web als Teil des Internet stattfindet, wird in dieser Arbeit der Begriff Internet verwendet.
[31] Im Jahr 2003 hatten 51 Prozent der deutschen Haushalte einen Internetzugang und 43 Prozent der Gesamtbevölkerung nutzten das Internet mindestens einmal pro Woche (o.V. 2004b, S. 9 und o.V. 2003d, S. 11).
[32] In Deutschland hatten 2002 nach Schätzungen von PricewaterhouseCoopers etwa 10 Prozent der Haushalte einen breitbandigen Internetzugang (PricewaterhouseCoopers 2004, S. 17), eine andere Studie ermittelt diese Zahl für 2003 (o.V. 2003a). Die Verbreitung wächst sehr schnell. Das Statistische Bundesamt ermittelt für 2003 eine Verbreitung von knapp 9 Prozent (o.V. 2004a und o.V. 2004b, S. 5).

Direkter Kundenkontakt, hohe Informationsdichte und interaktive Darstellung schaffen im Bereich der Neuproduktentwicklung völlig neue Einbindungsmöglichkeiten. Dies wurde auch in der Forschung erkannt. Unter den Schlagwörtern „Virtual Customer", „E-Customer-Innogration", „Customized Innovation", „Virtual Customer Integration" und „Virtuelle Kundeneinbindung" wurden Methoden und Konzeptionen entwickelt, die sich die Vorteile zu nutze machen.[33] Letztlich meinen alle Begriffe dasselbe: die Nutzung des Mediums Internet, um Kunden für eine Unterstützung des Neuproduktentwicklungsprozesses zu gewinnen. Im Rahmen dieser Arbeit wird der Begriff virtuelle Kundeneinbindung einheitlich für alle Methoden verwendet, mit denen Konsumenten über das Internet in Neuproduktentwicklungsaktivitäten eingebunden werden. Allerdings lassen sich an der begrifflichen Vielfalt und den Inhalten der Arbeiten andere Dinge erkennen: Es hat sich noch keine einheitliche Terminologie herausgebildet, da der Forschungszweig noch recht jung ist. Zudem wird auf andere Forschungsergebnisse innerhalb des Bereichs teilweise wenig Bezug genommen.

In den folgenden Abschnitten wird systematisch untersucht, welche Erkenntnisse in der bestehenden Forschung über Kundeneinbindungsmethoden und Kundenauswahl zum Einsatz in den frühen Phasen der Neuproduktentwicklung existieren. Zusätzlich erfolgt ein Blick auf die Praxis, welche Verfahren dort eingesetzt werden. So nutzen Unternehmen, wie zum Beispiel Procter & Gamble, das Internet bereits zur direkten Kundenansprache, um die Neuproduktentwicklung zu optimieren.

Zunächst erfolgt in diesem Abschnitt eine generelle Beschreibung, welche Möglichkeiten die Nutzung des Kommunikationsmediums Internet für die Kundeneinbindung eröffnet. Dabei wird untersucht, welche Potenziale dessen Nutzung eröffnet, aber auch welche Nachteile sich daraus ergeben können. Danach wird der Stand der Forschung im Hinblick auf interaktive Methoden der Kundeneinbindung vorgestellt, bevor Methoden der Kundenidentifikation und -auswahl diskutiert werden.

2.3.1 Der Einsatz des Internet bei der Kundeneinbindung

Die Nutzung des Internet verbessert die Voraussetzungen für eine Kundeneinbindung in vier Bereichen. Dabei handelt es sich um *Kommunikation*, *Darstellung*, *Flexibilität* und *Auswertung* (in Anlehnung an Dahan und Hauser 2002, S. 333 und Ernst 2004, S. 194-195).

Der Bereich *Kommunikation* umfasst zahlreiche Aspekte. Das Internet ermöglicht Unternehmen eine kostengünstige massenhafte Ansprache seiner Kunden. Auch ist eine Anpassung der

---

[33] Die Begriffe gehen auf Dahan und Hauser (2002), Rüdiger (2001), Ernst (2004) und Bartl et al. (2004) zurück.

Ansprache möglich.[34] Durch adäquate Methoden ist es möglich, direkten Kontakt zu individuellen Kunden zu bekommen und so detaillierte Kundenprofile zu erstellen (zur Bedeutung von Kundeninformationen siehe Hagel und Rayport 1997). Die Reichweite des Internet ist anderen Medien wie Informationsbroschüren, die einen ähnlichen Informationsgehalt transportieren können, weit überlegen. Prinzipiell ist eine Ansprache der gesamten Kundenbasis möglich, sofern sie einen Zugang zum Internet hat. Postalisch sind hingegen nur solche Konsumenten erreichbar, deren Adresse bekannt ist. Bei Umfragen werden ebenfalls nur wenige Konsumenten angesprochen, nämlich solche, die für die Umfrage als geeignet identifiziert wurden. Das Internet ermöglicht die Ansprache auch unbekannter Konsumenten, was besonders im Kontext der Konsumgüter eine entscheidende Bedeutung hat. Durch die äußerst niedrigen marginalen Kosten, eine weitere Person anzusprechen, genießt die Kommunikation mit den Kunden via Internet zudem erhebliche Kostenvorteile (Ernst 2004, S. 194).

Dies gilt auch für die Geschwindigkeit: Die Nutzung des Internet bietet eine Kommunikation in Echtzeit. Man kann im selben Moment auf Informationen zugreifen, in dem sie bereit gestellt werden. Gleiches gilt für das Kundenfeedback: Es steht dem Unternehmen im Moment der Abgabe zur Verfügung (Hennig-Thurau und Dallwitz-Wegner 2002, S. 313). Ergebnisse von Kundeneinbindungsmaßnahmen liegen entsprechend in Echtzeit vor. Damit können Neuproduktentwicklungsprozesse signifikant verkürzt werden (Dahan und Hauser 2002, S. 333).[35] Die Eigenschaften des Mediums Internet ermöglichen zudem eine gute Kontrolle der Kommunikationswege. Für jede Ansprache von Kunden können zahlreiche Variable, etwa Dauer des Zugriffs, Ort des Zugriffs und Zugangsweg, festgehalten werden.

Das Internet gestattet zusätzlich eine multimediale *Darstellung* der Inhalte (Ernst 2004, S. 194). Im grafischen Bereich sind dreidimensionale Darstellungen möglich, die zusätzlich mit Ton hinterlegt werden können (Ernst und Sattler 2000, S. 164). Diese können auch animiert werden, was besonders für die Darstellung von Prototypen relevant ist. So konnte gezeigt werden, dass Konzepttests, die sich der Visualisierungs- und Animationsmöglichkeiten des Internet bedienen, textbasierten Methoden überlegen sind (Dahan und Srinivasan 2000, S. 107). Der digitale Charakter führt zu Kostenvorteilen bei der Realisierung von Prototypen: Digitale Prototypen sind wesentlich kostengünstiger herzustellen als physische (Urban et al. 1997, S. 143). Auch sind digitale Inhalte wesentlich leichter zu ändern (Burke 1996, S. 123).

Dies erhöht die *Flexibilität*: Bereits bestehende Darstellungen können, wie andere Web-Inhalte

---

[34] Das Mass Customizing von Webinhalten ist technisch relativ einfach, ein bekanntes Beispiel ist der Versender Amazon.com (Wirtz 2001, S. 524-527).
[35] Im Rahmen dieser Arbeit wurden Daten durch eine Online-Umfrage erhoben. In jeder Befragungswelle begannen einige Probanden bereits wenige Sekunden nach Erhalt der Einladung zur Umfrage (Email) mit der Beantwortung. Unmittelbar nach Beendigung der Beantwortung standen die Ergebnisse in kodierter Form zur Auswertung bereit.

auch, schnell und leicht angepasst werden. Der dynamische Charakter ermöglicht das Anpassen von Inhalten an die jeweiligen Adressaten. Fragebögen können basierend auf simplen Regeln entsprechend dem Antwortverhalten des Probanden verändert werden. Ein Beispiel aus dem Bereich der Neuproduktentwicklung ist die adaptive Conjoint-Analyse (ACA) (Green et al. 2001, S. S65-S66). Geschwindigkeit und niedrige Kosten ermöglichen eine schnelle Generierung von relevanten Informationen auf Adhoc-Basis, was die Flexibilität innerhalb der Neuproduktentwicklung erhöht (Gadeib 1999, S. 108-109).

Auch für die *Auswertung* ergeben sich Vorteile. Das Internet liefert Daten in digitaler Form, so dass eine aufwändige Kodierung der Rohdaten entfällt. Zudem können einfache Auswertungen in Echtzeit erfolgen. Bei geschlossenen Umfragen können Teilnehmer während des Ausfüllens daraufhin überprüft werden, ob sie zur gewünschten Zielgruppe gehören (Hennig-Thurau und Dallwitz-Wegner 2002, S. 313).

Der Einsatz des Internet im Rahmen der Neuproduktentwicklung schafft damit zahlreiche neue Möglichkeiten, die gegenüber klassischen Methoden Vorteile haben. Allerdings ergeben sich auch Nachteile. Zwar hat das Medium in den Darstellungsmöglichkeiten zahlreiche Vorteile gegenüber Papierdarstellungen, an den Realitätsgrad physischer Prototypen kann es in vielen Fällen jedoch nicht heranreichen. Bis auf Geräusche sind sensorische Stimuli nicht realisierbar und werden es auf absehbare Zeit auch nicht sein. Zudem unterscheidet sich die Demographie der Internetnutzer immer noch von der Struktur der Gesamtbevölkerung.[36] Es ist daher unklar, ob alle Bevölkerungsgruppen über das Internet zuverlässig abgebildet werden können (Dahan und Hauser 2002, S. 334).

Deshalb sollte vor jeder Fragestellung geprüft werden, ob das Internet für eine Untersuchung eingesetzt werden kann. Für eine breite Palette von Fragestellungen, die im Rahmen der frühen Phasen des Innovationsprozesses relevant sind, ist dies aber gegeben, da in der Regel keine repräsentative Stichprobe erforderlich ist. Daher erfahren Methoden, die das Internet nutzen, eine zunehmende Verbreitung in der Unternehmenspraxis (Wermelskirchen 2002).

2.3.2 Forschung zur virtuellen Kundeneinbindung

Das Thema „Virtuelle Kundeneinbindung" ist noch recht jung, und es finden sich nur relativ wenige Publikationen. Diese lassen sich grob in vier Kategorien einteilen, auf die in der Folge näher eingegangen wird. Ein Zweig befasst sich mit grundsätzlichen Überlegungen zur Gestaltung der Kundeneinbindung. Es handelt sich um Arbeiten, die theoretische Konzeptionen

---

[36] Es ist zwar ein Annäherungsprozess festzustellen, aber dennoch gibt es signifikante Unterschiede bei zentralen soziodemographischen Merkmalen wie Alter, Bildung, Einkommen etc. (o.V. 2003d, S. 10-13). Inwiefern sich dies durch eine Gewichtung der Stichprobe ausgleichen lässt, ist umstritten (Wermelskirchen 2002).

entwickeln und Einsatzmöglichkeiten beschreiben. Eine andere Kategorie bilden Arbeiten, die im Wesentlichen neue internetbasierte Methoden der Kundeneinbindung entwickeln und testen. Die dritte Kategorie ist mit der ersten eng verwandt, sie befasst sich mit der Ausgestaltung des Prozesses der virtuellen Kundeneinbindung in spezifischen Verwendungssituationen. Dazu zählen Arbeiten, die die Eignung von virtuellen Communities zur Unterstützung von Innovationsprozessen untersuchen. Eine vierte Kategorie beschäftigt sich empirisch mit der virtuellen Kundeneinbindung, ohne einen expliziten methodischen Bezug zu haben. Hierunter fallen Arbeiten, die das Innovationsverhalten von Internetnutzern und die Verbreitung (-spotenziale) der virtuellen Kundeneinbindung untersuchen.

2.3.2.1 Grundsätzliche Arbeiten zur Gestaltung der virtuellen Kundeneinbindung

Die grundsätzlichen Arbeiten untersuchen zunächst die prinzipielle Eignung des Mediums Internet und sein Potenzial zur Kundeneinbindung. Danach leiten sie Gestaltungsparameter ab. Rüdiger (2001) entwickelt seine Konzeption auf Basis des Phasenmodells des Innovationsprozesses. Um die Potenziale abschätzen zu können, vergleicht er Methoden der internetbasierten Kundeneinbindung mit nicht internetbasierten Verfahren. Er konstatiert generell eine gute Eignung und sieht ein hohes Potenzial für die neuen Methoden, lediglich eingeschränkt durch begrenzte Darstellungsmöglichkeiten (Rüdiger 2001, S. 7). Er identifiziert *Kundenauswahl, Einbindungsmodalitäten* und *Einbindungszeitpunkt* als wesentliche Gestaltungsfelder zur Optimierung der virtuellen Kundeneinbindung.

Ähnlich geht Nambisan (2002) vor, liefert aber eine umfassendere Konzeption. Basierend auf Erkenntnissen der klassischen Kundeneinbindung leitet er Entscheidungsfelder für die virtuelle Kundeneinbindung ab. Diese hängen auch davon ab, welche Rolle der Kunde im Innovationsprozess spielen soll. Je nach der Phase des Innovationsprozesses ändert sich die Rolle des Kunden bei der Einbindung (Nambisan 2002, S. 395). In den frühen Phasen des Innovationsprozesses wird der Kunde demnach als Ressource genutzt, etwa um Ideen für neue Produkte zu gewinnen.[37] Er identifiziert drei zentrale Problembereiche: *Identifikation und Kontaktierung* geeigneter Kunden, *Gewinnung relevanten Kundenwissens* sowie *Incentivierung*. Während der Phase der Produktentwicklung sieht Nambisan die Rolle des Kunden als Ko-Produzent („co-creator"). Dabei ist der Kontakt zwischen Kunden und dem Produktentwicklungsteam sehr eng, was organisatorische Schwierigkeiten, wie erhöhte Komplexität und größere Unsicherheit, schafft. In der Test- und Markteinführungsphase haben Kunden die Rolle des Testers. Das Testen von Prototypen zur Produktverbesserung durch geeignete Kundengruppen ist gängige Praxis; in Konsum-

---

[37] Ernst (2004, S. 195) beschreibt eine ähnliche Rolle der Kunden und bezeichnet diese als Ideengenerierer und Berater.

Tabelle 2.1: Wichtige Merkmale der Rolle des Konsumenten im Innovationsprozess

Phase	Ideenphase	Entwicklungsphase	Markteinführung
Rolle des Konsumenten	Ideengeber („Ressource")	„Co-Creator" und Berater	User und Käufer
Beitrag	Produktideen	Beiträge zur Produktentwicklung	Bewertung der Akzeptanz
	Mitteilung von Bedürfnissen	Bewertung von Umsetzungsvarianten	Abschätzung des Marktpotenzials
	Verbesserungsvorschläge		Produktkauf und Kommunikation von Erfahrungen
	Ideenbewertung		

Quelle: in Anlehnung an Nambisan (2002, S. 395) und Ernst (2004, S. 195)

gütermärkten weniger verbreitet sind hingegen die von Nambisan (2002) genannten Nutzergruppen, die sich gegenseitig bei der Lösung von Problemen bei der Verwendung unterstützen. Aus diesen Vorüberlegungen leitet Nambisan vier generelle Gestaltungsfelder ab, die umfassender als die Parameter von Rüdiger (2001) sind.

Dabei beinhaltet die *Art der Interaktion* die eingesetzten Kommunikationswege, die temporale Struktur, die Identität des Kunden und das Ausmaß der Kontrolle des Kunden über die Beziehung. Die zweite Kategorie bildet die Art der *Wissensgenerierung*. So kann etwa „tacit knowledge" der Kunden explizit und damit einem Konsumgüterunternehmen bekannt werden. Zum anderen kann explizites Wissen mit anderem expliziten Wissen kombiniert werden, um neues Wissen zu generieren. Je nach Art der Aufgabe sind unterschiedliche Methoden notwendig (Nambisan 2002, S. 403). Das dritte Feld bildet die *Motivationsgrundlage*. Hier unterscheidet er zwischen Produkt-, Gemeinschafts- und Medien-spezifischen Motivationsgrundlagen. Diese lassen sich zudem danach kategorisieren, ob sie intrinsisch oder extrinsisch wirken. Schließlich nennt Nambisan die *Stärke der Einbindung* als Gestaltungsfeld.

Auch Ernst (2004) betont in seiner Konzeption, dass die Ausgestaltung der Kundeneinbindung im Wesentlichen von der Rolle bestimmt wird, die der Konsument spielen soll. Je nach Phase wechselt diese von der eines Ideengebers über die eines „Co-Creators" hin zu der des potenziellen Käufers beziehungsweise Erstkäufers. Entsprechend ändert sich auch die Art des Beitrags, den der Konsument leisten kann und soll, in Abhängigkeit von der Phase des Innovationsprozesses, in der die Kundeneinbindung stattfindet. Tabelle 2.1 fasst die Erkenntnisse der Arbeiten von Nambisan (2002) und Ernst (2004) zusammen.

Damit lässt sich festhalten, dass folgende Kriterien eine besondere Rolle bei der Gestaltung der virtuellen Kundeneinbindung spielen:

- **Struktur der Einbindung:** Dies umfasst die zeitliche Struktur der Einbindung, die Intensität und die Kommunikationsart. Die zeitliche Komponente beinhaltet insbesondere die Entscheidungen, in welchen Phasen, wie lange und mit welchen Methoden die Kunden eingebunden werden sollen. Die Intensität beschreibt, welcher Zeitaufwand dem Kunden abgefordert wird und ob er fallweise oder dauerhaft am Innovationsprozess partizipiert. Weiterhin muss entschieden werden, in welchem Umfang mit dem Kunden kommuniziert wird und ob die Kunden auch untereinander Kontakt halten können.

- **Ziel der Einbindung:** Das Ziel der Einbindung ist in erster Linie die Generierung von Wissen als Unterstützung des Innovationsprozesses.[38] Dabei spielt insbesondere eine Rolle, zu welchem Zweck dieses Wissen verwendet werden soll.

- **Kundenauswahl:** In der Regel haben Konsumgüterunternehmen eine stark heterogene Kundenbasis. Je nach Struktur und Ziel der Einbindung sollten daher Kunden mit bestimmten Eigenschaften eingebunden werden.

Die Kriterien bestimmen maßgeblich die Auswahl der einzusetzenden Methode(n). Daher sollen im nächsten Abschnitt unterschiedliche Methoden vorgestellt werden, die in der Literatur zur virtuellen Kundeneinbindung vorgeschlagen worden sind.

2.3.2.2 Methodische Arbeiten zur virtuellen Kundeneinbindung

In der Literatur existiert eine Gruppe von Arbeiten, die Methoden für die virtuelle Kundeneinbindung vorschlagen. Dabei sollen hier nur solche Konzepte berücksichtigt werden, die einen Neuigkeitswert im Vergleich zu Offline-Methoden haben.[39] Die Methoden lassen sich grob in zwei Kategorien einteilen. Die Unterscheidung erfolgt über die Dauer der Einbindung in *phasenspezifische Methoden*, also solche, die nur eine Phase abdecken, und *phasenübergreifende Methoden*, die also mindestens zwei Phasen abdecken.

Bei den *phasenübergreifenden* Methoden sind vor allem virtuelle Gemeinschaften zu nennen. Sie vereinen Menschen mit einem gemeinsamen Interesse. Die erste, soziologisch geprägte, Definition liefert Rheingold (1993, S. 413): „Virtual Communities are social aggregations that emerge

---

[38] Dass auch positive Reputationseffekte entstehen können (Nikitas 2002), wird hier als Nebenaspekt betrachtet, ist aber für Konsumgüterhersteller von wichtiger Bedeutung. Dies zeigt, wie bereits erwähnt, das Beispiel Procter & Gamble.
[39] Diese können durchaus computergestützt sein. Ein Beispiel hierfür ist die adaptive Conjoint-Analyse. Die Nutzung des Mediums Internet eröffnet hier nur einen neuen Kommunikationsweg zum Probanden, die Methode bleibt aber im Wesentlichen unverändert. Entsprechend wird sie in diesem Abschnitt nur kurz diskutiert.

2.3 Die Nutzung des Internet zur Kundeneinbindung in die Entwicklung von Konsumgütern 35

from the Net when enough people carry on those public discussions long enough, with sufficient human feeling, to form webs of personal relationships in cyberspace." Spätere Definitionen stellen vor allem die Bedeutung eines gemeinsamen Interesses als Triebfeder für das Engagement der Mitglieder heraus (McWilliam 2000, S. 45-46). Virtuelle Gemeinschaften haben daher sowohl im Marketing als auch in der Innovationsforschung Interesse erregt, da sie auch im Offline-Bereich besondere Eigenschaften besitzen. So befassen sich Muniz und O'Guinn (2001), McAlexander et al. (2002) sowie Algesheimer et al. (2005) mit Markencommunities. Letztere konstatieren, dass in einer Markencommunity integrierte Kunden loyaler sind, Mundwerbung betreiben und negative Erfahrungen mit Produkten der Marke eher verzeihen als normale Kunden (McAlexander et al. 2002, S. 51). Zudem sind sie bereit, einer Firma aktiv Feedback zu geben. Diese Eigenschaften gelten auch für Online-Markengemeinschaften. Während „klassische" Markengemeinschaften in der Regel regional begrenzt sind, ermöglichen Online-Communities die Kommunikation über lokale Grenzen hinaus (Rothaermel und Sugiyama 2001, S. 300). Dabei sind solche Gemeinschaften zu unterscheiden, die vom Markenanbieter selbst betrieben werden (McWilliam 2000, S. 41), und solche, die unabhängig von diesem betrieben werden (Hennig-Thurau und Hansen 2001, S. 571-572). Letztere können auch allgemein um eine Produktkategorie zentriert sein (Kozinets 2002, S. 61-62). Bei der Beobachtung einer Online-Community zum Thema Kaffee identifiziert Kozinets (2002, S. 70) zahlreiche innovative Ideen. Aufbauend auf dieser Erkenntnis entwickelt er eine Methode zur Beobachtung von Communities im Konsumgüterbereich, um Produktideen zu gewinnen und besonders innovative Kunde zu identifizieren.

Neben dem Einsatz zur Ideengenerierung haben Communities eine weitere positive Eigenschaft für die Kundeneinbindung in die Neuproduktentwicklung. Durch ihren dauerhaften Charakter ist es möglich, dasselbe Mitglied in mehrere Phasen des Innovationsprozesses einzubinden (Sawhney et al. 2003, S. 78). Damit ähneln Kundencommunities letztlich Online-Accesspanels, die Unternehmen einen Pool von Kunden für Marktforschungszwecke bereitstellen (für eine Einführung siehe Göritz 2001). Im Vergleich zu diesen haben sie aber durch die beschriebenen positiven Effekte einer Community zahlreiche Vorteile, so dass sie für die Zwecke der Kundeneinbindung in Neuproduktentwicklungsprozesse besonders geeignet erscheinen.[40]

Zu diesem Zweck stehen die *phasenspezifischen Methoden* der Kundeneinbindung zur Verfügung, die im Folgenden vorgestellt werden. Dies beschränkt sich auf die frühen Phasen des Innovationsprozesses, da sie im Fokus dieser Arbeit stehen (siehe die Abschnitte 2.1.5 und 2.4.2).[41] Die Art der eingesetzten Methoden richtet sich im Wesentlichen nach der Rolle, die Konsumenten in einer bestimmten Phase des Innovationsprozesses ausfüllen sollen und nach der Art des

---
[40] Keenan (2001) beschreibt, wie vier US-amerikanische Konsumgüterhersteller herstellergeführte Online-Communities einsetzen, um ihre Neuproduktentwicklungsprozesse zu unterstützen.
[41] Eine umfassende Übersicht, die alle Phasen berücksichtigt, liefert Ernst (2004, S. 196).

Wissens, das gewonnen werden soll (Ernst 2004, S. 196-197). In der ersten Phase des Innovationsprozesses, der Ideengenerierung, stehen dementsprechend explorative Methoden im Vordergrund, da der Kunde im Wesentlichen als Quelle von Ideen dient. Wie eingangs beschrieben, sind diese eine zentrale Ressource für den Innovationsprozess (Kim und Wilemon 2002, S. 273-274). Zudem bestimmt die Qualität der Ideen maßgeblich den späteren Erfolg des Produkts. Die Reichweite des Internet bei der Einbindung von Kunden ermöglicht eine signifikante Erhöhung der Ideenanzahl. Dies ist bedeutsam, da erfolgreiche Konsumgüter zum einen häufig aus Kundenideen resultieren und zum anderen „Demand-Pull"-Innovationen, die auf manifestierten Kundenbedürfnissen basieren, häufig erfolgreicher sind als „Technology-Push"-Produkte, die versuchen, Kundenbedürfnisse (nur) zu schätzen (Ernst 2004, S. 198). Ein Weg der Ideengenerierung umfasst die Einbindung von Lead Usern und die Auswertung ihrer Ideen. Allerdings erfordert dies deren vorhergehende Identifikation. Wie dies im Kontext der virtuellen Kundeneinbindung geschehen könnte, wird später in Abschnitt 2.3.3 ausführlich beschrieben.

Eine allgemeinere Methode zur Gewinnung von Kundenfeedback ist die Auswertung von Beschwerden und Anregungen, die per Email oder über eine Beschwerdefunktion auf der Website eingehen. Allerdings erscheint dies wenig effektiv, da zahlreiche Beschwerden für die Zwecke der Ideengenerierung ungeeignet sein dürften (Ernst et al. 2004, S. 132). Dagegen ist eine explizite Möglichkeit zum Einsenden von Verbesserungsvorschlägen und Neuproduktideen zielführender (Rüdiger 2001, S. 5). Dies kann in Form von Ideenwettbewerben geschehen. Sie werden in den frühen Phasen des Innovationsprozesses eingesetzt, um gezielt Neuproduktideen von Konsumenten zu erhalten und auf diese Weise unternehmensinterne Ideengenerierungsbemühungen zu unterstützen. Dabei wird in der Regel ein bestimmter Themenbereich vorgegeben, zu dem sich die Teilnehmer in unstrukturierter Form etwa in einem Freitextfeld äußern können. Eine knappe Beschreibung des Themas dient einer gewissen Begrenzung der Streubreite der Antworten: Je offener die Beschreibung, desto divergierender die Antworten. Damit ähneln Ideenwettbewerbe einem individuellen Brainstorming (siehe für eine Einführung Osborn 1963, S. 151-163). Das Format eines Ideenwettbewerbs vermeidet Gruppeneffekte und liefert damit prinzipiell bessere Ergebnisse als ein Brainstorming im klassischen Format (siehe Dennis und Valacich 1994, S. 725 sowie Lamm und Trommsdorff 1973, S. 366-370). Bei einem Ideenwettbewerb im engeren Sinne werden nach Abschluss die besten Ideen durch eine Jury prämiert. Auf diese Weise wird ein leistungsbezogener Anreiz gesetzt, um möglichst viele hochwertige Beiträge zu erhalten. Eine andere Variante ist die Verlosung von Preisen unter allen Einsendern. Streng genommen handelt es sich nicht mehr um einen „Wettbewerb", trotzdem wird auch für diese Variante in dieser Arbeit der Begriff Ideenwettbewerb verwendet. Durch eine allgemeine Verlosung erhöht sich aber die Gefahr, irrelevante Beiträge von Konsumenten zu bekommen, die nur auf den Gewinn abzielen. Im Vergleich zu einer Auszeichnung der besten Ideen ist ein Ideenwettbewerb mit Verlosung deutlich einfacher zu administrieren, da keine aufwändige Prä-

2.3 Die Nutzung des Internet zur Kundeneinbindung in die Entwicklung von Konsumgütern

mierung in unmittelbarer zeitlicher Nähe zum Einsendeschluss vorgenommen werden muss. Bei beiden Varianten aber haben nur wenige Teilnehmer eine Chance darauf; dies ist ein bedeutender Unterschied zu Fragebogen-Untersuchungen, bei denen in aller Regel jeder Teilnehmer ein Incentive erhält.[42]

In der Literatur finden sich nur wenige systematische Untersuchungen dieser Methode, was möglicherweise auf deren einfache Struktur zurückzuführen ist. In der Praxis ist die Methode dagegen weit verbreitet: Zum einen wird sie zur Unterstützung anderer Werbeformen genutzt, etwa in Form von Rezeptwettbewerben bei Lebensmittelherstellern. Zum anderen werden Ideenwettbewerbe zunehmend zum Testen beziehungsweise zur Ergänzung unternehmenseigener Ideen, aber auch zur Gewinnung völlig neuer Ideen eingesetzt. So hat das systematische Abschöpfen von Kundenideen in dieser Form bei Procter & Gamble sowie Lego für zahlreiche verschiedenartige Produkte zu guten Ergebnissen geführt (Nikitas 2002).

Dahan und Hauser (2002, S. 348) beschreiben eine methodische Weiterentwicklung der Online-Fokusgruppe unter dem Namen „Information Pump". Dabei werden Teilnehmer durch geschicktes Incentivieren dazu angeleitet, Beiträge hoher Qualität abzugeben. Die Methode hilft, „Sprachbarrieren" zwischen Neuproduktentwicklern und Kunden zu überwinden. In ersten Pilottests lieferte die Methode bessere Ergebnisse als eine Vergleichsmethode, die die gleiche Menge Informationen für die Teilnehmer bereitstellt, aber nicht strukturiert ist. Die durch die Information-Pump-Methode gewonnenen Beiträge sind zudem kreativer. Allerdings sind keine weiteren Anwendungen in der Forschung bekannt. Auch in der Unternehmenspraxis ist die Methode nicht verbreitet, hier dominiert bei den internetbasierten Methoden zur Identifikation von Kundenbedürfnissen trotz prinzipieller methodischer Unterlegenheit die Online-Fokusgruppe.[43] Dies liegt an der im Vergleich zur Information-Pump-Methode einfacheren Durchführung.

Sowohl die Information-Pump-Methode als auch die Online-Fokusgruppe sind in ihrer Reichweite stark beschränkt, die Einbindung großer Kundengruppen ist dadurch aufwändig.[44] In dieser Hinsicht sind Ideenwettbewerbe überlegen; allerdings besteht durch die nicht vorhandene aktive Lenkung der Teilnehmer die Gefahr, dass relativ viele irrelevante Beiträge eingehen.

In der zweiten Phase des Innovationsprozesses, der Konzeptentwicklung, steht eine Entscheidungsunterstützung der Bewertung und Auswahlentscheidung im Vordergrund. Je nach Art des gewünschten Kundenfeedback kommen qualitative und quantitative Methoden zum Einsatz. Zur Gewinnung qualitativer Daten bietet sich wiederum der Einsatz von Online-Fokusgruppen an. Die Nutzung des Internet schafft, wie erläutert, zahlreiche Effizienzvorteile, zudem er-

---
[42] In dieser Arbeit wird die zweite beschriebene Variante, also mit Verlosung, betrachtet.
[43] Eine Einführung in Online-Fokusgruppen findet sich bei Görts (2001) oder Epple und Hahn (2003).
[44] Dies wird aus der Beschreibung einer Anwendung von Adriaenssens und Cadman (1999) deutlich.

möglicht es eine kostengünstige Visualisierung von Produktkonzepten für physische Produkte (Dahan und Hauser 2002, S. 334-335). Dies verbessert in der Regel die Validität der Untersuchungsergebnisse gegenüber einer rein verbalen Darstellung oder einer mit statischen Bildern angereicherten Beschreibung des Produktkonzepts (Dahan und Srinivasan 2000, S. 106-107 sowie Ernst und Sattler 2000, S. 170). Die begrenzte Teilnehmerzahl einer Online-Fokusgruppe kann bei der Ideenbewertung einen Vorteil bedeuten, da der Zugang zur Fokusgruppe kontrolliert werden kann. In der Regel ist nicht erwünscht, dass Produktideen im Markt bekannt werden, was gegen eine allgemein zugängliche, ungesteuerte Befragung etwa über offene Feedback-Formulare spricht (Brockhoff 1997, S. 365). Diese erzeugen zudem sehr viele unstrukturierte Beiträge, die nur schwierig auszuwerten sind. Auch ist fraglich, ob dieses Vorgehen einen Erkenntnisfortschritt gegenüber der Befragung weniger, ausgesuchter Konsumenten bedeutet. So legen Ergebnisse von Studien über Fokusgruppen nahe, dass der Großteil aller wichtigen Beiträge zumindest in solchen gelenkten Formaten mit einer begrenzten Anzahl von Wiederholungen gewonnen werden kann (Griffin und Hauser 1993, S. 7-8).

Bei den quantitativen Verfahren zur Ideenbewertung dominieren Varianten und Abwandlungen der Conjoint-Analyse (für einen Überblick siehe Green et al. 2001). Das Internet ermöglicht für die Durchführung einer Conjoint-Analyse zum einen den Einsatz adaptiver Methoden und komplexer Visualisierungen der Produkteigenschaften, die das Vorstellungsvermögen der Probanden unterstützen. Zum anderen bietet es gegenüber computergestützen Interviews eine quasi beliebige Reichweite. Deswegen erfährt die Online-Conjoint-Analyse eine sehr hohe Beliebtheit in der Praxis, da sie die Schnittstelle zum Probanden stark verbessert (Dahan und Hauser 2002, S. 336-337). Eine Weiterentwicklung der adaptiven Conjoint-Analyse (ACA) unter Verwendung von Computervisualisierung ist das von Dahan und Hauser (2002, S. 341-345) entwickelte „User Design".[45] Die Methode lässt den Kunden zunächst ein für ihn ideales Produkt aus den verschiedenen Ausprägungen der Attribute zusammenstellen und danach bewerten. Im Anschluss daran findet eine Konfrontation des Probanden mit Trade-Off-Entscheidungen statt, bei denen das Design leicht variiert wird. Daraus lassen sich Teilnutzenwerte berechnen (Liechty et al. 2001, S. 194). Die erste Stufe des User Design ähnelt prinzipiell einem Produktkonfigurator, der Kunden ermöglicht, ein Produkt etwa mittels Pull-Down-Menüs zu konfigurieren. Allerdings existieren zwei gravierende Unterschiede, die den Einsatz zur Ideenbewertung möglich machen. So verwendet das User Design im Extremfall nur Produktbestandteile, die sich in der Planungsphase befinden. Auch ändert sich die visuelle Darstellung des virtuellen Produktkonzepts interaktiv, wenn der Nutzer eine Änderung vornimmt. Dadurch können Erkenntnisse gewonnen werden, welche Produkteigenschaften von Kunden besonders stark präferiert werden und welche Eigenschaftskombinationen Kunden für das Gesamtprodukt bevorzugen. Einen

---

[45] Inhaltlich verwandt ist die von Urban und Hauser (2004, S. 81-83) vorgeschlagene „Design Palette". Die anderen von ihnen vorgeschlagenen Methoden sind der testenden Marktforschung zuzuordnen.

ähnlichen Ansatz beschreibt Ernst (2004, S. 200) mit dem „virtuellen Konfigurator". In der Konzeptentwicklungsphase können zu einem ähnlichen Zweck virtuelle Toolkits eingesetzt werden. Sie sind eine Adpation der von von Hippel und Katz (2002) sowie Thomke und von Hippel (2002) entwickelten Toolkits. Konsumenten bekommen dabei Elemente vorgegeben, aus denen sie Konzepte entwickeln können (Füller et al. 2003, S. 39). Ihnen ist so ein „solution space" vorgegeben, damit sie ein besseres Gefühl dafür bekommen, welche Ideen sich technisch realisieren lassen. Technisches Wissen auf Seiten des Konsumenten wird dadurch unnötig.

Die vorgestellten Methoden eröffnen einem Unternehmen die Möglichkeit, breitere Kundenschichten als im Offline-Bereich bei geringerem oder vergleichbarem Aufwand anzusprechen. Die Darstellungsmöglichkeiten etwa von Produktkonzepten im Internet sind papiergestützten Verfahren weit überlegen, was sich auch in einer besseren Ergebnisqualität niederschlägt. Der Einsatz des Internet ermöglicht auch eine direkte Zwei-Wege-Kommunikation mit dem Kunden. Damit eröffnet die Nutzung des Internet bei geeigneten Fragestellungen zahlreiche methodische Vorteile gegenüber traditionellen Methoden.

2.3.2.3 Arbeiten zur Ausgestaltung der virtuellen Kundeneinbindung in spezifischen Situationen

In der Literatur finden sich nur wenige Arbeiten, die sich mit der Ausarbeitung eines Konzepts zur virtuellen Kundeneinbindung in einem spezifischen Kontext befassen. Im Gegensatz zu den methodischen Arbeiten verbinden Arbeiten dieser Kategorie die einzelnen eingesetzten Verfahren zu einem Gesamtbild. Dies unterscheidet sie auch von Arbeiten wie derjenigen von Dahan und Hauser (2002), die zwar Methoden für den Einsatz in unterschiedlichen Phasen des Neuproduktentwicklungsprozesses entwerfen, sie aber nicht inhaltlich verbinden. Daher werden ihre Überlegungen in diesem Abschnitt auch nicht berücksichtigt.

Der Beitrag von Herstatt und Sander (2004, S. 110-114) beschreibt sehr knapp ein Konzept zur Kundeneinbindung in die frühen Phasen des Innovationsprozesses. Zu diesem Zweck wollen sie eine Online-Community nutzen. Ein sehr viel detaillierteres Konzept zur Kundeneinbindung in die Entwicklung von „Mobile Services" für Mobiltelefone entwickelt Reuss (2001). Es umfasst zahlreiche Aspekte wie die Gestaltung der Community, Identifikationsmöglichkeiten geeigneter Nutzer, notwendige Inhalte und Motivation der Teilnehmer. Das Konzept berücksichtigt zahlreiche Gestaltungsparameter, die von Nambisan (2002) in seiner konzeptionellen Untersuchung als zentral identifiziert wurden. Die Ergebnisse von Reuss (2001) wurden von Hedderich und Vitzthum (2002) genutzt, um einen operativen Implementierungsplan für eine Community zur Unterstützung der Neuproduktentwicklung umzusetzen. Sie setzen dabei einige der Methoden ein, die in den methodischen Arbeiten entwickelt und erfolgreich erprobt werden.

Über die vorgestellten Arbeiten hinaus existieren keine weiteren wissenschaftlichen Beiträge, die ein inhaltlich und methodisch geschlossenes Konzept zur Kundeneinbindung für spezifische Verwendungssituationen, basierend auf den Erkenntnissen der konzeptionellen und methodischen Untersuchungen, entwickeln.

2.3.2.4 Empirische Arbeiten zu ausgewählten Aspekten der virtuellen Kundeneinbindung

Die erste Gruppe von Arbeiten in dieser Kategorie untersucht das Innovationsverhalten von Mitgliedern in Online-Communities. Damit stellen sie das Pendant zu den Arbeiten von Shah (2000) sowie Franke und Shah (2003) aus dem Offline-Bereich dar. Sie weisen, wie bereits erläutert, nach, dass „User Communities" für wesentliche Produktinnovationen in verschiedenen Sportarten verantwortlich sind. Ein ähnliches Verhalten findet von Hippel (2001a) in den zahlreichen „Open-Source-Communities" im Internet. Dabei argumentiert er, dass für bestimmte Nutzer ein Anreiz besteht, zu innovieren und anschließend ihre Innovationen zu verbreiten. Die Kosten hierfür sind gering oder vernachlässigbar.

Ähnliche Ergebnisse liefern Studien über herstellergeführte Marken-Communities. So konnten bei der Untersuchung von Online-Communities zu den Themen Computerspiele, Autos und Mobiltelefone Beiträge mit interessanten Informationen für die Zwecke der Neuproduktentwicklung gewonnen werden (Jeppesen 2001b, S. 15 sowie Herstatt und Sander 2004, S. 110). Allerdings ist auch zu beachten, dass nicht alle Mitglieder einer typischen Online-Community innovieren oder Kundenbedürfnisse erkennen lassen (Fischer 2002, S. 17). Daher erfordert die Identifikation von relevanten Beiträgen den Einsatz von Heuristiken, die nicht immer zuverlässig sind (Herstatt und Sander 2004, S. 113). Das Screening aller Beiträge auf im Kontext der Neuproduktentwicklung relevante Inhalte erscheint wenig effizient (Ernst et al. 2004, S. 132). In der Regel werden markenungebundene Communities daher von Unternehmen in der Praxis nicht genutzt (Wiethoff 2004), und in herstellergeführten Communities dominieren strukturiertere Methoden wie Ideenwettbewerbe oder quantitative Ansätze.[46] Es deutet sich allerdings an, dass Gemeinschaften auch im Online-Bereich positive Eigenschaften für das Generieren von Innovationen haben.

Die zweite Gruppe von Arbeiten befasst sich mit der Verbreitung der virtuellen Kundeneinbindung insbesondere aus Unternehmenssicht. Bislang ist nur die Arbeit von Bartl et al. (2004) veröffentlicht. Diese versucht basierend auf einem theoretischen Bezugsrahmen das Verbreitungspotenzial der virtuellen Kundeneinbindung abzuschätzen. Befragt wurden hierzu Unternehmen

---

[46] Beispiele aus der Praxis hierfür sind womensnet.de von Schwarzkopf & Henkel sowie My Opinions von Lego (Wermelskirchen 2002 und o.V. 2003b).

aus verschiedenen Konsumgüterbranchen. Die Autoren konstatieren, dass zwar ein großes Interesse an den Methoden der virtuellen Kundeneinbindung existiert, die tatsächliche Verbreitung aber eher gering ist.

2.3.3 Auswahl von Kunden für die virtuelle Kundeneinbindung

Wie in Abschnitt 2.2.2 diskutiert, existieren zahlreiche Untersuchungen, die sich mit der Fragestellung befassen, welche Kunden in die Neuproduktentwicklung optimalerweise einzubinden sind und welche Eigenschaften diese aufweisen sollten. So adaptiert und bestätigt Lüthje (2004) das Lead-User-Konzept für Konsumgütermärkte und postuliert Kriterien zur Ermittlung so genannter „innovativer Kunden". Auf der anderen Seite demonstriert Kristensson et al. (2004), dass normale Konsumenten, also solche ohne besonderes Eigenschaftsprofil, ebenfalls sehr gute Produktideen generieren. Darüber hinaus wurde in den Abschnitten 2.1.5 und 2.1.6 gezeigt, dass der Ideenphase eine hohe Bedeutung für den späteren Produkterfolg zukommt, da bereits anfänglich zentrale Produktparameter bestimmt werden und so der vom Kunden wahrgenommene Produktvorteil weitestgehend feststeht. Der Auswahlentscheidung kommt mithin hohe Bedeutung für die Ideenphase zu: Eine Fokussierung auf bestimmte Konsumenten beschränkt die Anzahl der Ideen, die gewonnen werden kann. Da aber in den frühen Phasen auf eine möglichst breite Ideenbasis zurückgegriffen werden sollte, ist eine Auswahlentscheidung gründlich abzuwägen (Kim und Wilemon 2002, S. 273-274).

Allen empirischen Untersuchungen zu diesem Thema ist gemein, dass sie sich mit klassischen Methoden der Kundeneinbindung aus dem Offline-Bereich befassen. Daher sollen im Folgenden zunächst Überlegungen zur Übertragbarkeit auf die virtuelle Kundeneinbindung angestellt werden. Anschließend werden verschiedene Methoden zur Identifikation von Kunden mit speziellem Profil vorgestellt.

2.3.3.1 Theoretische Überlegungen zur Identifikation im Internet

Betrachtet man die Unterschiede von herkömmlicher und virtueller Einbindung, so handelt es sich in erster Linie um unterschiedliche Methoden und Kommunikationswege. Die potenziell anzusprechende Zielgruppe bleibt dennoch natürlich identisch. Daher sollten die in den Offline-Studien gewonnenen Ergebnisse natürlich übertragbar sein und damit eine Grundlage für konzeptionelle Überlegungen für die Auswahlentscheidung bezüglich der virtuellen Kundeneinbindung bilden. Dabei ist unbestritten, dass je nach der Phase des Innovationsprozesses, in die

Konsumenten eingebunden werden sollen, andere Anforderungen an sie zu stellen sind (Brockhoff 2003, S. 475-477). Dies äußert sich auch in den theoretischen Konzeptionen von Ernst (2004, S. 195), Nambisan (2002, S. 394-396) und Rüdiger (2001, S. 9).

Allerdings ist zu hinterfragen, ob das Ziel, Kunden mit bestimmten Eigenschaften anzusprechen und in die frühen Phasen der Neuproduktentwicklung einzubinden, tatsächlich theoretisch zu begründen ist oder vielmehr einem Optimierungskalkül der klassischen Methoden geschuldet ist. So wendet Lüthje (2000) bei der Durchführung seiner Fallstudien durchweg papierbasierte Fragebögen an. Dabei verursacht jeder zusätzliche Proband inkrementelle Kosten in nicht unerheblichem Maße (Wermelskirchen 2002). Bei der Gewinnung von Kundenideen wird ein Unternehmen daher bestrebt sein, insbesondere solche Kunden anzusprechen, von denen es sich am ehesten die Generierung von qualitativ hochwertigem Wissen bezüglich der Neuproduktentwicklung verspricht. Die bereits vorgestellten Erkenntnisse aus dem Offline-Bereich legen nahe, dass auch in Konsumgütermärkten Lead User existieren und diese Kriterien erfüllen könnten. Eine Fokussierung der Forschungsbemühungen auf dieses Segment kann daher nicht verwundern; die Erkenntnisse aus dem Industriegüterbereich legen nahe, dass diese Kunden im Durchschnitt Beiträge hoher Qualität liefern.

Allerdings zeigen Erkenntnisse anderer Autoren wie etwa Sawhney und Prandelli (2001, S. 262-263) sowie Kristensson et al. (2004, S. 11-13), dass die Kriterien von Lüthje (2004) in Konsumgütermärkten nicht vollständig zutreffen müssen. Insofern ist es nicht unbedingt erwiesen, dass die von Lüthje (2004) identifizierten Nutzer tatsächlich absolut die besten Ideen liefern. Die Erkenntnisse von Kristensson et al. (2004, S. 11) bestätigen diese Vermutung. Letztlich werden mit der Identifikation in den frühen Phasen zwei Ziele verfolgt: Zum einen sollen für eine Integration besonders geeignete Kunden gewonnen werden, zum anderen soll besonders hochwertiges Wissen generiert werden, also etwa besonders erfolgversprechende Produktideen.

Dies muss allerdings nicht, wie etwa von Lüthje (2004) unterstellt, deckungsgleich sein. Eine Beschränkung auf besonders innovative Kunden ist unbestritten dann sinnvoll, wenn Kunden nur unter hohen Kosten angesprochen werden können. Dies ist bei einer internetbasierten Ansprache anders: Es fallen für einen zusätzlichen Kontakt keine inkrementellen Kosten an.[47] Insofern deutet sich in der Phase der Ideengenerierung ein anderes Paradigma an: keine Beschränkung auf diejenige Kundengruppe, die im Durchschnitt hochwertiges Wissen generiert, sondern eine breite Ansprache aller Kunden, um die absolut besten Kundenbeiträge zu erhalten. Idealerweise können dabei gleichzeitig solche Kunden identifiziert werden, die auch für eine Einbindung in eine der folgenden Phasen, etwa in die Konzeptentwicklung, in Frage kommen.

---

[47] Streng genommen fallen natürlich Kosten für Web-Hosting an, diese sind aber vernachlässigbar gering.

Ein Indiz für diesen Unterschied liefern auch die in der Praxis eingesetzten Methoden. Sie zielen in aller Regel auf breite Kundengruppen (Nikitas 2002). So können alle Kunden von Procter & Gamble in einem Internetportal jederzeit Feedback zu einer Vielzahl von Produkten des Unternehmens abgeben.[48] Ähnlich verfährt Lego, in dessen Kunden-Community ein spezieller Bereich für die Abgabe von Kundenideen und anderen Beiträgen eingerichtet wurde (o.V. 2003b).

Im folgenden Abschnitt sollen daher Methoden vorgestellt werden, die eine breite Ansprache von Kunden bei gleichzeitiger Wissensgenerierung ermöglichen und damit die Vorteile des Internet auf ideale Weise nutzen.

2.3.3.2 Methoden zur Wissensgenerierung durch breite Kundengruppen

Wie bereits erläutert, ermöglichen die Eigenschaften des Internet das gleichzeitige Verfolgen mehrerer Ziele: So können eine Vielzahl von Konsumenten angesprochen werden und dabei gleichzeitig sowohl relevante Beiträge gewonnen als auch deren Eignung für die Einbindung in spätere Phasen des Innovationsprozesses überprüft werden.

Dieser Gedanke ermöglicht auch eine Kategorisierung der dafür in Frage kommenden Methoden. Zusätzlich schlagen Ernst et al. (2004) eine Gliederung entlang der Dimensionen „Art der Lead-User-Identifikation" und „Leistungsanreize" vor. Dabei unterscheidet die erste Dimension, ob bei einer Methode die Identifikation von Kunden mit besonderen Eigenschaften *direkt* erfolgt oder *indirekt* aus deren Aktivitäten abgeleitet wird. Die zweite Dimension unterscheidet Methoden dahingehend, ob ein leistungsbasierter Anreiz für Teilnehmer besteht. Dabei sollte die entlohnte Leistung der Kunden in Zusammenhang mit dem Ziel der Gewinnung guter Ideen stehen. Besonders vorteilhaft erscheinen Methoden, die zuverlässig solche Nutzer identifizieren, die für die Neuproduktentwicklung wertvolle Beiträge liefern. Zusätzlich sollten sie gut durchführbar sein.

In die Kategorie der *indirekten Methoden ohne Leistungsanreiz* fallen Verfahren, die eine Kommunikationsmöglichkeit zwischen Unternehmen und Konsumenten schaffen. Dabei ist die Gewinnung von Informationen, die für die Neuproduktentwicklung relevant sind, eher ein Nebenprodukt und wird nicht systematisch betrieben. Beispiele sind internetbasierte Methoden wie Gästebücher und Feedback-Formulare zur Generierung von Kundenrückmeldungen allgemeiner Natur, etwa Beschwerden oder Anregungen. Solche allgemeinen Möglichkeiten, ein Unternehmen zu kontaktieren, lassen sich für die Zwecke der Neuproduktentwicklung nutzen, da prinzipiell auch Produktanregungen hinterlassen werden können. Allerdings sind diese eben

---

[48] http://shareyourthoughts.pg.com/

in aller Regel nur ein Nebenprodukt von allgemeinen Beschwerden und Anfragen. Über Untersuchungen der zentralen Bedeutung des Beschwerdemanagements für die Kundenzufriedenheit hinaus (siehe beispielsweise Maxham III und Netemeyer 2003) existieren vor allem praxisorientierte Werke, die auf die Möglichkeit verweisen, aus Beschwerden und Verbesserungsvorschlägen Produktideen zu gewinnen (Böttcher 2003 sowie Wiegran und Harter 2002, S. 171-187).

Brockhoff (2005, S. 862-863) beschreibt im Rahmen der theoretischen Literatur zur Neuproduktentwicklung, wie aus unverlangt erhaltenen Kundenbeiträgen Impulse für den Innovationsprozess gewonnen werden können. Bei der Sichtung werden Produktideen und -verbesserungsvorschläge von anderen Einsendungen getrennt und systematisch ausgewertet. Dies kann mittels eines vordefinierten Kriterienrasters durch ein interdisziplinäres Team aus Marketing, Vertrieb und Neuproduktentwicklung schnell und einfach durchgeführt werden. Einsender besonders guter Ideen können in der Folge kontaktiert und für eine Zusammenarbeit gewonnen werden.

In die Kategorie der indirekten Methoden mit Leistungsanreiz fallen unternehmens- bzw. markenspezifische Diskussionsforen, die von den Herstellern selbst betrieben werden und den Kunden auch eine Kommunikation untereinander erlauben können (McWilliam 2000). Gesteuert werden diese Diskussionen in der Regel von Moderatoren, die zum betreibenden Unternehmen gehören beziehungsweise diesem nahe stehen. In die gleiche Kategorie fallen auch herstellereigene internetbasierte User Groups (Nambisan 2002, S. 404-405). Die Beiträge der Kunden können durch Textanalyse oder die von Kozinets (2002) vorgeschlagene „Netnography" ausgewertet werden. Eine manuelle Auswertung der Beiträge aus Communities erscheint kaum möglich, da der Großteil der Beiträge allgemeiner Natur ist. Durch automatisierte Textanalyse lassen sich eventuell für den Neuproduktentwicklungsprozess relevante Beiträge identifizieren, die Zuverlässigkeit hängt aber stark von der Qualität des Algorithmus ab. Die Methode der „Netnography" ermöglicht auch die Identifikation von für die Einbindung besonders geeigneten Kunden.

Damit lassen sich mit den vorgestellten indirekten Methoden sowohl relevantes Wissen als auch geeignete Kunden identifizieren. Allerdings ist die Effizienz dieser Methoden gering, da ein hohes Maß an unstrukturierten Informationen systematisch aufgearbeitet und ausgewertet werden muss.

Eine neuartige *indirekte Methode mit Leistungsanreiz* bilden virtuelle Börsen. Sie können für verschiedene Fragestellungen der Marktforschung eingesetzt werden (Spann 2002). Virtuelle Börsen wurden ursprünglich zur Vorhersage von Wahlergebnissen genutzt (Forsythe et al. 1992); aufgrund der guten Ergebnisse wurde der Einsatz virtueller Börsen zur Prognose betriebswirtschaftlicher Fragestellungen vorgeschlagen und in mehreren empirischen Studien erfolgreich

2.3 Die Nutzung des Internet zur Kundeneinbindung in die Entwicklung von Konsumgütern

erprobt (Spann und Skiera 2003). Darüber hinaus wurde der Einsatz virtueller Börsen als ein Instrument zur Bewertung von Produktkonzepten untersucht (Chan et al. 2002).

Ein Einsatzbereich besteht in der Anwendung virtueller Börsen zur Identifikation von innovativen Kunden (Spann et al. 2004). Virtuelle Börsen werden dabei als eine indirekte Methode mit Leistungsanreiz bezeichnet, da aus dem Handelserfolg der Börsenteilnehmer auf deren besondere Eigenschaften geschlossen wird. Verknüpft man den erfolgreichen Handel mit virtuellem Geld mit einer Gewinnmöglichkeit, ist dies ein leistungsbasierter Anreiz. Ein besseres Marktwissen ermöglicht dem Teilnehmer einen erfolgreicheren Handel, der letztendlich belohnt wird (Spann und Skiera 2003, S. 1314-1315).

Die grundlegende Annahme, dass virtuelle Börsen zur Identifikation von Konsumenten mit besonderen Eigenschaften eingesetzt werden können, folgt aus ihrer Anwendung zur Prognose zukünftiger Ereignisse.[49] Der Preis einer solchen Aktie bildet auf einem effizienten Markt die Einschätzungen aller Marktteilnehmer ab, so dass hieraus eine Prognose für die der Aktie zugrunde liegende Marktentwicklung abgeleitet werden kann. Daher sollten erfolgreiche Händler besser über das gehandelte Ereignis informiert sein als weniger erfolgreiche. Für die Marktforschung eröffnet sich daraus die Möglichkeit, die Erwartungen bezüglich eines zukünftigen Marktzustandes durch die geeignete Gestaltung des Payoff als Finanzinstrument handelbar zu machen.

Dies ist im Kern die Überlegung des Einsatzes virtueller Börsen zur Identifikation von informierten Händlern. Dabei ist zu erwarten, dass unter diesen ein hoher Anteil von besonders geeigneten Konsumenten ist, da sie in der Regel ein hohes Wissen über von ihnen verwendete Produkte auszeichnet. Erste Ergebnisse einer laufenden Untersuchung der Einsatzmöglichkeiten virtueller Börsen zur Identifikation von Lead Usern scheinen diese Vermutung zu bestätigen (Spann et al. 2004). Wie erwähnt, können virtuelle Börsen auch in den frühen Phasen des Innovationsprozesses eingesetzt werden, um den Erfolg von Produktkonzepten zu prognostizieren (Chan et al. 2002). Allerdings ergeben sich hier methodische Probleme bei der Bewertung des Payoffs der Aktien, so dass dieses Verfahren nicht über einen Piloteinsatz hinausgekommen ist (Chan et al. 2001, S. 21).

In die Kategorie der *direkten Methoden ohne Leistungsanreiz* fallen solche Methoden, bei denen durch Unternehmen systematisch Informationen für die Neuproduktentwicklung durch Fragebogenerhebungen gewonnen werden. Diese Methoden zielen entweder auf das Generieren von Informationen, die zur Unterstützung der Neuproduktentwicklung (wie etwa die Conjoint Analyse, siehe Abschnitt 2.2.1) oder zur Identifikation besonders geeigneter Kunden genutzt werden.

---

[49] Eine ausführliche Beschreibung der theoretischen Grundlagen und der Funktionsweise von virtuellen Börsen findet sich bei Spann und Skiera (2003).

Dazu können klassische onlinebasierte Fragebögen eingesetzt werden. Diese beinhalten in aller Regel Indikatoren, die im Rahmen der Neuproduktentwicklung wichtige Eigenschaften wie Innovativität, Variety Seeking, Produktwissen, Unzufriedenheit und/oder neue Bedürfnisse zu messen versuchen.[50] Solche Fragebögen können etwa auf der Homepage einer Marke oder eines Markenanbieters zeitweise oder dauerhaft eingerichtet werden, um geeignete Kunden für eine Einbindung zu gewinnen. In der Regel werden die Fragebögen in Echtzeit ausgewertet, so dass der ausfüllende Kunde ein direktes Feedback erhält, ob er für eine Einbindung in Frage kommt oder nicht.[51] Für das Ausfüllen kann ein extrinsisch wirkendes Incentive gewährt werden. Es ist aber nur abhängig von der Teilnahme, nicht vom Ergebnis. Methoden dieser Kategorie sind gut durchführbar und können automatisch ausgewertet werden.

Als *direkte Methode mit Leistungsanreiz* spielen im Konsumgüterbereich Ideenwettbewerbe eine wichtige Rolle. Sie ermöglichen gleichzeitig die Gewinnung relevanten Wissens in der Phase der Ideengenerierung und die Identifikation von für eine Einbindung geeigneten Konsumenten. Letzteres setzt voraus, dass ein Zusammenhang zwischen Ideenqualität und Eignung besteht: Konsumenten mit besonders guten Ideen sollten für eine spätere Einbindung kontaktiert werden. Dieser Zusammenhang ist zwar empirisch nicht abschließend fundiert, Erkenntnisse aus der Forschung über Online-Communities legen ihn aber nahe (Jeppesen 2001a, S. 6-7).

2.3.3.3 Eignung der Methoden im Kontext der Ideenphase

Die im letzten Abschnitt dargestellten Möglichkeiten zur Identifizierung von Lead Usern in Online-Medien werden nachfolgend daraufhin untersucht, ob sie sowohl eine Identifikation von für eine Einbindung in die Neuproduktentwicklung geeigneten Konsumenten ermöglichen als auch für die Ideenphase relevantes Wissen generieren. Dies erfasst Effektivität und Effizienz. Die Bewertung geschieht unter Berücksichtigung bisheriger Erkenntnisse über diese Methoden, deren theoretische Fundierung sowie deren Praktikabilität. Letztere ist gerade für den regelmäßigen Einsatz in der Praxis von hoher Relevanz (Hammann und Erichson 2000, S. 93).

Den vorgestellten indirekten Methoden ohne Leistungsanreiz, wie allgemeinen Feedback-Formularen und Gästebüchern, ist gemeinsam, dass sie nicht spezifisch auf das Generieren von Wissen zielen, das für die Unterstützung der Neuproduktentwicklung relevant ist. Es wird nur auf mehr oder weniger zufällige Weise mit erhoben (Kozinets 2002, S. 70); im Vordergrund stehen andere Ziele, zum Beispiel eine Erhöhung der Kundenbindung (McWilliam 2000, S. 44).

---

[50] Für eine genaue Beschreibung der Konstrukte siehe Abschnitt 4.1.2 und die dort zitierten konzeptionellen Artikel zu den einzelnen Konstrukten, etwa King und Summers (1970), Midgley und Dowling (1978), Childers (1986), Lüthje (2004) und Goldsmith und Hofacker (1991).
[51] Dieses Verfahren praktiziert Procter & Gamble auf der deutschen Markenhomepage von Pampers (http://www.pampers.de).

Diese Methoden sind teilweise sehr kostengünstig, wie etwa die systematische Auswertung der ohnehin auflaufenden Beiträge eines Feedback-Formulars. Allerdings besteht die Gefahr, dass manche Konsumenten ihre relevanten Ideen nicht auf einem Weg kommunizieren wollen, bei dem sie nur schwer einschätzen können, ob ihre Beiträge wirklich den richtigen Ansprechpartner erreichen (Lüthje 2004, S. 19). Zusätzlich leidet eine nicht zielgerichtete Ansprache daran, dass sie für das Unternehmen nur schwer steuerbar ist: Eine Prognose, ob überhaupt und wie schnell Ideen gewonnen werden können, ist kaum möglich (Strumann 1997, S. 148-149).

Diskussionsforen und virtuelle Communities, die sich thematisch um bestimmte oder auch alle Produkte einer Marke gruppieren und das Thema Neuproduktentwicklung aufgreifen, erscheinen vielversprechender. Sie ermöglichen eine schnelle Ansprache thematisch interessierter Zielgruppen und damit auch die schnelle Gewinnung vieler Beiträge. Jedoch steigen hier Administrations- und Auswertungsaufwand in erheblichem Maße. Positiv ist, dass in Communities Reputationseffekte wirken, die zur intrinsischen Motivation der Teilnehmer beitragen können (Butler et al. 2002, S. 9-11).

In der Möglichkeit, Ideen zu teilen und einen Erfahrungsaustausch mit Personen ähnlicher Interessenlagen beginnen zu können, liegt für viele Teilnehmer der besondere Reiz einer Community (von Hippel 2001a, S. 84-86). Aus Unternehmensperspektive spricht jedoch der offene Zugang zu den Beiträgen gegen den Einsatz: Communities gestatten in der Regel jedem Interessierten den Zugang zu den Beiträgen (Nambisan 2002, S. 211). Damit sind aber alle Ideen potenziell auch konkurrierenden Unternehmen zugänglich. Dies kann mit geschlossenen Communities umgangen werden, allerdings sinkt dadurch womöglich die Attraktivität einer Teilnahme.

Methoden, die auf Fragebogen-gestützten Untersuchungen in Online-Medien basieren, sind prinzipiell kostengünstiger und verursachen weniger Administrationsaufwand (Hennig-Thurau und Dallwitz-Wegner 2002, S. 313). Allerdings erfordern sie eine Auswahlentscheidung: Entweder leisten sie die Generierung von Wissen oder eine Identifikation innovativer Kunden, nicht aber beides. Bei Screening-Fragebögen sind insbesondere die verwendeten Kriterien kritisch zu hinterfragen. Wie in den Abschnitten 2.2.2 und 2.3.3 erläutert, ist nicht abschließend geklärt, welche Eigenschaften Kunden aufweisen, die im Rahmen der Ideenphase des Innovationsprozesses eingebunden werden sollten. Zudem bieten diese Methoden nicht die Möglichkeit, leistungsbasierte Anreize zu setzen.

Dies ist bei virtuellen Börsen anders: Hier können leistungsbezogene Anreize gesetzt werden. Allerdings ist fraglich, ob sie methodisch valide im Rahmen der Ideenphase eingesetzt werden können (Spann und Skiera 2001, S. 9). Auch ein Einsatz zur Identifikation von einzubindenden Kunden hängt von der Art des zu entwickelnden Produkts ab: Für zahlreiche schnell drehende

Konsumgüter mit geringem Involvement erscheint fraglich, ob Kunden motiviert genug sind, sich an den eher zeitaufwändigen virtuellen Börsen zu beteiligen (Spann und Skiera 2001, S. 21). Trotz der prinzipiell sehr positiven methodischen Eigenschaften ist daher unklar, ob virtuelle Börsen tatsächlich für breite Produktgruppen eingesetzt werden können. Die Praktikabilität virtueller Börsen ist allerdings gut; außer der Einführung neuer Finanzinstrumente sind keine manuellen Eingriffe notwendig. Einzig die Programmierung des Handelsplatzes bereitet einen gewissen Aufwand; dafür ist die Auswertung der Ergebnisse denkbar einfach (Ernst et al. 2004, S. 130).

Ideenwettbewerbe als direkte Methode mit Leistungsanreiz eignen sich prinzipiell für alle Produktarten, da die Teilnahme keinen besonderen Aufwand erfordert. Zudem bieten sie die Möglichkeit, je nach Themenstellung Neuproduktideen, Erfahrungen oder Verbesserungsvorschläge zielgerichtet an das veranstaltende Unternehmen zu senden, was die Teilnehmer zusätzlich motivieren dürfte. Die Beiträge sind insbesondere für die Ideenphase hochrelevantes Wissen (Ernst 2004, S. 196-198).

Zudem verringern sie die Hemmschwelle, Konsumgüterunternehmen Ideen zu übermitteln, da der Konsument explizit darum gebeten wird. Auch ist eine Geheimhaltung gewährleistet, da die Beiträge nicht öffentlich zugänglich gemacht werden. Der Auswertungsaufwand kann auch bei einer großen Anzahl von Antworten durch ein standardisiertes Auswertungsraster in einem akzeptablen Rahmen gehalten werden. Ideenwettbewerbe weisen damit eine hohe Praktikabilität auf, da sie einfach zu implementieren und auszuwerten sind. Bedingt durch ihre einfache Struktur existieren keine Literaturquellen, die auf methodische oder empirische Weise untersuchen, wie Ideenwettbewerbe durchgeführt werden sollten, um optimale Ergebnisse zu erhalten. Einige Anhaltspunkte liefern aber Untersuchungen über Kreativität und deren Bestimmungsgründe sowie die Literatur über Ideengenerierung in Gruppen (siehe für eine Einführung etwa Björkman 2004 sowie Lamm und Trommsdorff 1973). Prinzipiell erscheint auch denkbar, über die Beitragsqualität für eine weitere Einbindung geeignete Kunden zu identifizieren. Auch hier liegen keine Untersuchungen vor. Allerdings spricht die relativ große Verbreitung in der Praxis für eine gute Eignung zumindest für die Wissensgenerierung.

Die Eigenschaften sowie die Vor- und Nachteile der vorgestellten Methoden fasst Tabelle 2.2 zusammen.

Tabelle 2.2: Übersicht über die Vor- und Nachteile verschiedener internetgestützter Methoden zur Wissensgewinnung und Identifikation im Rahmen der Ideenphase

Art	Methoden (Beispiele)	Vorteile	Nachteile
Indirekte Methoden ohne Leistungsanreiz	Feedback-Formulare, Gästebücher	kostengünstig	nicht zielgerichtet
			nur zufällige Gewinnung von relevanten Beiträgen
Indirekte Methoden mit Leistungsanreiz	Diskussionsforen, User Groups	schnelle Ansprache breiter Zielgruppen	in der Regel nicht zielgerichtet
		Reputationseffekte	Screening der Beiträge aufwändig
		Austausch der Teilnehmer untereinander	offener Zugang
	Virtuelle Börsen	einfach zu administrieren	Eignung für frühe Phasen eingeschränkt
		Ergebnisse gut auszuwerten	Eignung für Low-Involvement-Produkte fraglich
			nur zur Identifikation geeignet
Direkte Methoden ohne Leistungsanreiz	Screening-Fragebögen	einfach zu administrieren	Einengung der Teilnehmer auf geschlossene Fragen
		standardisierte Auswertung in Echtzeit möglich	Einsatz entweder zur Identifikation oder zur Wissensgewinnung
Direkte Methoden ohne Leistungsanreiz	Ideenwettbewerbe	Steuerung der Teilnehmer möglich	unstrukturierte Form der Beiträge
		einfache Administration	
		schnelle Auswertung	
		Schaffen eines direkten Kommunikationskanals	

Aus der Diskussion wird deutlich, dass die Auswahl einer passenden Methode letztlich von den Erfordernissen des jeweiligen Projekts abhängt. Auf der anderen Seite ist aber mit Ideenwettbewerben eine Methode in der Forschung weitestgehend außer acht gelassen worden, die in allen relevanten Kriterien sehr positiv abschneidet. Dies ist insofern verwunderlich, weil Ideenwettbewerbe und verwandte Varianten in der Praxis weiter verbreitet sind als viele andere Methoden, die spezifisch für die virtuelle Einbindung in die frühen Phasen des Innovationsprozesses entwickelt worden sind.[52]

2.4 Einordnung der bisherigen Forschung

Während Abschnitt 2.3 der Beschreibung der bisherigen Forschung zur virtuellen Kundeneinbindung diente, wird im Folgenden eine kritische Würdigung vorgenommen, um anschließend Forschungslücken aufzuzeigen. Daher beginnt dieser Abschnitt mit einer Einordnung und Beurteilung der bisherigen Forschung zum Thema „Virtuelle Kundeneinbindung in die Neuproduktentwicklung". Anschließend werden die noch bestehenden Forschungslücken unter Berücksichtigung von Erkenntnissen aus der allgemeinen Forschung zur Kundeneinbindung und zum Konsumentenverhalten abgeleitet und näher beschrieben. Zum Abschluss werden die Forschungsziele dieser Arbeit vorgestellt und deren Positionierung vorgenommen.

2.4.1 Forschungsstand zur virtuellen Kundeneinbindung in Konsumgütermärkten

Theoretische Arbeiten konzeptioneller Natur legen den Grundstein für die anschließende methodische und empirische Forschung. Im Gebiet der virtuellen Kundeneinbindung existieren, wie bereits diskutiert, nur wenige Arbeiten, die sich mit einer Gesamtkonzeption befassen. Sie liefern einen wertvollen Orientierungsrahmen für Untersuchungen, die sich etwa mit der konkreten Ausgestaltung von Teilbereichen oder der Entwicklung neuer Einbindungsmethoden befassen. So kann implizit später auch eine Validierung dieser theoretischen Arbeiten vorgenommen werden. Im Bereich der virtuellen Kundeneinbindung ist dies allerdings bisher nicht geschehen; es ist ungeklärt, ob die postulierten Hypothesen auch tatsächlich zutreffen. Insofern vermögen diese Arbeiten nur einen Grundstein für den Forschungsbereich zu legen, leisten aber keinen darüber hinaus gehenden Beitrag. Im Kontext der virtuellen Kundeneinbindung handelt es sich auch zumeist nicht um stringent aus einer zugrunde liegenden Theorie abgeleitete Konzeptionen, wie dies etwa für die klassische Kundeneinbindung (siehe etwa Gruner 1997) und die Kundenorientierung allgemein der Fall ist (siehe etwa Slater und Narver 1998).

---
[52] Dies schließt Conjoint-Analyse und Fokusgruppen aus, da diese auch in allen anderen Phasen des Innovationsprozesses eingesetzt werden.

2.4 Einordnung der bisherigen Forschung

Die methodischen Arbeiten im Bereich der virtuellen Kundeneinbindung haben alle eine ähnliche Struktur. So wird eine Methode basierend auf theoretischen Erkenntnissen und Anknüpfungspunkten an Forschungsergebnisse aus verwandten Bereichen entwickelt. Meist wird die neue Methode anschließend in ein oder zwei Fallstudien validiert. In der Regel liefern diese im Vergleich zu konventionellen Methoden bessere Ergebnisse. Ein Beispiel für dieses Vorgehen sind die von Dahan und Hauser (2002) entwickelten Methoden des „Virtual Customer". Dabei handelt es sich zumeist um „Methodenartefakte", die nur einmal in die Literatur Eingang finden. Werden sie doch häufiger aufgegriffen, so handelt es sich in der Regel um dieselben Autoren beziehungsweise Autoren aus dem näheren Umfeld. Letzteres trifft etwa auf die Methode der „Toolkits" zu, die zunächst durch von Hippel (2001b) vorgeschlagen wurde und durch Thomke und von Hippel (2002) aufgegriffen wurde. Mit Ausnahme der internetbasierten Conjoint-Analyse hat keine Methode breite Verwendung gefunden.

Eine weitere Klasse von Arbeiten beschäftigt sich konzeptionell und in geringem Maße auch empirisch mit der Ausgestaltung der virtuellen Kundeneinbindung in spezifischen Situationen. Zu dieser Kategorie zählen zum Beispiel Beiträge, die sich mit der Konzeptualisierung der Kundeneinbindung in frühen Phasen oder mit Communities befassen. Dazu zählen die Arbeiten von Herstatt und Sander (2004) sowie Reuss (2001). In der Regel werden hier Empfehlungen zur Ausgestaltung und damit auch zu den verwendeten Methoden gemacht. Dabei wird ausnahmslos auf Erkenntnisse der methodischen Arbeiten zurückgegriffen. Empirische Untersuchungen wie der Beitrag von Herstatt und Sander (2004, S. 110) beschränken sich meist auf Fallstudien und andere kleinzahlige Erhebungen von begrenzter Qualität. Dies schränkt die Generalisierbarkeit ein.

Die letzte Gruppe setzt sich vornehmlich empirisch mit der virtuellen Kundeneinbindung auseinander. Ein Teilbereich umfasst die Untersuchung der tatsächlichen Eignung von gewissen Kundengruppen für eine Einbindung, zum Beispiel in einer Online-Community organisiert (Jeppesen 2001b). Der zweite Teilbereich befasst sich mit der Verbreitung der virtuellen Kundeneinbindung und einer Abschätzung der Einsatzpotenziale, also letztlich mit einer Abbildung der Unternehmensperspektive. In diesem Bereich ist das Forschungspapier von Bartl et al. (2004) die bisher einzige publizierte Untersuchung.

Insgesamt ist zu konstatieren, dass bis heute nur eine sehr geringe Anzahl von Arbeiten im Bereich der virtuellen Kundeneinbindung publiziert worden ist. Dies trifft um so mehr zu, wenn man nur solche berücksichtigt, die von englischsprachigen Zeitschriften mit Begutachtungsprozess berücksichtigt wurden. Mit dieser Einschränkung existieren nur Veröffentlichungen in den Kategorien konzeptionelle Arbeiten und Methodenentwicklung.[53] Tabelle 2.3 gibt einen Über-

---

[53] Nicht berücksichtigt sind dabei Arbeiten zur Conjoint-Analyse, da diese prinzipiell alle methodischen Vorteile auch bei einem Einsatz auf stationären Computern hat und damit keine nur für einen Einsatz über das Internet

blick über die bisher in den jeweiligen Bereichen publizierten Beiträge, die im Rahmen dieser Arbeit von Bedeutung sind.[54] Arbeiten, die in englischsprachigen Zeitschriften mit Begutachtungsprozess veröffentlicht wurden, sind in Tabelle 2.3 durch Fettdruck hervorgehoben.

Die methodischen Untersuchungen liefern im Wesentlichen die Erkenntnis, dass über das Internet erfolgreich Kunden in die Neuproduktentwicklung eingebunden werden können. Die vorgeschlagenen Methoden sind häufig effektiver als traditionelle, da sie die in Abschnitt 2.3.1 beschriebenen Vorteile des Internet systematisch nutzen. Auch die Effizienz wird gesteigert, da Kunden schnell und kostengünstig angesprochen werden können. Diejenigen empirischen Arbeiten, die sich mit der Innovationsaktivität von Online-Nutzern befassen, demonstrieren, dass diese Kundengruppe für die Neuproduktentwicklung relevante Ideen beziehungsweise Beiträge leistet (Jeppesen 2001b). Über diese relativ simple Tatsache hinaus liefern diese Untersuchungen allerdings keine näheren Erkenntnisse über die Eigenschaften der in die Untersuchung einbezogenen Kunden.

Letztlich lässt sich der Forschungsstand damit so zusammenfassen: In interaktiven Medien sind für eine Einbindung in die Neuproduktentwicklung geeignete Kunden anzutreffen. Die Eigenschaften des Internet gestatten zudem die Entwicklung von neuen Methoden, die solchen aus dem Offline-Bereich nach bisherigen Erkenntnissen überlegen sind. Schließlich liefern theoretische Konzeptionen Anhaltspunkte für die Entwicklung neuer Methoden und die Entwicklung phasenspezifischer beziehungsweise aufgabenspezifischer Konzeptionen.

---

geeignete Methode ist.

[54] Dies schließt etwa Arbeiten zur virtuellen Zusammenarbeit von Unternehmen und Industriekunden oder Lieferanten bei der Neuproduktentwicklung oder solche mit einem expliziten Industriekundenfokus aus. Zu nennen ist hier etwa die Arbeit von Wobser (2003).

Tabelle 2.3: Übersicht über die im Rahmen dieser Arbeit relevanten Studien zur virtuellen Kundeneinbindung (Auswahl)

Kategorie	Arbeit	Ausgewählte Inhalte und Befunde
Generelle konzeptionelle Arbeiten	Ernst (2004)	Kategorisierung der Rolle des Kunden je nach Zeitpunkt der Einbindung
		Potenzialabschätzung der virtuellen Kundeneinbindung
		Verständnis der Kundeneinbindung als Optimierungsproblem
		Vorstellung geeigneter phasenspezifischer Methoden
	Nambisan (2002)	Kategorisierung der Rolle des Kunden je nach Zeitpunkt der Einbindung
		systematische Ableitung von Anforderungen an die virtuelle Kundeneinbindung in vier Bereichen
		relativ breites theoretisches Fundament der vier Dimensionen
		keine empirische Überprüfung
	Rüdiger (2001)	Identifikation von drei Gestaltungsparametern
		Potenzialvergleich der virtuellen Kundeneinbindung mit herkömmlichen Methoden
		keine systematische Fundierung
		eher Denkraster für weitere theoretische Konzeptionen

Tabelle 2.3: Übersicht über die im Rahmen dieser Arbeit relevanten Studien zur virtuellen Kundeneinbindung (Fortsetzung)

Kategorie	Arbeit	Ausgewählte Inhalte und Befunde
Methoden-entwicklung	**Dahan und Hauser (2002)**	Entwicklung verschiedener Methoden zur Kundeneinbindung
		Validierung jeder Methode in mindestens einer Fallstudie
		in der Regel keine Verbreitung der Methode über die Pilotanwendung hinaus
	Füller et al. (2003)	Adaption der durch von Hippel (2001b) vorgeschlagenen Toolkits für eine Verwendung im Rahmen der virtuellen Kundeneinbindung
		Pilotanwendung
		Praktikerartikel
	Kozinets (2002)	Entwicklung der Methode „Netnography"
		Methode kann zur Identifikation von Produktideen in Communities eingesetzt werden
Konzeptionelle Arbeiten zur inhaltlichen Ausgestaltung	Reuss (2001)	Entwicklung einer Konzeption für eine Entwickler-Community (Konsumenten)
		Gestaltung folgt den Erkenntnissen allgemeiner konzeptioneller und methodischer Arbeiten
		Verarbeitung von Erkenntnissen der Forschung zur Kundeneinbindung im Offline-Bereich
Empirische Arbeiten	Jeppesen (2001b)	Untersuchung des Innovationsverhaltens in Online-Communities
		generelle Eignung als Ergebnis
	Bartl et al. (2004)	Untersuchung der Verbreitung der virtuellen Kundeneinbindung auf Unternehmensebene
		Anforderungen an die virtuelle Kundeneinbindung aus Unternehmenssicht
		Abschätzung des Verbreitungspotenzials

Aus dieser Schilderung wird deutlich, dass für die Zwecke dieser Untersuchung neben den geschilderten Forschungsergebnissen auch auf Erkenntnisse über die „klassische" Kundeneinbindung, also der Kundeneinbindung über herkömmliche Kommunikationswege, zurückgegriffen werden muss. Sie liefert wertvolle Hinweise für den Beantwortung ungeklärter Fragen über das

Konsumentenverhalten bei der virtuellen Kundeneinbindung. Die Forschung hat diese Aspekte bis jetzt weitestgehend außer acht gelassen.

2.4.2 Bewertung der bisherigen Forschung zur Einbindung von Kunden in den frühen Phasen des Innovationsprozesses

Eine wichtige Quelle von Erkenntnissen im Bereich der Kundeneinbindung ist die Innovationsforschung. Dabei existieren, wie bereits erläutert, sowohl Ergebnisse im Bereich der virtuellen als auch der klassischen Kundeneinbindung. Die Ergebnisse teilen sich im Wesentlichen in zwei Bereiche auf. Zum einen sind dies Arbeiten, aus denen sich methodische Anforderungen an die Kundeneinbindung in den frühen Phasen ableiten lassen (siehe Abschnitt 2.1.6). Zum anderen handelt es sich um Studien, die Charakteristika idealerweise einzubindender Kunden abzuleiten versuchen (siehe Abschnitt 2.2.3).

In methodischer Hinsicht ist es in der Phase der Ideengenerierung besonders wichtig, eine große Anzahl Beiträge zu erhalten, die von möglichst hoher Qualität sind (Kim und Wilemon 2002, S. 273). Dies folgt aus der Erkenntnis, dass ein Hauptziel während der frühen Phasen des Innovationsprozesses darin besteht, die Aktivitäten im Rahmen der Neuproduktentwicklung möglichst genau auf Kunden- und Marktbedürfnisse abzustimmen (siehe Abschnitt 2.1.5). Basierend auf diesen Erkenntnissen sollte eine Methode zur Beteiligung der Kunden an der Ideengenerierung daher eine hohe Anzahl an Produktideen liefern (Urban und Hauser 1993, S. 159-160).

Die Untersuchungen über Fokusgruppen und verwandte Methoden zeigen auf, wie Methoden strukturiert sein sollten, um qualitativ hochwertige Kundenbeiträge zu gewinnen (so etwa bei Griffin und Hauser 1993). Andererseits zeigen Beiträge, die die Nutzung von (unaufgefordert) erhaltenen Kundenbeiträgen, wie etwa Beschwerden, für Zwecke der Neuproduktentwicklung untersuchen, die prinzipielle Eignung auch von ungelenkten Methoden mit hoher Reichweite. Allerdings vermindert die mangelhafte Themenfokussierung häufig eine effiziente Implementierung. Dies wird von den in Abschnitt 2.3.3.2 beschriebenen Ideenwettbewerben umgangen. Sie gestatten es, die große Reichweite der nicht zielgerichteten Methoden mit den Vorteilen einer inhaltlichen Steuerung, wie sie Fokusgruppen besitzen, zu vereinen.[55] Zudem fördern sie die Kreativität eines einzelnen Teilnehmers. Zahlreiche Studien haben gezeigt, dass die Ideengenerierung in einer Gruppe schlechtere Ergebnisse liefert, als wenn die Teilnehmer sich individuell mit dieser Aufgabe beschäftigen und das Ergebnis dann zusammengefasst wird (Lamm und Trommsdorff 1973, S. 368-370).

---

[55] Iansiti und MacCormack (1997, 114) berichten, dass bei Fiat mit einem Ideenwettbewerb in drei Monaten über 3000 Ideen gewonnen werden konnten.

Die Erkenntnisse des zweiten angesprochenen Forschungszweigs legen nahe, dass die Gewinnung hochwertiger Beiträge eine Beteiligung entsprechend geeigneter Kunden erfordert. Einen Startpunkt bildet die erfolgreiche Erweiterung des Lead-User-Konzepts auch auf Konsumgüterbereiche, die in Abschnitt 2.2.3 beschrieben worden ist. Diese Untersuchungen legen nahe, dass Lead User in Konsumgütermärkten existieren und auch dort wertvolle Produktideen generieren. Die Ergebnisse der Arbeiten von Lüthje (2004) und Shah (2000) demonstrieren dies für ausgewählte Branchen. Auf der anderen Seite erstellen in der Untersuchung von Kristensson et al. (2004) normale Kunden bessere Produktkonzepte als Lead User.

Diese Ergebnisse sind auf den ersten Blick widersprüchlich; allerdings können sie auch dem unterschiedlichen Untersuchungsdesign und -zweck geschuldet sein. Die Untersuchungen haben eine diametral verschiedene Zielrichtung. Lüthje (2000) adaptiert die Lead-User-Konzeption für Konsumgütermärkte und testet seine Kriterien in einer empirischen Untersuchung im Produktbereich „Outdoor". Die so validierten Kriterien setzt er ein, um für eine Einbindung in Innovationsprozesse besonders geeignete Kunden zu identifizieren. Diese lässt er in zwei Workshops Produktideen generieren. Deren Ergebnis wird vom veranstaltenden Unternehmen positiv bewertet (Lüthje 2000, 194-199). Allerdings liefert er keinen Vergleichsmaßstab seiner Methode, etwa die Ergebnisse anderer Marktforschungsmethoden oder anderer Kundengruppen. Insgesamt konstatiert Lüthje (2000, S. 203) trotzdem eine gute Eignung der Methode und der eingebundenen Kunden für die Zwecke der Entwicklung von Produktideen.

Einen Vergleich der Ergebnisse verschiedener Teilnehmergruppen bei Einsatz der gleichen Methode nehmen Kristensson et al. (2004) vor. In ihrer Untersuchung werden in einem mehrtägigen Experiment Neuproduktideen in Gruppen generiert, die unterschiedlich zusammengesetzt sind: Eine besteht aus normalen Kunden, eine aus Lead Usern und eine aus professionellen Produktentwicklern. Die von der Gruppe der normalen Kunden erstellten Ideen schnitten in der anschließenden Bewertung am besten ab. In der Konsequenz kann dies bedeuten, dass Lead User zwar im Durchschnitt hochwertige Ideen generieren, aber nicht diejenigen mit der absolut höchsten Qualität. Dies würde die Bedeutung des Lead Users in Konsumgütermärkten relativieren. Allerdings gilt es zu beachten, dass die Ergebnisse von Kristensson et al. (2002) ebenfalls auf nur einer Fallstudie beruhen.

Daraus ergeben sich zwei Konsequenzen: Zum einen sollten Methoden zur Ideengenerierung durch Kunden in Konsumgütermärkten eine möglichst breite Zielgruppe haben. Zum anderen besteht Unklarheit darüber, welche Eigenschaften Kunden aufweisen, die besonders gute Beiträge leisten. Neben dieser offenen Fragestellung bezüglich der Charakteristika lassen die Ergebnisse der Studien aus dem Bereich der Innovationsforschung aber noch eine andere bedeutende Fragestellung unbeantwortet. Im Rahmen der klassischen Kundeneinbindung, etwa bei den von Lüthje (2000) eingesetzten Methoden, besteht bei aufwändigen Maßnahmen in der Regel ein

2.4 Einordnung der bisherigen Forschung

persönlicher Kontakt zum Unternehmen. In der Praxis wird die überwiegende Zahl von Maßnahmen dagegen etwa von Marktforschungsinstituten durchgeführt, ohne dass für den Kunden der Auftraggeber ersichtlich ist.

Im Rahmen der virtuellen Kundeneinbindung, wie sie in dieser Arbeit betrachtet wird, kommuniziert der Kunde dagegen direkt mit einem Konsumgüterunternehmen; dies geschieht zumindest teilweise als Reaktion auf eine breite, ungezielte Ansprache. Im Gegensatz zu den in einigen Fällen ebenfalls breite Zielgruppen ansprechenden Methoden der Marktforschung ist der Veranstalter, also der Markenanbieter, für die Teilnehmer jedoch direkt ersichtlich. Es ist daher möglich, dass die Wahrnehmung des Anbieters einen Einfluss auf das Teilnehmerverhalten hat.

Allgemein gesagt, nimmt ein Markenanbieter bei der virtuellen Kundeneinbindung also eine andere Art der Teilnehmeransprache vor, wenn er eine Maßnahme zur virtuellen Kundeneinbindung durchführt, als sie den meisten Untersuchungen zu den Charakteristika innovativer Kunden zugrunde liegt. So untersucht Shah (2000) das Innovationsverhalten von Nutzern in einer bestimmten Branche losgelöst von Unternehmensgesichtspunkten. Gleiches gilt für die Untersuchung von Lüthje (2000, S. 251-252); im Untersuchungsteil, der die vermuteten Eigenschaften innovativer Kunden empirisch validiert, wird kein Unternehmen für den Probanden sichtbar. Dies trifft auf die Untersuchung von Kristensson et al. (2004) nicht zu. Bei dieser werden einige Konsumenten (und andere Probanden) angesprochen, denen der Name des veranstaltenden Unternehmens bekannt ist. Die Teilnehmer sind dabei gezielt nach theoretischen Kriterien ausgesucht worden.

Die Erkennbarkeit einer Marke trifft auch auf Methoden zu, mit denen breite Konsumentengruppen im Vergleich relativ ungezielt angesprochen werden, wie etwa bei der Community womensnet.de von Schwarzkopf & Henkel. Der Kunde nimmt hier unmittelbar den Markenanbieter wahr und wird zudem mit einer Aufgabe konfrontiert, die er unter Umständen nicht leisten kann oder möchte. Es ist daher zu erwarten, dass in Konsumgütermärkten auch andere als strikt innovationsbezogene Faktoren die Teilnahmeentscheidung beeinflussen. Neben den in Abschnitt 2.2.3 angesprochenen Eigenschaften, die innovative Kunden auszeichnen, wird die Entscheidung zur Teilnahme an einer Einbindungsmaßnahme daher sehr wahrscheinlich von weiteren Faktoren abhängen. Letztlich erinnert die Situation, in der ein Konsument sich zu einer Teilnahme an der Maßnahme entschließt, an eine Kaufentscheidung. Harte Faktoren wie Themenstellung und Methodenattraktivität (Preis und Produktmerkmale) werden von weichen Kriterien wie Produkt- und Markenwahrnehmung überlagert. Wie bei der Kaufentscheidung ist davon auszugehen, dass auch letztere einen Einfluss auf die Teilnahmeentscheidung ausüben. Ein Teil des Nutzens stammt aus dem Verhältnis von Preis und Produktmerkmalen; dies entspricht der Motivation, die der Teilnehmer durch eine eventuell bessere Erfüllung seiner Bedürfnisse durch neue Produkte bekommt (Morrison et al. 2004, S. 353). Ein weiterer Teil des Nutzens stammt allerdings aus weichen Faktoren des Produkts wie dem Markenimage; analog dazu dürften diese auch bei der virtuellen Kundeneinbindung für die Teilnahmeentscheidung eine Rolle spielen.

Diese Vermutung wird etwa durch die Untersuchung von Bhattacharya und Sen (2003) nahe gelegt. Sie führen aus, dass Konsumenten sich bei positiver Identifikation mit einem Unternehmen zu dessen Promotoren entwickeln können (Bhattacharya und Sen 2003, S. 79). Als prominentes Beispiel wird der Computerhersteller Apple angeführt. Identifikation führt damit nicht nur zu klassischerweise erwarteten Handlungen wie verstärktem Kauf von Produkten des jeweiligen Markenanbieters (Giering 2000, S. 27-27), sondern auch zu einer Reihe von Handlungen, die typischerweise nicht von einem Konsumenten erwartet werden (Ahearne et al. 2003, S. 13). Sie werden in der Literatur als „extra-role behaviours" oder „customer voluntary performance" bezeichnet und von Bettencourt (1997, S. 384-387) näher beschrieben. Konsequenzen eines hohen Maßes der Identifikation des Konsumenten mit dem Markenanbieter sind insbesondere eine stark ausgeprägte Loyalität und eine Tendenz, neue Kunden zu gewinnen, um so das langfristige Wohlergehen des Unternehmens zu stärken. Daher ist ebenfalls denkbar, dass Kunden bereit sind, das Unternehmen bei der Neuproduktentwicklung zu unterstützen, um so dessen wirtschaftliches Risiko zu vermindern.

Auch die Wahrnehmung des Produkts beziehungsweise der Produktkategorie könnte einen Einfluss haben. So sehen Sawhney und Prandelli (2001, S. 261-262) in ihrer Arbeit eine hohes Vertrauen in das Unternehmen, das den Konsumenten zur Zusammenarbeit einlädt, als unabdingbare Voraussetzung für eine Kooperation an. Zudem bezeichnen sie diejenige Kundengruppe, die eingebunden werden sollte, als „high involvement customers". Zwar ist dieses Verständnis ein anderes als im Fall des Produktinvolvements; jedoch deutet die Benutzung des Begriffs bereits darauf hin, dass auch die Wahrnehmung des Produkts einen Einfluss auf das Teilnahmeverhalten haben könnte. Letztlich ist ein gewisses Maß an Produktinvolvement auch Vorläufer für die Entwicklung der Eigenschaften, die Lüthje (2000, S. 29-40) als zentrale Charakteristika von für eine Einbindung geeigneten Konsumenten ansieht. Allerdings unternimmt er keine empirische Betrachtung dieser Vorläufer.

Insofern ist es wahrscheinlich, dass bei Kundeneinbindungsmaßnahmen, bei denen der veranstaltende Markenanbieter sichtbar ist, auch Einflussfaktoren, die das Konsumentenverhalten messen, von Bedeutung sind. Daher sollten diese in einer Untersuchung berücksichtigt werden. Es ist zu erwarten, dass Eigenschaften wie etwa Loyalität, Markenwahrnehmung und Vertrauen einen Einfluss auf das Teilnahmeverhalten haben. Dieser Aspekt ist in der bisherigen Forschung zur Kundeneinbindung in Konsumgütermärkten und auch zur virtuellen Kundeneinbindung vernachlässigt worden.

2.4.3 Forschungslücken und Positionierung der eigenen Arbeit

Maßnahmen zur Kundeneinbindung sollten in der Phase der Ideengenerierung darauf abzielen, möglichst viel Kundenwissen aus möglichst breiten Konsumentengruppen zu gewinnen. Um den Aufwand hierfür in einem vertretbaren Rahmen zu halten, sollten die eingesetzten Methoden sowohl effektiv als auch effizient sein. In den vorangegangenen Abschnitten ist deutlich geworden, dass sich hierfür Ideenwettbewerbe besonders gut eignen. Allerdings existiert noch keine empirische Untersuchung, wie diese gestaltet werden sollten, um eine optimale Reichweite und gleichzeitig eine optimale Ergebnisqualität zu erreichen.

Zusätzlich ist nicht eindeutig geklärt, welche Eigenschaften eines Kunden einen positiven Einfluss auf die Qualität der eingereichten Beiträge haben. Die Lead-User-Forschung legt nahe, dass das gleichnamige Kundensegment auch in Konsumgütermärkten die besten Beiträge für die Neuproduktentwicklung liefert; diese Vermutung wird durch die Ergebnisse der Studie von Kristensson et al. (2004) relativiert. Insofern ist ungeklärt, welche Eigenschaften Kunden besitzen, die Beiträge überdurchschnittlicher Qualität generieren. Daher werden in dieser Untersuchung eine Reihe von themenbezogenen Konstrukten zur Messung von Persönlichkeitseigenschaften sowie Produkt- und Markenwahrnehmung eingesetzt, um diese Fragestellung näher beleuchten zu können.

Auch die Teilnahmebereitschaft hängt von mehr Faktoren ab, als in der Innovationsforschung beschrieben. Während sie postuliert, dass sie letztlich ausschließlich vom erwarteten Nutzen abhängt, der aus dem zu entwickelnden Produkt resultiert, zeigen Erkenntnisse aus der Konsumentenforschung, dass auch Faktoren wie Loyalität, Markenwahrnehmung und Vertrauen eine Rolle spielen können. Zwar werden in der Lead-User-Forschung auch altruistische Motive als Motivationsgrundlage angenommen, jedoch resultieren diese entweder aus dem Wunsch, anderen Nutzern zu helfen, oder der Befriedigung, die aus der intensiven Beschäftigung mit einem Thema unter Gleichgesinnten gezogen wird („community of interest"). Unberücksichtigt bleibt jedoch, dass die Motivation zur Teilnahme auch aus dem veranstaltenden Unternehmen resultieren kann, etwa durch die Identifikation mit dessen Marken. Bei einer Untersuchung des Teilnehmerverhaltens sollten Faktoren, die die Produkt- und Markenwahrnehmung beschreiben, daher explizit mit einbezogen werden, weil über deren Wirkungen noch keine Erkenntnisse bestehen.

Auch methodisch weisen viele der bisherigen Arbeiten Schwächen auf, da sie Verfahren entwickeln und validieren, dabei aber nicht die Auswirkungen von Kundeneigenschaften auf die Ergebnisse berücksichtigen. Studien zu Eigenschaften von innovativen Kunden beschränken sich zumeist auf Erkenntnisse aus der Innovationsforschung, obwohl für Maßnahmen der virtuellen Kundeneinbindung, die von Konsumgüterunternehmen veranstaltet werden, Erkenntnisse der

Forschung über das Konsumentenverhalten eine ähnliche Relevanz besitzen. Diese Probleme sollen in dieser Arbeit vermieden werden.

In methodischer Hinsicht wird für den Teil, der sich mit der Gestaltung von Ideenwettbewerben befasst, ein Web-Experiment verwendet. Es verbindet die Vorteile von Feld- mit denen von Laborexperimenten. Zur anschließenden Datenerhebung wird ein Online-Fragebogen eingesetzt, der systematische Erhebungsfehler unter anderem durch Randomisierung der einzelnen Fragen minimiert. Die Datenauswertung erfolgt mit verschiedenen Verfahren der Dependenzanalyse.

3 Methodenexperiment zu Ideenwettbewerben im Internet

3.1 Vorgehen

In diesem Kapitel wird die optimale Gestaltung von Ideenwettbewerben untersucht. Diese lösen beim Teilnehmer einen individuellen kreativen Prozess aus. Um verschiedene Einflüsse auf diesen Prozess zu untersuchen, werden vier inhaltliche Faktoren, die beim Ideenwettbewerb auf einfache Weise als Gestaltungsvariable eingesetzt werden können, im Rahmen eines Methodenexperiments für das Produkt Geschirrspüler, ein dauerhaftes Konsumgut, systematisch variiert. Dabei wird der Effekt auf verschiedene abhängige Variable gemessen.

Das Kapitel beginnt mit einer Einführung in die Grundlagen des Experiments als Methode der empirischen Sozialforschung. Dabei wird auch die hier verwendete Variante, ein Web-Experiment, eingehend beschrieben. Im Anschluss daran wird die Grundstruktur des im Rahmen dieser Arbeit durchgeführten Experiments in Abschnitt 3.3 erläutert. Dort erfolgen auch nähere deskriptive Angaben zu den empirischen Daten, und es werden in Abschnitt 3.3.2 auch die verwendeten abhängigen Variablen beschrieben. Im folgenden Abschnitt 3.4 werden Datenerhebung und -grundlage vorgestellt. Danach werden die unabhängigen Variablen (Faktoren) identifiziert und Hypothesen, wie die Faktoren auf die verschiedenen abhängigen Variablen wirken sollten, theoriegestützt abgeleitet (Abschnitt 3.5). Anschließend werden in Abschnitt 3.6 die Ergebnisse der einzelnen Analysen beschrieben. In Abschnitt 3.7 werden die Ergebnisse schließlich zusammengefasst und bewertet.

3.2 Das Experiment in der Marktforschung

Experimente spielen in zahlreichen Forschungsdisziplinen eine bedeutende Rolle. Das Grundprinzip des Experimentierens, also das Konstanthalten aller Faktoren außer dem untersuchten und die Messung eines Effekts auf die beobachtete Variable, war Naturwissenschaftlern bereits im 19. Jahrhundert vertraut. Eine Formalisierung und damit der Beginn modernen Experimentierens in Verbindung mit der Nutzung statistischer Verfahren zur Datenanalyse geht auf Ronald Fishers Werk aus dem Jahr 1935 zurück (Brown und Melamed 1990, S. 1). Eingang in die Marketingforschung fanden Experimente erst einige Jahrzehnte später (Banks 1965). Dort wie auch in anderen sozial-, natur- und ingenieurwissenschaftlichen Disziplinen spielen sie eine elementare Rolle, da nur so eine Überprüfung von Kausalhypothesen, also einer Hypothese mit einer Vermutung über die Richtung des Zusammenhangs, möglich ist (Aaker et al. 2001, S. 340). Dabei wird nach einem vorher festgelegten Plan eine Situation geschaffen, in der sich die Auswirkung einer Variablen auf den Untersuchungsgegenstand messen lässt. Zudem ist ein Experiment dadurch beliebig wiederholbar, was eine intersubjektive Überprüfung der Ergebnisse ermöglicht (Reips 2001b, S. 98).

In diesem Abschnitt soll zunächst eine kurze Einführung in die theoretischen Grundlagen des Experimentierens in der Marktforschung gegeben werden. Darauf folgt eine Beschreibung der in diesem Gebiet typischerweise verwendeten Designs. Anschließend wird eine hybride Art des Experiments, das im Rahmen dieser Arbeit verwendete Web-Experiment, vorgestellt. Danach wird das formale Design des in dieser Arbeit durchgeführten Experiments beschrieben. Eine kurze Einführung in die Auswertungsmethoden ist in Abschnitt 3.6.1 enthalten.

3.2.1 Überblick über methodische Grundlagen

Formal wird zur Überprüfung der Kausalhypothese eine Experimentalvariable (oder experimenteller Faktor, in der Regel bezeichnet mit X) systematisch variiert; die Änderungen der mutmaßlich abhängigen Variablen (oder Messgröße, bezeichnet mit Y) werden gemessen, um die Kausalhypothese zu überprüfen (Hammann und Erichson 2000, S. 181). Die unterschiedlichen Ausprägungen eines Faktors bezeichnet man dabei als Faktorstufe, jeder Faktor X_i kann n unterschiedliche Stufen besitzen.

Für das Vorliegen einer Kausalbeziehung müssen drei Voraussetzungen erfüllt sein (Aaker et al. 2001, S. 341):

- **Zusammenhang:** Es muss ein Zusammenhang der Variation von X und Y erkennbar sein.

- **Zeitliche Ordnung:** Auf eine Änderung von X folgt zeitlich eine Änderung von Y.

- **Nicht-Existenz anderer Erklärungen für den kausalen Zusammenhang:** Es wirken keine anderen nicht kontrollierten Faktoren systematisch auf Y. Nur so kann ein hohes Maß an interner Validität sichergestellt werden.

Da sich in der Realität die dritte Bedingung nie vollständig einhalten lässt, bezeichnen Hammann und Erichson (2000, S. 182) ein Experiment, das diese Bedingungen erfüllt, auch als ideales Experiment. Sie formulieren daher zwei weniger strenge Anforderungen. Zum einen soll ein

3.2 Das Experiment in der Marktforschung

Experiment Messwerte für X und Y liefern, damit sich ein Zusammenhang statistisch nachweisen lässt. Zum anderen muss es dem Untersucher Gewissheit verschaffen, dass X unbeeinflusst von Y verändert wurde.

Eine einfache Kategorisierung von Experimenten erfolgt nach der Anzahl der variierten Experimentalvariablen:

- **Einfaktorielles Design:** Bei einem einfaktoriellen Design wird die Wirkung genau einer Experimentalvariable beobachtet, beispielsweise die Wirkung des Preises auf den Absatz.

- **Mehrfaktorielles Design:** Bei einem mehrfaktoriellen Design wird die Wirkung mehrerer Experimentalvariablen, also etwa verschiedener Elemente des Marketing-Mix auf den Absatz, beobachtet.

Wie schon in den Ausführungen über die Voraussetzungen für das Vorliegen einer Kausalhypothese angeklungen, können allerdings auch andere, im Experiment nicht kontrollierte Variable auf die Messgröße wirken und damit das Ergebnis der Messung beeinflussen. Zum einen handelt es sich dabei um kontrollierbare Variablen, zum anderen um nicht kontrollierbare, die in ihrer Gesamtheit als Zufallskomponente (oder Störgröße) angesehen werden können (Hammann und Erichson 2000, S. 181). Die Vermischung von Experimentalfaktoren wird als Konfundieren oder Vermengung bezeichnet (Green und Tull 1982, S. 322). Bei einem einfaktoriellen Design tritt eine Vermengung ein, wenn zusätzlich zum untersuchten Faktor noch andere nicht untersuchte Effekte auf die Messgröße wirken. Daher wurden verschiedene Verfahren entwickelt, um diese Vermengung zu kontrollieren beziehungsweise beseitigen zu können.[56]

Bei mehrfaktoriellen Designs kommt es grundsätzlich zum Konfundieren. Um dessen Ausmaß zu bestimmen und jeden Haupteffekt verzerrungsfrei bestimmen zu können, wurden verschiedene statistische Verfahren entwickelt. Naturgemäß lässt sich jeder Interaktionseffekt exakt bestimmen, wenn jede Faktorstufenkombination untersucht wird, wobei die einzelnen Faktoren simultan variiert werden (Winer 1971, S. 309). Dies wird als faktorielles Design bezeichnet. Jedoch führt es schnell zu einer hohen Zahl von Kombinationen. Bereits bei drei untersuchten Faktoren in drei Stufen resultieren so $3^3 = 27$ Kombinationen. Allgemein ergeben sich bei zwei Faktorstufen pro Faktor $m = 2^n$ und bei drei Faktorstufen $m = 3^n$ Faktorkombinationen. Die Anzahl m steigt also mit größer werdendem k geometrisch an.

Aus den Beobachtungen lassen sich nach Ende des Experiments (m-1) Effekte berechnen. Dabei handelt es sich um n Haupteffekte und um (m-n-1) Wechselwirkungen von zwei oder mehr

---

[56] Da diese im Rahmen der vorliegenden Arbeit nur zum kleinen Teil relevant sind, erfolgt keine detaillierte Beschreibung. Einen guten Überblick liefert Aaker et al. (2001, S. 344-351).

Faktoren (bis maximal n Faktoren). Im Durchschnitt ergibt sich dabei eine Hierarchie bezüglich der Größe: Haupteffekte sind in der Tendenz größer als Zwei-Faktor-Wechselwirkungen, die wiederum größer sind als Drei-Faktor-Wechselwirkungen usw. Für quantitative Faktoren entsprechen Haupteffekte und Wechselwirkungen den Termen einer Taylor-Reihe: Drei-Faktor-Interaktionen entsprechen dem dritten Term einer Taylor-Reihe, dies gilt in Analogie auch für die qualitativen Faktoren (Box et al. 1978, S. 374).

Diese Tendenz machen sich fraktionierte faktorielle Versuchspläne zunutze (Addelman 1972, S. 103). Dabei werden die Haupteffekte von ein oder mehreren Faktoren anstelle von Wechselwirkungen höherer Ordnungen gemessen, um die Zahl der Versuche zu verringern (Holland und Cravens 1973, S. 270). Dies ist möglich, wenn man davon ausgeht, dass die zu ersetzenden Wechselwirkungen in ihrer Wirkung vernachlässigbar sind (Hunter und Naylor 1970, S. 426). Die ersetzten Wechselwirkungen werden dabei mit anderen Variablen konfundiert oder vermengt (Box et al. 1978, S. 385). Dies resultiert aus der Tatsache, dass die ersetzte Wechselwirkung höherer Ordnung nicht mehr berechnet und daher auch nicht mehr von den anderen Effekten niedrigerer Ordnung getrennt werden kann (Kleppmann 2001, S. 117). Dies ist immer dann zulässig, wenn Wechselwirkungen höherer Ordnung vernachlässigbar sind.

Dabei werden Experimente nach dem Grad der Vermengung unterschieden, man spricht von Auflösung (Dey 1985, S. 11). Je höher die Auflösung, desto geringer der Einfluss der Vermengung (Kleppmann 2001, S. 129). Die Entscheidung für die Anzahl der Faktoren und den Grad der Auflösung hängt dabei zum einen von theoretischen Gesichtspunkten, also davon, ob die Wechselwirkungen theoretisch vernachlässigbar sind, und zum anderen von praktischen Gründen, nämlich dem Durchführungsaufwand der Einzelversuche, ab.

3.2.2 Umsetzung in der Praxis

Im Gegensatz zu naturwissenschaftlichen Experimenten ist es bei den meisten Experimenten im Marketing schwieriger, den Einfluss von nicht untersuchten Variablen zu kontrollieren (Hammann und Erichson 2000, S. 184). Dennoch muss sichergestellt werden, dass die Messungen frei von systematischen und unsystematischen Fehlern sind. [57]

Oberstes Ziel einer empirischen Methode ist die Sicherung der *Validität*. Diese gibt an, ob ein Messinstrument auch inhaltlich das misst, was es messen soll. Dazu muss die Messung frei von

---

[57] Dies wird durch die Konzepte *Reliabilität* und *Validität* erfasst. Zusätzlich sollten die Ergebnisse einer Untersuchung generalisierbar sein. Nur in diesem Fall ist die räumliche und zeitliche Übertragung von Schlussfolgerungen möglich (Winer 1999, S. 350).

systematischen Fehlern sein (Hammann und Erichson 2000, S. 93).[58] Speziell bei empirischen Untersuchungsdesigns wird zwischen *interner* und *externer Validität* differenziert. *Interne Validität* misst, ob die Messergebnisse auch wirklich auf die Veränderung der Experimentalvariablen zurückzuführen sind und damit der korrekte Sachverhalt gemessen wurde (Aaker et al. 2001, S. 360). *Externe Validität* beschreibt dagegen, ob die beobachteten Ergebnisse generalisierbar sind und damit auf die Umwelt übertragen werden können (Calder et al. 1982, 240).

Bei der Durchführung von Experimenten können nicht kontrollierte Variablen einen Effekt auf die beobachtete Änderung der Ergebnisvariable Y haben und damit auch die interne Validität des Experiments (Aaker et al. 2001, S. 360) beeinflussen. Die Kontrolle externer Einflüsse beeinflusst aber auch die Übertragbarkeit der Ergebnisse von der Experimentsituation in eine reale Umgebung, also die externe Validität. Zwischen beiden Maßen für die Validität besteht in der Regel eine negative Beziehung: je höher die interne Validität, also je höher die Kontrolle störender Einflüsse, desto geringer die Übertragbarkeit auf die Realität und damit die externe Validität.[59]

Der Trade-Off zwischen externer und interner Validität kennzeichnet auch die beiden gebräuchlichsten Experimentformen in der Marktforschung (Hammann und Erichson 2000, S. 184-185):

- **Laborexperimente:** Ein Laborexperiment findet in einer künstlich erzeugten Umgebung statt. Dies gestattet die Erzeugung einer Experimentsituation unter genau spezifizierten und kontrollierten Bedingungen. Dadurch ergibt sich potenziell eine hohe interne Validität; der gemessene Zusammenhang ist frei von Störeinflüssen. Je stärker die simulierte Situation von der Realität abweicht, desto eingeschränkter ist die externe Validität. Zudem ist sich der Proband der Testsituation bewusst. Dies führt in aller Regel dazu, dass er sich anders verhält als in seiner gewohnten Umgebung. Eine Begründung dafür liefert der Hawthorne-Effekt, der beschreibt, dass sich Probanden so verhalten, wie es erwünscht wird, wenn sie sich einer Experimentsituation bewusst werden (siehe Granberg und Holmberg 1992, S. 240-241 sowie Batinic 2001, S. 55).

    Jedoch besitzen Laborexperimente zahlreiche operative Vorteile. Sie sind relativ kostengünstig durchzuführen. Zudem ist die Abwicklung relativ einfach. Auch kann im Falle

---

[58] Die *Reliabilität* gibt an, ob die Messung eines Merkmals formal genau erfolgt. Wiederholte Einsätze desselben Messinstruments müssen zum gleichen Ergebnis kommen, damit ein Instrument reliabel ist (Green und Tull 1982, S. 185). Dies erfordert, dass das Instrument frei von unsystematischen, also zufälligen Fehlern ist (Aaker et al. 2001, S. 296). Allerdings muss ein reliables Messinstrument nicht zwangsläufig auch valide sein: So kann eine Messung zwar immer dasselbe Ergebnis haben, dennoch aber fehlerhaft sein, wenn etwas inhaltlich anderes gemessen werden sollte. Daher ist Reliabilität auch nur eine notwendige Mindestanforderung an ein Messinstrument, nicht aber eine hinreichende (Churchill Jr 1979, S. 65).

[59] Eine systematische Auflistung und Beschreibungen aller Fehlerquellen, die die externe und interne Validität von Experimenten bedrohen, findet sich bei Patzer (1996, S. 42-57).

von Neuprodukttests die Geheimhaltung gut sichergestellt werden.

- **Feldexperimente:** Ein Feldexperiment findet in einer natürlichen Umgebung statt und ist nicht als Experiment für den Probanden erkennbar. Sind die Umweltbedingungen realistisch gewählt, kann eine sehr hohe externe Validität erreicht werden. Allerdings sind Umwelteinflüsse oft nur schwer zu kontrollieren. Daraus ergibt sich aber, wie beschrieben, ein negativer Effekt auf die interne Validität. Diese können durch statistische Methoden zwar weitestgehend kontrolliert werden, was aber die Zahl der benötigten Versuche erhöht und so die ohnehin schon hohen Kosten eines Feldexperiments vervielfacht. Eine Erhöhung der internen Validität verringert daher die Praktikabilität.

Wie geschildert, haben sowohl Feld- als auch Laborexperimente Vor- und Nachteile, die keine allgemeine Entscheidungsregel für die Auswahl zulassen. Ein höheres Maß an externer Validität wird mit zusätzlichen Kosten und potenziell niedriger interner Validität erkauft. Mit den Überlegungen über das Ausmaß von externer und interner Validität ist untrennbar eine Kostenentscheidung verbunden (Thomke 2003, S. 74). Die zahlreichen Optionen beim Design eines Experiments gestatten das Erreichen eines für den Forschungszweck als adäquat erachteten Ausmaßes an interner und externer Validität bei einem akzeptablen Kostenniveau (Aaker et al. 2001, S. 260).

Zu den klassischen Experimentformen ist in den letzten Jahren das Online- oder Web-Experiment hinzu gekommen. Es vereint Merkmale von Feld- und Laborexperimenten und hat zahlreiche Vorteile in Bezug auf die Praktikabilität. Es wird daher im nächsten Abschnitt näher vorgestellt.

3.2.3 Das Web-Experiment

Web-Experimente sind als eine Weiterentwicklung von computergestützten Laborexperimenten entstanden (Musch und Reips 2000, S. 61-62). Diese sind in der Sozialforschung seit den 1970er-Jahren gebräuchlich und bieten einige methodische Vorteile gegenüber normalen Laborexperimenten (siehe für eine Beschreibung Reips 2001a, S. 2-3). Dennoch blieb der zentrale Nachteil der unter Umständen geringen externen Validität durch die Laborumgebung bestehen. Das Aufkommen des Internet gestattete dann eine andere Operationalisierung von computergestützten Experimenten. Bei einem Web-Experiment greift ein Proband über seinen Web-Browser auf ein zentral auf einem Web-Server bereitgestelltes Experiment zu. Dies ermöglicht einen ortsungebundenen Zugriff auf das Experiment, abseits vom Labor, was die Reichweite dramatisch erhöht (Reips 1999, S. 283-284). Es ermöglicht so mit Feldexperimenten vergleichbare Teilnehmerzahlen (Reips 2000, S. 97-98).

Tabelle 3.1: Wichtige Merkmale der Experimenttypen im Vergleich (Quelle: in Anlehnung an Kim et al. 2002, S. 220)

	Laborexperiment	Web-Experiment	Feldexperiment
Reichweite	gering	hoch	mittel bis hoch
Probandenzahl	niedrig	hoch	sehr hoch
Kontrolle von externen Einflüssen	sehr hoch	hoch	niedrig
Interne Validität	sehr hoch	hoch	niedrig
Externe Validität	niedrig	hoch	sehr hoch
Reproduzierbarkeit	gut	mittel bis gut	schlecht

Wie bei einem computergestützten Laborexperiment können auch bei einem Web-Experiment viele der potenziell störenden Umwelteinflüsse kontrolliert werden (Kim et al. 2002, S. 220). So kann im Maximalfall jeder Input des Probanden wie Mausklicks und -bewegungen, seine Antwortzeiten und sein Zugriffsweg aufgezeichnet werden (Reips 2001b, S. 100).

Die Nutzung des Internet als Kommunikationsmedium ermöglicht zudem, dass das Experiment in eine natürliche Umgebung integriert wird. Dadurch sind sich Probanden analog zum Feldexperiment der Testsituation nicht mehr bewusst (Reips 2001a, S. 3). Die zusätzlichen Kontrollmöglichkeiten geben im Feld durchgeführten Web-Experimenten eine potenziell hohe interne Validität (Kim et al. 2002, S. 216). Zusätzlich sind sie durch ihren digitalen Charakter beliebig oft identisch replizierbar (Reips 1999, S. 285). Dies ermöglicht einen besonders effizienten Einsatz von (fraktionierten) faktoriellen Designs, da die Probanden den Versuchen randomisiert zugeteilt werden können. So wird die interne Validität noch zusätzlich erhöht. Auch die Praktikabilität von Web-Experimenten ist sehr gut. Die Kosten für Planung und Realisierung sind im Vergleich zu den klassischen Experimenttypen sehr gering. Zudem fallen zu vernachlässigende Kosten bei der Durchführung an, wodurch eine hohe Zahl an Replikationen möglich wird (Reips 1999, S. 284). Tabelle 3.1 enthält einen vergleichenden Überblick der vorgestellten Kriterien für die verschiedenen Experimenttypen.

Daraus wird deutlich, dass Web-Experimente Vorteile von Laborexperimenten mit denjenigen von Feldexperimenten verbinden (Kim et al. 2002, S. 219-220). Für geeignete Fragestellungen, die sich ohne Informationsverlust im Internet darstellen lassen, können Web-Experimente wie Feldexperimente eingesetzt werden, ohne den Nachteil potenziell niedriger interner Validität sowie hoher Kosten in Kauf nehmen zu müssen.[60]

---

[60] Siehe für eine weitergehende Übersicht von Vorteilen und Nachteilen Reips (2002, S. 245).

3.3 Die Struktur des Experiments

3.3.1 Formales Design des Experiments in dieser Untersuchung

Für das Experiment dieser Arbeit werden insgesamt vier qualitative Faktoren (ABCD) in zwei Faktorstufen untersucht. Bei einem vollständigen fraktionellen Experiment müssten $m = 2^4 = 16$ Versuche durchgeführt werden. Eine mögliche Alternative bietet ein fraktionierter faktorieller Versuchsplan der Auflösung IV an. Dabei wird die Vier-Faktor-Wechselwirkung als sogenannte Identität $I = ABCD$ genutzt, um einen Plan mit acht Versuchen zu generieren. Dies führt dazu, dass die Messung der Haupteffekte mit einer Drei-Faktor-Wechselwirkung (also etwa A mit BCD) und einige Zwei-Faktor-Wechselwirkungen mit einer anderen Zwei-Faktor-Wechselwirkung vermengt werden (Kleppmann 2001, S. 129). Da jeder Versuch als eine Teilstichprobe für spätere Analysen dient, muss aber auf eine hinreichende Anzahl Teilnehmer geachtet werden. Daher fiel die Entscheidung für ein fraktioniertes faktorielles Design der Auflösung IV mit vier Faktoren.

Neben diesen den Aufbau des Experiments betreffenden Dingen wurde bei der Durchführung darauf geachtet, dass es als solches für die Probanden nicht erkennbar war. Die Einblendung des Ideenwettbewerbs zum Thema Geschirrspülen war scheinbar ein normaler Bestandteil des Internet-Auftritts der beiden Marken Bosch Hausgeräte sowie Siemens Hausgeräte. Zudem wurden die Probanden den einzelnen Versuchen vollständig randomisiert zugeordnet. Dies macht es zwar nicht unmöglich, aber sehr unwahrscheinlich, dass die im Versuch manipulierten Variablen mit Störgrößen konfundiert sind (Reips 2001b, S. 99-100). Jedem Probanden wird bei Einblendung des Experiments ein Cookie hinterlegt, das einen mehrfachen Zugang zum Experiment verhindern soll. Zwar ist dies wirkungslos, wenn Nutzer keine Speicherung von Cookies zulassen, doch ist davon auszugehen, dass dies nur für eine Minderheit der Internetnutzer zutrifft, da gängige Web-Browser Cookies standardmäßig akzeptieren (Reips 2002, S. 251). Daher sollte das Experiment sowohl eine gute interne als auch eine hohe externe Validität aufweisen.

Wie bereits erläutert, wird für das Methodenexperiment ein fraktioniertes faktorielles Design der Auflösung IV mit vier unabhängigen Variablen (Faktoren) in jeweils zwei Ausprägungen genutzt. Dabei handelt es sich um das Setzen einen Anreizes *(Anreize)*, Zugang zu anderen Ideen *(Zusatzideen)*, Zugang zu zusätzlichen Informationen *(Zusatzinformationen)* und den Grad der Fokussierung des Themas *(Themenbreite)*.[61] Diese Faktoren werden systematisch variiert, um den Effekt auf verschiedene abhängige Variablen ermitteln zu können. Da es sich um ein reduziertes Design handelt, das zur Schätzung der Haupteffekte einen speziellen Versuchsplan

---
[61] Die theoretische Fundierung der Auswahl dieser Variablen und deren Operationalisierung werden in Abschnitt 3.5 näher erläutert.

3.3 Die Struktur des Experiments

Tabelle 3.2: Der Versuchsplan des Methodenexperiments im Überblick

Versuch	Extrinsischer Anreiz	Zugang zu anderen Ideen	Zugang zu Informationen zum Thema	Themenbreite
1	nein	ja	ja	weit
2	ja	ja	nein	weit
3	nein	nein	nein	weit
4	ja	nein	ja	weit
5	nein	ja	nein	eng
6	ja	ja	ja	eng
7	nein	nein	ja	eng
8	ja	nein	nein	eng

erfordert, wurde zu dessen Generierung eine spezielle Software eingesetzt. Dieser Plan ist in Tabelle 3.2 dargestellt.

Im Experiment werden verschiedene abhängige Variablen eingesetzt. So soll versucht werden, die Wirkungen der Faktoren auf Teilnahmeentscheidung, Ideenabgabe und Qualität der eingereichten Beiträge zu bestimmen. Die Konstruktion der abhängigen Variablen wird in Abschnitt 3.3.2 näher beschrieben. Dort ist auch erläutert, wie die inhaltliche Qualität der Beiträge gemessen wird. Für jede endogene Variable erfolgt im Anschluss eine getrennte Varianzanalyse.

3.3.2 Abhängige Variablen

Für das Experiment werden vier verschiedene abhängige Variablen eingesetzt. Sie messen zum einen die Reaktion der Konsumenten zu verschiedenen Zeitpunkten im Entscheidungsprozess zur Teilnahme, zum anderen die Beitragsqualität. So werden die *Ansichtsquote*, die *Teilnahmequote*, die *Ideenquote* und die *Qualität* der Beiträge gemessen. Diese Maße werden im Folgenden inhaltlich näher erläutert sowie deren Berechnungsgrundlage vorgestellt.

Da das Experiment als Pop-Up auf den Startseiten der Homepages von Bosch Hausgeräte und Siemens Hausgeräte eingeblendet wurde (siehe Abschnitt 3.4 ab Seite 73), war dessen erste Seite identisch; erst durch Klicken auf einen Link wurden auf der zweiten Seite die Varianten für den Teilnehmer sichtbar (siehe Abbildungen 3.1 und 3.2).

Daher ist wahrscheinlich, dass nur solche Betrachter eine aktive Teilnahmeentscheidung getroffen haben, die sich mindestens die zweite Seite des Ideenwettbewerbs angesehen haben.[62]

---

[62] Dies ist anhand der „Logfiles" des Webservers feststellbar (Wiedmann und Buxel 2003, S. 529-530).

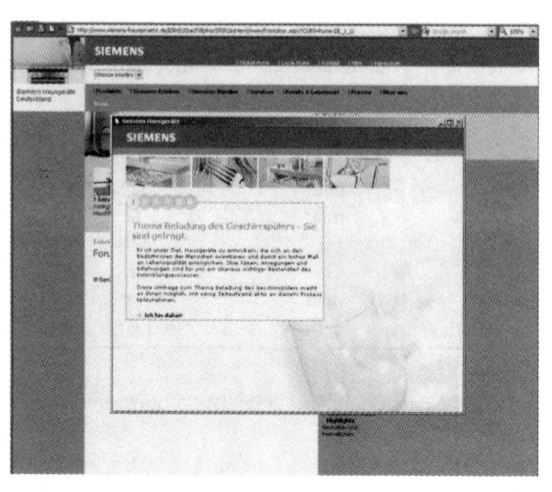

70   3 Methodenexperiment zu Ideenwettbewerben im Internet

Abbildung 3.1: Screenshot der Homepage von Siemens Hausgeräte mit der Einladung zum Experiment als Pop-Up

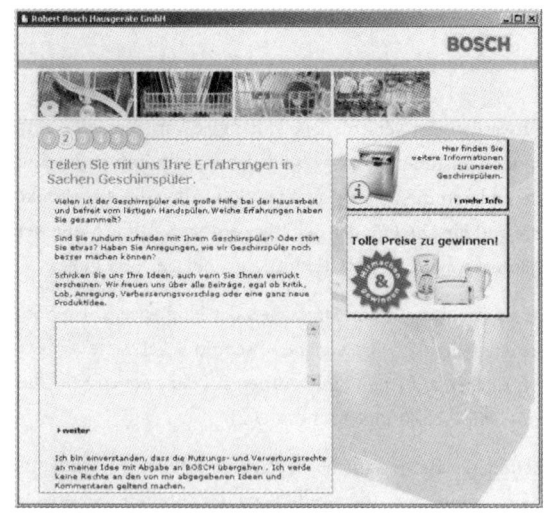

Abbildung 3.2: Screenshot der zweiten Seite des Experiments. Bei dieser Variante sind Zusatzinformationen und Gewinnspiel eingeblendet.

3.3 Die Struktur des Experiments

„Anseher" sind demnach definiert als Probanden, für die dies zutrifft. Aus deren Zahl wird die *Ansichtsquote* gebildet.[63] Diese berechnet sich wie folgt:

$$r_i^a = \frac{a_i}{E_i} \qquad (3.1)$$

r_i^a: Ansichtsquote für Experimentvariante i
a_i : Anzahl der Anseher für Variante i
E_i: Gesamtanzahl der Einblendungen für Variante i

Als Teilnehmer werden in dieser Untersuchung alle Probanden definiert, die den geschlossenen Fragenteil des Experiments komplett durchlaufen haben. Analog zur Ansichtsquote setzt die *Teilnahmequote* die Anzahl der Teilnehmer mit der Gesamtzahl der Einblendungen in Beziehung:

$$r_i^p = \frac{p_i}{E_i} \qquad (3.2)$$

r_i^p: Teilnahmequote für Experimentvariante i
p_i: Anzahl der Teilnehmer für Variante i

Eine Untergruppe der Teilnehmer hat wiederum im dafür vorgesehenen Feld zu Beginn des Experiments einen offenen Beitrag für den Ideenwettbewerb eingereicht (siehe Abbildung 3.2).[64] Diese offenen Beiträge werden im Folgenden auch als Ideen bezeichnet. Entsprechend dem bereits beschriebenen Vorgehen berechnet sich daraus die *Ideenquote*:

$$r_i^b = \frac{b_i}{E_i} \qquad (3.3)$$

r_i^b: Beitragsquote für Experimentvariante i
b_i: Anzahl der Beiträge für Variante i

---

[63] Da die einzelnen Varianten zufallsgesteuert aufgerufen wurden, ergeben sich leichte Abweichungen in der absoluten Höhe der Einblendungen. Zudem wurden die Experimentvarianten der zweiten Runde insgesamt häufiger eingeblendet. Dies macht die Verwendung von relativen Maßen notwendig.
[64] Das entsprechende Eingabefeld war ein freiwilliges Antwortfeld, die Teilnehmer konnten also auch ohne eine Antwort auf die nächste Seite des Experiments gelangen.

Die Beiträge wurden im Anschluss an den Ideenwettbewerb durch Experten von Bosch Siemens Hausgeräte (BSH) bewertet. Aus diesen Urteilen wurde die *Qualität* eines Beitrags errechnet. Die Qualität einer Idee wurde dabei zum einen als Summe aller Teilbewertungen operationalisiert, zum anderen als Produkt:

$$q_i^b = \frac{1}{n_i} \sum_{a=1}^{n_i} q_{ai} \qquad (3.4)$$

n_i: Anzahl der Ideen in Experimentvariante i
q_i^b: Durchschnittliche Ideenqualität für Experimentvariante i
q_{ai}: Qualität des Beitrags a in Variante i als Summe oder Produkt der Einzelbewertungen

Expertenschätzungen sind zur Bewertung von kreativen Leistungen weit verbreitet, zudem ist die Reliabilität der Urteile häufig gut (Amabile 1996, S. 39). Beiträge werden in aller Regel entlang mehrerer Dimensionen bewertet, in der Kreativitätsforschung gängig sind Originalität, (künstlerischer) Wert und (künstlerisches) Potenzial (Amabile 1996, S. 31). Daraus folgt eine operative Definition der Kreativität durch Amabile (1996, S. 33): „A product or response is creative to the extent that appropriate observers independently agree it is creative. Appropriate observers are those familiar with the domain in which the product was created or the response is articulated..."

Dieses Verständnis liegt auch der Ideenbewertung im Rahmen der Neuproduktentwicklung zugrunde. Im Folgenden werden dabei aus der Literatur die Ansätze von Kristensson et al. (2004) und Lüthje (2000) vorgestellt. Diese wurden explizit zur Bewertung von durch Kunden vorgeschlagenen Produktideen entwickelt und eingesetzt. Kristensson et al. (2004, S. 6) identifizieren drei verschiedene Dimensionen, die eine kreative Produktidee ausmachen. Zum einen handelt es sich dabei um den Neuigkeitsgrad oder die Originalität einer Idee, das naheliegendste Kriterium zur Messung der Qualität. Allerdings reicht es nicht aus, um die Qualität vollständig zu erfassen. Eine Idee ist nur dann als gut einzuschätzen, wenn sie ein Problem löst, das für den Empfänger relevant ist; diese Dimension beschreibt den (strategischen) Wert der Idee (Ekvall 1994, S. 195). Einen Aspekt, der aus der Perspektive der Neuproduktentwicklung wichtig ist, bildet die Realisierbarkeit. Sie bewertet die Möglichkeit, eine Idee in ein marktfähiges Produkt umsetzen zu können und hat eine technische und eine wirtschaftliche Komponente. Als zusätzliche vierte Dimension verwenden Kristensson et al. (2004, S. 6) die Anzahl der Ideen, die eine Gruppe oder eine Person hat. Sie ist ein Maß dafür, wie leicht es der Gruppe oder der Person fällt, sich mit inhaltlich divergierenden Themen auseinander zu setzen.

3.4 Datenerhebung und Datengrundlage

Tabelle 3.3: Übersicht über die verschiedenen zur Ideenbewertung vorgeschlagenen Schemata

Schema	Kristensson et al. (2004)	Lüthje (2000)	Unternehmen (BSH)
Kriterien	Neuigkeitsgrad	Neuartigkeit	Marktpotenzial
	Wert	Orginalität	Strategische Relevanz
	Realisierbarkeit	Umsetzbarkeit	Technische Umsetzbarkeit
	Ideenanzahl	Konkretisierung	Wirtschaftlichkeit

Lüthje (2000, S. 192) verwendet in seiner Untersuchung inhaltlich ähnliche Kriterien. Diese sind Neuartigkeit, Originalität, Umsetzbarkeit und Konkretisierung. Bis auf die Konkretisierung entsprechen diese weitestgehend dem Bewertungsschema von Kristensson et al. (2004). Allerdings leitet Lüthje diese nicht aus der Theorie ab.

Im Unternehmen BSH wird zur Bewertung von Produktideen in der Ideenphase ein selbstentwickeltes Schema eingesetzt. Dies besteht aus den Dimensionen strategische Relevanz, Marktpotenzial, technische Machbarkeit und Wirtschaftlichkeit. Auf den ersten Blick scheinen die Kriterien von den beiden Konzeptionen aus der Literatur stark abzuweichen; eine genauere Betrachtung zeigt aber, dass dies inhaltlich nicht der Fall ist. Die Realisierbarkeit ist hier in zwei Dimensionen aufgespalten, eine technische und eine wirtschaftliche. Das Kriterium strategische Relevanz bildet den Wert der Idee ab, ist also auch im Schema von Kristensson et al. (2004) zu finden. Das Marktpotenzial schließlich bewertet den Neuigkeitsgrad in Bezug auf den Kundennutzen, ist also auch vergleichbar (Goldenberg et al. 2001, S. 73-74). Tabelle 3.3 enthält eine Übersicht der drei Schemata.

Weil das unternehmensinterne Schema, wie beschrieben, letztlich alle wichtigen theoretischen Aspekte zur Bewertung von Produktideen umfasst, wurde von einer Modifikation für die Zwecke dieser Untersuchung abgesehen. Dies hat zusätzlich den Vorteil, dass die Unternehmensexperten im Umgang mit diesem Schema erfahren sind und keine „Kalibrierungsphase" vor der eigentlichen Bewertung benötigen. Jede der vier Dimensionen wurde auf eine Skala von 1 bis 5 bewertet, wobei 5 die beste Bewertung ist.

3.4 Datenerhebung und Datengrundlage

Im Rahmen dieser Untersuchung werden zwei unterschiedliche Instrumente zur Datenerhebung eingesetzt. Dabei handelt es sich zunächst um das in diesem Kapitel beschriebene Web-Experiment sowie eine nachgelagerte Befragung. Diese wird in Abschnitt 4.2.2 näher beschrieben.

3.4.1 Durchführung des Web-Experiments

Das Experiment wurde in zwei Wellen auf den deutschen Marken-Homepages von Bosch Hausgeräte und Siemens Hausgeräte durchgeführt.[65] Dabei wurden beide Marken völlig gleich behandelt. Zunächst wurden alle Varianten mit breiter Themenstellung durchgeführt. Aufgrund der Rückläufe wurde dann der für Bosch Siemens Hausgeräte attraktivste enger gefasste Themenbereich identifiziert. Dabei handelte es sich um das Thema Beladung des Geschirrspülers.

Das Design des Experiments war optisch dem Auftritt der Marken angepasst, der Inhalt aber in beiden Versionen vollständig identisch. Zur Teilnehmerrekrutierung wurde zufallsgesteuert nach dem Verfahren des n-ten Besuchers ein Pop-Up mit einer Einladung zur Beteiligung am Ideenwettbewerb eingeblendet (zum Verfahren des n-ten Besuchers siehe Pfleiderer 2001). Je nach Marke und Erhebungswelle erhielt minimal jeder zehnte, maximal jeder fünfte Besucher eine Einladung. Gleichzeitig dazu wurde die eingeblendete Experimentvariante zufällig bestimmt. Im Web-Browser jedes Besuchers der Homepages wurde ein Cookie hinterlegt, das eine Information über die Experimentvariante speicherte, um eine mehrfache Teilnahme zu verhindern.[66] Nach der Einstiegsseite folgte die Einblendung der jeweiligen Variante des Ideenwettbewerbs. Daran schloss sich ein in allen Varianten inhaltlich gleicher Befragungsteil an.

3.4.2 Datengrundlage

Wie erwähnt, wurde das Experiment in zwei Abschnitten mit je vier Varianten durchgeführt. Der erste dauerte von Mitte September bis Mitte November 2003. Dabei wurden insgesamt 48.586 Versuche eingeblendet, 811 Website-Besucher entschlossen sich zur Teilnahme und reichten 345 Beiträge ein. Die zweite Erhebungswelle begann Ende Januar 2004 und dauerte bis Ende März 2004 und bestand wiederum aus vier Varianten. In deren Rahmen erfolgten 68.966 Einblendungen, 927 Besucher nahmen teil und lieferten 221 Beiträge. Abbildung 3.3 enthält eine graphische, Tabelle 3.4 eine tabellarische Übersicht. Die graphische Darstellung verdeutlicht auch den Konversionsprozess zwischen den verschiedenen Möglichkeiten der Beteiligung am Experiment.

Im Rahmen des Experiments wurden insgesamt 566 Beiträge zum Thema Geschirrspüler beziehungsweise Beladung des Geschirrspülers eingereicht. Nach einer Durchsicht ergaben sich

---

[65] http://www.bosch-hausgeraete.de beziehungsweise http://www.siemens-hausgeraete.de
[66] Wie bereits erläutert, funktioniert dies nicht, wenn der Web-Browser des Probanden keine Cookies akzeptiert (Pfleiderer 2001, S. 64). Zum einen dürfte dies aber eher selten der Fall sein, zum anderen ist nicht davon auszugehen, dass Probanden erneut teilnehmen. Dies wird auch von den Experimentdaten widergespiegelt: Unter 1.113 Teilnehmern mit bekannter Email-Adresse kam es nur zu einer einzigen doppelten Beteiligung. Es ist daher davon auszugehen, dass dieses Phänomen im Promille-Bereich anzusiedeln ist.

3.4 Datenerhebung und Datengrundlage

Tabelle 3.4: Übersicht über Einblendungen und Teilnahmen beim Experiment

		Bosch	Siemens	Gesamt
1. Welle	Einblendungen (Pop-Up)	29.790	18.796	**48.586**
	Teilnahmen	494	317	**811**
	Beiträge	221	124	**345**
2. Welle	Einblendungen (Pop-Up)	28.095	40.871	**68.966**
	Teilnahmen	326	601	**927**
	Beiträge	77	144	**221**
Gesamt	Einblendungen (Pop-Up)	57.885	59.667	**117.552**
	Teilnahmen	820	918	**1.738**
	Beiträge	298	268	**566**

Anseher (3.952)

Teilnehmer (1.738) | Abbrecher

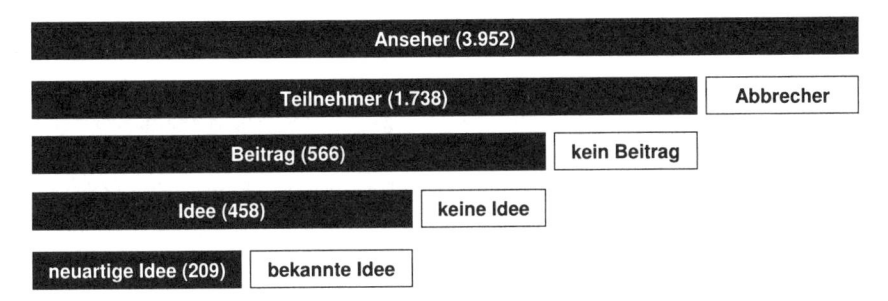

Beitrag (566) | kein Beitrag

Idee (458) | keine Idee

neuartige Idee (209) | bekannte Idee

Abbildung 3.3: Graphische Übersicht über die Verteilung der Teilnehmerzahlen beim Experiment (Gesamtzahl für beide Marken)

Tabelle 3.5: Ausprägungen der abhängigen Variablen im Überblick[1]

	Bosch	Siemens	Gesamt
Einblendungen	57.885	59.667	117.552
Ansichten	2.017	1.935	3.952
Ansichtsquote (in %)	3,48	3,24	3,36
Teilnahmen	820	918	1.738
Teilnahmequote (in %)	1,42	1,54	1,48
Ideen	298	268	566
Ideenquote (in %)	0,51	0,45	0,48
Ideenqualität (Summe)	7,71	7,25	7,48
Ideenqualität (Produkt)	34,85	30,05	32,40

[1] Eine nach Experimentvarianten differenzierte Tabelle befindet sich im Anhang auf Seite 217.

daraus 536 für eine Bewertung verwertbare Ideen.[67] Diese wurden dem Unternehmen zur Bewertung übergeben. Vom Unternehmen wurden nur 458 der 536 Ideen als geeignet angesehen. Über die im Vorfeld der Bewertung schon aussortierten Beiträge hinaus enthielten also weitere 78 nach Meinung der Bewerter keine eigenständige Idee. Von den 458 Ideen waren 209 noch nicht in Produkten realisiert. Eine Übersicht liefert Tabelle 3.5.

3.5 Faktoren des Experiments

Ein Ideenwettbewerb dient dazu, Beiträge und Produktideen von Konsumenten zu gewinnen, die die Basis für neue Produkte bilden können. Sie bilden damit den Startpunkt des Innovationsprozesses und lösen einen kreativen Vorgang aus (Amabile et al. 1996, S. 1155). In diesem Verständnis wird Kreativität definiert als ein Prozess, bei dem neuartige nützliche Ideen generiert werden. Ergebnisse aus der Kreativitätsforschung dokumentieren, dass das Ergebnis einer solchen Aufgabe von verschiedenen Rahmenbedingungen abhängt (Amabile 1996, S. 113). Diese lassen sich drei zentralen Bereichen zuordnen, die auf die kognitiven Prozesse eines Probanden vor und während der Teilnahme einwirken: Motivation für die Aufgabe („task motivation"), aufgabenbezogenes Wissen („domain-relevant skills") und kreative Fähigkeiten („creativity-relevant processes"). Im Experiment werden vier Faktoren eingesetzt, die sich diesen Bereichen zuordnen lassen und damit auf das Ergebnis des Ideenwettbewerbs wirken könnten. Sie sind nicht aus einer abgeschlossenen Theorie abgeleitet. Vielmehr werden sie aus verschiedenen Bereichen wie der Kreativitätsforschung und der Forschung über das Verhalten sowie die Merk-

---

[67] Der Rückgang lässt sich daraus erklären, dass einige Teilnehmer Beiträge lieferten, die keine verwertbare Idee enthielten. Auf der anderen Seite enthielten manche Beiträge mehr als eine Idee.

male innovativer Konsumenten abgeleitet. Gleiches gilt für die Ableitung der Hypothesen, wie sich die Faktoren auf die abhängigen Variablen auswirken sollten.

Der Faktor *Anreize* beeinflusst die Bereitschaft eines Probanden, am Ideenwettbewerb teilzunehmen und sich mit der gestellten Aufgabe auseinanderzusetzen. Ein extrinsisch gesetzter Anreiz kann eine kreativitätsfördernde Wirkung haben, muss es aber nicht (Amabile 1996, S. 150).

Der Faktor *Zugang zu Ideen anderer Konsumenten (Zusatzideen)* berührt sowohl die Aspekte kreative Fähigkeiten als auch aufgabenbezogenes Wissen. In Brainstorming-Sitzungen, bei denen die Teilnehmer individuell Ideen generieren, werden diesen in der Regel zu Beginn einige Ideen und eventuell auch andere Informationen gezeigt. Dies soll die Kreativität stimulieren (Sobel und Rothenberg 1980). Ein *Zugang zu zusätzlichen Informationen (Zusatzinformationen)* zum Thema des Ideenwettbewerbs beeinflusst das aufgabenbezogene Wissen. Probanden können sich während der Teilnahme entsprechendes Wissen erschließen und so eventuell mangelnde Erfahrung mit dem Thema ausgleichen. Auch dies kann die Kreativität der Teilnehmer anregen (Nash 1975, S. 239-240).

Die *Themenbreite* bestimmt einen zentralen Bereich der Aufgabenstellung. Zwar müssen die Teilnehmer in beiden Fällen Ideen generieren, jedoch ist die inhaltliche Richtung verschieden. Eine Einschränkung des Themas beeinflusst daher sowohl die Motivation für die Aufgabe als auch das aufgabenbezogene Wissen. Damit hat auch dieser Faktor einen Einfluss auf die Teilnahmeentscheidung und das Ergebnis des kreativen Prozesses (Amabile 1996, S. 176-177).

Die Auswirkung dieser vier Gestaltungsfaktoren ist im Kontext von Ideenwettbewerben noch nicht untersucht worden. Die Kreativitätsforschung liefert, wie beschrieben, einige Anhaltspunkte, wie sie sich auf das Ergebnis, also Zahl und Qualität der Beiträge, auswirken. Auch Studien über Brainstorming, eine Methode, die auf Osborn (1963, S. 151-163) zurückgeht, liefern hier Anhaltspunkte. Allerdings fehlen Erkenntnisse, wie sich diese Faktoren auf die Teilnahmeentscheidung auswirken, da es sich in diesen Studien immer um Laborexperimente handelt, bei denen die Probanden diese bereits getroffen hatten. Beim Experiment in dieser Untersuchung handelt es sich hingegen um ein Feldexperiment, bei dem die Probanden eigenständig entscheiden können, ob sie sich am Ideenwettbewerb beteiligen oder nicht. Daher kann hier auch die Wirkung der vier Faktoren in diesem Bereich untersucht werden. Abbildung 3.4 gibt einen Überblick über die verwendeten Faktoren und abhängigen Variablen.

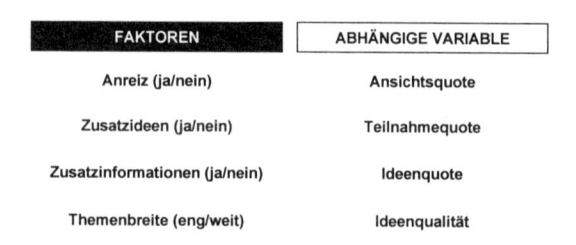

FAKTOREN	ABHÄNGIGE VARIABLE
Anreiz (ja/nein)	Ansichtsquote
Zusatzideen (ja/nein)	Teilnahmequote
Zusatzinformationen (ja/nein)	Ideenquote
Themenbreite (eng/weit)	Ideenqualität

Abbildung 3.4: Verwendete Faktoren und abhängige Variablen

3.5.1 Anreize

3.5.1.1 Beschreibung des Faktors

Ein wichtiger Faktor bezüglich der Teilnahmeentscheidung eines Konsumenten ist seine Motivationsgrundlage (Amabile 1996, S. 115-117). Wie Anreize in Entscheidungssituationen wirken, ist von der Organisationstheorie breit untersucht worden. So unterscheidet man zwischen intrinsischer und extrinsischer Motivation. Im ersteren Fall benötigt die Person keinen externen Stimulus, um eine gewünschte Handlung auszuführen, im letzteren Fall wird ein adäquater Stimulus benötigt, um das gleiche Ergebnis erzielen zu können.

Auch in der Marktforschung nimmt dieser Themenkomplex breiten Raum ein. Grundgedanke einer Anreizsetzung bei Umfragen und Experimenten ist es, den Teilnehmer für seinen Aufwand, etwa die aufgewendete Zeit und im Fall von internetbasierten Untersuchungen eventuelle Kosten für den Online-Zugang, zu entschädigen (Hopkins und Gullickson 1993, S. 52-33 sowie Theobald 2000, S. 54-58). Dieses Vorgehen ist daher in der kommerziellen Online-Marktforschung weit verbreitet (Theobald 2001, S. 180). In der Literatur werden verschiedene Verfahren vorgeschlagen, die in der Regel eine Verlosung oder aber eine direkte Incentivierung für jeden Teilnehmer beinhalten (Warriner et al. 1996, S. 543-546). Die Wirksamkeit einzelner Methoden ist hinreichend untersucht (Hopkins und Gullickson 1993, S. 53-54). Aus der Forschung über die Wirkung von Anreizen wird deutlich, dass diese sorgsam gesetzt werden müssen, um unverzerrte Ergebnisse zu gewährleisten (Theobald 2001, S. 180). Dies resultiert insbesondere aus der Tatsache, dass bei einem hohen Incentive Teilnehmer nur um dessen willen an einer Befragung teilnehmen. Daher wird deutlich, dass sowohl die Entscheidung, ein Incentive zu setzen, als auch das Festlegen der Höhe von zentraler Bedeutung für die Güte der Befragungsergebnisse sind (O'Neil und Penrod 2001, S. 232).

Auch in der Literatur zur Kundeninnovation und zur Einbindung in die Entwicklung von Konsumgütern findet der Bereich Anreize breiten Raum. Lüthje (2000, S. 69-70) findet in seiner Untersuchung keinen Beleg für eine extrinsische Motivation der von ihm als innovativen Kunden

3.5 Faktoren des Experiments

bezeichneten Lead User. Dies wird durch weitere explorative empirische Untersuchungen gestützt (Franke und Shah 2003, S. 18-19). Damit gleichen die untersuchten Konsumgütermärkte den Industriegütermärkten, die dem Lead-User-Konzept zugrunde liegen. So wird argumentiert, dass Lead User an Neuproduktentwicklungsprozessen teilnehmen, weil sie selbst sehr stark von der Problemlösung profitieren (Herstatt und von Hippel 1992, S. 214).[68]

Im Gegensatz dazu wird in konzeptionellen Arbeiten zur Kundeneinbindung die Notwendigkeit einer Anreizsetzung betont (Nambisan 2002, S. 404-406 sowie Sawhney und Prandelli 2001, S. 263-264). Zwar erkennen Sawhney und Prandelli (2001, S. 263) an, dass die Kunden mit dem für eine Einbindung wertvollsten Wissen dazu auch die höchste (intrinsische) Motivation aufweisen. Jedoch argumentieren die Autoren, dass sich dieser Zusammenhang gerade im Fall von Konsumgütern nicht auf alle Branchen übertragen lässt und betonen die Notwendigkeit von Incentive-Mechanismen. Auch sie unterscheiden monetäre und nicht-monetäre Anreize. Zu letzteren zählen sie vor allem psychologische Anreize wie Reputation und Status, etwa durch einen privilegierten Zugang zu den unter ihrer Mitwirkung entstanden Produkten während der Einführung. Nambisan (2002, S. 405) führt auch den Zugang zu besonderen geschlossenen Entwickler-Communities an, etwa in der Software-Industrie. Die Bedeutung von statusbasierten Incentives wird von zahlreichen weiteren Autoren angeführt (Jeppesen 2001b, S. 20-22, McWilliam 2000, S. 45 sowie Sawhney und Prandelli 2000, S. 264).

Damit wird deutlich, dass eine intrinsische Motivation der Konsumenten zwar möglich ist, ein monetäres Incentive, also ein Stimulus zur extrinsischen Motivation, aber zum Erreichen der gesamten Zielgruppe, also aller geeigneten Konsumenten, notwendig sein kann. Zentrale Bedeutung für die Auswahl dieses Incentive haben die Erkenntnisse aus der theoretischen Forschung bei Marktforschungsuntersuchungen. Das Incentive sollte so gewählt werden, dass es unentschlossene Teilnehmer anspricht, aber nicht solche, die nur auf das Incentive selbst zielen. Eine weitere Bedingung ist, dass es die Kreativität der Teilnehmer nicht beeinflusst: Es muss also so gewählt sein, dass es keine negative Auswirkung auf die intrinsische Motivation eines Probanden hat (Amabile 1996, S. 117).

Für die Untersuchung der Bedeutung des Faktors Anreize wird daher als eine Ausprägung ein Gewinnspiel mit geringwertigen Preisen genutzt. Die andere Ausprägung setzt keinerlei Incentive.

---

[68] Siehe auch Abschnitt 2.2.2 ab Seite 19.

3.5.1.2 Hypothesenformulierung

Die vorgestellte Literatur liefert verschiedene, zum Teil unterschiedliche Erkenntnisse, welche Auswirkung der Faktor Anreize auf die untersuchten Variablen hat. Kombiniert man die Erkenntnisse aus der Lead-User-Forschung in Konsumgütermärkten (Lüthje 2000 sowie Franke und Shah 2003) mit den vorgestellten Konzeptionen anderer Autoren, so wird ersichtlich, dass ein monetäres Incentive positiv auf die Teilnahmebereitschaft wirken kann. Zwar wird auch ohne Incentive der von Lüthje (2004, S. 20) sowie Franke und Shah (2003, S. 11) beschriebene Kundenkreis angesprochen. Folgt man jedoch der Argumentation von Sawhney und Prandelli (2001, S. 263-264), so können durch ein monetäres Incentive zusätzliche Kundengruppen gewonnen werden, die wertvolle Beiträge leisten, aber dafür einen zusätzlichen Anreiz benötigen. Nimmt man beide Effekte zusammen, so sollte die Teilnahmebereitschaft steigen. Im Rahmen des Experiments sollte sich dies durch eine höhere Ansichts- und Teilnahmequote in den Varianten mit Anreiz ausdrücken.

Durch die Art und Weise der Operationalisierung war es zudem möglich, am Experiment teilzunehmen, ohne eine Idee einzureichen, und nur den geschlossenen Teil der Fragen zu beantworten. Hier sollte eine zum oben diskutierten Effekt auf die Teilnahmebereitschaft vergleichbare Auswirkung zu beobachten sein. Zwar sind einige Teilnehmer auch ohne Incentive motiviert genug, ihre Ideen zu kommunizieren. Dennoch kann ein Incentive weitere Kundengruppen erschließen (Singer et al. 1998, S. 162). Diese wären ohne Incentive nicht bereit, eine im Vergleich zum geschlossenen Fragebogenteil relativ aufwändig zu beantwortende unstrukturierte Aufgabe zu bearbeiten. Daher sollte auch hier das Setzen eines Incentive einen positiven Effekt haben. Dies wird auch durch Erkenntnisse aus der Kreativitätsforschung bestätigt: Besteht bei einem Probanden bereits eine intrinsische Motivation, die Aufgabe zu bearbeiten, so hat das Setzen eines zusätzlichen extrinsischen Anreizes eine aktivierende Wirkung (Amabile 1996, S. 121). Folglich werden weitere Teilnehmergruppen erreicht.

Bei der Ideenqualität ergibt sich ein geteiltes Bild. Folgt man der Argumentation von Lüthje (2004, S. 17-18) sowie Franke und Shah (2003, S. 18-19), so kommen die besonders wertvollen Ideen von Lead Usern, die intrinsisch motiviert sind. Nambisan (2002, S. 404-406) sowie Sawhney und Prandelli (2001, S. 263-264) hingegen betonen die Rolle von Incentives zumeist nicht-monetärer Art zur Motivation von zur Integration geeigneten Konsumenten. In Online-Communities können Teilnehmer insbesondere durch das Erlangen eines besonderen Status motiviert werden (Jeppesen 2001b, S. 22). Daher ist davon auszugehen, dass sowohl ohne als auch mit Incentive qualitativ gute Ideen gewonnen werden können. Das Setzen eines Incentive sollte daher keinen Einfluss auf die durchschnittliche Ideenqualität haben.

Daraus ergeben sich folgende Hypothesen bezüglich der Wirkung eines Incentive:

Hypothese 1a: *Ein Incentive wirkt positiv auf die Ansichtsquote.*

Hypothese 1b: *Ein Incentive wirkt positiv auf die Teilnahmebereitschaft.*

Hypothese 1c: *Ein Incentive wirkt positiv auf die Anzahl der eingereichten Ideen.*

Hypothese 1d: *Ein Incentive hat keinen Effekt auf die Ideenqualität.*

3.5.2 Zugang zu Ideen anderer Konsumenten („Zusatzideen")

3.5.2.1 Beschreibung des Faktors

Andere Ideen sind für einen Konsumenten, der sich für die Teilnahme am Ideenwettbewerb interessiert, eine Informationsquelle. Sie ist thematisch fokussiert und gibt dem Interessenten einen konkreten Eindruck, wie sein Beitrag aussehen könnte. Die Ideen anderer Konsumenten („Zusatzideen") sind also ein Modell für seinen Beitrag (Amabile 1996, S. 189). So kann eine Person, die die gewünschte Verhaltensweise gezeigt hat oder eine passende Problemlösungstechnik angewandt hat, ein Modell sein. Allerdings können auch andere Ideen und Erfindungen als Modell oder Vorbild dienen (Weber und Perkins 1989, S. 52). Diese Ideen dienen als Heuristik und Prototyp für eigene Ideen der Konsumenten. Sie helfen Teilnehmern, eigene Beiträge zu entwickeln, die aus der Verbindung ihrer Konzepte mit den Beispielen entstehen (Tauber 1972, S. 59).

Dieses Vorgehen wird auch in machen Varianten von Kreativitätstechniken genutzt: Beispiele dienen als Startpunkt für die eigenen Überlegungen der Teilnehmer (Urban und Hauser 1993, S. 148-149). So werden kontextbezogene Stimuli häufig beim individuellen Brainstorming eingesetzt, um die Kreativität der Teilnehmer anzuregen (Pinsonneault und Barki 1999, S. 118).

Ein weiterer Aspekt ist, dass das Formulieren einer Produktidee oder eines Verbesserungsvorschlags eine neuartige und ungewohnte Aktivität für den Konsumenten sein kann. Es ist vorstellbar, dass einige Teilnehmer durch „functional fixedness" Probleme haben, eine Idee zu formulieren (Adamson 1952, S. 288): Viele Konsumenten haben nur mit der Produktverwendung Erfahrung und, wenn überhaupt, nur eine passive Rolle in der Produktentwicklung eingenommen, etwa durch Beteiligung an einer Meinungsumfrage (siehe Abschnitt 2.1.6). Die Gewöhnung an diese Situation kann nun dazu führen, dass ein Konsument Probleme mit der für ihn ungewohnten Aufgabe bedingt durch seine nun aktive Rolle hat.

Die Einblendung von Ideen anderer Nutzer kann auch noch einen anderen Effekt auslösen. Da die Konsumenten erkennen, dass die Aufgabe vorher von anderen Konsumenten in der gleichen

Situation absolviert wurde, fällt ihnen die Bearbeitung leichter (Amabile 1996, S. 180). Zusätzlich kommt es zu einer Wettbewerbssituation zwischen den Teilnehmern, obwohl kein leistungsbezogener Anreiz gesetzt wird. Teilnehmer sind dadurch bemüht, die Erwartungen genauso gut oder sogar besser als vorherige Teilnehmer zu erfüllen (Zajonc 1965, S. 274). Diesen Effekt kann man besonders in Gruppen beobachten (Paulus 2000, S. 244-245): Er führt dazu, dass die Kreativität in Gruppen durch den sozialen Vergleich verbessert wird (Paulus und Dzindolet 1993, S. 585). Die Einblendung von Ideen im Rahmen des Ideenwettbewerbs simuliert diese Situation zu einem gewissen Grad.

Im Rahmen des Ideenwettbewerbs konnten Teilnehmer durch Klicken auf einen Link beispielhafte Beiträge betrachten, die wie Ideen anderer Teilnehmer aussahen. Aus Gründen der Praktikabilität waren diese aber vorher „am Schreibtisch" generiert worden. Für die Probanden erschienen sie aber wie Beiträge anderer Teilnehmer. Dieses Vorgehen entspricht dem von Pinsonneault und Barki (1999, S. 120).

3.5.2.2 Hypothesenformulierung

Beim Probanden muss eine positive Einstellung gegenüber der gestellten Aufgabe vorliegen, damit er sich mit ihr auseinandersetzt (Amabile 1996, S. 92). Dabei sind extrinsische und intrinsische Motivation wichtige Einflussfaktoren. Auch die Bereitstellung von Zusatzideen kann sie nicht ersetzen. Daher wird ein Proband nur dann auf das Angebot eingehen, Zusatzideen zu betrachten, wenn er der im Ideenwettbewerb gestellten Aufgabe gegenüber positiv eingestellt ist (Björkman 2004, S. 101). Insofern ist nicht davon auszugehen, dass die Einblendung von Zusatzideen einen Einfluss auf die Ansichtsquote ausübt. Gleiches gilt für die Teilnahmequote, da das Einreichen einer Idee fakultativ war.

Ist der Proband hingegen positiv eingestellt, wird er die Ideen betrachten. Sie helfen ihm, besser einzuschätzen, welche Anforderungen an ihn gestellt werden (Phillips 1996, S. 70-71). Dies unterstützt insbesondere solche Teilnehmer, für die aufgrund mangelnder Erfahrung unklar ist, wie sie den Ideenwettbewerb sinnvoll bearbeiten können. Durch die Einblendung können die Teilnehmer das Problem besser strukturieren, was ihnen hilft, die Aufgabe besser zu verstehen (Higgins und Chaires 1980, S. 356-357). Ihre eventuell diffuse Vorstellung wird auf diese Weise klar und explizit (Hoeffler 2003, S. 408). Zusatzideen können daher so genannte „domain relevant skills" verbessern, die für eine erfolgreiche Bearbeitung notwendig sind (Björkman 2004, S. 100). Eventuell verbessern sich auch die kreativen Fähigkeiten durch die Beschäftigung mit den Zusatzideen. Sie löst einen kognitiven Prozess aus, der den Teilnehmern indirekt vermitteln kann, wie man sich sinnvoll mit der kreativen Aufgabe auseinandersetzt (Amabile 1996, S. 87-88).

3.5 Faktoren des Experiments

Ein anderer Effekt wirkt bei allen Probanden, die sich entschließen, eine Idee einzureichen. Zusatzideen regen die Kreativität der Teilnehmer an (Pinsonneault und Barki 1999, S. 118). Darüber hinaus erzeugen sie einen sozialen Stimulus: Zusatzideen demonstrieren einem Probanden, dass vor ihm auch andere Teilnehmer in der Lage waren, einen sinnvollen Beitrag zu leisten (Paulus 2000, S. 244-245).

Daher sollte die Einblendung von Ideen anderer Teilnehmer die Anzahl der eingereichten Ideen steigern (Pinsonneault und Barki 1999, S. 118). Es ist ebenfalls zu erwarten, dass die Qualität der Ideen im Durchschnitt höher ist.

Hypothese 2a: *Der Zugang zu anderen Ideen hat keinen Effekt auf die Ansichtsquote.*

Hypothese 2b: *Der Zugang zu anderen Ideen hat keinen Effekt auf die Teilnahmebereitschaft.*

Hypothese 2c: *Der Zugang zu anderen Ideen wirkt positiv auf die Anzahl der eingereichten Ideen.*

Hypothese 2d: *Der Zugang zu anderen Ideen wirkt positiv auf die Ideenqualität.*

3.5.3 Zugang zu zusätzlichen Informationen („Zusatzinformationen")

3.5.3.1 Beschreibung des Faktors

Informationen dienen dem Konsumenten als Entscheidungsgrundlage, etwa in Adoptionsprozessen. Zuerst entsteht im klassischen Verständnis Awareness, die wiederum Interesse auslöst und damit einen Informationsbedarf erzeugt (Robertson 1971, S. 59). Auch viele andere kognitive Prozesse lösen einen vergleichbaren Informationsbedarf aus. Dieser hilft, eine nachfolgende Entscheidung fundiert treffen zu können.

Dementsprechend entsteht ein ähnlicher Bedarf auch bei der Entwicklung von Produktideen, die einen kreativen Prozess umfasst. Daher wurde von der Kreativitätsforschung untersucht, wie sich aufgabenbezogene Stimuli auf die Kreativität des Probanden auswirken. Ein wichtiges Ergebnis ist, dass bereitgestellte Informationen einen positiven Einfluss auf die Leistung in kreativen Aufgaben haben (Amabile 1996, S. 222-223).

Auch von der Innovationsforschung wird die zentrale Rolle des Wissens bei der Entwicklung von Produktideen betont (siehe Abschnitt 4.1.2.3). Lüthje (2000, S. 37) vermutet, dass es eine wichtige Voraussetzung ist, damit Konsumenten hochwertige Produktideen generieren können. Auch aus anderen Gründen hat es im Kontext der Kundeneinbindung in die Neuproduktentwicklung eine hohe Bedeutung. Wenn Konsumenten eine Idee generieren, legen sie ihr implizites Wissen über die Verwendung von Produkten und Technologien offen oder ergänzen dies mit explizitem

Wissen (Nonaka und Konno 1998, S. 42-45). In letzterem Fall handelt es sich dabei um eine Kombination von verschiedenen Informationsbestandteilen.

Daher sollten Unternehmen Konsumenten, die Ideen generieren sollen, Information zu Produkten und Technologien zugänglich machen. Auf diese Weise werden dem Teilnehmer neue Kombinationsmöglichkeiten erschlossen (Sawhney und Prandelli 2000, S. 27). Dies ist auch der Grund, warum in der Untersuchung von Kristensson et al. (2004) alle Teilnehmer eine detaillierte Einführung in die Aufgabenstellung erhielten. Dies erhöht ihr Wissen über den Produktbereich, in dem sie später Ideen generieren sollen. Damit folgen die Autoren dem oben geschilderten Gedankengang implizit, um die Ergebnisqualität des kreativen Prozesses zu verbessern.

Der gleiche Gedanke liegt so genannten Toolkits zugrunde.[69] Sie dienen dazu, im Kontext der Neuproduktentwicklung relevantes Wissen auf strukturierte Weise Konsumenten zur Verfügung zu stellen (von Hippel und Katz 2002, S. 824). Toolkits geben ihnen Informationen darüber, welche Technologien auf welche Art zur Lösung ihrer Probleme vom Unternehmen bereitgestellt werden. Mit ihrer Hilfe kann der Kunde Designalternativen und Produktideen auf einfache Weise erstellen (Thomke und von Hippel 2002, S. 77). Durch die strukturierte Bereitstellung von Informationen kann der Konsument sinnvolle Produktkonzepte entwickeln (von Hippel und Katz 2002). Toolkits haben noch einen weiteren Vorteil: Sie setzen Kundenwünsche in eine für das Unternehmen verständliche Form um.

Das Problem der Kommunikation zwischen Konsumenten auf der einen und dem Unternehmen auf der anderen Seite betrachten auch Sawhney und Prandelli (2001, S. 263). Durch die Bereitstellung von Informationen kann eine für beide Seiten verständliche Sprachebene gefunden werden. Dies vereinfacht die Kommunikation von Produktideen.

Die Umsetzung der theoretischen Überlegungen wurde beim Ideenwettbewerb dadurch operationalisiert, dass Teilnehmer in einigen Varianten ein graphisches Element als Link eingeblendet wurde. Darüber erhielten sie Zugang zu einer Beschreibung, welche Technologien und welche Produktmerkmale moderne Geschirrspüler aufweisen.

3.5.3.2 Hypothesenformulierung

Die Bereitstellung von Informationen zielt darauf ab, Konsumenten in die Lage zu versetzen, relevante Beiträge bei der Kundeneinbindung in die Neuproduktentwicklung zu produzieren. Daher wird für die Teilnehmer die Möglichkeit geschaffen, sich Informationen über den aktuellen Entwicklungsstand im Bereich Geschirrspüler zu verschaffen.

---

[69] Ein Anwendungsbeispiel im Bereich Konsumgüter beschreiben Füller et al. (2003, S. 40-41).

Kognitive Aufgaben mit einem inhaltlichen Bezug zur nachfolgenden kreativen Aufgabe haben in der Regel einen positiven Einfluss auf deren Ergebnis. In einer Studie von Nash (1975) sollten Kinder neue und ungewöhnliche Ideen für die Verbesserung eines Stofftier-Elefanten entwickeln. Es ist anzunehmen, dass alle ein gewisses Maß an Erfahrung mit der Verwendung von Stofftieren hatten. Einige Gruppen machten vor der kreativen Aufgabe eine Aufwärmübung: Dazu zählten freies Spielen mit dem Elefanten, Rollenspiele oder Geschichten über das Leben von Tieren im Dschungel. Eine Kontrollgruppe begann direkt mit der kreativen Aufgabe. Im Ergebnis entwickelten die Kinder, die eine Aufwärmphase durchlaufen hatten, bessere Ideen. Alle Aufwärmaktivitäten dienten dazu, die Kinder mit neuem Wissen zu versorgen beziehungsweise ihnen zu ermöglichen, dieses zu entwickeln.

Die Entstehung neuer Ideen, etwa für ein neuartiges Produkt, ist ein Prozess, bei dem neues oder bestehendes Wissen in innovativer Form kombiniert wird. So können Konsumenten, wie die Kinder bei der Elefanten-Aufgabe, Erfahrungen bei der Produktverwendung beispielsweise mit bereitgestelltem technischen Wissen zu Ideen für neue Produkt verbinden. Dies legt nahe, dass für das Generieren besonders guter Ideen Vorwissen auf Seiten des Konsumenten von Vorteil sein könnte (Lüthje 2000, S. 37). Der Zugang zu Informationen ermöglicht es damit Konsumenten, fehlendes Wissen, etwa im technischen Bereich, zu kompensieren. Daher sollte die Anzahl der eingereichten Ideen steigen.

Ebenfalls ist denkbar, dass diese Informationen es gestatten, Produktideen weiter zu verfeinern. Darüber hinaus helfen weitergehende Informationen einem Konsumenten einzuschätzen, ob seine Idee für das Unternehmen relevant ist. Ein Abgleich mit dem Entwicklungsstand erlaubt eine Überprüfung, ob die Idee eventuell schon in bestehenden Produkten realisiert wurde. Daher sollte die durchschnittliche Ideenqualität ebenfalls steigen.

Allerdings ist es notwendig, dass sich ein Kunde aktiv diesem Wissen aussetzt. Beim Ideenwettbewerb in dieser Arbeit ist die Ansicht weitergehender Informationen fakultativ: Verspürt der Kunde kein Wissensbedürfnis, so wird er sich auch nicht den Zusatzinformationen aussetzen. Dies unterscheidet das Informationsangebot von den Untersuchungen durch Nash (1975, S. 238-239) sowie Kristensson et al. (2004). Bei diesen Studien wurden alle Teilnehmer relevanten Informationen sowohl über die Produktverwendung als auch über die zugrunde liegenden (technischen) Eigenschaften ausgesetzt. Es ist daher im Kontext dieser Untersuchung nicht zu erwarten, dass Website-Besucher ohne eigenes relevantes Wissen durch die Zugangsmöglichkeit zu Zusatzinformationen zu einer Ansicht des Ideenwettbewerbs bewegt werden können. Gleiches gilt für die Auswirkung dieses Faktors auf die Teilnahmebereitschaft von Ansehern.

Hypothese 3a: *Zusatzinformationen haben keinen Effekt auf die Ansichtsquote.*

Hypothese 3b: *Zusatzinformationen haben keinen Effekt auf die Teilnahmebereitschaft.*

Hypothese 3c: *Zusatzinformationen wirken positiv auf die Anzahl der eingereichten Ideen.*

Hypothese 3d: *Zusatzinformationen wirken positiv auf die Ideenqualität.*

3.5.4 Themenbreite

3.5.4.1 Beschreibung des Faktors

Der Ideenwettbewerb befasst sich mit dem Thema Geschirrspüler, also einem Produkt aus dem Bereich Haushaltsgeräte. Die Themenstellung legt für die Teilnehmer fest, in welchen Grenzen sie sich mit der gestellten Aufgabe auseinandersetzen können. Ein enger gefasstes Thema hilft einerseits, diese etwas besser zu strukturieren, auf der anderen Seite begrenzt es die Freiheit bei der Problemlösung (Taylor 1975, S. 26-27). Natürlich führt dies auch dazu, dass der Themenbereich, der das Interesse der Teilnehmer wecken muss, kleiner wird.

Damit steuert die Themenbreite einen für die Teilnahme zentralen Entscheidungsfaktor. Sie tangiert den Erfahrungshorizont der Teilnehmer und damit unmittelbar Fähigkeiten, die für eine Teilnahme von Bedeutung sind (Björkman 2004, S. 245). Das Wissen über die spezifische Aufgabe ist auch in der Innovationsforschung als ein zentrales Kriterium innovativer Kunden identifiziert worden (Lüthje 2000, S. 34-40).

Zudem nimmt die Einengung auf ein vorgegebenes Thema einem Teilnehmer die Entscheidung ab, mit welchem Thema im Bereich Geschirrspülmaschinen er sich befassen möchte. Diese Einengung kann einen negativen Effekt auf Motivation und Kreativität haben (Amabile 1996, S. 256). So haben Studien gezeigt, dass Menschen, die sich in ihrem Entscheidungsraum eingeengt fühlen, weniger kreativ sind als solche, die größere Freiheitsgrade haben und sich autonom in ihren Entscheidungen fühlen (Amabile et al. 1996, S. 1161). Aus diesem Grund versuchen viele Unternehmen, ihren Forschern möglichst große Freiheitsgrade zu geben. Einschränkungen, etwa durch mangelnde Ressourcen, unangemessene Erwartungen oder andere Barrieren, werden als zentrale Hürden für ein erfolgreiches Innovationsverhalten einer Organisation angesehen (siehe etwa Gieskes und van der Heijden 2004 sowie Groth und Peters 1999).

Der Faktor Themenbreite wurde im Rahmen des Ideenwettbewerbs operationalisiert, indem ein breit gefasstes Thema und ein eingeschränktes Thema verwendet wurden. Dabei handelte es

3.5 Faktoren des Experiments   87

sich zum einem um das Thema Geschirrspüler allgemein, zum anderen um das Unterthema Beladung, das nur einen Teilbereich des Gesamtsystems Geschirrspüler umfasst.

3.5.4.2 Hypothesenformulierung

Die Breite des Themas hat einen direkten Einfluss auf die Motivation der Probanden zur Teilnahme. Trifft die Aufgabe das Interesse eines Besuchers auf der Website nicht, wird er das Pop-Up schließen und sich den Ideenwettbewerb nicht ansehen. Es ist davon auszugehen, dass ein Ideenwettbewerb mit breit gestelltem Thema eher das Interesse eines Besuchers wecken kann, sich an der Neuproduktentwicklung zu beteiligen. Neben der Motivation für eine Beteiligung an sich beeinflusst aber auch noch das Interesse am Inhalt der Aufgabe die Teilnahmeentscheidung (Conti et al. 1995, S. 1108).

Die Erkenntnisse von Lüthje (2000, S. 34-35) deuten an, dass das aus der Verwendung eines Produktes entstehende Wissen einen Einfluss auf das Innovationsverhalten eines Konsumenten hat. Entsprechend kann dies bedeuten, dass auch das Interesse am Inhalt der Aufgabe davon abhängt. Besitzen die Besucher auf der Website keinerlei Erfahrungen im jeweiligen Themenbereich, haben sie eine geringe Motivation, sich mit der ihnen gestellten Aufgabe zu befassen. Je enger das Thema gestellt ist, desto höher wird die Wahrscheinlichkeit, dass dies zutrifft. Entsprechend sollte ein enges Thema zu einer geringeren Ansichts- und Teilnahmebereitschaft führen.

Die Themenbreite hat aber auch einen Einfluss auf die Fähigkeit der Teilnehmer, sich inhaltlich sinnvoll mit der Aufgabe zu befassen. Die kognitive Auseinandersetzung setzt voraus, dass der Teilnehmer ausreichendes Wissen hat, um einen Beitrag erarbeiten zu können (Björkman 2004, S. 105). Es ist zu erwarten, dass bei einem eng gefassten Thema weniger Ideen im Vergleich zum breit gefassten Thema eingereicht werden.

Eine Einschränkung des Themas verbessert die Problemstrukturierung. Dies sollte es erleichtern, inhaltlich sinnvolle Beiträge abzugeben (Taylor 1975, S. 26). Auf der anderen Seite kann es die Motivation verringern: Bei eng gefasstem Thema ist es für einen Probanden schwieriger, das für die Erstellung eines guten Beitrags notwendige Wissen zu besitzen. Die geringere Themenbreite schränkt den anwendbaren Erfahrungshorizont ein. Dem Teilnehmer wird also eine Beschränkung auferlegt. Dies hat einen negativen Effekt auf seine kreative Leistung (Amabile 1996, S. 176-177). Es ist davon auszugehen, dass dieser negative Effekt stärker ist als die Hilfestellung durch eine besser strukturierte Problemstellung. Entsprechend sollte die durchschnittliche

Tabelle 3.6: Übersicht über die vermutete Wirkung der Faktoren

Unabhängige Variable		Effekt auf die abhängige Variable			
Faktor	Ausprägung	Ansichtsquote	Teilnahmequote	Ideenquote	Ideenqualität
Anreiz	ja	+	+	+	kein Effekt
Idee	ja	kein Effekt	kein Effekt	+	+
Zusatzinformationen	ja	kein Effekt	kein Effekt	+	+
Thema	breit	+	+	+	+

Ideenqualität bei eng gefasstem Thema niedriger sein.

Hypothese 4a: *Je breiter das Thema gefasst ist, desto höher die Ansichtsquote.*

Hypothese 4b: *Je breiter das Thema gefasst ist, desto höher die Teilnahmebereitschaft.*

Hypothese 4c: *Je breiter das Thema gefasst ist, desto höher ist die Anzahl der eingereichten Ideen.*

Hypothese 4d: *Je breiter das Thema gefasst ist, desto höher ist die Ideenqualität.*

3.5.5 Übersicht über die Hypothesen

In den vorangegangenen Abschnitten wurden die vier Experimentfaktoren näher erläutert. Im Anschluss daran wurden Hypothesen bezüglich ihrer Wirkung auf die vier in Abschnitt 3.3.2 vorgestellten abhängigen Variablen gebildet. Tabelle 3.6 fasst diese in einer Übersicht zusammen.

3.6 Auswertung des Experiments

Die Struktur der Ergebnisdiskussion ist gegenüber derjenigen abgewandelt, die in Abschnitt 3.5 zur Entwicklung der Hypothesen verwendet wurde. Aus Gründen der Übersichtlichkeit werden hier die Ergebnisse gegliedert nach den jeweiligen in Abschnitt 3.3.2 beschriebenen abhängigen Variablen diskutiert. Der Grund dafür ist, dass für jede der abhängigen Variablen jeweils eine Varianzanalyse (ANOVA) mit allen vier Faktoren durchgeführt wird. Das Verfahren der Varianzanalyse wird im nächsten Abschnitt kurz erläutert.

Sollte sich während der Varianzanalyse herausstellen, dass ein oder mehrere Faktoren erwartet oder unerwartet keinen Einfluss auf die abhängige Variable haben, werden diese aus der weiteren

Analyse herausgenommen. Diese reduzierten Designs sollten dann im Vergleich zu den fehlerhaft spezifizierten Modellen eine bessere Signifikanz und höhere Erklärungswerte aufweisen. Wenn sich signifikante Interaktionen zwischen zwei Faktoren ergeben, so wird geprüft, welcher Alias inhaltlich und auf Basis der zugrunde liegenden Haupteffekte bedeutender ist.[70]

3.6.1 Methodische Grundlagen

Zur Analyse von Ursache-Wirkungs-Beziehungen stehen zahlreiche Methoden zur Verfügung. Die spezifische Auswahl hängt entscheidend von Forschungsziel, Untersuchungsmethode und den vorliegenden Ausgangsdaten ab. Gemeinsam ist allen Verfahren, dass sie die Stärke eines statistischen Zusammenhangs zwischen abhängigen und unabhängigen Variablen messen. Unter geeigneten Bedingungen, etwa bei der Datengewinnung durch Experimente, können durch Dependenzanalysen kausale Zusammenhänge aufgedeckt werden.

Die Auswertung von Experimentdaten erfolgt in aller Regel mithilfe der Varianzanalyse (ANOVA). Je nach Anzahl der untersuchten unabhängigen Variablen (Faktoren) und abhängigen Variablen (Messgrößen) spricht man von ein- oder mehrfaktorieller beziehungsweise ein- oder mehrdimensionaler Varianzanalyse. Im Rahmen dieser Arbeit wird eine mehrfaktorielle ANOVA angewendet, weil der Effekt mehrerer unabhängiger Variablen auf eine abhängige erklärt werden soll.

Durch eine Varianzanalyse lässt sich feststellen, welchen Effekt unabhängige Variablen auf eine oder mehrere abhängige Variablen ausüben. So kann geprüft werden, ob unterschiedliche Ausprägungen der unabhängigen Variablen unterschiedliche Gruppen in der Ausprägung der abhängigen Variable hervorrufen (Hammann und Erichson 2000, S. 318). Operativ geschieht dies durch einen Test, ob die Mittelwerte der abhängigen Variable zwischen den unterschiedlichen Ausprägungen der unabhängigen Variablen signifikant unterschiedlich sind (Green und Tull 1982, S. 324). Wie in der Regressionsanalyse liegt ein vermuteter Wirkungszusammenhang gemäß Gleichung 3.5 zugrunde; allerdings gestattet die Varianzanalyse, dass die unabhängigen Variablen ordinal skaliert sein können:

$$Y = f(X_1, X_2, \ldots, X_j, \ldots, X_J) \qquad (3.5)$$

Die Überprüfung der statistischen Güte der Ergebnisse erfolgt dabei mit einem normalen F-Test. Dabei gilt es, die Nullhypothese zu verwerfen. Diese besagt, dass die Faktorstufen keinen un-

---

[70] Durch das fraktionierte Design interagiert jede der Zwei-Faktor-Wechselwirkungen mit einer anderen; diese ist der so genannte Alias. Bei Interaktionen mit hohem Erklärungsbeitrag kann es zudem notwendig sein, die zu Grunde liegenden Faktoren in das Modell aufzunehmen, wenn sie nicht ohnehin schon im Modell berücksichtigt sind. Dies geschieht, um die Hierarchie des Modells sicherzustellen.

terschiedlichen Einfluss auf die abhängige Variable haben, also die Mittelwerte in jeder Experimentsvariante gleich sind (Iversen und Norpoth 1976, S. 17-21). Typisch für Varianzanalysen im Rahmen von Experimenten, denen Versuchsplänen zugrunde liegen, sind hohe Erklärungswerte nahe 1. Diese resultieren aus der Tatsache, dass das (reduzierte) Modell so spezifiziert wird, dass es die vorliegenden Daten möglichst gut erklärt. Entsprechend werden nicht signifikante Faktoren beziehungsweise Wechselwirkungen nicht im Modell berücksichtigt, da sie keinen Einfluss auf die abhängige Variable haben. Korrekt spezifizierte Modelle weisen daher idealerweise sehr hohe Erklärungswerte auf.

Zusätzlich wird überprüft, ob die Mittelwerte in den einzelnen Varianten signifikant verschieden sind. Dies geschieht im Rahmen dieser Arbeit durch die Überprüfung der Signifikanz des Unterschieds zwischen den Randmittelwerten der Haupteffekte.[71] Weitere Post-Hoc-Tests auf Mittelwertunterschiede etwa nach Scheffé können nicht durchgeführt werden, da jeder Faktor nur zwei Ausprägungen besitzt.

3.6.2 Einflussfaktoren auf die Ansichtsquote

Eine Analyse der Effektstärke bei der Varianzanalyse (ANOVA) für die Ansichtsquote zeigt, dass im signifikanten Modell mit vier Haupteffekten auch noch ein Interaktionseffekt, das Zusammenspiel von Ideeneinblendung und Zusatzinformationen, auftritt.[72]

In dem auf dem 5%-Niveau signifikanten Modell mit einem Erklärungswert von 0,999 hat die Themenbreite den stärksten Erklärungsbeitrag, gefolgt von Zusatzideen, Zusatzinformationen und Anreiz (siehe Tabelle 3.7). Der Effekt der Wechselwirkung BC hat nur einen sehr geringen Erklärungsbeitrag und ist auch nicht signifikant. In der weiteren verbalen Diskussion wird er daher nicht behandelt.

Dies spiegelt sich in den Effektstärken (B) wider (siehe Tabelle 3.8). Die Einblendung eines extrinsischen Anreizes steigert die Ansichtsquote in der Betrachtung der Randmittelwerte um 0,5 Prozentpunkte.[73] Folglich steigert das Gewähren eines extrinsischen Anreizes in Form einer Verlosung die Ansichtsquote um 15,3 Prozent, übt also erwartungsgemäß einen positiven Einfluss aus. Damit kann Hypothese 1a bestätigt werden.

---

[71] Für die Berechnung der Randmittelwerte für einen Effekt werden die Einflüsse der anderen im Modell berücksichtigten Faktoren und Interaktionen auf ein mittleres Niveau fixiert.
[72] Der Alias dieser Wechselwirkung ist der Interaktionseffekt von Anreiz und Themenbreite (AD). Allerdings sind beide Faktoren inhaltlich weniger verwandt als Zusatzinformationen und Ideeneinblendung. Daher ist anzunehmen, dass der vorliegende Interaktionseffekt aus dem Zusammenspiel der Faktoren B und C resultiert.
[73] Für diese isolierte Betrachtung eines Faktors wird der Effekt der anderen Faktoren rechnerisch auf den Mittelwert fixiert.

Tabelle 3.7: Übersicht über die Güte der ANOVA für die Ansichtsquote

			Quadratsumme vom Typ III	Signifikanz (F-Test)
Faktor	A	Anreiz	0,484	0,048**
	B	Ideen	0,841	0,028**
	C	Zusatzinfo	0,960	0,025**
	D	Themenbreite	2,827	0,009***
	BC		0,032	0,377
Fehler			0,050	
Korrigiertes Modell			5,144	
Modellgüte	Modellsignifikanz (F-Test)			0,024**
	R^2			0,999
	korr. R^2			0,967

n=8
*** Signifikant auf dem 1%-Niveau
** Signifikant auf dem 5%-Niveau

Tabelle 3.8: Übersicht über die geschätzten Parameter für die abhängige Variable Ansichtsquote

Parameter	Parameterstärke (B)	Signifikanz (t-Test)	Differenz Randmittelwerte
Konstante	4,545	0,001***	-
A (extrinsisch)	0,492	0,048**	0,492**
B (ja)	-0,774	0,039**	0,649**
C (ja)	-0,818	0,035**	0,693**
D (eng)	-1,189	0,009***	1,189***
BC (ja/ja)	0,251	0,377	-

*** Signifikant auf dem 1%-Niveau
** Signifikant auf dem 5%-Niveau

Wie erwartet, führt eine breite Themenstellung auch zu einer höheren Ansichtsquote: Je breiter das Thema, desto mehr Konsumenten fühlen sich angesprochen und sind in der Lage, einen relevanten Beitrag zu leisten. Der Einfluss dieses Parameters ist sehr stark, wie sich schon an der Höhe der Quadratsumme ablesen lässt. Beim breit gesteckten Thema ergibt sich eine um 1,2 Prozentpunkte höhere Ansichtsquote, eine Steigerung um 41,4 Prozent. Dies bestätigt Hypothese 4a.

Sowohl die Einblendung von Ideen als auch die Einblendung von Zusatzinformationen haben einen negativen Effekt auf die Ansichtsquote. Bei simultaner Einblendung sinkt die Ansichtsquote um 1,3 Prozentpunkte gegenüber einer Nichteinblendung. Dies entspricht einem Rückgang von 23,0 Prozent. Dieser stark negative Effekt überrascht. Es erstaunen sowohl der Einzeleffekt als auch der kombinierte Effekt in dieser Höhe, da vermutet wurde, dass sowohl Zusatzinformationen als auch Zusatzideen keinen Effekt auf die Ansichtsquote haben. Die Hypothesen 2a und 3a werden entsprechend falsifiziert.

3.6.3 Einflussfaktoren auf die Teilnahmequote

Die Varianzanalyse zur Erklärung der Teilnahmequote basiert wiederum auf einem Modell, das alle Haupteffekte sowie eine Zwei-Faktor-Wechselwirkung berücksichtigt. Es ist auf dem 1%-Niveau signifikant und hat einen Erklärungswert von 0,999 (siehe Tabelle 3.9). Den größten Erklärungsbeitrag liefern die Faktoren Anreiz und Themenbreite, gefolgt von Zusatzinformationen und Ideen. Die Zwei-Faktor-Interaktion AB ist signifikant, liefert aber trotzdem nur einen sehr kleinen Erklärungsbeitrag.[74]

Die Analyse der Einflussfaktoren auf die Teilnahmequote spiegelt die Ergebnisse im Bereich der Ansichtsquote wider (siehe Tabelle 3.10). Das Setzen eines extrinsischen Anreizes hat einen positiven Einfluss und steigert die Quote um 0,33 Prozentpunkte oder knapp 25 Prozent. Auch die Themenbreite hat wieder einen wesentlichen Einfluss, wenn auch weniger stark ausgeprägt. Bei breit gestelltem Thema liegt die Teilnahmequote um 0,32 Prozentpunkte oder knapp 24 Prozent höher als bei eng gestelltem Thema. Damit werden die Hypothesen 1b und 4b bestätigt.

Hingegen üben die als Hilfestellung intendierten Zusatzinformationen und anderen Ideen wieder einen negativen Effekt aus. Eingeblendete Ideen senken die Teilnahmequote um 0,26 Prozentpunkte oder 19 Prozent, Zusatzinformationen um 0,27 Prozentpunkte oder ebenfalls um 19 Prozent. Auch hier wurde vermutet, dass beide Faktoren keinen Effekt auf die Teilnahmequote haben. Die Hypothesen 2b und 3b werden daher nicht bestätigt.

---

[74] Den Alias bildet die Wechselwirkung der Faktoren CD. Alle Haupteffekte sind im Modell repräsentiert, beide Interaktionen sind inhaltlich gleich sinnvoll. Da aber der Effekt im Vergleich zu den Haupteffekten klein ist, wird auch hier von einer weiteren Untersuchung Abstand genommen.

3.6 Auswertung des Experiments

Tabelle 3.9: Übersicht über die Güte der ANOVA für die Teilnahmequote

				Quadratsumme vom Typ III	Signifikanz (F-Test)
Faktor	A		Anreiz	0,219	0,001***
	B		Ideen	0,141	0,002***
	C		Zusatzinfo	0,132	0,002***
	D		Themenbreite	0,208	0,001***
	AB			0,007	0,032**
Fehler				0,000	
Korrigiertes Modell				0,707	
Modellgüte	Modellsignifikanz (F-Test)				0,002***
	R^2				0,999
	korr. R^2				0,997

n=8
*** Signifikant auf dem 1%-Niveau
** Signifikant auf dem 5%-Niveau

Tabelle 3.10: Übersicht über die geschätzten Parameter für die abhängige Variable Teilnahmequote

Parameter	Parameterstärke (B)	Signifikanz (t-Test)	Differenz Randmittelwerte
Konstante	1,734	0,000***	-
A (extrinsisch)	0,389	0,002***	0,331***
B (ja)	-0,207	0,005***	0,266***
C (ja)	-0,257	0,002***	0,257***
D (breit)	0,322	0,001***	0,322***
AB (extrinsisch/ja)	0,117	0,032**	-

*** Signifikant auf dem 1%-Niveau
** Signifikant auf dem 5%-Niveau

Es ist auch insoweit erstaunlich, als dass es sich bei beiden Faktoren um Maßnahmen handelt, die eine Teilnahme für unentschlossene Teilnehmer erleichtern sollten. Allenfalls war zu erwarten, dass sich der neutrale Effekt nicht einstellt, nicht aber, dass beide einen negativen Effekt ausüben.

3.6.4 Einflussfaktoren auf die Ideenquote

Bei der Untersuchung der Einflussfaktoren auf die Ideenquote erweisen sich nur die Faktoren Anreiz und Themenstellung sowie deren Zwei-Faktor-Wechselwirkung als signifikant.[75] Das Modell ist auf dem 1%-Niveau signifikant und hat einen Erklärungswert von 0,973 (siehe Tabelle 3.11).

Den weitaus stärksten Erklärungsbeitrag liefert der Faktor Themenbreite, sowohl der Faktor Anreiz als auch die Zwei-Faktor-Wechselwirkung haben einen relativ gesehen geringeren Einfluss (siehe Tabelle 3.12). Die Effekte der Faktoren Anreiz und Themenbreite wirken in derselben Richtung wie in den bereits diskutierten Fällen der Ansichts- und Teilnahmequote, allerdings in anderer Stärke. Isoliert betrachtet steigert das Setzen eines Anreizes die Ideenquote um 0,166 Prozentpunkte oder 38,8 Prozent. Die Themenbreite hat einen weit stärkeren Einfluss: Bei breit gefasstem Thema ergibt sich eine Erhöhung der Ideenquote um 0,39 Prozentpunkte, dies korrespondiert mit einem Zuwachs von 121 Prozent. Das Verhältnis der Effekte zueinander entspricht in der Höhe den Erwartungen: Bei einem eng gefassten Thema haben weniger Teilnehmer eine relevante Idee. Diese niedrigere Basis kann auch nicht durch das Setzen eines Anreizes und damit durch das Motivieren einer größeren Teilnehmerzahl ausgeglichen werden. Berücksichtigt man die Zwei-Faktor-Wechselwirkung AD, verändern sich die Effekte leicht in der absoluten Höhe, nicht aber in der Richtung. Ohne Anreiz und mit eng gefasstem Thema liegt die Ideenquote bei 0,298 Prozent, bei engem Thema mit Anreiz bei 0,344 Prozent, bei breit gefasstem Thema ohne Anreiz bei 0,566 Prozent und schließlich bei breitem Thema mit Anreiz bei 0,853 Prozent. Diese Ergebnisse bestätigen die Hypothesen 1c und 4c.

Zusatzinformation und Zusatzideen haben hingegen keinen nachweisbaren Effekt auf die Ideenquote. Auch dieses Ergebnis ist in dieser Form unerwartet. Sowohl Zusatzinformationen als auch Zusatzideen waren dazu bestimmt, die Kreativität der Teilnehmer zu stimulieren. Dies ist offensichtlich nicht der Fall. Entsprechend werden die Hypothesen 2c und 3c nicht bestätigt.

---

[75] Zwar ist auch ein Modell, das zusätzlich den Faktor Idee und die Interaktion BD enthält, auf dem 5%-Niveau signifikant, jedoch sind es die beiden hinzugenommenen Variablen nicht. Daher wird hier das reduzierte Modell verwendet, der Erklärungswert sinkt nur unwesentlich von 0,994 auf 0,973.

3.6 Auswertung des Experiments

Tabelle 3.11: Übersicht über die Güte der ANOVA für die Ideenquote

			Quadratsumme vom Typ III	Signifikanz (F-Test)
Faktor	A	Anreiz	0,056	0,001***
	D	Themenbreite	0,302	0,000***
	AD		0,029	0,030**
Fehler			0,011	
Korrigiertes Modell			0,386	
Modellgüte	Modellsignifikanz (F-Test)			0,010***
	R^2			0,973
	korr. R^2			0,953

n=8
*** Signifikant auf dem 1%-Niveau
** Signifikant auf dem 5%-Niveau

Tabelle 3.12: Übersicht über die geschätzten Parameter für die abhängige Variable Ideenquote

Parameter	Parameterstärke (B)	Signifikanz (t-Test)	Differenz Randmittelwerte
Konstante	0,566	0,000***	-
A (extrinsisch)	0,287	0,005***	0,166***
D (breit)	0,268	0,007***	0,388***
AD (extrinsisch/breit)	0,06	0,030**	-

*** Signifikant auf dem 1%-Niveau
** Signifikant auf dem 5%-Niveau

3.6.5 Einflussfaktoren auf die Ideenqualität

Wie eingangs erläutert, wurde die Ideenqualität einerseits aufsummiert, was prinzipiell das Ausgleichen einer schlechten Teilbewertung durch eine gute Bewertung in einer anderen Kategorie gestattet. Bei der Operationalisierung als Produkt anderseits führen solche Unterschiede durch die multiplikative Verknüpfung prinzipiell eher zu einem relativ niedrigeren Ergebnis im Vergleich zur Addition. Daher wurden Varianzanalysen für beide Qualitätsmaße durchgeführt.

Generell liegen die Bewertungen durch das Unternehmen im Mittel recht niedrig, allerdings deckt sich dies mit den Ergebnissen von Kristensson et al. (2004, S. 13).[76] Sowohl die ANOVA für die aufsummierte Ideenqualität als auch die für die als Produkt berechnete Ideenqualität sind mindestens auf dem 5%-Niveau signifikant und weisen einen Erklärungswert von über 0,9 auf (siehe Tabellen 3.13 und 3.14). Verwendet man die aufsummierte Ideenqualität als abhängige Variable, hat der Faktor Themenbreite (D) den stärksten Erklärungsanteil, mit großem Abstand gefolgt vom Faktor Anreize (A) (siehe Tabelle 3.15). Der Faktor Zusatzideen (B) sowie die Zwei-Faktor-Wechselwirkungen AB und BD haben einen relativ geringen Erklärungsanteil. Der Faktor Zusatzinfo (C) hat keinen Einfluss und wird daher auch nicht berücksichtigt.

Dies ist beim Modell, das die Ideenqualität als Produkt zu erklären versucht, anders (siehe Tabelle 3.16). Hier liefert der Faktor Zusatzinfo (C) einen Erklärungsanteil, dafür ist der Einfluss des Faktors Ideen zu vernachlässigen. Im resultierenden Modell aus den Faktoren A, C und D sowie der Zwei-Faktor-Wechselwirkung CD leistet wiederum der Faktor Themenbreite den größten Erklärungsanteil. Mit großem Abstand folgen die Wechselwirkung CD und schließlich die verbleibenden Faktoren. In Kombination ergibt sich daher, dass je nach Messung der abhängigen Variable alle vier Faktoren einen Einfluss ausüben, wenn auch in verschiedener Höhe. Dabei ist allerdings noch zu prüfen, ob dieser jeweils in die gleiche Richtung wirkt.

Sowohl im Modell, das die Ideenqualität als Summe, als auch im Modell, das die Ideenqualität als Produkt verwendet, übt die Gewährung eines Anreizes einen negativen Effekt auf die Ideenqualität aus. Im Modell, das die als Produkt operationalisierte Ideenqualität verwendet, verfehlt der Faktor allerdings ganz knapp die Signifikanz auf dem 10%-Niveau. Isoliert betrachtet nimmt die Ideenqualität um 0,37 Punkte (Summe) beziehungsweise 3,4 Punkte (Produkt) ab. In beiden Fällen ergibt sich eine Abnahme, also die gleiche Wirkungsrichtung. Dies entspricht einem Rückgang von 4,8 Prozent (Summe) beziehungsweise 10,8 Prozent (Produkt). Der Unterschied von 6 Prozentpunkten ist mit der stärkeren Bedeutung von Extremwerten bei der multiplikativen Verknüpfung zu erklären. Damit wird Hypothese 1d falsifiziert. Es scheint also, dass das Setzen eines Incentive besonders solche Konsumenten aktiviert, die Ideen niedrigerer Qualität einreichen. Allerdings ist die Abnahme der Qualität nicht sehr hoch.

---

[76] siehe Tabelle A.1 im Anhang auf Seite 217

3.6 Auswertung des Experiments

Tabelle 3.13: Übersicht über die Güte der ANOVA für die Ideenqualität gemessen als Summe der Teilbewertungen

			Quadratsumme vom Typ III	Signifikanz (F-Test)
Faktor	A	Anreiz	0,261	0,011**
	B	Zusatzideen	0,047	0,058*
	D	Themenbreite	3,149	0,001***
	AB		0,097	0,029**
	BD		0,106	0,027**
Fehler			0,006	
Korrigiertes Modell			3,659	
Modellgüte	Modellsignifikanz (F-Test)			0,004***
	R^2			0,998
	korr. R^2			0,994

n=8
*** Signifikant auf dem 1%-Niveau
** Signifikant auf dem 5%-Niveau
* Signifikant auf dem 10%-Niveau

Tabelle 3.14: Übersicht über die Güte der ANOVA für die Ideenqualität gemessen als Produkt der Teilbewertungen

			Quadratsumme vom Typ III	Signifikanz (F-Test)
Faktor	A	Anreiz	23,157	0,101
	C	Zusatzinfo	27,339	0,084*
	D	Themenbreite	186,834	0,007***
	CD		60,506	0,032**
Fehler			12,613	
Korrigiertes Modell			297,836	
Modellgüte	Modellsignifikanz (F-Test)			0,020**
	R^2			0,959
	korr. R^2			0,905

*** Signifikant auf dem 1%-Niveau
** Signifikant auf dem 5%-Niveau
* Signifikant auf dem 10%-Niveau

Tabelle 3.15: Übersicht über die geschätzten Parameter für die abhängige Variable Ideenqualität (gemessen als Summe)

Parameter	Parameterstärke (B)	Signifikanz (t-Test)	Differenz Randmittelwerte
Konstante	8,17	0,047**	-
A (extrinsisch)	-0,141	0,055*	0,361**
B (ja)	0,143	0,067*	0,153*
D (breit)	1,484	0,055*	1,255***
AB (extrinsisch/ja)	-0,111	0,077*	-
BD (ja/breit)	0,241	0,077*	-

n=8
*** Signifikant auf dem 1%-Niveau
** Signifikant auf dem 5%-Niveau
* Signifikant auf dem 10%-Niveau

Tabelle 3.16: Übersicht über die geschätzten Parameter für die abhängige Variable Ideenqualität (gemessen als Produkt)

Parameter	Parameterstärke (B)	Signifikanz (t-Test)	Differenz Randmittelwerte
Konstante	33,92	0,000***	-
A (extrinsisch)	-3,403	0,101	3,403
C (ja)	9,20	0,135	3,697*
D (breit)	4,165	0,021**	9,665***
CD (ja/breit)	11,00	0,032**	-

*** Signifikant auf dem 1%-Niveau
** Signifikant auf dem 5%-Niveau

Auch bei der Themenbreite ergibt sich für beide abhängigen Variablen ein gleichgerichteter Effekt. Bei eng gefasstem Thema nimmt die Ideenqualität (Summe) um 1,25 Punkte ab. Im Falle der multiplikativen Verknüpfung geht die Qualität um 9,7 Punkte zurück. Dies entspricht einem Rückgang von 15,6 Prozent beziehungsweise 26,3 Prozent. Auch hier ist der Effekt bei der multiplikativen Verknüpfung wieder größer. Vergleicht man den Einfluss des Anreizes mit dem der Themenbreite, so fällt auf, dass letzterer deutlich stärker ist. Dies kann daran liegen, dass ein enges Themenfeld schwerer zugänglich ist oder aber es für die Teilnehmer komplizierter ist, bei einem engen Themenfeld gute Ideen einzureichen. Hypothese 4d wird damit bestätigt.

Die Faktoren Ideen (B) und Zusatzinformationen (C) haben jeweils nur für eine der beiden abhängigen Variablen einen Effekt. Gewährt man den Nutzern Zugang zu Ideen anderer Nutzer, so erhöht sich die Ideenqualität (Summe) um 0,15 Punkte; dies entspricht 2,1 Prozent. Auch wenn dieser Effekt auf dem 10%-Niveau signifikant ist, ist er doch im Vergleich zu den Effekten der Faktoren Anreiz und Themenbreite als relativ schwach einzuschätzen. Dennoch wird Hypothese 2d damit bestätigt.

Verwendet man die Ideenqualität berechnet als Produkt, ist der Einfluss des Faktors Zusatzinformationen (C) signifikant, der Faktor Ideen (B) hingegen nicht. Durch das Anbieten von Zusatzinformationen erhöht sich die durchschnittliche Ideenqualität um 3,7 Punkte. Dies entspricht 10,9 Prozent. Damit ist dieser Effekt etwas stärker als der Einfluss des Faktors Anreiz. Allerdings ist zu bedenken, dass der Faktor Zusatzinformation nur bei der Konstruktion der abhängigen Variable als Produkt einen signifikanten Einfluss ausübt. Die Richtung des Effekts entspricht aber den Erwartungen; Hypothese 3d kann bestätigt werden. Damit stellen sich im Bereich der Ideenqualität größtenteils die erwarteten Effekte ein.

3.6.6 Der Einfluss der Marke

Alle diskutierten Varianzanalysen wurden nach der Analyse des gesamten Datensatzes noch einmal für nach Marken getrennte Datensätze durchgeführt. Auf diese Weise wird geprüft, ob die Marke einen Effekt auf die Ergebnisse hat.[77]

Zunächst wurden die für die Gesamtgruppe verwendeten Modelle auf die beiden Teilgruppen angewendet. Für Ansichts-, Teilnahme- und Ideenquote ergeben sich in den Teilmodellen sehr gute Erklärungswerte über 0,9. Alle spezifizierten Haupteffekte sind mindestens auf dem 10%-Niveau signifikant, einzig zwei Zwei-Faktor-Wechselwirkungen sind nicht mehr signifikant, was aber eher auf eine bessere Güte der Ergebnisse hindeutet (siehe Tabelle 3.17). Alle Haupteffekte sind in der Wirkungsrichtung identisch und in der Höhe vergleichbar. Auffällig ist einzig, dass

---

[77] Die Probandenzahl pro Gruppe und die Ausprägung der abhängigen Variable, differenziert nach der Marke, kann im Anhang aus Tabelle A.1 auf Seite 217 ersehen werden.

Tabelle 3.17: Übersicht über die Ergebnisse der Varianzanalysen der getrennten Auswertung für Bosch und Siemens

		Anreiz	Ideen	Zusatzinformationen	Thema	R^2
Ansichtsquote	Bosch	+**	-**	-**	+***	0,996***
	Siemens	+*	-*	-**	+*	0,968*
Teilnahmequote	Bosch	+**	-**	-**	+***	0,994**
	Siemens	+*	-*	-*	+*	0,977*
Ideenquote	Bosch	+**	k. E.	k. E.	+***	0,967***
	Siemens	+***	k. E.	k. E.	+*	0,958***
Ideenqualität (Summe)	Bosch	-**	k. E.	k. E.	+***	0,994**
	Siemens	+**	k. E.	k. E.	+**	0,856**
Ideenqualität (Produkt)	Bosch	-**	k. E.	k. E.	+***	0,994**
	Siemens	+***	k. E.	k. E.	+**	0,993**

*** Signifikant auf dem 1%-Niveau
** Signifikant auf dem 5%-Niveau
* Signifikant auf dem 10%-Niveau
k. E.: kein Effekt

über die Siemens-Website rekrutierte Teilnehmer stärker auf das Vorhandensein eines Anreizes reagieren als dies für die Gruppe der Bosch-Besucher der Fall ist. Entsprechend ist die Differenz der Randmittelwerte für den Faktor Anreize größer.

Bei der Erklärung der Effekte auf die Ideenqualität ergeben sich aber deutliche Unterschiede. So können mit den in Abschnitt 3.6.5 spezifizierten Modellen keine akzeptablen Erklärungswerte erreicht werden. Für die als Summe berechnete Ideenqualität lässt sich für die Marke Siemens zwar ein signifikantes Modell aus den Faktoren A, D und AD spezifizieren; jedoch weist dies einen relativ geringen Erklärungswert von 0,86 und ein korrigiertes R^2 von 0,74 auf. Im Modell für den Bosch-Teildatensatz können zusätzlich der Faktor B und die Interaktion AB aufgenommen werden. Daher hat es Werte für R^2 und das korrigierte R^2 von mehr als 0,95.[78]

Bei Verwendung der Ideenqualität als Produkt der Teilbewertungen ergibt sich ein ähnliches Bild. Für die Marke Bosch lässt sich ein auf dem 5%-Niveau signifikantes Modell mit sehr gutem Erklärungswert bestehend aus den Faktoren A, B, und D sowie den Interaktionen AB und AD bilden.[79] Für die Marke Siemens ergibt sich ein Modell aus den Faktoren A, C und D sowie den

---

[78] Der Faktor B wird nur aufgenommen, um ein hierarchisches Modell zu erhalten. Er ist nicht signifikant.
[79] Der Faktor B ist wiederum nur zur Herstellung der Hierarchie aufgenommen worden. Wieder ist er nicht signifikant.

Interaktionen AC und AD.[80] Dabei wirkt der Effekt des Faktors Themenbreite (D) in beiden Fällen in die gleiche Richtung. Für den Faktor Anreize (A) ergeben sich allerdings deutliche Unterschiede zwischen den Marken.

Bei der Marke Bosch verschlechtert sich die durchschnittliche Ideenqualität durch Setzen eines Anreizes unabhängig davon, ob die Qualität als Summe oder Produkt der Teilbewertungen gemessen wird. Für die Teilgruppe der über die Siemens-Homepage rekrutierten Teilnehmer ist dies genau entgegengesetzt. Im Falle des Fabrikats Bosch ist davon auszugehen, dass Konsumenten mit guten Ideen auch ohne Incentive angesprochen werden können; durch einen Anreiz werden nur solche Teilnehmer aktiviert, die im Mittel schlechtere Beiträge einreichen. Bei den Siemens-Besuchern ist dies genau entgegengesetzt. Dies deckt sich mit der bereits diskutierten Beobachtung, dass der Faktor Anreize bei Ansichts-, Teilnahme- und Ideenquote in der Siemens-Teilgruppe eine stärkere Wirkung hat. Sie reagiert damit stärker auf extrinsische Anreize. Dies könnte auch den im Vergleich zur Marke Bosch gegensätzlichen Effekt bei der Ideenqualität erklären. Für die Marke Siemens bewirkt ein Anreiz eine Aktivierung solcher Konsumenten, deren Ideen eine überdurchschnittliche Qualität aufweisen, für die Marke Bosch stellt sich das Gegenteil ein.

Insofern ist der Einfluss der Marke relativ begrenzt: In beiden Teilnehmergruppen haben die Experimentfaktoren weitgehend ähnliche Einflüsse auf die abhängigen Variablen. Da ein Incentive positiv auf die Teilnahmebereitschaft wirkt und nur in einer Teilpopulation einen negativen Einfluss auf die durchschnittliche Ideenqualität ausübt, sollte man das Ergebnis bei der Marke Bosch nicht überbewerten.

3.7 Gesamtbetrachtung der Ergebnisse

Die postulierten Hypothesen über die Wirkung der vier Faktoren auf die betrachteten abhängigen Variablen Ansichtsquote, Teilnahmequote, Ideenquote und Ideenqualität konnten nur teilweise bestätigt werden. Dabei schwanken die Ergebnisse je nach Faktor erheblich (siehe Tabelle 3.18). So wirken die Faktoren Anreiz und Themenbreite weitestgehend gemäß der Vermutungen, für die Faktoren Zusatzideen und Zusatzinformationen trifft dies nur teilweise zu.

Der Faktor Anreiz hat bei beiden Marken einen positiven Einfluss auf Ansichts- und Teilnahmequote. Eine Verlosung auch von geringwertigen Preisen scheint also gut geeignet zu sein, das Interesse von zufällig vorbeisurfenden Besuchern anzuziehen. In der Folge sind sie eher bereit, am Ideenwettbewerb teilzunehmen. Ein Anreiz aktiviert also zusätzliche Teilnehmergruppen. Weiterhin erhöht er die Zahl der eingereichten Ideen. Dies stützt die Beobachtung, dass ein sorgfältig

---

[80] Hier wurde der Faktor C zur Herstellung der Hierarchie aufgenommen.

Tabelle 3.18: Übersicht über das Ergebnis der Hypothesenprüfung

Faktor	Ausprägung	Ansichtsquote Hyp. / Bef.	Teilnahmequote Hyp. / Bef.	Ideenquote Hyp. / Bef.	Ideenqualität Hyp. / Bef.
Anreiz	ja	+/+[a]	+/+[a]	+/+[a]	k. E./-[b]
Ideen	ja	k. E./-[b]	k. E./-[b]	+/k. E.[b]	+/+[a]
Zusatzinformationen	ja	k. E./-[b]	k. E./-[b]	+/k. E.[b]	+/+[a]
Thema	breit	+/+[a]	+/+[a]	+/+[a]	+/+[a]

[a] Hypothese bestätigt
[b] Hypothese nicht bestätigt
Hyp.: Hypothese (postulierte Wirkung)
Bef.: Befund (Ergebnis der empirischen Untersuchung)
k. E.: kein Effekt

gewählter extrinisischer Anreiz die Kreativität anregt (Amabile 1996, S. 119). Allerdings ergibt sich für die Teilpopulation der Bosch-Teilnehmer ein negativer Effekt auf die Ideenqualität, bei Siemens-Teilnehmern ist der Effekt hingegen positiv.

Das Setzen eines Incentive könnte dafür sorgen, dass die Teilnehmer weniger Aufmerksamkeit auf eine sorgfältige Bearbeitung der Aufgabe legen. Begründen lässt sich dies damit, dass die Probanden in diesem Fall weniger involviert oder weniger begeistert von der Aufgabe sind. Durch das Incentive werden solche Teilnehmer aktiviert, die weniger stark intrinsisch motiviert sind und deswegen nur zu einem geringeren Arbeitsaufwand bereit sind. Daher sinkt die durchschnittliche Qualität. Dieser Effekt ist aber nur bei einer Teilpopulation zu beobachten. Zusätzlich kommt es bei der Ideengenerierung im Rahmen der Neuproduktentwicklung weniger auf die durchschnittliche Qualität der Beiträge, als viel mehr auf die absolute Qualität der besten Beiträge an. Unter den 138 Beiträgen, die mit mehr als der Hälfte der Bewertungspunkte (also 10 oder mehr Punkte bei Operationalisieurng der Qualität als Summe der Teilbewertungen), bewertet wurden, stammen 74 aus Experimentvarianten mit Incentive und 64 aus Varianten ohne Incentive. Da es die Reichweite des Ideenwettbewerbs verbessert und die absolute Qualität nicht verschlechtert, sollte bei Ideenwettbewerben daher ein themenbezogenes geringwertiges Incentive gesetzt werden.

Das Thema eines Ideenwettbewerbs sollte möglichst breit gestellt werden. Dies erhöht Reichweite und Ergebnisqualität. Wie erwartet, erreicht ein Ideenwettbewerb mit einem begrenzten Thema nur eine im Vergleich kleinere Teilnehmergruppe. Dies liegt zum einen daran, dass weniger Konsumenten für die Aufgabe motiviert sind, zum anderen daran, dass ihnen eventuell das notwendige Wissen fehlt. Auch ist die Qualität der Beiträge geringer. Ein Grund dafür könnte

3.7 Gesamtbetrachtung der Ergebnisse

der in der Kreativitätsforschung beschriebene Effekt sein, dass Einschränkungen der Aufgabenstellung oder der Art der Bearbeitung die Ergebnisqualität mindern (Amabile 1996, S. 176-177). Dieser Effekt ist auch in absoluter Höhe beträchtlich. Obwohl die Varianten mit engem Thema absolut gesehen deutlich häufiger eingeblendet wurden als die mit breitem Thema, ergaben sich etwa 30 Prozent weniger Ideen, die mit zehn oder mehr Punkten bewertet wurden.

Dennoch dürfte die Wahl des Themas hauptsächlich von operativen Gesichtspunkten abhängen. Erscheint eine Einengung des Themas erforderlich, wird sie vorgenommen, um zielgerichtet Ideen nur zu einem Thema zu erhalten. Trotz der Fokussierung des Themas auf den Bereich Beladung des Geschirrspülers gingen immer noch 57 Ideen ein, die mit mehr als zehn Punkten bewertet wurden. Daher sollte bei der Themenfindung nicht so sehr auf die Themenbreite an sich geachtet werden, sondern das Augenmerk eher darauf gerichtet sein, es nicht unbegründet und damit unnötig einzugrenzen.

Hingegen sind die Ergebnisse bei den Faktoren Zusatzideen und Zusatzinformationen größtenteils anders als erwartet. Wird einer der beiden Informationstypen eingeblendet, so gehen Ansichts- und Teilnahmequote relativ stark zurück. Dies verringert die Reichweite. Beide sind also keine Hilfestellung für unentschlossene Besucher der Website, für die das Pop-Up zufällig eingeblendet wird. Eventuell liegt dies daran, dass die Einblendungen vom in einigen Varianten gewährten Anreiz ablenken. Diese Vermutung kann allerdings mit den vorliegenden Daten nicht überprüft werden. Wahrscheinlicher erscheint allerdings, dass die Einblendungen die Aufgabenstellung für den Besucher relativ komplex erscheinen lassen. Unter Umständen könnte er die Aufgabe gut bewältigen, interpretiert das Informationsangebot aber so, dass er dies nutzen müsste, um die Aufgabenstellung erfolgreich bearbeiten zu können. Auch hier ist leider keine Überprüfung der Vermutung möglich, da die Klickraten der Links zu den entsprechenden Seiten nicht aufgezeichnet wurden.

Bei den Auswirkungen der beiden Faktoren auf die Maße, die das kreative Ergebnis bewerten, ist das Bild positiver. Beide Faktoren habe keine Wirkung auf die Ideenquote; hier war ein positiver Effekt vermutet worden. Auf die Ideenqualität wirken sich beide Faktoren hingegen erwartungsgemäß positiv aus. Um die Ergebnisqualität zu steigern, sind sowohl Zusatzideen als auch Zusatzinformationen daher gut geeignet. Das Einreichen von Beiträgen ist insbesondere von solchen Teilnehmern zu erwarten, die eine intrinsische Motivation zur Bearbeitung der Aufgabe haben (Björkman 2004, S. 101-120). Diese sollten entsprechend auch eher willens sein, das Zusatzangebot an Informationen zu erschließen und zu verarbeiten.

Daher sollten die negativen Effekte auf die Reichweite und die positiven auf die Qualität sorgfältig abgewogen werden. Vorbereitete Ideen („seed ideas") sind für den Teilnehmer schnell zu verarbeiten, da sie einen relativ genauen Eindruck von der Aufgabe verschaffen. Zusatzinformationen sind aufwändiger zu erschließen und verschaffen dem Probanden auch nur einen vagen Eindruck, wie sie die Aufgabenstellung am besten angehen können (Pinsonneault und Barki 1999, S. 118). Insofern erscheint der Einsatz von Zusatzideen als Stimulus besser geeignet als der von Zusatzinformationen: Obwohl durch das Anbieten von „seed ideas" die Reichweite sinkt, sollte diese Möglichkeit wegen des positiven Effekts auf die Ergebnisse genutzt werden. Das Anbieten von Zusatzinformationen ist hingegen für die Zwecke des Ideenwettbewerbs wenig zielführend.

Dementsprechend sollte ein Ideenwettbewerb idealerweise ein möglichst breit gefasstes Thema haben; zumindest sollte aber darauf geachtet werden, es nicht unnötig einzuschränken. Auch sollte ein Anreiz zur Teilnahme gesetzt werden: Gut geeignet sind Verlosungen von Preisen mit relativ niedrigem Wert. In jedem Fall sollte der Anreiz so gewählt sein, dass er die intrinsische Motivation vieler Teilnehmer aufgreift und die Kreativität nicht hemmt. Zwar senkt die Einblendung von „seed ideas" die Reichweite, jedoch erhöht sie die Ideenqualität. Daher ist sie auf Basis der vorliegenden Ergebnisse in der Tendenz eher zu empfehlen. Eine Entscheidung gegen die Verwendung kann im Einzelfall erfolgen, beispielsweise wenn es vor allem auf eine hohe Reichweite ankommt oder das Thema sehr einfach zugänglich erscheint. Hingegen sollten Zusatzinformationen nur in begründeten Ausnahmefällen zum Einsatz kommen.

Nach der Untersuchung der Methode Ideenwettbewerbe stehen im weiteren Verlauf der Untersuchung die Eigenschaften der Teilnehmer im Vordergrund. In den folgenden Kapiteln wird analysiert, welchen Einfluss Persönlichkeitseigenschaften und Markenwahrnehmung auf das Teilnehmerverhalten haben. Dies bildet den zweiten Hauptteil des Forschungsansatzes dieser Arbeit.

4 Einfluss der Persönlichkeitsfaktoren auf Ideenabgabe und Ideenqualität

4.1 Hypothesen zur Wirkung der Persönlichkeitsfaktoren auf Ideenabgabe und Ideenqualität

4.1.1 Vorgehen

In diesem Abschnitt werden Variablen aus den Bereichen Persönlichkeitseigenschaften, Produkt- und Markenwahrnehmung identifiziert, die einen Einfluss auf das Verhalten der Teilnehmer am Ideenwettbewerb haben könnten. Sie werden in den Abschnitten 4.1.2 bis 4.1.6 näher vorgestellt. Dort wird auch abgeleitet, welchen Einfluss sie auf die Bereitschaft, eine Idee einzureichen, und auf die Ideenqualität haben sollten.[81] Einen Überblick über die Hypothesen gibt Abschnitt 4.1.5.

4.1.2 Innovationsbezogene Eigenschaften des Konsumenten

In der Literatur zum Thema Kundeneinbindung werden verschiedene Eigenschaften diskutiert, die besonders geeignete Kunden auszeichnen könnten. Dies wurde in den Abschnitten 2.2.3 und 2.3.3 ausführlich diskutiert. Darauf aufbauend wurden verschiedene Persönlichkeitsmerkmale ausgewählt, die die Bereitschaft zur Teilnahme am Ideenwettbewerb und das Einreichen einer Idee sowie die Qualität des Beitrags im Kontext dieser Untersuchung erklären könnten. Dabei handelt es sich neben den von Lüthje (2000) vorgeschlagenen Eigenschaften um solche, die sich in anderen Quellen wie etwa Sawhney und Prandelli (2001) finden. Sie erfassen ebenfalls Verhaltensweisen, die für die Kundeneinbindung wichtig erscheinen. Es handelt sich um Eigenschaften, die das Innovationsverhalten beschreiben beziehungsweise diesem zu Grunde liegen.

---

[81] Der Einfluss auf Ansichts- und Teilnahmequote wird in diesem Teil nicht untersucht. Die Erhebung von Kontaktdaten für diese Probanden ist nicht möglich, was natürlich auch eine Einladung zur Nachbefragung verhindert.

4.1.2.1 Innovativität

4.1.2.1.1 Beschreibung des Konstrukts

In der Diffusionstheorie werden solche Konsumenten als Innovatoren bezeichnet, die an Neuheiten interessiert sind und daher neue Produkte bereits kurz nach Einführung erwerben.[82] Das Konzept geht zurück auf die Arbeiten von Rogers (1962). Es wird zumeist davon ausgegangen, dass dieses Verhalten eine stabile Eigenschaft ist, die in jedem Menschen mehr oder weniger stark ausgeprägt ist (Midgley und Dowling 1978, S. 229).

Erste Arbeiten zur Messung von Innovativität als Eigenschaft von Konsumenten verfolgen daher ein zeitliches Konzept. So definieren Rogers und Shoemaker (1971, S. 27) Innovativität als „... the degree to which an individual is relatively earlier in adopting an innovation than other members of his system." So kann nicht verwundern, dass in vielen Arbeiten, die sich mit der Messung der Innovativität befassen, eine zeitliche Abgrenzung genutzt wurde (Rogers 1976, S. 295). Die zwischen Produkteinführung und Kauf verstrichene Zeit wird als Maß für die Innovativität eines Konsumenten verwendet; daher wird dieses Verfahren auch als Adoptionszeit-Methode („Time of Adoption") bezeichnet. Auf diese Weise wird ein latentes Konstrukt mit einer empirisch beobachtbaren Variablen in Verbindung gebracht (Goldsmith und Hofacker 1991, S. 209). Bereits früh wurde erkannt, dass dieses rein zeitliche Verständnis durch Persönlichkeitsvariable angereichert werden sollte (Leavitt und Walton 1975, S. 546): Die sehr starke Fokussierung auf zeitliche Aspekte rief Kritik hervor (Midgley und Dowling 1978). So wird argumentiert, dass keine direkte Verbindung zwischen der übergeordneten Eigenschaft Innovativität und der beobachtbaren Variable Kaufentscheidung besteht. Stattdessen wird angenommen, dass der Zusammenhang maßgeblich von anderen Variablen beeinflusst wird.

Daher ist zweifelhaft, ob ein auf einer einzigen Kaufentscheidung basierendes Maß die stabile, übergeordnete Eigenschaft Innovativität korrekt abbilden kann (Goldsmith und Flynn 1992, S. 44-45). Dies ist aber entscheidend für die Anwendung in zahlreichen Bereichen von Forschung und Praxis, da ein Analogieschluss auf neue, zukünftige Produkte gemacht werden soll, etwa in der Neuproduktentwicklung (Hirschman 1980 sowie Midgley und Dowling 1978). So verstehen Midgley und Dowling (1978, S. 235) Innovativität als „... the degree to which an individual makes innovation decisions independently of the communicated experience of others." Die Autoren schlagen daher vor, Innovativität anhand der Adoptionsgeschwindigkeit eines Katalogs verschiedener Produkte zu messen. Zwar stellt sich hier eventuell eine stabilere Messung ein, dennoch treffen viele methodische Schwächen der Adoptionszeit-Methodik auch hier zu.

---

[82] Neuheit in diesem Verständnis meint ein aus Sicht des Marktes neuartiges Produkt (Lee und O'Connor 2003, S. 7).

So kann das Maß durch die Auswahl der Produkte und durch eine schlechte Erinnerungsfähigkeit der Probanden verzerrt werden (Goldsmith und Hofacker 1991, S. 210). Zudem schafft die auf mehreren Produkten beruhende Messung ein zentrales praktisches Problem. Es ist weniger von Interesse, ein allgemeines Maß der Innovativität zu bestimmen. Midgley und Dowling (1978, S. 240) betonen die Abhängigkeit einer Adoptionsentscheidung von weiteren Faktoren, die situationsspezifisch sind und daher noch von weiteren moderierenden Kontextfaktoren abhängen. So ist zwar die Innovativität eine dauerhafte Eigenschaft, jedoch ist sie situations- und vor allem produktspezifisch unterschiedlich. Dies wird durch Untersuchungen gestützt, die keine oder nur eine geringe Überlappung des Maßes an Innovativität zwischen verschiedenen Produktkategorien feststellen konnten (Gatignon und Robertson 1985, S. 862). Ein übergeordnetes Verständnis von Innovativität ist innerhalb einer abgegrenzten Produktkategorie von untergeordnetem Interesse. Daher wurden verschiedene Methoden vorgeschlagen, Skalen zu entwickeln, die Innovativität messen, indem Konsumenten ihre innovativen Verhaltensweisen mit Produkten einer bestimmten Kategorie beschreiben; eine der ersten Arbeiten dieser Art geht auf Hirschman (1980) zurück. Ein derartiges Verständnis der Innovativität steht zwischen der allgemeinen, übergeordneten Persönlichkeitseigenschaft und einem stark operativen am Einzelprodukt orientierten Verständnis (Midgley und Dowling 1978, S. 238). Goldsmith und Hofacker (1991, S. 210) definieren es wie folgt: „Domain or product category specific innovativeness reflects the tendency to learn about and adopt innovations (new products) within a specific domain of interest."

Dieses Verständnis scheint für die Zwecke dieser Arbeit am geeignetsten. Es kommt dem Konzept des Trendsetters von Sawhney und Prandelli (2001, S. 262) nahe. Zwar bezieht sich der Ideenwettbewerb ausschließlich auf Geschirrspüler, jedoch erscheint dies für die Messung der Innovativität zu eng. Es ist davon auszugehen, dass die Innovativität in der allgemeinen Produktkategorie Haushaltsgeräte auf einzelne Produkte ausstrahlt.

4.1.2.1.2 Hypothesenformulierung

In der Literatur werden verschiedene mit einem hohen Maß an Innovativität einhergehende Phänomene diskutiert. So zeichnen sich Innovatoren dadurch aus, dass sie eine hohe Affinität zu neuen Produkten und Ideen haben (Craig und Ginter 1975, S. 556). Urban und von Hippel (1988, S. 581) vermuten, dass Lead User auch eine positive Rolle bei der Diffusion spielen können, etwa in dem sie von den Vorzügen des Produkts berichten. Dieser Gedanke wird von Morrison et al. (2004, S. 352) aufgegriffen, die einen Zusammenhang zwischen der Adoption von neuen Produkten, also der Innovativität, und der Lead-User-Eigenschaft postulieren: Je stärker die Lead-User-Eigenschaft ausgeprägt ist, desto wahrscheinlicher ist ein hohes Maß an

(Adoptions-) Innovativität. Diese Vermutung können die Autoren für Industriegüter empirisch bestätigen (Morrison et al. 2004, S. 359).

Andere Autoren betonen den besonderen Umgang mit (neuen) Informationen durch Innovatoren. Leavitt und Walton (1975, S. 549) stellen fest, dass Innovatoren aktiv gesuchte oder zufällig erhaltene Informationen besonders gut für eigene Zwecke nutzbar machen können. Hirschman (1980, S. 284) erweitert dies und zeigt, dass sich Innovatoren dadurch auszeichnen, dass sie systematisch neuartige Informationen suchen beziehungsweise sich diesen aussetzen. Dies scheint auch der Grund dafür zu sein, dass Innovatoren häufig mehr Produkte einer Produktkategorie als andere Konsumenten besitzen (Goldsmith und Hofacker 1991, S. 211 sowie Flynn und Goldsmith 1993, S. 107).

Goldsmith und Hofacker (1991, S. 284) fassen dies so zusammen: „... innovators are the first to buy a new product, they are more interested in the product and have have more knowledge about the product area, they are more exposed to information about the product area, they own more products typifying the product area, and they are likely to talk to others about the product area."

Diese Definition verdeutlicht, dass Innovativität in späten Phasen des Innovationsprozesses eine vorteilhafte Eigenschaft ist: Diese Personengruppe kann gut genutzt werden, um die Verbreitung eines neuen Produktes zu unterstützen. Allerdings deuten bereits Urban und von Hippel (1988, S. 580) an, dass die Lead-User-Eigenschaft nicht unbedingt mit einer hohen Innovativität bei der Adoption einhergehen muss, da die von ihnen entwickelten Produkte nur für das Segment der Lead User attraktiv sind.

Insofern ist fraglich, ob Innovativität, die im Wesentlichen das Adoptionsverhalten eines Konsumenten beschreibt, ein zuverlässiger Indikator ist, um für eine Einbindung in die frühen Phasen des Innovationsprozesses besonders geeignete Kunden zu beschreiben. Dies verdeutlicht das oben beschriebene, für Innovatoren typische Muster der Informationsgewinnung: Sie geschieht über den Erwerb neuer Produkte. Innovatoren erlangen so ein hohes Maß an Wissen über bereits am Markt erhältliche neue Produkte, nicht unbedingt aber Wissen, das für die Generierung von Produktideen notwendig ist.

Es kann daher angenommen werden, dass das Maß an Innovativität eines Konsumenten keinen Einfluss auf die Bereitschaft hat, eine Idee einzusenden. Auch ist nicht zu erwarten, dass die Ideen von Innovatoren eine besonders hohe Qualität besitzen: Innovativität geht zwar mit einer erhöhten Informationsgewinnung einher, jedoch ist die Art der gewonnenen Informationen im

Kontext der frühen Phasen nicht relevant.

Hypothese 5a: *Die Innovativität eines Konsumenten hat keinen Effekt auf die Ideenabgabe.*

Hypothese 5b: *Die Innovativität eines Konsumenten wirkt positiv auf die Ideenqualität.*

4.1.2.2 Meinungsführerschaft

4.1.2.2.1 Beschreibung des Konstrukts

Das Konzept des Meinungsführers (englisch „Opinion Leader") ist eng mit dem der Innovativität verwandt. Dieser Zusammenhang wird bereits in frühen Untersuchungen aufgezeigt (siehe für einen Überblick Robertson 1971, S. 176-178). Wie bereits in Abschnitt 4.1.2.1.2 angedeutet, wird er auch in neueren Untersuchungen bestätigt (Gatignon und Robertson 1985 sowie Goldsmith und Hofacker 1991). Allerdings sind Meinungsführerschaft und Innovativität nicht als inhaltsgleich anzusehen (Robertson 1971, S. 184). Der Kommunikationsaspekt ist für die Innovativität nicht wichtig. Vielmehr ist ein zentraler Bestandteil innovativen Verhaltens, dass ein Konsument die Adoptionsentscheidung unabhängig von den Erfahrungen anderer trifft (Midgley und Dowling 1978 sowie Manning et al. 1995).

Hingegen stellt das Konzept des Meinungsführers den (kommunikativen) sozialen Einfluss auf andere Teilnehmer eines sozialen Systems in den Mittelpunkt (Robertson 1971, S. 175). In der Kommunikationsforschung fand die Tatsache, dass Konversationen und damit persönlicher Einfluss einen Effekt auf das Verhalten anderer Konsumenten haben, bereits früh Beachtung (Childers 1986, S. 184). Auch King und Summers (1970, S. 43) liefern eine kompakte Übersicht über frühe Studien, die die Rolle der interpersonellen Kommunikation für die Gewinnung von Informationen über neue Produkte untersuchen. Daher bestand bereits früh ein Interesse, Meinungsführer gezielt zu identifizieren und für Marketingmaßnahmen einsetzen zu können (Silk 1966, S. 255).

Insbesondere wurde untersucht, ob Meinungsführerschaft domänenspezifisch ist (in der Literatur als „monomorphic" bezeichnet) oder ob Meinungsführerschaft eine allgemeine Eigenschaft ist oder zumindest für mehrere Produktbereiche gilt („overlapping") (Noelle-Neumann 1985, S. 173-174). Zunächst ging die Forschung davon aus, dass es nur geringe Überschneidungen zwischen einzelnen Produktbereichen gibt (siehe für einen Überblick Robertson 1971, S. 180-184). Diese Vermutung wurde von Silk (1966) modifiziert; er konnte eine gewisse Überlappung feststellen (Silk 1966, S. 259). In einer viel beachteten Studie konnten King und Summers (1970) zeigen, dass die Existenz genereller Meinungsführer wahrscheinlich ist. Dies gilt insbesondere für Produktkategorien, die ähnliche Interessen hervorrufen (King und Summers 1970, S. 49).

In späteren Studien ergaben sich hieran aber wieder Zweifel (Childers 1986, S. 187). Ähnlich äußern sich auch Gatignon und Robertson (1985, S. 857).

Zusätzlich ist anzumerken, dass Meinungsführerschaft keine dichotome Eigenschaft, sondern vielmehr eine graduelle ist. Dieses Verständnis geht auf die ursprüngliche Definition von Katz und Lazarsfeld zurück und bildet die Basis für spätere Konzeptionen (King und Summers 1970, S. 43). Daher kann es nicht verwundern, dass Meinungsführerschaft eine relativ weit verbreitete Eigenschaft ist: Kroeber-Riehl und Weinberg (1999, S. 507) gehen von einem Meinungsführeranteil in Höhe von 20 bis 25 Prozent an allen Kommunikationsteilnehmern aus, King und Summers (1970, S. 48) kommen zu noch höheren Anteilen.

4.1.2.2.2 Hypothesenformulierung

Bereits in frühen Studien Anfang der 70er-Jahre wurde untersucht, ob die Meinungsführerschaft mit anderen psychographischen Merkmalen und auch soziodemographischen Merkmalen korreliert. Zwar lassen sich gewisse Häufungen von Meinungsführern in bestimmten sozialen Kategorien finden, letztlich aber existieren sie in allen sozialen Schichten (Summers 1970, S. 180). Daher lassen sich auch keine „harten" Korrelationen feststellen (Hamilton 1971, S. 273-274).

Dagegen konnten gewisse Muster beim Zusammenhang mit Persönlichkeitseigenschaften festgestellt werden. So ist davon auszugehen, dass ein Meinungsführer in einer bestimmten Produktkategorie viel Wissen über Produkte dieser Kategorie besitzt (Trommsdorff 1993, S. 217). Dies liegt daran, dass Meinungsführer in den für sie relevanten Gebieten stärker Informationen zum Beispiel aus Massenmedien ausgesetzt sind als Nicht-Meinungsführer (Robertson 1971, S. 184 sowie Weimann 1991, S. 276-277) und sich zudem teilweise aktiv neue Informationsquellen erschließen (Goldsmith und Desborde 1991, S. 14). Zwar kann diese Eigenschaft beziehungsweise dieses Verhalten in neueren Studien nicht bestätigt werden, was aber wohl nicht in der Nicht-Existenz des generellen Zusammenhangs begründet liegt als vielmehr in der Messmethodik (Goldsmith und Hofacker 1991, S. 18). Eine positive Beziehung zwischen Meinungsführerschaft und Informationsaffinität liegt daher nahe (Flynn et al. 1994, S. 55). Die hohe Bereitschaft von Meinungsführern, sich mit Informationen zu bestimmten Produkten beziehungsweise Produktkategorien auseinanderzusetzen, sollte ihnen helfen, Ideen hoher Qualität einzureichen.

Weiterhin haben Meinungsführer häufig eine höhere Affinität zu neuen Produkten (Kroeber-Riehl und Weinberg 1999, S. 644-645). Dies führt dazu, dass Meinungsführerschaft mit der Bereitschaft einhergehen kann, neue Produkte früher als andere Konsumenten zu erwerben. (Childers 1986 und Goldsmith und Hofacker 1991). Dennoch ist zu betonen, dass eine Gleichsetzung mit dem Merkmal Innovativität unzulässig ist (Robertson 1971, S. 184).

4.1 Ableitung der Hypothesen

Meinungsführerschaft ist nicht zuletzt auch eine Beschreibung eines gewissen Kommunikationsverhaltens: Für ein bestimmtes (oder auch mehrere) Themengebiete stehen Meinungsführer im Mittelpunkt ihres sozialen Umfelds (King und Summers 1970, S. 44). Entsprechend wird Meinungsführerschaft auch am Kommunikationsverhalten gemessen. Es ist daher zu vermuten, dass diese Personengruppe Meinungen und Erfahrungen nicht nur Personen in ihrem sozialen Umfeld, sondern auch Markenanbietern nach entsprechender Einladung mitteilen würde.

Entsprechend lassen sich folgende Hypothesen ableiten:

Hypothese 6a: *Meinungsführerschaft wirkt positiv auf die Ideenabgabe.*

Hypothese 6b: *Meinungsführerschaft wirkt positiv auf die Ideenqualität.*

4.1.2.3 Produktwissen

4.1.2.3.1 Beschreibung des Konstrukts

Um Verbesserungsvorschläge oder Produktideen zu generieren, benötigt ein Konsument Wissen über das zu verbessernde Produkt beziehungsweise das Umfeld, auf das sich seine Produktidee bezieht. Daher ist hohes Produktwissen ein Charakteristikum, das Lead User in Konsumgütermärkten auszeichnet (Lüthje 2000, S. 34-40). Dabei unterscheidet Lüthje (2000) zwei verschiedene Wissensarten. Zum einen handelt es sich um Verwendungswissen, also Kenntnisse, die bei der Verwendung eines Produktes erworben werden. Es hilft einem Konsumenten, elementare Wirkungszusammenhänge in der Funktionsweise des jeweiligen Produktes zu verstehen und dadurch den Grund für seine Unzufriedenheit mit dem Produkt erkennen zu können.[83] Letztlich sollte jeder Konsument diese Kategorie Wissen über ein von ihm verwendetes Produkt besitzen, wenn auch in unterschiedlichem Ausmaß.

Zum anderen spricht Lüthje (2000) von Objektwissen. Es umfasst das Wissen um die Wirk- und Funktionsstruktur eines Produktes sowie Kenntnisse über Material, Verfahren und Technologie.[84] Es ist davon auszugehen, dass industrielle Kunden häufig hohes Objektwissen über die von ihnen eingesetzten Güter besitzen. In Konsumgütermärkten ist dies allerdings unklar. So argumentiert Brockhoff (1985, S. 626), dass Konsumenten zwar Verwendungswissen, typischerweise aber kein Objektwissen besitzen. Hingegen argumentiert Lüthje (2000, S. 39), dass es

---

[83] Ein kurzes Beispiel illustriert dies: Ein Konsument erkennt, dass die Qualität des Spülergebnisses von der Klarspüler- und Salzdosierung abhängt. Deren Veränderung führt zu einer Verbesserung des Spülergebnisses. Eine resultierende Verbesserungsidee könnte zum Beispiel eine automatische Dosierung sein.

[84] In Fortführung des vorherigen Beispiels ermöglicht Objektwissen einem Konsumenten, Abhilfe für sein Problem zu schaffen. Durch technisches Wissen in Sensorik und Mechanik konstruiert er ein automatisches Sensor-gesteuertes Dosierungsgerät, dass Salz- und Klarspülereintrag je nach Wasserhärte, Temperatur, Geschirrart und Verschmutzungsgrad automatisch bestimmt.

durchaus Konsumenten mit hohem Objektwissen geben kann. Als Beispiele führt er die aktive Ausübung eines Hobbys beziehungsweise eine damit einhergehende intensive Informationsaufnahme etwa durch hohes Involvement an (siehe Abschnitt 4.1.3.1). Er nimmt daher an, dass auch in Konsumgütermärkten Personen mit hohem Objektwissen existieren. Dies wird gedeckt durch Erkenntnisse von Shah (2000) über Konsumenten, die bestimmte Outdoor-Sportarten wie Surfen, Snowboarding oder Bergsteigen ausüben.

Allerdings ist fraglich, ob Objektwissen zur Generierung auch radikaler Produktideen überhaupt notwendig ist. Es erscheint durchaus möglich, dass Konsumenten allein durch Verwendung dieser Produkte sinnvolle Ideen entwickeln können (Habermeier 1990, S. 271-273). Obwohl nicht technisch ausgearbeitet, sind diese Produktideen für den Einsatz in frühen Phasen des Innovationsprozesses hoch interessant. Die dort entworfenen Produktkonzepte sind in der Regel nicht technischer Natur, sondern beruhen vielmehr auf angenommenen Kundenbedürfnissen, Größen von Marktsegmenten und kommerziellen Erfolgschancen (Khurana und Rosenthal 1997, S. 104). Insofern ist es vielmehr entscheidend, dass eine Produktidee ein unerkanntes latentes Bedürfnis der Konsumenten abdeckt. Die Umsetzung ist von geringer Bedeutung, sie erfolgt erst später im Produktentwicklungsprozess. Trotz der geringen technischen Detaillierung haben Produktkonzepte und Produktideen daher einen entscheidenden Einfluss auf den Produkterfolg (siehe Abschnitt 2.1.5).

Aus diesem Grund erscheint eine Unterscheidung zwischen Objekt- und Verwendungswissen im Kontext dieser Arbeit nicht sinnvoll, da der Grad der technischen Ausarbeitung für die Qualität einer Produktideen nicht entscheidend ist. Zwar ist letztere positiv zu sehen, notwendig ist sie jedoch nicht. Dies ist ein entscheidender Unterschied zum klassischen Lead-User-Verständnis, der in der Andersartigkeit von Entwicklungsprozessen in Konsumgütermärkten begründet liegt.

4.1.2.3.2 Hypothesenformulierung

Konsumenten mit hohem Wissen über ein von ihnen verwendetes Produkt sollten, wie ausgeführt, in der Lage sein, sinnvolle Produktideen und Verbesserungsvorschläge zu generieren, da sie elementare Wirkungszusammenhänge intellektuell durchdrungen haben (Lüthje 2004, S. 6). Zudem besteht ein Zusammenhang zwischen dem Ausmaß der Kreativität eines Konsumenten, also seiner Fähigkeit Probleme, die bei der Produktverwendung auftauchen, zu erkennen und zu lösen, und der Anzahl seiner Verwendungssituationen für ein Produkt (Hirschman 1980, S. 286). Je größer das Repertoire an Erfahrung in der Verwendung, desto höher die potenzielle Kreativität des Konsumenten. Dies deckt sich mit Erkenntnissen aus Untersuchungen über die Eigenschaften von fortschrittlichen Kunden in Konsumgütermärkten (Lüthje 2004, S. 65-68).

4.1 Ableitung der Hypothesen

Entsprechend wird deutlich, dass das Ausmaß an Wissen auf Seiten des Konsumenten einen positiven Einfluss auf die Ideenqualität hat.

Ein hohes Maß an Wissen ermöglicht es einem Konsumenten, adäquate Lösungsvorschläge zu entwickeln, wenn bei der Verwendung eines Produktes Probleme auftreten (Price und Ridgway 1983, S. 680). Es ist allerdings nicht zwangsläufig, dass dies tatsächlich passiert; Lüthje (2000, S. 34-37) geht mit seinen Schilderungen implizit davon aus, dass eine wichtige Voraussetzung für den Einsatz des Verwendungswissens das Vorliegen eines Problems ist. Im Umkehrschluss bedeutet dies, dass ohne ein vorliegendes Problem das Wissen des Konsumenten nicht zum Einsatz kommen muss, weil kein Einsatzbedarf besteht: Es fehlt die Motivationsgrundlage, die die Beschäftigung mit einer Problemstellung auslöst. Daraus folgt, dass das Ausmaß des Wissens keinen Einfluss auf die Bereitschaft hat, eine Idee zu übermitteln. Ein hohes Maß an Wissen allein löst nicht zwangsläufig den kognitiven Prozess aus, der zur Generierung einer Idee notwendig ist.

Hypothese 7a: *Wissen wirkt positiv auf die Ideenabgabe.*

Hypothese 7b: *Wissen wirkt positiv auf die Ideenqualität.*

4.1.2.4 Neue Bedürfnisse

4.1.2.4.1 Beschreibung des Konstrukts

Die Entwicklung neuer Bedürfnisse, die von am Markt existierenden Produkten nicht befriedigt werden können, steht im Kern der Definition des Lead Users durch von Hippel (1986, S. 796). Bereits in früheren Artikeln zeigt er, dass von Konsumenten mit neuartigen (Produkt-) Bedürfnissen wichtige Impulse für erfolgreiche Neuprodukte ausgehen können (von Hippel 1978a, S. 243). Dies gilt sowohl für Industrie- als auch für Konsumgüter (Lüthje 2000, S. 31). So ist es nicht verwunderlich, dass sich Hersteller von Konsumgütern im Rahmen von Neuproduktentwicklungsprozessen verschiedener Methoden bedienen, um neue Kundenbedürfnisse zu erkennen (Aaker et al. 2001, S. 188). Wie in Abschnitt 2.1.6 erläutert, zählen dazu etwa Fokusgruppen, aber auch formalere Methoden wie multiattributive Techniken (siehe für einen kurzen Überblick von Hippel 1986, S. 792-793).

In der Sichtweise der Lead-User-Theorie ist das Erkennen dieser neuen Bedürfnisse sehr interessant. Es wird davon ausgegangen, dass sie zu einem späteren Zeitpunkt bei vielen Kunden entstehen werden (von Hippel 1986, S. 795-796). Können Firmen die für ihr Produktangebot relevanten neuen Bedürfnisse zuverlässig erkennen, gestattet dies die Entwicklung von kommerziell äußerst chancenreichen Produkten.

Auch abseits der Lead-User-Literatur finden sich Quellen, die die zentrale Rolle von Ideen, die in der Regel aus neuen Bedürfnissen entstehen, für innovative Produkte betonen. So sehen Ridgway und Price (1994, S. 70) die Anpassung existierender Produkte für neue Zwecke, etwa zur Befriedigung eines neuen Bedürfnisses, als eine Art von „use innovativeness". Ähnlich äußert sich van de Ven (1986, S. 591-592) über Quellen für neue (Produkt-) Ideen. In aller Regel äußert sich das Vorhandensein neuer, unerfüllter Bedürfnisse daher darin, dass diese durch das bestehende Produktangebot nicht abgedeckt werden. Der Konsument ist daher dazu motiviert, sich aktiv mit Ideen für Modifikationen existierender Produkte oder für gänzlich neue Produkte zu befassen.

Neue Bedürfnisse sind ein Motivationsfaktor für Konsumenten, bestehende Produkte gemäß ihren Vorstellungen anzupassen. Dieses Phänomen wurde zunächst in Industriegütermärkten beobachtet (von Hippel 1978a, S. 245-247). Spätere Untersuchungen haben aber gezeigt, dass dieses durch von Hippel (1978b, S. 39-40) als „Customer Active Paradigm" umschriebene Verhalten auch in Konsumgütermärkten zu beobachten ist. So zeigen Lüthje (2004) und Shah (2000), dass in bestimmten Sportartikelmärkten zahlreiche bedeutende Innovationen von Kunden ausgingen und danach von Herstellern aufgegriffen wurden. Ob dies auch für anders geartete Konsumgüter, also etwa technisch komplexe, zutrifft, ist unklar (Sawhney und Prandelli 2000, S. 263). Auch für diese wird jedoch vermutet, dass Konsumenten neue Bedürfnisse entwickeln, aber eine Ansprache erfolgen muss, damit sie sich äußern.

4.1.2.4.2 Hypothesenformulierung

Wie bereits oben ausgeführt, ist die Erkennung neuer Bedürfnisse bei Konsumenten für den Produkterfolg besonders relevant. So zeigen Lilien et al. (2002, S. 1055), dass auf Lead-User-Ideen basierende Produkte originär neue Bedürfnisse besser abdecken und daher auch kommerziell erfolgreicher sind als auf normalem Weg entwickelte. So ist verständlich, warum Produktideen, die gezielt die Befriedigung neuer Bedürfnisse ansprechen, für Unternehmen besonders relevant sind. Kunden, die neuartige Bedürfnisse verspüren, finden diese in aller Regel nicht oder nur unzureichend von bestehenden Produkten abgedeckt. Machen sie diese explizit, etwa durch die Kommunikation an ein Konsumgüterunternehmen, ist dies für die Unternehmen wegen der hohen Bedeutung zuverlässig erfasster Konsumentenbedürfnisse für den späteren Produkterfolg von hoher Bedeutung (siehe unter anderem Abschnitt 2.1.6). Generell kann man daher davon ausgehen, dass solche Ideen auch besser sind als jene, die keine neuen Bedürfnisse ansprechen. Zum Argument der höheren kommerziellen Bedeutung kommt noch der höhere Neuigkeitsgrad von Ideen dieser Kategorie (von Hippel 1986, S. 796-797). Aus diesen Gründen sind Beiträge von Konsumenten mit einem hohen Maß an neuen Bedürfnissen besonders wertvoll.

4.1 Ableitung der Hypothesen   115

Je nach Produktkategorie führt die Entwicklung neuer Bedürfnisse auch zu Neuproduktentwicklungen durch den Kunden. Shah (2000) sowie Franke und Shah (2003) haben diese Kundenprojekte sehr detailliert untersucht. Sie zeigen, dass viele Lead User in Sportartikelmärkten zwar neue Produkte entwickeln, diese aber nicht an Hersteller kommunizieren (Franke und Shah 2003, S. 26-27). Stattdessen werden die Innovationen entweder unentgeltlich anderen Nutzern, etwa in einer Community (Franke und Shah 2003, S. 23-25), zur Verfügung gestellt oder aber es erfolgt eine Kommerzialisierung in einer Kleinserie durch den Erfinder selbst (Shah 2000, S. 20-21).

Es ist denkbar, dass in solchen Produktbereichen, in denen die Entwicklung und Weitergabe von Modifikationen nicht attraktiv erscheint oder etwa wegen technischer Komplexität nicht möglich ist, ebenfalls keine Kommunikation von Neuproduktideen an Herstellerfirmen erfolgt. So entwickeln Konsumenten mit neuen Bedürfnissen zwar Produktideen, geben diese aber aus verschiedenen Gründen nicht selbständig weiter. Gründe hierfür können etwa die größere Distanz zwischen Kunde und Hersteller in Konsumgütermärkten (Lüthje 2000, S. 32) oder aber die „Stickiness" der neuen Bedürfnisse sein.[85]

Daher lassen sich folgende Hypothesen ableiten:

Hypothese 8a: *Neue Bedürfnisse wirken positiv auf die Ideenabgabe.*

Hypothese 8b: *Neue Bedürfnisse wirken positiv auf die Ideenqualität.*

4.1.2.5 Latente Unzufriedenheit

4.1.2.5.1 Beschreibung des Konstrukts

Im Rahmen dieser Arbeit wird (Un-)Zufriedenheit als allgemeine latente Unzufriedenheit mit bestehenden Angeboten in der Produktkategorie gemessen. Dadurch ist sie eng verwandt mit dem Begriff der „Neuen Bedürfnisse", der in Abschnitt 4.1.2.4 näher erläutert wird. Eine allgemeine latente Unzufriedenheit ist zusätzlich eng verwandt mit einer aus der Produktverwendung resultierenden Unzufriedenheit. Erstere setzt allerdings nicht zwangsläufig eine Verwendung voraus und muss daher nicht aus dem konkreten Produktgebrauch resultieren. Daher wird die latente Unzufriedenheit mit der Produktkategorie in dieser Arbeit eingesetzt. Auch auf Ebene der Marke ist ein Zufriedenheitsmaß denkbar. Im Rahmen dieser Arbeit wird aber das Konstrukt Vertrauen verwendet, zu dem das Markenvertrauen ein Vorläufer sein kann (Garbarino und Johnson 1999, S. 74).

---

[85] Siehe zum Konzept der „sticky information" und ihrer Auswirkungen auf den Innovationsprozess von Hippel (1998).

In diesem Abschnitt wird die allgemeine latente Unzufriedenheit mit der Produktkategorie beschrieben. Es ist davon auszugehen, dass Konsumenten für eine Verwendung in einer bestimmten Situation gewisse Anforderungen für eine Problemlösung entwickeln.[86] Findet der Konsument kein dazu geeignetes Produkt im Markt, so wird sich eine allgemeine Unzufriedenheit einstellen, ohne dass es einer Produktverwendung bedarf. Dieses Urteil kann sich auf zahlreiche Informationsquellen wie etwa Verkaufsgespräche stützen. Eine besonders im Internet-Zeitalter an Bedeutung gewinnende Quelle sind Meinungen anderer Konsumenten (Hennig-Thurau und Hansen 2001, S. 564-565).

Aus diesen Ausführungen zeigt sich eine deutliche Verwandschaft mit dem Konzept der „Neuen Bedürfnisse": Letztlich sorgt ein allgemeiner Unzufriedenheitszustand für die Wahrnehmung eines latenten Bedürfnisses, das mit dem bestehenden Marktangebot nicht gestillt werden kann (Lüthje 2004, S. 5).

4.1.2.5.2 Hypothesenformulierung

In der Lead-User-Theorie ist ein Unzufriedenheitszustand des Konsumenten ein wichtiger Baustein. Das Ausmaß der Unzufriedenheit ist ein Indikator dafür, wie dringlich eine Problemlösung für den Konsumenten ist (Lüthje 2000, S. 149). Letztlich wird dadurch eventuell ein Problemlösungsprozess ausgelöst (Lüthje 2004, S. 5). Dies deckt sich mit Erkenntnissen aus anderen Forschungsbereichen wie etwa der Kundenartikulation. So löst Unzufriedenheit hier im Extremfall negatives „Word-of-Mouth", also eine aktive Kommunikation der negativen Erfahrungen, aus (Singh 1990, S. 1-2). Dieses Verhalten wird auch von Hennig-Thurau und Hansen (2001, S. 570-571) für die Artikulation negativer Kundenmeinungen auf Meinungsplattformen im Internet beschrieben. Damit wird deutlich, dass ein hohes Maß an Unzufriedenheit Handlungen beim Konsumenten auslösen kann. Daher ist anzunehmen, dass eine latente Unzufriedenheit mit der Produktkategorie einen Konsumenten motiviert, bei einem Ideenwettbewerb eine Idee einzureichen.

Wie bereits erläutert, setzt das Entstehen einer latenten Unzufriedenheit mit der Produktkategorie einen Reflektionsprozess der eigenen Bedürfnisse in Bezug auf das Marktangebot voraus. So führt die Unzufriedenheit insbesondere dazu, dass der Konsument ein klares Bild bekommt, welche seiner Erwartungen vom Marktangebot befriedigt werden und welche nicht, er wird sich also seiner neuen Bedürfnisse bewusst (Lüthje 2000, S. 31-32). Erst durch das Vorliegen von Unzufriedenheit wird eine Verbindung zwischen neuen Bedürfnissen und konkreten Lösungsmöglichkeiten hergestellt. So zeigt Lüthje (2000, S. 72), dass Unzufriedenheit mit dem aktuellen

---

[86] Dies entspricht der Soll-Leistung im Rahmen des C/D-Paradigmas, siehe Homburg und Rudolph (1998, S. 39).

4.1 Ableitung der Hypothesen

Marktangebot ein Unterscheidungskriterium zwischen innovationsaktiven und -inaktiven Konsumenten ist. Daher erscheint plausibel, dass in diesem Verständnis unzufriedene Konsumenten Ideen besserer Qualität hervorbringen, da sie die Gründe ihrer Unzufriedenheit reflektiert haben.

Hypothese 9a: *Die latente Unzufriedenheit mit der Produktkategorie wirkt positiv auf die Ideenabgabe.*

Hypothese 9b: *Die latente Unzufriedenheit mit der Produktkategorie wirkt positiv auf die Ideenqualität.*

4.1.3 Wahrnehmung des Produkts

Die zweite Gruppe von Einflussfaktoren umfasst die Produktwahrnehmung des Konsumenten. Dabei erfolgt eine Konzentration auf solche Aspekte, die im Kontext der Untersuchung relevant erscheinen. Es geht insbesondere um Einstellungen zum Produkt Geschirrspüler beziehungsweise zur Produktkategorie Haushaltsgeräte.[87] Das Produktinvolvement wird verwendet, um zu erfassen, welche Bedeutung das Produkt für den Konsumenten hat. Eine speziell im Kontext der Kundeneinbindung relevante Eigenschaft ist die wahrgenommene Komplexität des Produkts.

4.1.3.1 Produktinvolvement

4.1.3.1.1 Beschreibung des Konstrukts

Involvement ist seit langem eines der zentralen Forschungsthemen im Bereich Konsumentenverhalten. Dennoch hat sich kein einheitliches Verständnis des Begriffs herausgebildet (Mittal 1995, S. 664 sowie Zaichkowsky 1985, S. 341-342). Eine Begründung dafür kann in der unterschiedlichen Anwendung des Konzeptes liegen, zum Beispiel bezüglich situativer Kaufentscheidungen, oder aber auch allgemein bezüglich einer Produktkategorie (Greenwald und Leavitt 1984, S. 583 sowie Celsi und Olson 1988, S. 223). Ohne tiefer in eine Kategorisierung der verschiedenen Konzeptionen einsteigen zu wollen, lassen sich entsprechend ein situatives und ein situationsunabhängiges, dauerhaftes Verständnis des Begriffs Involvement unterscheiden. Bloch und Richins (1983, S. 76-77) führen zusätzlich noch „Response Involvement" als Spezialfall des situativen Involvement im Falle der Reaktion auf einen Stimulus an. Allen gemeinsam ist, dass Involvement ein Ausdruck für die Bedeutung beziehungsweise die Wichtigkeit ist: Ein hohes Involvement drückt eine hohe Wichtigkeit einer Produktkategorie oder einer Kaufentscheidung

---

[87] Hierzu zählen andere Großgeräte wie Waschmaschinen und Kühlschränke, aber auch Kleingeräte wie Eierkocher und Kaffeemaschinen.

für den Konsumenten aus (Greenwald und Leavitt 1984, S. 591). Diese hängt von verschiedenen personenabhängigen Faktoren wie Interessen, Werten und Bedürfnissen ab (Zaichkowsky 1985, S. 342). Mittal (1995, S. 664) nutzt diese Erkenntnis zu folgender Arbeitsdefinition: „If a consumer is uninvolved with an object, it means that the consumer perceives it to be unimportant and is uncaring or indifferent about it." Dieses Verständnis soll auch im Rahmen dieser Arbeit genutzt werden. Es ist irrelevant, ob ein Proband nur aus situativen Motiven, etwa weil sein Geschirrspüler defekt ist oder er vor einer Kaufentscheidung steht, oder aber aus dauerhaftem Interesse am Produkt beziehungsweise der Produktkategorie zu einer Teilnahme bewegt wurde.

Auch über die Messung und insbesondere die Dimensionalität des Involvement-Konstrukts herrscht in der Literatur Uneinigkeit (Mittal 1989b, S. 697). So gehen etwa Laurent und Kapferer (1985, S. 52) von einem mehrdimensionalen Konstrukt aus, Zaichkowsky (1985, S. 349) aber von einem eindimensionalen. Dennoch sind dies nur scheinbar gegensätzliche Positionen: In umfassenden Konzeptionen, wie etwa von Laurent und Kapferer (1985), erfasst eine Dimension das allgemeine Produktinvolvement, während die anderen Dimensionen Gründe und Ursprünge für deren konkretes Niveau abbilden (Mittal 1995, S. 671-672). Letzteres ist für diese Untersuchung aber weniger von Bedeutung, da nur das allgemeine Produktinvolvement als Einflussfaktor untersucht werden soll. Die Frage nach den Faktoren, die das konkrete Maß an Involvement verursachen, ist hier nicht bedeutend. Daher reicht wie in anderen Studien, die das Konstrukt zu ähnlichen Zwecken einsetzten, eine Konzentration auf eine allgemeine Involvementdimension aus (so zum Beispiel bei Celsi und Olson 1988).

4.1.3.1.2 Hypothesenformulierung

Mit einem hohen beziehungsweise niedrigen Produktinvolvement werden in der Literatur verschiedene Eigenschaften und Handlungsweisen des Konsumenten verbunden. Je nach Höhe des Involvement ergeben sich signifikante Unterschiede im Entscheidungsprozess (Laurent und Kapferer 1985, S. 45).

Allgemein gesprochen ist ein hohes Involvement mit starken Emotionen verbunden. Dies löst eine hohe Bereitschaft aus, sich intensiv kognitiv und emotional mit einer Entscheidungssituation auseinander zu setzen (Kroeber-Riehl und Weinberg 1999, S. 360). Typischerweise führt das zu aktiver Informationssuche, einer aktiven Auseinandersetzung mit der Entscheidung und einer ausführlichen Betrachtung zahlreicher Produktmerkmale (Trommsdorff 1993, S. 50). Ein hohes Maß an Involvement wird daher in der Regel von einem hohen Produktwissen begleitet (Bloch et al. 1989, S. 16 sowie Mittal 1989a, S. 167). Zugleich geht es häufig mit einer hohen

4.1 Ableitung der Hypothesen

Kundenloyalität einher (Giering 2000, S. 177). Dies legen auch Burton und Netemeyer (1992, S. 152) nahe.

Starkes Involvement sollte daher zu einer hohen Bereitschaft führen, aktiv Ideen einzureichen. Dies wird zusätzlich über den oben beschriebenen Zusammenhang zwischen Involvement und Kundenloyalität verstärkt. Bei hohem Produktinvolvement kann aus den oben genannten Gründen zudem von einer hohen kognitiven Durchdringung des Produkts ausgegangen werden. Ram und Hyung-Shik (1989, S. 165) zeigen, dass hohes Involvement häufig auch dazu führt, dass Konsumenten ein Produkt in verschiedenartigen Situationen einsetzen und das Produkt zudem häufiger verwenden. Ein hohes Involvement sollte ebenfalls die Bereitschaft fördern, sich intensiv mit der Fragestellung im Ideenwettbewerb auseinanderzusetzen. Zusammen mit dem hohen Grad an kognitiver Durchdringung des Produkts sollte dies einen positiven Effekt auf die Beitragsqualität haben. Kunden mit hohem Produktinvolvement erfüllen daher wichtige Voraussetzungen, um Ideen hoher Qualität übermitteln zu können. Wie in Abschnitt 2.2.2 erläutert, ist Produktwissen ein zentrales Kriterium zur Identifikation von Lead Usern in Konsumgütermärkten (Lüthje 2004, S. 34-37 sowie Spann et al. 2004).

Hypothese 10a: *Produktinvolvement wirkt positiv auf die Ideenabgabe.*

Hypothese 10b: *Produktinvolvement wirkt positiv auf die Ideenqualität.*

4.1.3.2 Produktkomplexität

4.1.3.2.1 Beschreibung des Konstrukts

Je komplexer ein Produkt ist, desto schwieriger ist es für den Konsumenten, dessen Funktionsweise zu verstehen sowie dessen Funktionstüchtigkeit und Qualität zu überprüfen (Andaleeb und Basu 1994, S. 368). Eine Evaluierung komplexer Produkte ist vor und nach dem Kauf schwierig (Cannon und Perreault 1999, S. 444). Um dies zu überwinden, müsste technisches Wissen angesammelt werden, was der Konsument meist nicht leisten möchte oder kann (Andaleeb und Basu 1994, S. 368). In Konsumgütermärkten ist die Wahrnehmung der Komplexität eines Produkts von der Wahrnehmung der Produkteigenschaften und der übergeordneten Produktkategorie bestimmt (Boyd und Mason 1999, S. 308-309). An dieser Überlagerung ändert auch ein zwischen einzelnen Produkten verschiedenes Produktwissen nichts, da die Wahrnehmung der Produktkategorie in aller Regel individuelle Unterschiede überlagert (Giering 2000, S. 136).

4.1.3.2.2 Hypothesenformulierung

Vom Grad der Komplexität hängt ab, in welcher Detailtiefe ein Produkt vom Benutzer oder allgemeiner vom Konsumenten verstanden wird. Ohne ein tieferes technisches Wissen über ein Produkt kann ein Benutzer aber ein abstraktes Verständnis der Funktionsweise erwerben, etwa durch wiederholte Verwendung (Lüthje 2000, S. 36). Durch das Beobachten von (unterschiedlichen) Resultaten bei veränderten Ausgangsattributen können unter Umständen sogar Wirkungszusammenhänge erkannt werden. Konsumenten sollten daher auch für (technisch) komplexe Produkte qualitativ hochwertige Verbesserungsvorschläge generieren können. (Lüthje 2000, S. 37). Dabei ist unerheblich, ob Konsumenten diese Vorschläge eigenständig realisieren können.

Allerdings könnte eine erhöhte Komplexitätswahrnehmung beim Konsumenten dazu führen, dass er seine aus der Verwendung entstehenden Ideen als nicht relevant einstuft, da eine technische Fundierung fehlt beziehungsweise er die Qualität seiner Ideen möglicherweise falsch einschätzt. Der Konsument ist zudem nicht in der Lage, aus seiner Idee eigenständig eine komplette Lösung zu entwickeln (Lüthje 2000, S. 35). Insofern ist es möglich, dass so eine Hemmschwelle bei der Ideenübermittlung erzeugt wird.

Hypothese 11a: *Die wahrgenommene Produktkomplexität wirkt negativ auf die Ideenabgabe.*

Hypothese 11b: *Die wahrgenommene Produktkomplexität hat keinen Effekt auf die Ideenqualität.*

4.1.4 Wahrnehmung des Anbieters

In Abschnitt 2.4 wurde gezeigt, dass im Rahmen der von einem Unternehmen durchgeführten Kundeneinbindung in die Neuproduktentwicklung auch andere als strikt Produkt- und innovationsbezogene Faktoren einen Einfluss auf die Bereitschaft, sich am Ideenwettbewerb zu beteiligen und eine Idee einzureichen, sowie die Ideenqualität haben könnten. Wie erwähnt, bezeichnen Sawhney und Prandelli (2001, S. 261) ein „tiefes Vertrauen" als Vorbedingung für eine Einbindung. In der Forschung über das Konsumentenverhalten spielt ein verwandtes Konzept eine große Rolle: Die Markenzufriedenheit hat einen großen Einfluss auf zahlreiche Einstellungen und damit auch Handlungen eines Konsumenten (Homburg und Rudolph 1998). Sie bildet eine Vorstufe der Loyalität, die eine dauerhafte Einstellung des Konsumenten in Bezug auf eine Marke beziehungsweise einen Markenanbieter ausdrückt (Oliver 1999), und als übergeordnetes Maß in dieser Untersuchung verwendet wird.

4.1 Ableitung der Hypothesen

4.1.4.1 Vertrauen in die Marke

4.1.4.1.1 Beschreibung des Konstrukts

Sowohl im Geschäftskundenbereich als auch in Konsumgütermärkten wird Vertrauen als ein bedeutender Einflussfaktor auf die Qualität von Geschäftsbeziehungen angesehen (Garbarino und Johnson 1999, S. 71). Die zentrale Definition geht dabei zurück auf Moorman et al. (1992, S. 315): „Trust is defined as a willingness to rely on an exchange partner in whom once had confidence." Bereits aus der Definition wird deutlich, dass Vertrauen weniger aus vertraglichen Strukturen, denn aus einem Netz von sozialen Beziehungen entsteht (Granovetter 1985, S. 489-491). Vertrauen dient letztlich dazu, Unsicherheit zu reduzieren (Achrol 1997, S. 65-66). Basierend auf Erfahrungen mit einem (Handels-) Partner ermöglicht Vertrauen, die Erwartung eines positiven Resultats zukünftiger Geschäftsbeziehungen zu bilden (Bhattacharya et al. 1998, S. 432). In der Regel entsteht Vertrauen dabei aus bisherigen eigenen Erfahrungen und denen anderer Kunden mit dem Geschäftspartner (Doney und Cannon 1997, S. 37-38). Dies kann etwa auf Basis der Geschäftspolitik und der Handlungen von Angestellten, die in direktem Kundenkontakt stehen, geschehen (Sirdeshmukh et al. 2002, S. 15).

Es wird deutlich, dass Vertrauen letztlich zwischen Individuen entsteht (Moorman et al. 1993, S. 82). Dennoch ist auch möglich, dass sich das Vertrauen eines Individuums auf eine Organisation beziehen kann und damit nicht nur auf interpersoneller Ebene, etwa zu einem Außendienstmitarbeiter, möglich ist (Doney und Cannon 1997, S. 36). Darüber hinaus kann auch die Marke als abstraktes Objekt Bezugsobjekt von Vertrauen sein. In Konsumgütermärkten ist weniger ein Unternehmen, als vielmehr eine Marke wichtigstes Bezugsobjekt (Berthon et al. 1999, S. 54-55). So definieren Chaudhuri und Holbrook (2001, S. 82) „brand trust" als „the willingness of the average consumer to rely on the brand to perform its stated functions." Für Konsumgütermärkte erscheint eine Anpassung der Definition aus Industriegütermärkten geboten, da die Merkmale der Austauschbeziehungen differieren (Singh und Sirdeshmukh 2000, S. 164). Für Konsumentenservices benutzen Garbarino und Johnson (1999, S. 73) ein leicht erweitertes Verständnis. Die Autoren interpretieren Vertrauen als Zuversicht in die Qualität und Verlässlichkeit der von der Organisation beziehungsweise Marke angebotenen Produkte und Services. Dies umfasst Eigenschaften wie Konsistenz, Kompetenz, Ehrlichkeit, Fairness, Verantwortung und Hilfsbereitschaft und spiegelt damit die allgemeine Definition von Morgan und Hunt (1994, S. 23) wider.

Überträgt man diese Überlegungen auf eine Marke für dauerhafte Konsumgüter, so hat Vertrauen letztlich zwei Komponenten (Delgado-Ballester et al. 2003, S. 37-38). Eine umfasst die Erfüllung der Konsumentenerwartungen bezüglich der Produktleistungen, etwa basierend auf bisherigen Erfahrungen oder Versprechen aus der Werbung, die andere hingegen umfasst die Reaktion des Markenanbieters auf unvorhergesehene Ereignisse. Sie dient damit der Unsicherheitsreduktion auf Seiten des Kunden (Moorman et al. 1992, S. 315). Dies wird auch von Sirdeshmukh et al. (2002, S. 17-18) betont, die operative Kompetenz, Wohlwollen gegenüber dem Kunden und Problemlösungsorientierung als zentral ansehen.[88]

4.1.4.1.2 Hypothesenformulierung

Im Rahmen der Kundeneinbindung erscheint besonders die Komponente Wohlwollen von Belang, da sie ausdrückt, wie sehr sich ein Unternehmen für die Belange und Interessen seiner Kunden einsetzt und nicht systematisch Maßnahmen ergreift, die den Interessen der Kunden zuwiderlaufen (Sirdeshmukh et al. 2002, S. 18). So betonen Sawhney und Prandelli (2001, S. 261) die Bedeutung dieses Aspekts als Vorbedingung, dass sich Konsumenten an der Neuproduktentwicklung beteiligen. Dies kann mit den Motiven der Lead User bei der Ideenentwicklung begründet werden, die darauf hoffen, eine Umsetzung ihrer Idee beobachten zu können. Dadurch werden sowohl die eigenen neuen Bedürfnisse als auch potenziell diejenigen anderer Konsumenten erfüllt (siehe Abschnitt 3.5.1). Sollte der Konsument eine finanzielle Kompensation für seine Idee erwarten, ist Vertrauen natürlich ebenfalls von herausgehobener Bedeutung beim Aushandeln einer Kompensationsregelung, insbesondere wenn diese auf Freiwilligkeit des Herstellers beruht (Lüthje 2000, S. 42-44).

Daher ist wahrscheinlich, dass ein hohes Maß an Vertrauen zu einer Marke auch zu einer höheren Bereitschaft führt, zu deren Nutzen Handlungen auszuführen, die nicht typisch für durchschnittliche Konsumenten sind. Dies würde dem Konsumentenverhalten bei einer hohen Identifikation mit der Herstellerfirma entsprechen (Bhattacharya und Sen 2003, S. 86-87). Lädt ein Unternehmen, wie im Rahmen eines Ideenwettbewerbs, Konsumenten explizit zu einer aktiven Beteiligung ein, so ist davon auszugehen, dass Vertrauen positiv auf die Ideenabgabe wirkt, da die Konsumenten das Unternehmen unterstützen wollen. Dies wird gedeckt von Erkenntnissen bezüglich Motivationsgrundlagen bei der Kundenartikulation auf Meinungsplattformen (Hennig-Thurau und Hansen 2001, S. 571-572).

Ein hohes Maß an Vertrauen sollte dafür sorgen, dass Konsumenten bereit sind, auch Ideen zu übermitteln, denen sie einen hohen ökonomischen Wert beimessen und die damit in aller Regel auch eine hohe Qualität besitzen. Hat der Ideengenerierer Vertrauen in das Unternehmen, also darin, dass seine Ideen fair geprüft und er im Falle einer Eignung eine angemessene Kompensation erhalten wird, ist er eher geneigt, die Idee zu übermitteln (Nambisan 2002, S. 410).

---

[88] Im Original wird der englische Begriff „benevolence" verwendet; es ist weder durch Wohlwollen noch durch Kulanz wirklich treffend übersetzt.

Dies wirkt sich positiv auf die durchschnittliche Ideenqualität aus. Wie oben geschildert, dürfte Vertrauen allerdings einen Mengeneffekt auslösen. Konsumenten mit hohem Vertrauen werden bestrebt sein, einen Beitrag einzureichen, um dem Unternehmen zu helfen. Dieses Verhalten dürfte unabhängig davon sein, ob der betreffende Konsument wirklich einen qualiatv guten Beitrag leisten kann. Nimmt man beide Effekte zusammen, ergibt sich kein eindeutiger Effekt auf die Ideenqualität.

Hypothese 12a: *Vertrauen wirkt positiv auf die Ideenabgabe.*

Hypothese 12b: *Vertrauen hat keinen Effekt auf die Ideenqualität.*

4.1.4.2 Loyalität

4.1.4.2.1 Beschreibung des Konstrukts

Im heutigen Verständnis umfasst Kundenloyalität eine Verhaltens- und eine Einstellungskomponente (Chaudhuri und Holbrook 2001, S. 82). Dies spiegelt auch die Definition von Oliver (1999, S. 34) wider, der Loyalität versteht als „a deeply held commitment to rebuy or repatronize a preferred/product service consistently in the future, thereby causing repetitive same-brand or same brand-set purchasing, despite situational influences and marketing efforts having the potential to cause switching behaviour." Als Einflussfaktoren der Einstellungskomponente werden in der Literatur zum Beispiel Vertrauen (siehe unter anderem die Arbeiten von Garbarino und Johnson 1999, Sirdeshmukh et al. 2002 sowie Reichheld und Schefter 2000) und Zufriedenheit angesehen (siehe unter anderem die Arbeiten von Oliver 1999 sowie Giering 2000).

Die Einstellungen lösen eine Reihe von Handlungen auf Seiten des Konsumenten aus; diese zusammengenommen bilden die Verhaltenskomponente (Giering 2000, S. 16). Ihr Verhalten ist ein Weg, mit dem Konsumenten ihre Loyalität ausdrücken können (Sirdeshmukh et al. 2002, S. 21). Typische Handlungen sind etwa Wiederkaufabsicht, Weiterempfehlungsabsicht und Zusatzkaufabsicht. Dies deckt sich mit Erkenntnissen, wie sich eine hohe Identifikation eines Konsumenten mit einem Unternehmen auf seine Handlungsabsichten auswirkt. Letztlich ist diese Identifikation ein Vorläufer von Loyalität (Bhattacharya und Sen 2003, S. 83): Konsumenten werden besonders loyal gegenüber Unternehmen sein, deren Werte sie teilen (Sirdeshmukh et al. 2002, S. 21). Ein hohes Maß an Identifikation kann unter anderem eine höhere Bereitschaft auslösen, neue Produkte auszuprobieren und das Unternehmen durch Weiterempfehlungen aktiv zu unterstützen (Bhattacharya und Sen 2003, S. 83-84); diese Vermutung wird auch empirisch gestützt (Ahearne et al. 2003, S. 23).

Die beschriebenen typischen Handlungen liefern auch einen Ansatzpunkt zur Messung des Ausmaßes der Loyalität eines Kunden. Dabei wird eine zukunftsgewandte Perspektive verwendet, da die momentane Loyalität eines Kunden einen Einfluss auf dessen zukünftiges Verhalten hat (Giering 2000, S. 17). Dieser Gedanke beruht auf dem Einstellungs-Verhaltens-Modell, das auf Ajzen und Fishbein (1980) zurückgeht.[89] Die Operationalisierung erfolgt dabei über heutige Verhaltensabsichten, die einen entsprechenden Rückschluss erlauben (Garbarino und Johnson 1999 sowie Warshaw 1980).

4.1.4.2.2 Hypothesenformulierung

Loyalität führt beim Kunden, wie erläutert, zu bestimmten Handlungen und Handlungsabsichten. Dazu zählen etwa Weiterempfehlungen mit dem Zweck, ein Unternehmen zu unterstützen. Wie bereits in Abschnitt 4.1.4.1 erläutert, ist dies auch eine Motivation für Konsumenten, Meinungen auf virtuellen Meinungsplattformen zu äußern (Hennig-Thurau und Hansen 2001, S. 571-572). Es ist daher anzunehmen, dass loyale Kunden bestrebt sein werden, auch in einem herstellerbetriebenen Forum eine Meinung zu publizieren oder diese im Rahmen eines Ideenwettbewerbs zur Verfügung zu stellen. Daher sollte ein stark positiver Zusammenhang zwischen Loyalität und der Bereitschaft, eine Idee einzureichen, bestehen.

Allerdings dürfte auch die Loyalität kein Unterscheidungsmerkmal zwischen Ideen hoher und niedriger Qualität sein, da loyale Kunden bestrebt sein werden, in jedem Fall einen Beitrag zu leisten. Zudem gibt es keine Erkenntnisse, dass Loyalität mit Kundeneigenschaften korreliert, die einen positiven Einfluss auf die Ideenqualität haben könnten. Da Vertrauen, wie erläutert, ein wichtiger Vorläufer von Loyalität ist, kann man davon ausgehen, dass analog zu den Erläuterungen in Abschnitt 4.1.4.1 loyale Kunden eher gewillt sind, qualitativ hochwertige Beiträge einzureichen, dies aber durch einen Mengeneffekt kompensiert wird. Daher ist kein eindeutiger Einfluss auf die Ideenqualität zu erwarten.

Hypothese 13a: *Loyalität gegenüber dem Markenanbieter wirkt positiv auf die Ideenabgabe.*

Hypothese 13b: *Loyalität gegenüber dem Markenanbieter hat keinen Effekt auf die Ideenqualität.*

4.1.5 Übersicht über die Hypothesen

Tabelle 4.1 verschafft eine schnellen Überblick über die Hypothesen bezüglich der Wirkung der diskutierten Merkmale auf Ideenabgabe und Ideenqualität.

---

[89] Ein Überblick über das Modell findet sich etwa bei Oliver und Bearden (1985) sowie Stock (2002).

Tabelle 4.1: Übersicht über die vermuteten Wirkungen auf Ideenabgabe und Ideenqualität

Konstrukt	Hypothese Nummer	Auswirkung auf (a) Ideenabgabe	(b) Ideenqualität
Innovativität	5	kein Effekt	kein Effekt
Meinungsführerschaft	6	+	+
Wissen	7	kein Effekt	+
Neue Bedürfnisse	8	+	+
Unzufriedenheit	9	+	+
Involvement	10	+	+
Komplexität	11	-	kein Effekt
Vertrauen	12	+	kein Effekt
Loyalität	13	+	kein Effekt

4.1.6 Weitere erhobene Merkmale

Zusätzlich zu den beschriebenen Konstrukten in den Bereichen Persönlichkeitseigenschaften, Produktwahrnehmung und Markenwahrnehmung werden im Rahmen der Nachbefragung Daten in zwei weiteren Bereichen erhoben. Einer umfasst Fragen zu den Motivationsgrundlagen und erwarteten Anreizen der Teilnehmer. Zudem ist anzunehmen, dass einige Teilnehmer bereits an Maßnahmen zur Kundeneinbindung teilgenommen haben. Daher umfasst der zweite Bereich Fragen, in welcher Art sich Kunden an der Neuproduktentwicklung beteiligt haben und welche Erfahrungen sie dabei gemacht haben. In beiden Fällen dienen die Daten nur einer explorativen, zumeist rein deskriptiven Analyse. In beiden Fällen handelt es sich also nicht um eine Messung auf Basis von Konstrukten. Daher werden diese Bereiche nicht in die Hypothesen- und in die Konstruktübersichten aufgenommen.

4.1.6.1 Motivationsgrundlage und erwartete Anreize

Um die Ergebnisse aus Abschnitt 3.5.1 über die Wirkung von Anreizen auf verschiedene abhängige Variable zu ergänzen, wurden von den Teilnehmern Erwartungen bezüglich der Anreizsetzung durch ein Unternehmen erfragt. Bei der Formulierung wurde auf Erkenntnisse vorheriger Studien zurückgegriffen. So haben sich Lüthje (2000) und Shah (2000) mit der Motivation innovativer Konsumenten beschäftigt. Weiterhin existieren zahlreiche theoretische Überlegungen zu diesem Thema, die bereits in Abschnitt 3.5.1 diskutiert wurden.

Im Rahmen der Untersuchung steht die Erwartungshaltung der Konsumenten an eine Incentivierung im Vordergrund. Ziel ist weniger, die bereits bestehenden Erkenntnisse über verschiede-

		Diskussion mit Experten Betreuung	finanzielle Vergütung
Implementierungsaufwand	hoch		
	niedrig	Zugang zu besonderen Informationen	Sachpreise

intrinsisch   extrinsisch
Wirkung

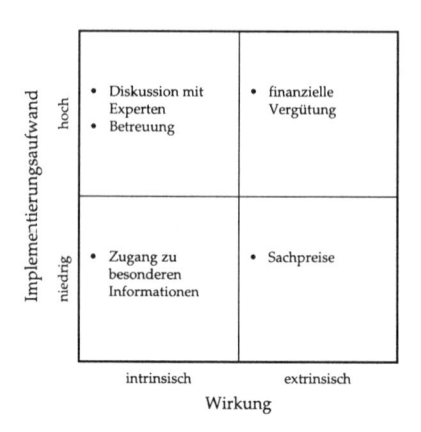

Abbildung 4.1: Klassifizierung der erwarteten Anreize und Motivationsgrundlagen

ne Motivationsgrundlagen auszubauen, als vielmehr im Rahmen der bestehenden Erkenntnisse die tatsächliche Erwartungshaltung von Teilnehmern an einer herstellerbetriebenen Kundeneinbindungsinitiative beschreiben zu können. Diese Fragestellung wird von bisherigen Studien nicht beantwortet.

In einer Verbindung von Kunden- und Unternehmenssicht können mögliche Incentivierungsmaßnahmen kategorisiert werden. Eine Dimension unterscheidet dabei zwischen der Motivationsgrundlage des Konsumenten, also intrinsische und extrinsische Motivation. Die andere Dimension bildet den Implementierungs- und Durchführungsaufwand ab, kategorisiert in hoch und niedrig (siehe Abbildung 4.1). Die Erweiterung um die zweite Komponente gestattet eine Bewertung in der Literatur vorgeschlagener Maßnahmen (Lüthje 2004, S. 257). Im Zuge dieser Untersuchung werden sie um fehlende sinnvolle Kombinationen ergänzt und deren Attraktivität mittels einer 7er-Likert-Skala gemessen.

Auch für diesen Bereich werden keine expliziten Hypothesen formuliert, vielmehr dienen diese Fragen einer Kategorisierung der Nutzer. In Verbindung mit Erkenntnissen aus einer Herstellerbefragung sollen zudem eventuelle Diskrepanzen zwischen der Erwartungshaltung der teilnehmenden Konsumenten und der Incentivierungsbereitschaft der Unternehmen aufgedeckt werden.[90] Dieses Vorgehen ermöglicht es, die Empfehlungen über eine optimale Gestaltung der Einbindungsmethode Ideenwettbewerb zu verfeinern.

---

[90] Bei der Herstellerbefragung handelt es sich um Daten aus der Erhebung von Bartl et al. (2004).

4.1.6.2 Vorherige Erfahrungen

Ein weiterer Fragenkomplex richtet sich nur an solche Teilnehmer, die bereits vor der Teilnahme am Ideenwettbewerb einem Konsumgüterunternehmen in irgendeiner Form eine Meinung oder einen Produktvorschlag übermittelt oder diesen in einem Internet-Forum publiziert haben (siehe für eine Einführung in die Kundenartikulation in virtuellen Meinungsforen Hennig-Thurau und Hansen 2001). Dieses Kriterium wird teilweise als Identifikationsmerkmal für Lead User in Konsumgütermärkten genannt (Shah 2000, S. 7), jedoch erscheint es für die meisten Konsumgüterbranchen nicht unbedingt notwendig (Ernst et al. 2004, S. 124-126). Zwar sind vorherige Erfahrungen keine Voraussetzung, um eine gute Idee einzureichen. Allerdings könnten Erfahrungen die Kreativität unterstützen (siehe Abschnitt 3.5). Jedoch sollten bei einer aktiven Ansprache der Konsumenten durch das Unternehmen andere Kriterien ausreichen, um Konsumenten zu identifizieren, die in der Lage sind, wertvolle Beiträge bei der Ideengenerierung zu leisten.

Dennoch ist von Interesse, ob und wenn ja in welcher Form Teilnehmer bereits Meinungen oder Produktvorschläge öffentlich gemacht haben. Dies ist zum einen Abgrenzungskriterium zu den übrigen Teilnehmern, zum anderen ermöglicht es eine Analyse, ob zwischen beiden Teilpopulationen Unterschiede bestehen, etwa in Hinblick auf die Ideenabgabe.

Gleiches gilt für Fragen bezüglich der Kontaktaufnahme mit dem Unternehmen und die vom Konsumenten während des Kontakts gemachten Erfahrungen. Die hierzu verwendeten Fragen stammen aus dem Bereich Beschwerdemanagement, da sowohl bei einer Beschwerde als auch bei einer Ideenübermittlung die Kontaktinitiative nicht vom Unternehmen ausgeht. Prinzipiell bestehen auch ähnliche Erwartungshaltungen auf Seiten des Konsumenten: Er erwartet eine Reaktion des Unternehmens. Es handelt sich dabei um eine Handlung, die über die formale Rolle eines Unternehmens hinausgeht, da Unternehmen in den seltensten Fällen vordefinierte Reaktionen auf solche Eingaben haben.[91] Nichtformalisierte Handlungen von Unternehmen werden in der Literatur als „extra-role behaviours" bezeichnet, also mit dem ebenfalls für vergleichbare, über das übliche Verhaltensmuster hinausgehende Handlungen bei Konsumenten verwendeten Begriff. (Maxham III und Netemeyer 2003, S. 47).

Diese sind insbesondere in Zusammenhang mit dem Beschwerdemanagement untersucht worden (Maxham III und Netemeyer 2003). Wegen der engen konzeptionellen Verwandtschaft werden daher im Rahmen dieser Untersuchung Items aus diesem Kontext angepasst (Maxham III und Netemeyer 2003, S. 60) und durch Items von Lüthje (2000, S. 257) ergänzt.

---

[91] Dedekind und Stallbaumer (2001) liefern Beispiele für Unternehmensreaktionen auf Kundenanregungen, die diesen Sachverhalt illustrieren.

4.2 Methodische und empirische Grundlagen der Untersuchung

4.2.1 Vorgehen

In diesem Abschnitt werden die methodischen und empirischen Grundlagen der Analyse zur Wirkung der Persönlichkeitsfaktoren auf Ideenabgabe und Ideenqualität erläutert. Zunächst werden Datenerhebung und Datengrundlage vorgestellt (Abschnitt 4.2.2). In Abschnitt 4.2.3.1 erfolgt eine Einführung in die Methoden, die zur Datenanalyse eingesetzt werden. Dieser beginnt mit einer Vorstellung der Methoden zur Untersuchung der Einflussfaktoren auf Ideenabgabe und Ideenqualität. Der zweite Teil befasst sich mit den theoretischen Grundlagen der Operationalisierung und Messung von Konstrukten (Abschnitt 4.2.3.2). Dabei werden auch die für diese Arbeit relevanten Kriterien zur Beurteilung der statistischen Güte vorgestellt. Den Abschluss bildet die operative Messung und Validierung der einzelnen Variablen und Konstrukte (Abschnitt 4.2.3.3). Sie ist in die drei Bereiche Persönlichkeitsfaktoren, Markenwahrnehmung und Produktwahrnehmung gegliedert.

4.2.2 Datenerhebung und Datengrundlage

Im Rahmen dieser Untersuchung werden zwei unterschiedliche Instrumente zur Datenerhebung eingesetzt. Im Nachgang des Web-Experiments (siehe Abschnitt 3.4) wurden alle Teilnehmer, deren Email-Adressen bekannt waren, zu einer nachgelagerten Befragung eingeladen. Dabei handelte es sich um einen standardisierten internetgestützten Online-Fragebogen, der mit der professionellen Umfragesoftware „Umfragecenter 3.0" der globalpark AG umgesetzt wurde. Neben den allgemeinen Vorteilen des Mediums Internet im Rahmen der Datenerhebung, wie Kostenreduktion, erhöhte Funktionalität und bessere Methodik, konnte durch den Einsatz einer Online-Befragung ein Medienbruch verhindert werden (siehe exemplarisch Gadeib 1999, S. 108-109). Da sich diese Arbeit mit einer internetbasierten Methode der Kundeneinbindung befasst, entfällt auch der Nachteil der auf Internet-Nutzer eingeschränkten Reichweite von Online-Umfragen und damit eventuell mangelnder Repräsentativität (siehe hierzu ausführlich Theobald 2000, S. 122-124). Der Erhebungsteil Nachbefragung wird in den nächsten Abschnitten näher beschrieben.

4.2.2.1 Nachbefragung

Auch die Nachbefragung gliederte sich in zwei Wellen. Beide waren absolut inhaltsgleich. Die Teilnehmer der ersten Runde wurden vier Wochen nach Ende des Ideenwettbewerbs per Email zur Nachbefragung eingeladen. Weitere zwei Wochen später fand eine zweite Ansprache der bis

4.2 Methodische und empirische Grundlagen der Untersuchung

dahin inaktiven Teilnehmer sowie der Probanden, die die Beantwortung unterbrochen hatten (Unterbrecher), statt. Als Incentive wurden zum einen eine Verlosung von fünf Elektrokleingeräten unter allen Teilnehmern, die den Fragebogen komplett beantwortet hatten, eingesetzt.[92] Für eine Beantwortung innerhalb einer bestimmten Frist wurden zum anderen fünf Einkaufsgutscheine für Amazon.de im Wert von je 30 Euro als zusätzlicher Anreiz genutzt. Auch für Unterbrecher und bis dahin inaktive Teilnehmer wurde noch je ein Gutschein im selben Wert eingesetzt.

Für die Nachbefragung konnten nicht alle Teilnehmer des Ideenwettbewerbs angesprochen werden, da einige Teilnehmer entweder eine falsche oder gar keine Email-Adresse angegeben hatten. Insgesamt wurden so 524 der 811 Teilnehmer angesprochen, von denen 231 die Umfrage abschlossen. Die Antwortquote entspricht damit 44,2 Prozent.

Bei der zweiten Welle wurde der Zeitpunkt der Teilnehmeransprache verändert, die Incentives waren aber mit der ersten Runde identisch. Teilnehmer, deren Email-Adressen bekannt waren, wurden in drei Gruppen innerhalb eines Monats nach der Teilnahme am Ideenwettbewerb angesprochen. Auf diese Weise konnte die Zeitspanne zwischen der Teilnahme am Ideenwettbewerb und der Kontaktierung zur Nachbefragung verringert werden. Die erneute Ansprache von Unterbrechern und bisher inaktiven Probanden fand dabei jeweils etwa drei Wochen nach der Erstansprache statt. Von insgesamt 589 eingeladenen Teilnehmern antworteten 326. Entsprechend ist die Antwortquote mit 55,7 Prozent deutlich höher als in der ersten Welle. Dies dürfte auf die Verkürzung der Zeitspanne zwischen Teilnahme am Experiment und Erhalt der Einladung zur Umfrage zurückzuführen sein. Eine detaillierte Übersicht über die Teilnahmestatistik findet sich in Tabelle 4.2.

Die Fragebögen für die beiden Marken Bosch und Siemens waren dabei inhaltsgleich. Der Einsatz einer für den Nutzer unsichtbaren Filterführung gestattete jedoch ein interaktives Anpassen von Markennamen in einzelnen Items sowie der Logos auf der Startseite. Mit dem gleichen Verfahren erhielten Teilnehmer, die keinen offenen Beitrag beim Ideenwettbewerb abgegeben hatten, einen zusätzlichen Fragenblock, in dem nach Motiven für die Nichtteilnahme gefragt wurde. Filterfragen wurden eingesetzt, um für einige Teilnehmer mit besonderen Eigenschaften zusätzliche Fragen einzublenden. Diese interaktive Anpassung verbessert die Nutzerfreundlichkeit im Vergleich zu papiergestützten Erhebungen erheblich.

Darüber hinaus gestatten Online-Fragebögen den Einsatz verschiedener Methodiken, die die Reliabilität verbessern (Hennig-Thurau und Dallwitz-Wegner 2002, S. 313). Wie bereits erläutert erfasst die *Reliabilität*, ob die Messung eines Merkmals formal genau erfolgt. So war die Reihenfolge der Einblendung der Fragen innerhalb eines Komplexes zufallsgesteuert, wodurch unsyste-

---

[92] Zum Einsatz von Incentives in Fragebogenuntersuchungen siehe Abschnitt 3.5.1.

Tabelle 4.2: Übersicht über Teilnehmerzahlen und Rücklaufquote der Nachbefragung

		Bosch	Siemens	Gesamt
1. Runde	Eingeladene Teilnehmer	336	188	524
	Anteil an allen Teilnehmern des Ideenwettbewerbs (%)	68,7	59,9	65,3
	Vollständige Fragebögen	152	79	231
	Rücklaufquote (%)	45,2	42,0	44,1
2. Runde	Eingeladene Teilnehmer	207	382	589
	Anteil an allen Teilnehmern des Ideenwettbewerbs (%)	64,3	63,6	63,8
	Vollständige Fragebögen	122	204	326
	Rücklaufquote (%)	58,9	53,4	55,7
Gesamt	Eingeladene Teilnehmer	543	570	1113
	Anteil an allen Teilnehmern des Ideenwettbewerbs (%)	67,0	62,3	64,5
	Vollständige Fragebögen	274	283	557
	Rücklaufquote (%)	50,5	49,6	50,0

matische Verzerrungen durch eine bestimmte Fragenanordnung verringert oder ausgeschlossen werden können. Durch den Einsatz von zwangsgeführten Fragen, die durch Java und die Skriptsprache PHP möglich sind, wurde eine hohe inhaltliche Validität sichergestellt.[93] Daher weisen die Datensätze auch keine fehlenden Werte auf. Ein Tracking des Antwortverhaltens durch Messen der Bearbeitungszeit pro Fragebogenseite gestattet es dabei, Probanden auszufiltern, die sich nur durch den Fragebogen „durchklicken". Dadurch kann die Datenqualität zusätzlich überprüft werden.

Da im Rahmen der empirischen Sozialforschung der wahre Wert einer Messvariable in der Regel unbekannt bleibt, wird ein Test der erhobenen Daten auf Reliabilität hilfsweise operationalisiert. Dafür bieten sich verschiedene Verfahren an (siehe für einen Überblick Peter 1979, S. 8-10), zu denen beispielsweise interne Konsistenzmaße und die Halbierungsreliabilität zählen. Auf erstere wird später (siehe Abschnitt 4.2.3.2.2) näher eingegangen, letztere ist insbesondere im Rahmen der Datenerhebung von Bedeutung. Zu ihrer Messung wird ein Test in zwei Teile mit halber Länge aufgeteilt; die Ergebnisse werden anschließend verglichen (Peter 1979, S. 8).

Im Rahmen von Datenerhebungen per Fragebogen ist es erforderlich, dass sich die Teilnehmer

---

[93] Eine Ausnahme hiervon bildeten die Fragen zur Soziodemographie: Weil einige Probanden diese erfahrungsgemäß als zu sensibel für eine Beantwortung einstufen, konnte bei diesen Fragen mit „keine Angabe" geantwortet werden.

nicht von den Nicht-Teilnehmern in ihrem Antwortverhalten unterscheiden, damit die Messung reliabel ist (Bosnjak 2001, S. 88). Dies wird als Non-Response-Bias bezeichnet. Zur Überprüfung des Datensatzes auf diese Verzerrung wurde eine von Armstrong und Overton (1977) vorgeschlagene Methode eingesetzt. Dazu wurden die Antworten der ersten Runde entlang des Beantwortungsdatums sortiert und in drei Gruppen eingeteilt. Anschließend wurden die Mittelwerte der Variablen mit einem t-Test verglichen. Am 5%-Niveau wiesen weniger als zehn Prozent signifikante Unterschiede auf, so dass kein wesentlicher Non-Response-Bias vorliegen sollte.

4.2.2.2 Beschreibung der Teilnehmerstruktur

Sowohl beim Ideenwettbewerb als auch bei der Nachbefragung wurden verschiedene soziodemographische Merkmale erhoben (siehe Tabelle 4.3). Die Haushaltsgröße wurde in beiden Befragungsteilen abgefragt, um die Konsistenz des Antwortverhaltens zu überprüfen. Diese war gut, es ergaben sich in weniger als zwei Prozent der Fälle Diskrepanzen. Vergleicht man die Ausprägungen der Merkmale Geschlecht, Alter und Haushaltsgröße der Teilnehmer am Ideenwettbewerb mit der Gruppe, die zusätzlich auch die Nachbefragung komplett ausgefüllt hat, ergeben sich Abweichungen zwischen den Stichproben von unter einem Prozent. Die Mittelwertunterschiede sind bei keinem der drei Merkmale signifikant. Daher sollte kein Non-Response-Bias in den Daten der Nachbefragung vorhanden sein (Armstrong und Overton 1977, S. 396-397).

Zusätzlich wurde die Teilnehmerstruktur mit derjenigen des „Online Reichweiten Monitor 2003 II" verglichen (o.V. 2003d). Letztere ist repräsentativ für die deutschen Internet-Nutzer (o.V. 2003d, S. 64). Es ergeben sich teilweise erhebliche Abweichungen. So sind Männer unter den Teilnehmern am Ideenwettbewerb überrepräsentiert: Sie stellen 65 Prozent der Teilnehmer gegenüber 58 Prozent bei den Online-Nutzern. Der Unterschied könnte darin begründet liegen, dass die Informationssuche bei der Kaufentscheidung für Haushaltsgeräte eher von Männern erfolgt. Auch die Altersstruktur weicht ab. So sind unter den Teilnehmern kaum unter 20-jährige zu finden, dagegen ist die Altersgruppe der 30- bis 39-jährigen stark überrepräsentiert. Der Grund hierfür dürfte die Produktkategorie Geschirrspüler sein: Ohne eigenen Hausstand werden in der Regel keine Hausgeräte gekauft, was für die große Mehrheit der unter 20-jährigen zutrifft. Die Anschaffung wird in der Regel erst ab einem gewissen Einkommen und einer gewissen Haushaltsgröße interessant. Dafür spricht auch, dass größere Haushalte in der Teilnehmerschaft im Vergleich zu den Online-Nutzern überrepräsentiert sind. In der Regel haben Single-Haushalte ein geringeres Geschirrspülvolumen.

Die Abweichungen lassen sich daher gut durch die speziellen Eigenschaften des untersuchten Produkts erklären. Dies gilt allerdings nicht für die Abweichungen beim Bildungsniveau. Teilnehmer mit Universitätsabschluss sind im Vergleich zur Online-Population stark überrepräsen-

Tabelle 4.3: Übersicht über die Soziodemographie der Teilnehmer an Ideenwettbewerb und Nachbefragung

Merkmal	Ausprägung	Anteil in Prozent		
		Experiment	Nachbefragung	Vergleich: „Onliner"[1]
Geschlecht	männlich	65,23	65,89	58,00
	weiblich	34,77	34,11	42,00
Alter	jünger als 20 Jahre	1,23	0,72	15,00
	20-29 Jahre	22,46	23,34	20,00
	30-39 Jahre	40,77	40,04	27,00
	40-49 Jahre	22,00	22,62	21,00
	50-59 Jahre	10,92	10,41	12,00
	älter als 60 Jahre	2,62	2,87	5,00
Haushaltsgröße	1 Person	11,71	11,49	15,50
	2 Personen	36,36	36,98	34,60
	3 Personen	20,18	21,01	22,20
	4 Personen	22,80	22,26	19,80
	5 Personen oder mehr	8,94	8,26	7,90
Bildung	Hauptschulabschluss	-[2]	2,77	3,00
	mittlere Reife	-[2]	14,79	40,00
	Abitur	-[2]	15,16	13,00
	Berufsausbildung	-[2]	22,74	19,00
	Hochschulabschluss	-[2]	44,36	14,00
	(noch) kein Schulabschluss	-[2]	0,18	11,00

[1] Die Daten für „Onliner" sind der Studie Online Reichweiten Monitor von Gruner+Jahr EMS entnommen. Diese untersucht unter anderem Verbreitung und Soziodemographie der Internet-Nutzer in Deutschland (hier „Onliner" genannt")
[2] Nicht erhoben
Quelle Daten für Onliner: ORM 2003 II (o.V. 2003d)

Tabelle 4.4: Übersicht über die Teilnehmer an der Nachbefragung mit Beitrag beim Ideenwettbewerb

		Ideenwettbewerb	Nachbefragung	Anteil in %
Beiträge		566	261	46,1
Ideen		536	238	44,4
Bewertete Ideen	neuartig[1]	209	91	43,5
	bereits realisiert[2]	249	120	48,2
	keine Idee[3]	78	27	34,6

[1] Ideen, die für das Unternehmen neuartig waren und daher mit der in Abschnitt 3.3.2 vorgestellten Methodik bewertet wurden.
[2] Ideen, die dem Unternehmen bekannt waren, und daher in jeder Kategorie des Bewertungsschemas nur einen Punkt erhielten.
[3] Beiträge, die vom Unternehmen nachträglich aussortiert wurden, weil sie keine bewertbare Idee enthielten.

tiert, die Abweichung beträgt über 30 Prozentpunkte. Die Erklärung eines Teils der Diskrepanz könnte darin liegen, dass aufgrund der Altersstruktur fast alle Teilnehmer ihre Ausbildung abgeschlossen haben.

Dennoch ist das hohe Bildungsniveau nicht nachteilig, da für eine Einbindung in die Neuproduktentwicklung in frühen Phasen keine Repräsentativität für eine wie auch immer geartete Grundgesamtheit notwendig ist. Zudem macht es die Teilnehmer als Zielgruppe interessant (Iansiti und MacCormack 1997, S. 114). Dies ist für Konsumgüterunternehmen hochinteressant, da Ideenwettbewerbe soziodemographisch gesehen eine gut gebildete und vom Alter her interessante Zielgruppe, die daher wahrscheinlich auch zahlungskräftig ist, anziehen. Sie kann dann auch für Maßnahmen und Aktionen außerhalb der Neuproduktentwicklung angesprochen werden.

Da die Response-Quote auf die Nachbefragung etwas mehr als fünfzig Prozent betrug und zudem nicht alle Teilnehmer am Ideenwettbewerb eine Email-Adresse hinterließen, ergibt sich eine kleinere Stichprobe für die Untersuchung des Teilnehmerverhaltens in Bezug auf Ideenabgabe und Ideenqualität (siehe Tabelle 4.4). Von den 557 Teilnehmern an der Nachbefragung haben 261 insgesamt 296 Beiträge eingereicht. Davon wurden 238 durch das Unternehmen bewertet. Diese gliedern sich in 91 originär neue Ideen, 120 bereits realisierte Ideen und 27 Beiträge ohne Idee.

4.2.3 Grundlagen der verwendeten Analysemethoden

4.2.3.1 Methoden zur Analyse der Einflussfaktoren auf Ideenabgabe und Ideenqualität

In diesem Abschnitt werden die im Rahmen dieser Untersuchung eingesetzten Arten der Regressionsanalyse (logistische Regression und Tobit-Regression) kurz vorgestellt. Dies schließt eine Vorstellung der Gütekriterien, die zur Beurteilung der Analyseergebnisse herangezogen werden, ein.

Ähnlich wie die Varianzanalyse untersucht die Regressionsanalyse die Wirkung einer oder mehrerer unabhängiger Variablen auf eine abhängige Variable; man spricht daher entweder von einfacher oder multipler Regressionsanalyse. Sie ermöglicht zusätzlich die Quantifizierung der Stärke des Wirkungseffekts (Hammann und Erichson 2000, S. 297), verlangt aber auch im generellen Fall metrisch skalierte Daten als abhängige Variable.[94] Im einfachsten Fall wird ein linearer Funktionsverlauf unterstellt. Allerdings lassen sich auch andere Zusammenhänge durch geschicktes Umformen häufig linearisieren, so dass sie nach der Methode der kleinsten Quadrate (KQ-Schätzung oder Ordinary Least Squares (OLS) genannt) geschätzt werden können.[95]

Neben der Linearität müssen zusätzlich statistische Annahmen erfüllt werden, damit die Regressionsanalyse angewendet werden kann (Backhaus et al. 2003, S. 78-79). Diese bedingen unter anderem, dass die unabhängigen Variablen nicht vollständig linear voneinander abhängig sind und keine Interaktionseffekte in signifikanter Höhe vorliegen, damit die Modellprämissen erfüllt sind (siehe zur Multikollinearität Bortz 1999, S. 438-439). Zusammengefasst mit den anderen Annahmen bedeutet dies im Wesentlichen, dass die Störgröße nur zufällige Effekte enthält und alle systematischen Einflüsse in den unabhängigen Variablen enthalten sind. Sind die Annahmen erfüllt, liefert die Schätzung mit der KQ-Methode nach dem Gauß-Markov-Theorem unverzerrte und effiziente Schätzer, auch als BLUE (Best Linear Unbiased Estimates) bezeichnet (Backhaus et al. 2003, S. 79).

Die Beurteilung der statistischen Güte der Schätzer erfolgt mittels inferenzstatistischer Verfahren. Dazu stehen verschiedene globale Gütemaße zur Prüfung des Modells sowie Maße zur Prüfung der Regressionskoeffizienten zur Verfügung. Das Bestimmtheitsmaß R^2 misst, welcher Anteil der gesamten Streuung der abhängigen Variable durch das Modell erklärt wird, und kann Werte zwischen 0 und 1 annehmen (Hammann und Erichson 2000, S. 302). Allerdings korreliert es positiv mit der Anzahl der unabhängigen Variablen. Abhilfe schafft das korrigierte Bestimmtheitsmaß R^2_{korr}, das das einfache Bestimmtheitsmaß R^2 um eine Korrekturgröße vermindert, und

---

[94] Spezielle Varianten der linearen Regression, die ein Abweichen hiervon gestatten, wie etwa die logistische Regression, werden im weiteren Verlauf noch diskutiert.

[95] Die Vorgehensweise bei der multiplen Regressionsanalyse hat breite Bekanntheit und wird hier nicht näher beschrieben, siehe etwa Albers und Skiera (1998) oder Jain (1994) für eine Einführung.

4.2 Methodische und empirische Grundlagen der Untersuchung

so die Anzahl der unabhängigen Variablen berücksichtigt (Montgomery und Morrison 1973, S. 1011). Es bestraft also für die Aufnahme zusätzlicher Variablen.

Die Signifikanz des Modells wird durch einen F-Test untersucht. Er überprüft, ob der beobachtete Wert des Bestimmtheitsmaßes zufällig oder aber signifikant von 0 verschieden ist, das Modell also auch über die Stichprobe hinaus Gültigkeit besitzt (Backhaus et al. 2003, S. 68). Die Beurteilung der Modellparameter erfolgt mit einem t-Test. Dieser überprüft die Signifikanz der einzelnen Regressionskoeffizienten (Jain 1994, S. 169). Die Einflussstärke der unabhängigen Variablen kann durch den standardisierten Regressionskoeffizieten Beta verglichen werden (Bortz 1999, S. 434). Wie eingangs beschrieben, lassen Varianten der linearen Regressionsanalyse auch die Berücksichtigung geringer als metrisch skalierter Variablen zu. Sind einige der unabhängigen Variablen nominal skaliert, so können sie über Dummy-Variablen berücksichtigt werden. Dabei handelt es sich um binäre Variable, die nur den Wert 0 oder 1 annehmen können. Dies ist auch für Variable mit mehr als zwei Kategorien (k) möglich, in diesem Fall benötigt man k-1 Dummy-Variablen (Green und Tull 1982, S. 278-279). Bei vielen mehrkategoriellen nominalskalierten Variablen steigt die Zahl der zu berücksichtigenden Dummy-Variablen allerdings stark an, was nachteilige Folgen haben kann (Backhaus et al. 2003, S. 9-10).

Ist die abhängige Variable dichotom, kann zur Schätzung das logistische Regressionsmodell eingesetzt werden.[96] Es beschreibt die Auswirkungen einer oder mehrerer unabhängiger Variablen X_k auf die binär kodierte abhängige Variable Y. Die logistische Regression versucht zu bestimmen, mit welcher Wahrscheinlichkeit ein Ereignis in Abhängigkeit von verschiedenen Einflussgrößen (den unabhängigen Variablen) eintritt (Backhaus et al. 2003, S. 418). Wesentliche Anwendungsvoraussetzung ist die statistische Unabhängigkeit der Regressoren, es dürfen also keine Multikollinearität und keine Autokorrelation vorliegen (Krafft 1997, S. 626). Die zur Gütebeurteilung der Schätzung eingesetzten Kriterien lassen sich nach Art der Berechnungsgrundlage in drei Kategorien einteilen.

Maße auf Basis der Log-Likelihood-Funktion gestatten eine Beurteilung der Anpassungsgüte. Dazu werden die Devianz und der Likelihood-Ratio-Test eingesetzt. Mit der Devianz kann beurteilt werden, wie gut die Anpassung des Modells ist; anzustreben sind Werte nahe 0 und eine Signifikanz nahe 1 (Backhaus et al. 2003, S. 447). Der Likelihood-Ratio-Test ist χ^2-verteilt und sollte mindestens auf dem 5%-Niveau signifikant sein (Krafft 1997, S. 632). So genannte Pseudo-R^2-Statistiken dienen zur Beurteilung der Güte des Gesamtmodells. Hierzu werden McFaddens-R^2, Cox & Snell-R^2 und Nagelkerke-R^2 eingesetzt. Für alle drei gelten meist Werte größer 0,2 als akzeptabel, ab 0,4 als gut (Backhaus et al. 2003, S. 447-448). Logistische Regressionsmodelle

---

[96] Bei einer Schätzung durch das lineare Regressionsmodell werden die Annahmen bezüglich Normalverteilung der Residuen und Homoskedastizität verletzt (Pampel 2000, S. 9-10).

haben typischerweise niedrige Pseudo-R^2, gerade auch im Vergleich zu R^2-Werten von linearen Regressionen (Hosmer und Lemeshow 2000, S. 167).

Die Analyse der Klassifikationsergebnisse erlaubt eine zusätzliche Einschätzung der Anpassungsgüte. Dazu wird der Hosmer-Lemeshow-Test eingesetzt, dessen Teststatistik einer χ^2-Verteilung folgt (Hosmer und Lemeshow 2000, S. 147-155). Der Test sollte mindestens auf dem 10%-Niveau signifikant sein. Zusätzlich sollte das Klassifikationsergebnis besser als das Proportional-Chance-Kriterium (PCC) sein (Krafft 1997, S. 632).

Mit der Wald-Statistik können die einzelnen Parameterschätzer auf Signifikanz überprüft werden. Wie bei der Überprüfung der Koeffizienten in der linearen Regressionsanalyse wird die Signifikanz der einzelnen Schätzer überprüft (Backhaus et al. 2003, S. 452). Die Prüfgröße der Verteilung ist asymptotisch χ^2- verteilt bei einem Freiheitsgrad (Backhaus et al. 2003, S. 452). Die zur Gütebeurteilung verwendeten Kriterien sind in Tabelle 4.5 dargestellt.

Einen weiteren Spezialfall der Regressionsanalyse bildet die Verwendung von Daten, die zensiert, also abgeschnitten sind („censored data"). Dabei sind für einige Fälle der Stichprobe zwar Werte der Regressoren bekannt, nicht aber für den Regressand (Gujarati 1995, S. 571-572).[97] Für diesen Verteilungstyp sind die Schätzer der linearen Einfachregression asymptotisch verzerrt. Regressionen für solche Verteilungen können mit Hilfe der Tobit-Regression geschätzt werden. Diese geht auf Tobin (1958) zurück, der die Ausgaben für dauerhafte Konsumgüter pro Haushalt als abhängige Variable verwendete.

Die Tobit-Regression ist ein simultanes zweistufiges Schätzverfahren, das ein Modell zur Schätzung einer dichotomen abhängigen Variable mit einem Modell zur Schätzung einer metrisch skalierten abhängigen Variable verbindet. Dies ist notwendig, weil geschätzt werden muss, ob eine Beobachtung der abhängigen Variable vorliegt und falls ja, wie hoch der Erwartungswert der abhängigen Variable ist (Breen 1996, S. 5). Tobit-Regressionen gestatten es also, auf diese Weise geschachtelte Modelle simultan zu schätzen.

In der ökonometrischen Forschung werden Tobit-Regressionen zur Modellierung verschiedenster Fragestellungen eingesetzt, im Bereich der Marketing- und Innovationsforschung sind sie weniger verbreitet. Ein Anwendungsbeispiel aus dem Bereich Marketing ist die Erklärung der zukünftigen Nutzungshöhe eines Services in Abhängigkeit von Preis, Zufriedenheit und vorheriger Nutzung (Bolton und Lemon 1999, S. 180-183).

In der ursprünglichen Spezifikation wird die Tobit-Regression bei limitierten abhängigen Variablen verwendet, die sich wie im vorgestellten Fall kontinuierlich im positiven Bereich bewegen,

---

[97] Zensierte Verteilungen sind nicht mit trunkierten Verteilungen gleichzusetzen: bei trunkierten Verteilungen sind für einen Teil der Gesamtpopulation weder Regressoren noch Regressand bekannt (Kennedy 1998, S. 249-250).

4.2 Methodische und empirische Grundlagen der Untersuchung

für einen größeren Anteil der Stichprobe jedoch den Wert 0 annehmen (Mittelhammer et al. 2000, S. 585).[98] Die abhängige Variable lässt sich wie folgt ausdrücken:

$$y_i = \begin{cases} 0 & \text{wenn } y_i^* \leq 0 \\ y_i^* & \text{wenn } y_i^* > 0 \end{cases} \quad (4.1)$$

Das zugrunde liegende Modell zur Schätzung der latenten Variable y_i^* hat folgende Form:

$$y_i^* = x_i'\beta + \sigma\epsilon_i \quad (4.2)$$

Dabei ist σ ein Skalierungsparameter. Dieser wird zusammen mit den Regressionkoeffizienten β_i nach der Maximum-Likelihood-Methode auf Basis einer Log-Likelihood-Funktion geschätzt, die wie folgt spezifiziert ist:

$$\ln L = \sum_{y_i > 0} -\frac{1}{2}\left[\log(2\pi) + \ln\sigma^2 + \frac{(y_i - x_i'\beta)^2}{\sigma^2}\right] + \sum_{y_i = 0} \ln\left[1 - \phi\left(\frac{x_i'\beta}{\sigma}\right)\right] \quad (4.3)$$

Der erste Teil der Funktion korrespondiert daher zur klassischen Regression der nicht zensierten Beobachtungen, der zweite Teil bildet die jeweiligen Wahrscheinlichkeiten für die zensierten Beobachtungen (Greene 2003, S. 767). Die Schätzung dieser Funktion ist mathematisch relativ komplex, aber heute in zahlreichen ökonometrischen Softwarepaketen implementiert.[99]

Die Überprüfung der Modellgüte erfolgt durch einen Likelihood-Ratio-Test. Dabei wird der Log-Likelihood-Wert (-2LL-Wert) des vollständigen Modells mit dem eines nur die Konstante berücksichtigenden Modells verglichen. Damit wird getestet, ob alle Koeffizienten (simultan) von 0 verschieden sind. Als eine weitere Möglichkeit zur Überprüfung der Modellgüte schlagen Pagan und Vella (1989, S. S37) das Plotten der auf Powell (1986) zurückgehenden symmetrisch getrimmten Residuen vor. Diese sollten wie die Fehlerterme eine symmetrische Verteilung mit einem Mittelwert von Null aufweisen (Greene 2003, S. 436-437). Die Überprüfung der einzelnen Koeffizienten geschieht mit einem t-Test. Sie sollten möglichst niedrige p-Werte und damit eine hohe Signifikanz aufweisen. Die Gütekriterien sind in Tabelle 4.5 zusammengefasst.

---

[98] Abwandlungen des Modells erlauben auch die Verwendung von rechts beziehungsweise an beiden Seiten abgeschnittenen abhängigen Variablen.
[99] Zur Schätzung der Tobit-Modelle wird in dieser Arbeit das Programm eViews 4.0 eingesetzt.

Tabelle 4.5: Übersicht über die verwendeten Gütekriterien zur Beurteilung der Regressionen

Gütekriterien	
Logit-Regression	
Likelihood-Ratio-Test	signifikant[a]
Pseudo-R^2	$\geqslant 0{,}2$
Hosmer-Lemeshow-Test	signifikant[a]
Wald-Test der Schätzer	signifikant[a]
Klassifikationsergebnis	$\geqslant$ PCC[b]
Tobit-Regression	
Likelihood-Ratio-Test	signifikant[a]
t-Test der Koeffizienten	signifikant[a]

[a] mindestens auf dem 10%-Niveau
[b] Proportional Chance Criterion (PCC)

4.2.3.2 Methodische Grundlagen der Konstruktmessung

Bei den in der Marketingforschung untersuchten Variablen handelt es sich häufig nicht um direkt beobachtbare, sondern vielmehr um theoretische, also rein gedankliche Phänomene. Diese werden als Konstrukte bezeichnet und bilden den nicht unmittelbar messbaren Zustand des Phänomens ab (Homburg 1995, S. 64). Wegen dieser Eigenschaft spricht man auch etwas unpräzise von *latenten Variablen*. Um diese messbar zu machen, müssen sie operationalisiert werden. Dies sowie die Gütebeurteilung der Messung wird in den folgenden Abschnitten beschrieben.

4.2.3.2.1 Operationalisierung von latenten Variablen

Die Operationalisierung eines Konstrukts verfolgt das Ziel, dieses über empirisch beobachtbare Variablen erfassen zu können. Es erfolgt also eine Verbindung des Konstrukts mit empirisch messbaren Größen (Homburg 1995, S. 64). Dabei wird in aller Regel eine Operationalisierung über mehrere als Indikatoren bezeichnete Variablen vorgenommen, da nur so eine genaue Abbildung möglich ist (Jacoby 1978, S. 93). Dies liefert auch einen Anknüpfungspunkt für die Kategorisierung von Konstrukten. Im einfachsten Fall, dem einfaktoriellen Konstrukt, lassen sich alle Indikatoren direkt auf der Ebene des Konstrukts verdichten (siehe für die folgende Ausführungen Homburg und Giering 1996, S. 6). Entsprechend wird ein mehrfaktorielles Konstrukt von zwei oder mehr voneinander abgrenzbaren (latenten) Faktoren, die die einzelnen Indikatoren verdichten, gebildet. Dies erfordert eine weitere Unterteilung. Ist es möglich, jeden Faktor einer einzigen theoretischen Dimension des Konstrukts zuzuordnen, spricht man von einem eindimensionalen Konstrukt. Wenn sich die Faktoren jedoch auf mehrere theoretische Dimensionen aufteilen und diese Dimensionen wiederum aus einem oder mehreren Faktoren besteht, spricht man von einem mehrdimensionalen Konstrukt. Im Rahmen dieser Arbeit werden zumeist einfaktorielle Konstrukte verwendet, in einigen Fällen aber auch mehrfaktorielle. Zusätzlich lassen sich Konstrukte nach der Art der Beziehung von Indikatoren und Konstrukt unterscheiden (siehe für die folgenden Ausführungen etwa Bagozzi 1994, S. 331-334). Wenn ein Faktor eine Funktion seiner Indikatoren bildet, spricht man von *formativen* Indikatoren. Der Faktor ist in diesem Fall eine reine Verdichtung seiner Indikatoren. Dieses impliziert, dass die Indikatoren alle relevanten Informationen zweifelsfrei messen können. In der empirischen Sozialforschung, und damit auch in der vorliegenden Arbeit, ist aber in aller Regel davon auszugehen, dass sich Messfehler nicht ausschließen lassen. Dieser Tatsache tragen *reflexive* Indikatoren Rechnung. Sie stellen fehlerbehaftete Messungen des Faktors dar und werden von diesem „verursacht" (siehe für eine ausführliche Diskussion Eggert und Fassot 2003). Im Rahmen dieser Arbeit werden ausschließlich Faktoren verwendet, die von ihren Indikatoren nur fehlerbehaftet abgebildet werden; zumeist sind es psychographische Konstrukte. Diese werden in aller Regel durch reflexive Indikatoren gemessen.

Die Spezifikation eines Faktors wird dabei als Messmodell der konfirmatorischen Faktorenanalyse bezeichnet (Backhaus et al. 2003, S. 337). Dabei kann das Messmodell ein oder mehrere Konstrukte umfassen. Die Gütebeurteilung eines Messmodells wird im folgenden Abschnitt beschrieben.

4.2.3.2.2 Gütebeurteilung der Konstruktmessung

Für die Gütebeurteilung werden neben der Reliabilität verschiedene Arten der Validität verwendet. Zur Überprüfung der Validität stehen unterschiedliche Messansätze zur Verfügung. Deren Auswahl hängt vom Ziel sowie der Art und Methodik der jeweiligen Untersuchung ab. Die Validitätsmaße lassen sich in zwei generelle Kategorien einteilen.

Die *inhaltliche Validität* (auch als Face Validity oder Content Validity bezeichnet) gibt an, ob die Messung eines Konstrukts dieses in seinen wesentlichen inhaltlichen Eigenschaften erfasst (Aaker et al. 2001, S. 295). Dazu sollten die Ergebnisse plausibel sein und den Erwartungen entsprechen. Dies legt nahe, dass zumeist eine qualitative Beurteilung erfolgt (siehe für ein beispielhaftes Vorgehen und dessen Beurteilung die Arbeit von Parasuraman et al. 1988, S. 28). Es handelt sich also um eine subjektive Einschätzung, etwa durch Experten, weswegen dieses Maß verschiedentlich Kritik erfährt (Gruner 1997, S. 102).

Die *Konstruktvalidität* beschreibt den Grad der Übereinstimmung der Messung eines (latenten) Konstrukts mit dessen wahrem Wert (Bagozzi et al. 1991, S. 421). Da dieser nicht empirisch gemessen werden kann, wird die *Konstruktvalidität* ersatzweise durch *Konvergenzvalidität, Diskriminanzvalidität* und *nomologische Validität* abgebildet.

- Die *Konvergenzvalidität* überprüft dabei die Übereinstimmung der Messung eines Konstrukts mit unterschiedlichen Messinstrumenten (Hammann und Erichson 2000, S. 95). Besitzen die einem Konstrukt zugeordneten Indikatoren starke Beziehungen untereinander, liegt in der Regel hohe *Konvergenzvalidität* vor (Homburg und Giering 1996, S. 7).

- Die *Diskriminanzvalidität* beschreibt die Unterschiedlichkeit der Messung verschiedener (inhaltlich unterscheidbarer) latenter Variablen (Bagozzi und Phillips 1982, S. 469). Zur Beurteilung des Kriteriums wird die Stärke der Beziehung von Indikatoren, die einem Faktor zugeordnet sind, mit denen verglichen, die einem anderen Faktor zugeordnet sind. Dabei sollte erstere Beziehung stärker sein als letztere (Bagozzi et al. 1991, S. 425).

- Die *nomologische Validität* misst die Übereinstimmung von theoretisch postulierten Beziehungen zwischen Konstrukten und deren empirischen Messwerten (Hammann und Erichson 2000, S. 96). Die Überprüfung setzt dementsprechend voraus, dass Hypothesen über diese Beziehungen aus einem geschlossenen theoretischen Bezugsrahmen abgeleitet worden sind (Peter und Churchill Jr 1986, S. 2). Dies ist allerdings nur dann gegeben, wenn tatsächlich ein einziger geschlossener theoretischer Bezugsrahmen der empirischen Untersuchung zugrunde liegt. Im Rahmen der vorliegenden Arbeit ist die Überprüfung der nomologischen Validität nicht möglich, da auf unterschiedliche theoretische Ansätze, nicht aber auf ein geschlossenes Modell zurückgegriffen wird.

Zur Überprüfung der Validität werden verschiedene Methoden angewendet, die sich nach Homburg und Giering (1996, S. 8) in Kriterien der ersten und Kriterien der zweiten Generation unterteilen lassen. Kriterien der ersten Generation werden seit den 50er-Jahren in der psychographischen Forschung verwendet und fanden später auch Eingang in die Marketingforschung (siehe Churchill Jr 1979), während letztere erst durch die Verwendung der *konfirmatorischen Faktorenanalyse* (KFA) möglich wurden. Diese Gruppe von Kriterien ist in ihren Anwendungsgebieten in der Regel leistungsstärker als diejenige der ersten Generation (Steenkamp und van Trijp 1991, S. 284). Wie von Gerbing und Anderson (1986) vorgeschlagen und seitdem in der Forschung allgemein akzeptiert, wird daher auch im Rahmen dieser Arbeit eine Kombination von Kriterien beider Generationen verwendet.

Zur Beurteilung der Reliabilität wird auf *Cronbachs Alpha* und die *Item-to-Total-Korrelation* zurückgegriffen. Zwar dient auch die *explorative Faktorenanalyse* (EFA) teilweise der Messung der Reliabilität, jedoch steht bei ihrer Verwendung klar die Prüfung der Validität eines Konstrukts im Vordergrund.

4.2 Methodische und empirische Grundlagen der Untersuchung

Cronbachs Alpha geht auf Cronbach (1951) zurück und ist das bekannteste und am häufigsten eingesetzte Reliabilitätskriterium der ersten Generation (Peterson 1994, S. 381). Es misst die interne Konsistenz der Indikatoren, die ein Konstrukt bilden (Churchill Jr 1979, S. 68-69). Der Koeffizient kann dabei Werte zwischen 0 und 1 annehmen. Dabei bedeuten höhere Werte ein höheres Maß an Reliabilität. In der Literatur werden verschiedene Schwellenwerte angenommen, ab deren Erreichen man von ausreichender Reliabilität eines Faktors ausgehen kann. Für Faktoren, die von drei oder mehr Indikatoren beschrieben werden, wird in der Regel ein Wert von 0,7 oder mehr als ausreichend bezeichnet (Homburg und Giering 1996, S. 8). Da der Koeffizient aber positiv mit der Anzahl der Indikatoren korreliert, werden bei weniger als drei Indikatoren auch kleinere Werte als akzeptabel angesehen (Peterson 1994, S. 389-390). Allerdings unterstellt Cronbachs Alpha eine identische Reliabilität aller Indikatoren (Gerbing und Anderson 1986, S. 190). Dies führt dazu, dass der Koeffizient bei Faktoren, die aus Indikatoren mit unterschiedlicher Reliabilität bestehen, verzerrt wird.

Die *Item-to-total-Korrelation* ist ebenfalls ein Maß für die Reliabilität einer Gruppe von Indikatoren, die einen Faktor bilden. Sie misst die Korrelation zwischen einem einzelnen Indikator und der Summe aller diesem Faktor zugeordneten Indikatoren (Homburg und Giering 1996, S. 8). Die Korrelation soll im Bereich von 0 bis 1 einen möglichst hohen Wert erreichen (Churchill Jr 1979, S. 68). Das Gütemaß wird in der Regel dazu genutzt, bei Bedarf Cronbachs Alpha zu steigern, indem Werte mit niedriger Korrelation eliminiert werden (Churchill Jr 1979, S. 68-69).

Die dritte Methode der Gütebeurteilung, die *explorative Faktorenanalyse*, dient hingegen vor allem einer ersten Prüfung der Validität. Ziel ist es, die Indikatoren ohne explizit postulierte Hypothesen auf eine zugrunde liegende Faktorstruktur zu untersuchen (Backhaus et al. 2003, S. 330). Im Rahmen der explorativen Faktorenanalyse werden die einzelnen Indikatoren auf möglichst wenige Faktoren verdichtet. Die Analyse der Faktorladungen ermöglicht eine erste Einschätzung der Diskriminanz- und Konvergenzvalidität (Homburg und Giering 1996, S. 8). Die Indikatoren sollten dabei eine Faktorladung mit einem Absolutwert von mindestens 0,4 aufweisen und nicht auf andere Faktoren „quer" laden. Indikatoren, die dies nicht erfüllen, werden in der Folge in der Regel nicht weiter berücksichtigt. Zudem sollten die Faktoren mehr als 50 Prozent der Gesamtvarianz erklären (Homburg 1995, S. 86). Für die Festlegung der zu extrahierenden Faktorenanzahl existieren zahlreiche Entscheidungsregeln (Backhaus et al. 2003, S. 295-397); im Rahmen dieser Arbeit wird das in zahlreichen Studien eingesetzte Kaiser-Kriterium verwendet, wonach die Anzahl der extrahierten Faktoren der Anzahl der Faktoren mit Eigenwerten größer 1 entspricht (Kaiser 1970, S. 413-414).

Neben der bereits geäußerten Kritik an einzelnen Gütemaßen der ersten Generation wird allgemein bemängelt, dass diese nicht auf inferenzstatistischen Tests basieren, sondern eher Heuristiken entsprechen (Gerbing und Anderson 1986, S. 189). Kriterien der zweiten Generation, die im Folgenden vorgestellt werden, weisen diesen Nachteil zumindest teilweise nicht auf. Wie bereits in Abschnitt 4.2.3.2.2 erläutert, bedingt die Anwendung der Kriterien der zweiten Generation den Einsatz der konfirmatorischen Faktorenanalyse. Diese ist ein Teilmodell der Kausalanalyse. Sie bildet die Erfassung von Konstrukten über Indikatoren ab (Diamantopoulos 1994, S. 105-106). Es folgt eine kurze Einführung in die Methodik.[100]

In der üblichen Notation wird das Messmodell für die exogenen und endogenen latenten Variablen wie folgt spezifiziert (Backhaus et al. 2003, S. 346-347):

$$y = \Lambda_y \eta + \epsilon \quad \text{(Messmodell der endogenen Variablen)} \quad (4.4)$$

$$x = \Lambda_x \xi + \delta \quad \text{(Messmodell der exogenen Variablen)} \quad (4.5)$$

Dabei stellen x und y Vektoren der jeweiligen Indikatorvariable dar, Λ_x und Λ_y die Koeffizientenmatrizen, η und ξ die Vektoren der latenten Variablen (Faktoren) und δ und ϵ die Vektoren der Messfehler bei der Erfassung der Indikatoren (Homburg und Baumgartner 1995a, S. 163). Da in den Gleichungen 4.4 und 4.5 nur eine Fehlerart berücksichtigt wird, kann keine differenzierte Untersuchung von systematischem und zufälligem Fehler, also von Reliabilität und Validität, erfolgen (Homburg und Giering 1996, S. 9).

Um das Modell vollständig zu definieren, müssen vier weitere Matrizen spezifiziert werden; diese enthalten die Kovarianzen der Elemente von η, ξ, δ, ϵ und werden mit Φ, Ψ, Θ_δ und Θ_ϵ bezeichnet. Sie drücken unter bestimmten Voraussetzungen die Kovarianzmatrix Σ der beobachteten Variablen aus (siehe für eine Darstellung der Voraussetzungen Backhaus et al. 2003, S. 358). Ziel der konfirmatorischen Faktorenanalyse ist, die Modellparameter so zu schätzen, dass sich die modelltheoretische Kovarianzmatrix Σ möglichst genau der empirischen Kovarianzmatrix S annähert (Homburg und Giering 1996, S. 9). Der Unterschied zwischen beiden Matrizen wird dabei durch eine so genannte Diskrepanzfunktion ausgedrückt, die einen möglichst kleinen Wert annehmen soll (Homburg und Baumgartner 1995a, S. 164). Es handelt sich dabei um ein klassisches Minimierungsproblem, das mit unterschiedlichen Methoden gelöst werden kann. Eine Übersicht über Vor- und Nachteile dieser Verfahren liefern Backhaus et al. (2003, S. 362-365). Gängige Schätzer sind das Maximum-Likelihood-Verfahren (ML)[101] und

---

[100] Eine ausführlichere Einführung findet sich etwa bei Backhaus et al. (2003) oder Bagozzi (1994).
[101] Dieses Verfahren erfordert eine Multinormalverteilung der Indikatoren, erlaubt aber die Durchführung inferenzstatistischer Tests. Jedoch liefert dieser Ansatz unter Umständen auch bei Verletzung der Normalverteilungsprämisse valide Parameterschätzer (Homburg und Baumgartner 1995b, S. 102).

das bezüglich der Datengrundlage weniger anspruchsvolle Unweighted-Least-Squares-Verfahren (ULS).[102]

Nachdem die Schätzung der Modellparameter abgeschlossen ist, kann deren Güte betrachtet werden. Dafür stehen zahlreiche Kriterien zur Verfügung, die sich in *globale* und *lokale Anpassungsmaße* unterteilen lassen. Im Folgenden werden die in der Literatur üblicherweise verwendeten Kriterien vorgestellt, die auch im Rahmen dieser Arbeit zur Anwendung kommen (für eine weitergehende Übersicht siehe Homburg und Baumgartner 1995a).

Die globalen Anpassungsmaße umfassen folgende Kriterien:

- Goodness-of-Fit-Index (GFI)
- Adjusted-Goodness-of-Fit-Index (AGFI)
- Root Mean Square Residual (RMR)
- Normed-Fit-Index (NFI)

Bei den lokalen Gütekriterien wird auf folgende Maße zurückgegriffen:

- Indikatorreliabilität
- Faktorreliabilität
- Durchschnittlich erfasste Varianz

Zunächst werden die in dieser Arbeit verwendeten globalen Anpassungsmaße beschrieben.[103] Der *GFI* misst das Ausmaß der vom Modell erklärten Varianzen und Kovarianzen der empirischen Matrix S. Damit entspricht er inhaltlich dem Bestimmtheitsmaß der Regressionsanalyse (Backhaus et al. 2003, S. 374). In der Regel werden für den GFI Werte größer 0,9 gefordert. Allerdings berücksichtigt der GFI die Anzahl der Freiheitsgrade nicht. Diesen Nachteil überwindet der *AGFI*. Analog zum adjustierten R^2 wird so vermieden, dass die Modellgüte durch einfaches Hinzufügen von Parametern verbessert wird (Marsh et al. 1988, S. 392). Auch hier wird ein Mindestwert von 0,9 gefordert, wobei niedrigere Werte zulässig sein können (Bagozzi und Yi 1988, S. 79). Andere Autoren setzen den Grenzwert entsprechend bei 0,8. Der *RMR* misst die durchschnittlich verbleibende Varianz bei der Anpassung der Varianz- und Kovarianzmatrizen. Entsprechend sollte er möglichst kleine Werte annehmen (Bagozzi und Yi 1988, S. 79); Werte kleiner 0,1 werden als akzeptabel angesehen.

---

[102] Dieses Verfahren liefert nur bei größeren Stichproben (n>100) robuste und effiziente Ergebnisse (Homburg und Baumgartner 1995b, S. 1102). In dieser Arbeit wird das ULS-Verfahren zur Schätzung eingesetzt.

[103] Der gebräuchliche χ^2-Test wird daher nicht beschrieben, da die Anwendung des ULS-Verfahrens zur Schätzung keine inferenzstatistischen Tests zulässt.

Im Gegensatz zu den bisher vorgestellten Gütekriterien misst der *NFI* den Unterschied der Anpassungsgüte zwischen einem Basismodell und dem aktuell untersuchten Modell (Bentler und Bonett 1980, S. 599). Der Index ist normiert, kann also Werte zwischen 0 und 1 annehmen, wobei Werte größer 0,9 anzustreben sind.

In einem weiteren Schritt erfolgt grundsätzlich eine Beurteilung der lokalen Anpassungsgüte. Es ist möglich, dass ein Modell eine gute globale Anpassung aufweist, aber einzelne Teilstrukturen nicht signifikant sind oder eine niedrige Validität aufweisen (Bagozzi und Yi 1988, S. 79). Daher ist eine sorgfältige Beurteilung der internen Modellstruktur notwendig. Dies erfolgt, wie eingangs aufgeführt, auf drei Ebenen.

Die *Indikatorreliabilität* beschreibt, welcher Anteil der Varianz eines Indikators durch den zugehörigen Faktor erklärt wird (Homburg 1995, S. 83). Der nicht erklärte Teil der Varianz ist demnach der Messfehler (Homburg und Baumgartner 1995a, S. 170). Die Indikatorreliabilität ist um so höher, je kleiner der Messfehler im Verhältnis zur durch den Faktor gemessenen Varianz ist. Dementsprechend sind möglichst hohe Werte anzustreben. In der Literatur werden Werte größer 0,5 empfohlen (Bagozzi und Yi 1988, S. 82). Andere Autoren wie Homburg und Baumgartner (1995a, S. 170) bezeichnen auch geringere Werte ($> 0,4$) als akzeptabel; dies ist darauf zurückzuführen, dass auch die Indikatorreliabilität von der Stichprobengröße abhängt.

Die *Faktorreliabilität* und die *durchschnittlich erfasste Varianz* messen entsprechend, wie gut ein Faktor durch die zugeordneten Variablen gemessen wird. Zudem sind sie ein Maß für die Konvergenzvalidität (Homburg und Giering 1996, S. 11). Beide können Werte zwischen 0 und 1 annehmen und werden wie folgt berechnet (Fornell und Larcker 1981, S. 45-46):

4.2 Methodische und empirische Grundlagen der Untersuchung

$$\rho_c = \frac{\left(\sum_{i=1}^{q} \lambda_i\right)^2}{\left(\sum_{i=1}^{q} \lambda_i\right)^2 + \sum_{i=1}^{q} var(\varepsilon_i)} \qquad (4.6)$$

$$\rho_v = \frac{\sum_{i=1}^{q} \lambda_i^2}{\sum_{i=1}^{q} \lambda_i^2 + \sum_{i=1}^{q} var(\varepsilon_i)} \qquad (4.7)$$

ρ_c: Faktorreliabilität
λ_i: Faktorladung der Indikatorvariablen i
ε_i: Messfehler der Indikatorvariablen i
ρ_v: Durchschnittlich erfasste Varianz des latenten Konstrukts

Für die Faktorreliabilität gelten Werte größer 0,6 als akzeptabel (Bagozzi und Yi 1988, S. 80). Der in der Literatur üblicherweise geforderte Grenzwert für die durchschnittlich erfasste Varianz einer latenten Variablen liegt mit 0,5 etwas niedriger (Fornell und Larcker 1981, S. 46).

Bei mehrfaktoriellen Konstrukten ist zudem die Diskriminanzvalidität zu beurteilen. Nur so kann überprüft werden, ob zwei Faktoren auch wirklich verschiedene Aspekte desselben Konstrukts messen (ähnlich Churchill Jr 1979, S. 70). Ein dazu geeignetes Kriterium wird von Fornell und Larcker (1981) vorgeschlagen. Sie argumentieren, dass Diskriminanzvalidität nur dann vorliegt, wenn die durchschnittlich erfasste Varianz eines Faktors (ρ_c) größer ist als jede quadrierte Korrelation dieses Faktors mit einem anderen Faktor dieses Konstrukts (Fornell und Larcker 1981, S. 46). Dieses Kriterium wird im Rahmen dieser Arbeit zur Beurteilung der mehrfaktoriellen Konstrukte herangezogen.[104]

Allerdings wird wegen der Vielzahl der Gütekriterien und deren individuellen Anwendungseinschränkungen üblicherweise keine simultane Erfüllung aller Maße gefordert (Homburg 1995, S. 85). Kleinere Verletzungen einiger Kriterien gelten üblicherweise als akzeptabel. Sollten allerdings starke Verletzungen auftreten, erfordert dies eine Anpassung des Messmodells. Eine abschließende Übersicht der vorgestellten Gütekriterien zur Beurteilung der Messmodelle und der geforderten Mindestniveaus liefert Tabelle 4.6.

---

[104] Der ebenfalls oft eingesetzte χ^2-Differenztest kann wegen des zur Schätzung genutzten ULS-Verfahrens nicht durchgeführt werden.

Tabelle 4.6: Übersicht über die verwendeten Gütekriterien zur Beurteilung der Messmodelle

Gütekriterien	
1. Generation	
Cronbachs Alpha	$\geq 0{,}7^a$
Erklärte Varianz	$\geq 0{,}5$
Faktorladung (EFA)	$\geq 0{,}4$
2. Generation	
GFI	$\geq 0{,}9$
AGFI	$\geq 0{,}9$
RMR	$\leq 0{,}1$
NFI	$\geq 0{,}9$
Indikatorreliabilität	$\geq 0{,}4$
Faktorreliabilität	$\geq 0{,}6$
Durchschnittlich erfasste Varianz	$\geq 0{,}5$
Fornell-Larcker-Kriterium	Erfüllung

[a] Für Faktoren mit zwei Indikatoren ist auch ein niedrigerer Wert akzeptabel.

4.2.3.3 Messung und Validierung der exogenen Variablen

4.2.3.3.1 Eigenschaften des Konsumenten

Für die Messung der Persönlichkeitseigenschaften standen zum Teil etablierte Konstrukte zur Verfügung, zum Teil wurden basierend auf den Erkenntnissen anderer Untersuchungen im jeweiligen Bereich eigene Indikatoren entwickelt. Bei den Konstrukten in diesem Bereich handelt es sich um solche, die in der Literatur als Kennzeichen von besonders innovativen Kunden genannt werden. Diese Kundengruppe wird, wie erläutert, als für die Einbindung in die Neuproduktentwicklung besonders geeignet angesehen. Zur Bewertung wird eine 7er-Likert-Skala mit den Ankerpunkten „trifft überhaupt nicht zu" und „trifft vollständig zu" verwendet. Diese sind ein guter Mittelweg zwischen angemessener Differenzierung der Antworten und einer Überforderung der Teilnehmer bei der Bewertung der Fragen (Cox III 1980, S. 420).

Die Konstrukte „Neue Bedürfnisse", „Latente Unzufriedenheit" und Wissen gehen dabei auf von Hippel (1986) und Lüthje (2000, S. 25-26) zurück. Von Sawhney und Prandelli (2001) wurden zusätzlich die Konstrukte Meinungsführerschaft und Innovativität als Charakteristika vorgeschlagen.

Für die Messung der Innovativität wird die Skala von Goldsmith und Hofacker (1991) verwendet. Diese misst die immanente Bereitschaft eines Konsumenten, neu eingeführte Produkte zu

4.2 Methodische und empirische Grundlagen der Untersuchung

erwerben, also das Adoptionsverhalten. Dies ist in Übereinstimmung mit der Operationalisierung der Hypothesen zu diesem Konstrukt. Wie in Abschnitt 4.1.2.1 beschrieben, wird sie auf der Ebene der Produktkategorie eingesetzt, da anzunehmen ist, dass die übergeordnete Innovativität auf einzelne Gerätetypen wie Geschirrspüler ausstrahlt.

Die Messung der Meinungsführerschaft erfolgt über eine von Childers (1986, S. 186-187) vorgeschlagene Skala. Sie basiert auf dem ursprünglichen von King und Summers (1970) entwickelten Messansatz, der trotz der später abgeschwächten Ergebnisse in der Literatur breite Verwendung findet (Childers 1986, S. 184-185). Eine Überprüfung ihrer Reliabilität und Validität durch Childers (1986) führte zu einigen Veränderungen, die die ursprüngliche Skala verbessern. Diese wurden in einer weiteren Studie von Goldsmith und Desborde (1991, S. 18) weitestgehend bestätigt.

Zur Messung der anderen in der Literatur über Lead User in Konsumgütermärkten vorgeschlagenen Eigenschaften existieren keine etablierten Konstrukte. Zwar finden sich bei Lüthje (2000, S. 255) einige einzelne Indikatoren, zur Skalenkonstruktion reichen diese allerdings nicht aus. Die von ihm zur Messung des Konstrukts Wissen verwendeten Indikatoren wurden in der Untersuchung von Spann et al. (2004) validiert und zusätzlich durch von Bloch et al. (1989, S. 16-17) vorgeschlagene ergänzt. Sie erfassen das Ausmaß an Wissen in seiner Gesamtheit, decken also sowohl Verwendungs- als auch Objektwissen ab (siehe Abschnitt 4.1.2.3).

Auch zur Messung der Existenz neuer Bedürfnisse werden von Lüthje (2000, S. 255) ursprünglich nur zur Diskriminanzanalyse verwendete Indikatoren genutzt. Basierend auf Erkenntnissen bei deren Verwendung als Konstrukt im Rahmen einer Untersuchung von Spann et al. (2004) erfolgte eine Erweiterung um zusätzliche Aspekte. Auch für die Messung der latenten Unzufriedenheit existiert kein eingeführtes Konstrukt. Daher werden in diesem Fall wiederum von Lüthje (2000, S. 255) vorgeschlagene Indikatoren mit von Spann et al. (2004) verwendeten ergänzt, um das Konstrukt in aller Regel wie die anderen auch mit mindestens vier Indikatoren abbilden zu können.

Tabelle 4.7 vermittelt eine Übersicht über alle eingesetzten Konstrukte und die zugehörigen Indikatoren.

Tabelle 4.7: Übersicht über die Indikatoren zur Messung der Persönlichkeitseigenschaften

Konstrukt	Indikator	Label
Innovativität (IN) (Goldsmith und Hofacker 1991)	Im Allgemeinen gehöre ich zu den ersten Käufern in meinem Freundeskreis, wenn ein neuartiges Haushaltsgerät erscheint.	IN1
	Wenn ich hören würde, dass ein neuartiges Haushaltsgerät erscheint, wäre ich daran interessiert, es schnell zu kaufen.	IN2
	Verglichen mit meinen Freunden besitze ich viele Haushaltsgeräte.	IN3
	Im Allgemeinen gehöre ich in meinem Freundeskreis zu den Ersten, die etwas über neue Haushaltsgeräte wissen.	IN4
	Ich kaufe kein neuartiges Haushaltsgerät, wenn ich nichts darüber gehört habe.	IN5
	Ich kaufe kein Haushaltsgerät, bevor dies nicht andere Leute gekauft haben.	IN6
Meinungsführerschaft (OL) (Childers 1986)	Wenn ich mit meinen Freunden über Haushaltsgeräte diskutiere, gebe ich meinen Freundinnen/Freunden... sehr wenige Informationen - sehr viele Informationen	OL1
	Wie wahrscheinlich ist es im Vergleich zu Ihren Freunden, dass Sie etwas über neue Haushaltsgeräte gefragt werden? überhaupt nicht wahrscheinlich - sehr wahrscheinlich	OL2
	In Diskussionen über neue Haushaltsgeräte... höre ich meist nur zu - überzeuge ich meine Freunde von meinen Ideen	OL3
	Was passiert in einer Diskussion über Haushaltsgeräte mit Ihren Freunden am häufigsten? meine Freunde erzählen mir etwas - ich erzähle meinen Freunden etwas	OL4
	Ich spreche über das Thema Haushaltsgeräte mit meinen Freunden... sehr selten - sehr oft	OL5
	Wie vielen Leuten haben Sie während der letzten sechs Monate etwas über Haushaltsgeräte erzählt? niemandem - sehr vielen	OL6
	Ganz allgemein werde ich in Gesprächen mit Nachbarn und Freunden... nicht als Quelle für Ratschläge genutzt - oft als Quelle für Ratschläge genutzt	OL7

4.2 Methodische und empirische Grundlagen der Untersuchung

Tabelle 4.7: Übersicht über die Indikatoren zur Messung der Persönlichkeitseigenschaften (Fortsetzung)

Konstrukt	Indikator	Label
Unzufriedenheit (UN) (Spann et al. 2004, Lüthje 2000)	Mit dem momentanen Angebot an Geschirrspülern bin ich unzufrieden.	UN1
	Das aktuelle Angebot an Geschirrspülern entspricht nicht meinen Wünschen.	UN2
	Die auf dem Markt befindlichen Geschirrspüler bieten nicht die Funktionen, die ich brauche.	UN3
	Wenn es Geschirrspüler gäbe, die besser auf meine Bedürfnissen abgestimmt wären, würde ich einen (neuen) Geschirrspüler kaufen.	UN4
Neue Bedürfnisse (NB) (Spann et al. 2004, Lüthje 2000)	Innovative Haushaltsgeräte gefallen mir.	NB1
	Ich könnte mir ganz neue Haushaltsgeräte vorstellen.	NB2
	Ich habe häufig Ideen für neue Haushaltsgeräte.	NB3
	Ich habe Bedürfnisse, die mit dem bestehenden Produktangebot an Haushaltsgeräten nicht befriedigt werden.	NB4
Wissen (WI) (Spann et al. 2004, Bloch et al. 1989)	Ich verwende meinen Geschirrspüler regelmäßig.	WI1
	Verglichen mit meinen Freunden kenne ich mich mit der Verwendung von Geschirrspülern gut aus.	WI2
	Ich verfüge über technisches Wissen im Bereich Geschirrspüler.	WI3
	Ich kenne mich mit den Funktionen von Geschirrspülern gut aus.	WI4
	Ich habe einen guten Überblick über die am Markt befindlichen Geschirrspüler.	WI5

Letztlich bilden alle Konstrukte verschiedene Facetten eines Lead Users in Konsumgütermärkten ab. Daher wurde zur Überprüfung der Faktorenstruktur zunächst eine explorative Faktorenanalyse durchgeführt. Die Eignung der Daten für eine Faktorenanalyse (Hauptkomponentenanalyse, Varimax-Rotation) wurde mit dem Kaiser-Meyer-Olkin-Kriterium (KMO) überprüft und ergab ein sehr gutes Ergebnis (Kaiser 1974, S. 35). Aufbauend auf den theoretischen Überlegungen sollte sich eine Struktur mit fünf Faktoren ergeben.[105]

Im Großen und Ganzen bestätigen die Ergebnisse die vermutete Struktur der Konstrukte (siehe Tabelle 4.8). Das Konstrukt für Innovativität ist allerdings nicht eindimensional, sondern teilt sich in zwei Dimensionen auf. Dabei laden die beiden umgekehrt kodierten Fragen IN5 und IN6 auf einen zweiten Faktor. Das Item NB3 lädt zudem stark quer und auch relativ schlecht auf den Faktor mit den anderen zugehörigen Indikatoren. Die drei vorgenannten Indikatoren werden daher in der weiteren Analyse nicht mehr berücksichtigt. Der Anteil der erklärten Varianz im verbesserten Modell beträgt 60,6 Prozent, alle Indikatoren laden sauber auf die erwartete Faktorstruktur.

Im Anschluss wurden konfirmatorische Faktorenanalysen durchgeführt. Im ersten Schritt wurde jedes Konstrukt einzeln validiert, in einem zweiten alle validierten Konstrukte gemeinsam. Für die einzelnen Konstrukte wurde die Faktorenstruktur in solchen Fällen angepasst, in denen sich Verletzungen der Gütekriterien ergaben.

Eine erste Analyse für das Konstrukt Innovativität ergab eine niedrige Indikatorreliabilität für den Indikator IN3, der daher nicht weiter berücksichtigt wurde. Für die drei verbliebenen Indikatoren ergaben sich hingegen akzeptable Werte für die Partialkriterien (siehe Tabelle 4.9).[106] Cronbachs Alpha beträgt 0,794. Damit besitzt das Konstrukt zur Messung der Innovativität in der beschriebenen Struktur eine ausreichende Güte.

Die Prüfung der Konvergenzvalidität des Konstrukts zur Messung der Meinungsführerschaft ergab im ersten Schritt, dass ebenfalls ein Indikator (OL7) ausgeschlossen wird, da seine Berücksichtigung die partiellen Gütekriterien verletzt (siehe Tabelle 4.10). Eine Überprüfung mit den sechs verbleibenden Indikatoren führt zu einem akzeptablen Ergebnis, was eine hohe Konvergenzvalidität andeutet. Cronbachs Alpha für die verbleibenden Indikatoren hat einen Wert von 0,850.

Für das Konstrukt „Neue Bedürfnisse" musste im Rahmen der Validierung durch die konfirmatorische Faktorenanalyse auch das Item NB1 gestrichen werden, wodurch eine weitere Überprüfung unmöglich wird. Ein Wert von Cronbach Alpha in Höhe von 0,702 bedeutet aber eine akzeptable interne Konsistenz. Daher ist davon auszugehen, dass die beiden Indikatoren das Konstrukt zufriedenstellend abbilden.

Auch für das Konstrukt „Latente Unzufriedenheit" ergab eine erste konfirmatorische Faktorenanalyse die Notwendigkeit, einen weiteren Indikator fallen zu lassen. Das nur noch aus den

---

[105] Zur Ermittlung der Faktorenanzahl wurde das Kaiser-Kriterium verwendet, bei dem nur Faktoren extrahiert werden, die Eigenwerte größer 1 aufweisen (Backhaus et al. 2003, S. 295).
[106] Die Berechnung von globalen Gütemaßen ist bei nur drei Indikatoren nicht möglich.

4.2 Methodische und empirische Grundlagen der Untersuchung

Tabelle 4.8: Ergebnisse der explorativen Faktorenanalyse für die Konstrukte zur Messung der Persönlichkeitseigenschaften

	OL	UN	WI	IN	NB	IN	Kommunalität
IN1				0,826			0,786
IN2				0,796			0,713
IN3				0,610			0,473
IN4				0,675			0,649
IN5						0,805	0,651
IN6						0,724	0,559
OL1	0,677						0,518
OL2	0,754						0,653
OL3	0,726						0,636
OL4	0,676						0,614
OL5	0,760						0,658
OL6	0,743						0,622
OL7	0,672						0,577
UN1		0,782					0,564
UN2		0,813					0,631
UN3		0,843					0,676
UN4		0,593					0,526
NB1					0,623		0,532
NB2					0,781		0,711
NB3					0,776		0,658
NB4		**0,416**			0,655		0,617
WI1			0,546				0,305
WI2			0,747				0,686
WI3			0,728				0,592
WI4			0,790				0,684
WI5			0,561				0,559
Erklärte Varianz (%)	25,07	12,32	6,86	6,31	5,30	4,68	
Kumulierte Varianz (%)	25,07	37,39	44,26	50,57	55,87	60,56	

Hauptkomponentenanalyse, Varimax-Rotation
KMO-Kriterium 0,861; Stichprobe n=557; Faktorladungen $-0,4 < x < 0,4$ unterdrückt
Fett gedruckte Werte verletzen die geforderten Gütekriterien

Tabelle 4.9: Gütekriterien für das Konstrukt Innovativität

	Kriterium		Wert
1. Generation	Cronbachs α		0,794
2. Generation	GFI		-
	AGFI		-
	NFI		-
	RMR		-
	Indikatorreliabilität	IN1	0,770
		IN2	0,573
		IN4	0,386
	Faktorreliabilität		0,915
	Durchschnittlich erfasste Varianz		0,785

Tabelle 4.10: Gütekriterien für das Konstrukt Meinungsführerschaft

	Kriterium		Wert
1. Generation	Cronbachs α		0,850
2. Generation	GFI		0,996
	AGFI		0,991
	NFI		0,992
	RMR		0,006
	Indikatorreliabilität	OL1	0,416
		OL2	0,541
		OL3	0,514
		OL4	0,424
		OL5	0,631
		OL6	0,496
	Faktorreliabilität		0,957
	Durchschnittlich erfasste Varianz		0,849

4.2 Methodische und empirische Grundlagen der Untersuchung

Tabelle 4.11: Gütekriterien für das Konstrukt „Latente Unzufriedenheit"

	Kriterium		Wert
1. Generation	Cronbachs α		0,787
2. Generation	GFI		-
	AGFI		-
	NFI		-
	RMR		-
	Indikatorreliabilität	UN1	0,496
		UN2	0,602
		UN3	0,561
	Faktorreliabilität		0,905
	Durchschnittlich erfasste Varianz		0,761

Items UN1, UN2 und UN3 bestehende Messmodell erfüllt die partiellen Gütemaße (siehe Tabelle 4.11). Cronbachs Alpha liegt bei 0,787. Die identifizierte Faktorenstruktur ist damit für die weiteren Analysen akzeptabel.

Wie in den anderen Fällen wurde es auch bei der Validierung des Konstrukts Wissen im ersten Schritt notwendig, einen Indikator für die folgenden Analysen unberücksichtigt zu lassen. Dabei handelt es sich um den Indikator WI1, der Verwendungswissen in der kombinierten Skala erfasst. Die verbleibenden Indikatoren erfassen ausschließlich die andere Wissenskategorie Objektwissen. Entsprechend zeigt sich also, dass zwischen beiden Wissenskategorien getrennt werden sollte. Die verbleibenden Indikatoren WI2, WI3, WI4 und WI5 bilden die Dimension Objektwissen des Konstrukts zuverlässig ab, alle lokalen und globalen Gütemaße werden erfüllt (siehe Tabelle 4.12). Cronbachs Alpha für die verbliebenen vier Indikatoren liegt bei 0,759.

Da nurmehr die Kategorie Objektwissen vom Konstrukt abgebildet wird, ist eine Anpassung der in Abschnitt 4.1.2.3 abgeleiteten Hypothese 7b notwendig, Hypothese 7a bleibt unverändert. Die Anpassung basiert auf den dort beschriebenen theoretischen Überlegungen.

Hypothese 7b: *Das Ausmaß an Objektwissen hat keinen Einfluss auf die Qualität einer Idee.*

Eine konfirmatorische Faktorenanalyse für das gesamte Messmodell der Persönlichkeitseigenschaften ergibt ein insgesamt zufriedenstellendes Bild der Konvergenzvalidität. So werden alle globalen Gütekriterien erfüllt, einzig im Bereich der partiellen Kriterien ergeben sich geringe Unterschreitungen der geforderten Mindestwerte. So weisen die Indikatoren OL1, WI3 und WI4 eine leicht unter 0,4 liegende Indikatorreliabilität auf. Im Gesamtbild ist dies aber akzeptabel (siehe Tabelle 4.13).

Tabelle 4.12: Gütekriterien für das Konstrukt Wissen

	Kriterium		Wert
1. Generation	Cronbachs α		0,759
2. Generation	GFI		0,997
	AGFI		0,987
	NFI		0,992
	RMR		0,005
	Indikatorreliabilität	WI2	0,470
		WI3	0,586
		WI4	0,449
		WI5	0,430
	Faktorreliabilität		0,957
	Durchschnittlich erfasste Varianz		0,848

Im letzten Schritt wurde die Diskriminanzvalidität der einzelnen Faktoren überprüft. Auf eine Durchführung des χ^2-Differenztests musste wegen der Anwendung des ULS-Schätzverfahrens verzichtet werden. Das im Vergleich strengere Fornell-Larcker-Kriterium wird erfüllt: Die quadrierten Korrelation liegen in allen Fällen unter der durchschnittlich erfassten Varianz der einzelnen Faktoren (siehe Tabelle 4.14). Damit erfüllt das gesamte Messmodell der Kundeneigenschaften die geforderten Gütekriterien in akzeptablem Maße.

4.2.3.3.2 Wahrnehmung des Produkts

Zur Messung der Produktwahrnehmung werden Produktinvolvement, Produktkomplexität und Zufriedenheit mit der Kaufentscheidung eingesetzt. Dabei handelt es sich um etablierte Konstrukte.

Das Produktinvolvement wird, wie in Abschnitt 4.1.3.1 erläutert, eindimensional gemessen. Entsprechende Skalen werden unter anderem von Mittal (1995) und Zaichkowsky (1985) vorgeschlagen. Spätere empirische Studien haben aber gezeigt, dass letztere Skala nicht eindimensional ist und ihre Verwendung zudem durch die Länge eingeschränkt ist (Mittal 1995, S. 677). Daher wird im Rahmen dieser Arbeit die von Mittal (1995) entwickelte Skala verwendet.

Die Messung der Produktkomplexität hat vor allem im Industriegüterbereich Bedeutung. Für den Konsumgüterbereich wird eine auf Cannon und Perreault (1999, S. 448) zurückgehende Skala verwendet, die Giering (2000, S. 268) für eine Verwendung im Kontext Konsumgüter angepasst hat.

Tabelle 4.13: Gütekriterien der gemeinsamen konfirmatorischen Faktorenanalyse für die Konstrukte, die die Persönlichkeitseigenschaften des Konsumenten erfassen

		Kriterium	Wert
Globale Gütemaße	GFI		0,989
	AGFI		0,985
	NFI		0,979
	RMR		0,010
Partielle Gütemaße	Indikatorreliabilität	IN1	0,634
		IN2	0,540
		IN4	0,538
	Faktorreliabilität		0,912
	Durchschnittlich erfasste Varianz		0,776
	Indikatorreliabilität	OL1	**0,386**
		OL2	0,567
		OL3	0,562
		OL4	0,470
		OL5	0,576
		OL6	0,484
	Faktorreliabilität		0,976
	Durchschnittlich erfasste Varianz		0,873
	Indikatorreliabilität	WI2	0,446
		WI3	**0,378**
		WI4	**0,366**
		WI5	0,676
	Faktorreliabilität		0,956
	Durchschnittlich erfasste Varianz		0,848
	Indikatorreliabilität	NB2	0,477
		NB3	0,616
	Faktorreliabilität		0,879
	Durchschnittlich erfasste Varianz		0,785
	Indikatorreliabilität	UN1	0,531
		UN2	0,609
		UN3	0,518
	Faktorreliabilität		0,905
	Durchschnittlich erfasste Varianz		0,761

Fett gedruckte Werte verletzen die geforderten Gütekriterien.

Tabelle 4.14: Übersicht über die Diskriminanzvalidität der Konstrukte zur Messung der Persönlichkeitseigenschaften

	IN	OL	WI	NB	UN
IN	0,776 [a]	0,25 [b]	0,18 [b]	0,25 [b]	0,02 [b]
OL	erfüllt [c]	0,87 [a]	0,35 [b]	0,17 [b]	0,00 [b]
WI	erfüllt [c]	erfüllt [c]	0,85 [a]	0,09 [b]	0,01 [b]
NB	erfüllt [c]	erfüllt [c]	erfüllt [c]	0,79 [a]	0,13 [b]
UN	erfüllt [c]	erfüllt [c]	erfüllt [c]	erfüllt [c]	0,76 [a]

[a] Durchschnittlich erfasste Varianz
[b] Quadrierte Korrelation der Faktoren
[c] Erfüllung Fornell-Larcker-Kriterium

Tabelle 4.15: Übersicht über die Indikatoren zur Messung der Produktwahrnehmung und der Produktzufriedenheit

Konstrukt	Indikator	Label
Produktkomplexität (KX) (Giering 2000)	Im Vergleich zu anderen Produkten, die ich kaufe, sind Geschirrspüler relativ kompliziert.	KX1
	Im Vergleich zu anderen Produkten sind Geschirrspüler technisch anspruchsvoll.	KX2
	Im Vergleich zu anderen Produkten sind Geschirrspüler kompliziert zu bedienen.	KX3
	Im Vergleich zu anderen Produkten sind Funktion und Bedienung von Geschirrspülern schwer zu verstehen.	KX4
Produktinvolvement (IV) (Mittal 1995)	Mir sind Haushaltsgeräte ziemlich wichtig.	IV1
	Haushaltsgeräte bedeuten mir recht viel.	IV2
	Mein Interesse an Haushaltsgeräten ist hoch.	IV3
	Im Vergleich zu anderen Produkten haben Haushaltsgeräte für mich eine hohe Bedeutung.	IV4
	Ich beschäftige mich ausführlich mit der Kaufentscheidung von Haushaltsgeräten.	IV5
	Haushaltsgeräte besitzen für mich einen hohen Stellenwert.	IV6
	Ich informiere mich genau über Haushaltsgeräte.	IV7

4.2 Methodische und empirische Grundlagen der Untersuchung

Tabelle 4.16: Ergebnisse der explorativen Faktorenanalyse für die Konstrukte zur Messung der Produktwahrnehmung

Faktor Indikator	Faktor 1 IV1	Faktor 2 KX	Faktor 3 IV2	Kommunalität
KX1		0,833		0,701
KX2		0,648		0,468
KX3		0,813		0,673
KX4		0,830		0,709
IV1	0,850			0,751
IV2	0,891			0,816
IV3	0,806			0,735
IV4	0,833			0,734
IV5			0,867	0,883
IV6	0,874			0,783
IV7			0,853	0,824
Erklärte Varianz (%)	34,72	22,48	15,76	
Kumulierte Varianz (%)	34,72	57,20	72,96	

Hauptkomponentenanalyse, Varimax-Rotation
KMO-Kriterium 0,858; Stichprobe n=557; Faktorladungen $-0,4 < x < 0,4$ unterdrückt

Obwohl die beiden Konstrukte Komplexität und Involvement keine gemeinsame Dimension bilden, sondern inhaltlich getrennt sind, wurden sie in einer gemeinsamen explorativen Faktorenanalyse auf die Existenz der angenommenen Faktorenstruktur untersucht (siehe Tabelle 4.16). Die Dateneignung ist als gut einzuschätzen; das KMO-Kriterium hat einen Wert von 0,858. Statt der erwarteten zwei Faktoren ergaben sich drei Faktoren; der dritte besteht aus zwei Indikatoren des Involvement-Konstrukts.[107] Es handelt sich dabei um zwei Indikatoren (IN5 und IN7), die das Informationsverhalten erfassen. Diese wurden in der weiteren Untersuchung nicht mehr berücksichtigt. Auch dann ergibt sich mit 70,85 Prozent eine akzeptable Höhe der erklärten Varianz.

Für die konfirmatorische Faktorenanalyse des Konstrukts Involvement wurden nur noch fünf Indikatoren berücksichtigt. Das korrespondierende Messmodell weist eine sehr gute globale Anpassungsgüte auf. Auch alle partiellen Gütemaße werden erfüllt. Damit wird das Konstrukt in seiner modifizierten Form in den weiteren Analysen verwendet (siehe Tabelle 4.17). Cronbachs Alpha erreicht einen Wert von 0,926; das Konstrukt hat eine hohe interne Konsistenz.

---

[107] Dieses Ergebnis stellt sich auch bei einer eigenständigen Untersuchung der sieben Indikatoren des Involvement-Konstrukts ein.

Tabelle 4.17: Gütekriterien für das Konstrukt Involvement

	Kriterium		Wert
1. Generation	Cronbachs α		0,926
2. Generation	GFI		1,000
	AGFI		0,999
	NFI		0,999
	RMR		0,028
	Indikatorreliabilität	IV1	0,723
		IV2	0,667
		IV3	0,658
		IV4	0,778
		IV6	0,679
	Faktorreliabilität		0,845
	Durchschnittlich erfasste Varianz		0,522

Eine erste Überprüfung des Messmodells für das Konstrukt der Komplexität mit allen fünf Indikatoren führte dazu, den Indikator KX2 für die weitere Analyse unberücksichtigt zu lassen. Die konfirmatorische Faktorenanalyse mit nur noch drei Items lässt keine Beurteilung der globalen Modellgüte mehr zu. Die partiellen Gütemaße werden weitestgehend erfüllt, einzig die durchschnittlich erfasste Varianz liegt leicht unter dem geforderten Mindestwert von 0,5 (siehe Tabelle 4.18). Cronbachs Alpha für das mit drei Indikatoren operationalisierte Konstrukt liegt bei 0,806. Das Konstrukt wird daher trotz der leichten Unterschreitung eines Gütekriteriums akzeptiert.

4.2.3.3.3 Wahrnehmung des Anbieters

Auch für die Wahrnehmung des Markenanbieters werden ausschließlich bereits in der Literatur eingeführte Konstrukte verwendet. Die für die Untersuchung eingesetzten Indikatoren waren für beide Marken identisch. Der Markenname wurde für den Probanden unbemerkt angepasst, je nachdem ob er auf der Homepage von Bosch Hausgeräte oder Siemens Hausgeräte am Ideenwettbewerb teilgenommen hatte.

Das Ausmaß des Vertrauens in einen Markenanbieter wird durch ein von Garbarino und Johnson (1999, S. 77) entwickeltes Konstrukt operationalisiert. Dieses wurde für die Verwendung im Produktumfeld Haushaltsgeräte leicht modifiziert.

Die Messung der Loyalität erfolgt über ein Konstrukt, das von Giering (2000, S. 161) entwickelt wurde. Es umfasst die drei Dimensionen Wiederkaufabsicht, Weiterempfehlungsabsicht und

4.2 Methodische und empirische Grundlagen der Untersuchung

Tabelle 4.18: Gütekriterien für das Konstrukt Produktkomplexität

	Kriterium		Wert
1. Generation	Cronbachs α		0,806
2. Generation	GFI		-
	AGFI		-
	NFI		-
	RMR		-
	Indikatorreliabilität	KX1	0,511
		KX3	0,578
		KX4	0,710
	Faktorreliabilität		0,736
	Durchschnittlich erfasste Varianz		**0,483**

Fett gedruckte Werte unterschreiten die geforderten Gütekriterien.

Zusatzkaufabsicht. So wird über die momentane Einschätzung zukünftiger Handlungsabsichten die Loyalität des Kunden operationalisiert. Die Konstrukte und ihre jeweiligen Indikatoren sind in Tabelle 4.19 dargestellt.

Tabelle 4.19: Übersicht über die Indikatoren zur Messung der Wahrnehmung des Anbieters am Beispiel Bosch

Konstrukt	Dimension	Indikator	Label
Vertrauen (VT) (Garbarino und Johnson 1999)		Haushaltsgeräte von Bosch erfüllen immer meine Erwartungen.	VT1
		Auf die Qualität der Haushaltsgeräte von Bosch kann man sich verlassen.	VT2
		Ich kann immer auf die hohe Qualität der Haushaltsgeräte von Bosch vertrauen.	VT3
		Bosch ist ein verlässlicher Anbieter von Haushaltsgeräten.	VT4
		Die Qualität der Haushaltsgeräte von Bosch ist durchgängig hoch.	VT5
		Bosch macht einen ehrlichen Eindruck auf mich.	VT6

Tabelle 4.19: Übersicht über die Indikatoren zur Messung der Wahrnehmung des Anbieters (Fortsetzung)

Konstrukt	Dimension	Indikator	Label
Kundenloyalität (Giering 2000)	Wiederkaufabsicht (WKA)	Es ist sehr wahrscheinlich, dass das nächste gekaufte Haushaltsgerät wieder von Bosch sein wird.	WKA1
		Ich beabsichtige nicht, ein Haushaltsgerät einer anderen Marke zu kaufen.	WKA2
		Ich habe die Absicht, Bosch bei Haushaltsgeräten treu zu bleiben.	WKA3
		Ich denke nicht, dass ich beim nächsten Kauf eines Haushaltsgeräts eine andere Marke kaufen werde.	WKA4
	Weiterempfehlungsabsicht (WEA)	Ich würde meinen Freunden und Bekannten von den Vorzügen der Haushaltsgeräte von Bosch erzählen.	WEA1
		Von meinen guten Erfahrungen mit Bosch-Haushaltsgeräten sollen auch andere erfahren.	WEA2
		Ich habe die Absicht, die Marke Bosch anderen Personen weiterzuempfehlen.	WEA3
	Zusatzkaufabsicht (ZKA)	Ich denke, dass ich auch andere Haushaltsgeräte der Marke Bosch kaufen würde.	ZKA1
		Ich beabsichtige, in Zukunft vermehrt Haushaltsgeräte von Bosch zu kaufen.	ZKA2
		Wahrscheinlich werde ich in Zukunft häufiger Bosch-Haushaltsgeräte kaufen als solche anderer Anbieter.	ZKA3

Zur Überprüfung der Konstrukte wurde eine gemischte Faktorenanalyse mit den Konstrukten Vertrauen und Loyalität durchgeführt. Die Dateneignung gemessen am KMO-Koeffizienten mit einem Wert von 0,937 ist sehr gut. Die Ergebnisse deuten allerdings bereits an, dass sich die dreifaktorielle Struktur des Konstrukts Kundenloyalität nicht einstellt (siehe Tabelle 4.20).[108] Die erklärte Varianz beträgt 73,2 Prozent.

In einer weiteren explorativen Faktorenanalyse wurde das Konstrukt Kundenloyalität getrennt untersucht. Bei guter Dateneignung (KMO-Koeffizient 0,911) ergab sich wiederum nur eine

---

[108] Dieses Ergebnis wurde bei einem weiteren Einsatz des Konstrukts durch den Autor in einer Untersuchung mit n=825 Probanden bestätigt.

4.2 Methodische und empirische Grundlagen der Untersuchung

Tabelle 4.20: Ergebnisse der explorativen Faktorenanalyse für die Konstrukte zur Messung der Markenwahrnehmung mit dem Konstrukt Vertrauen (Teil 1)

Faktor Indikator	Faktor 1 VT	Faktor 2 LO1	Faktor 3 LO2	Kommunalität
WKA1		0,708		0,679
WKA2		0,842		0,743
WKA3		0,703		0,707
WKA4		0,846		0,749
WEA1			0,794	0,808
WEA2			0,770	0,764
WEA3		0,432	0,727	0,767
ZKA1			0,562	0,398
ZKA2		0,688	0,458	0,709
ZKA3		0,761	0,367	0,753
VT1	0,777			0,730
VT2	0,879			0,847
VT3	0,874			0,842
VT4	0,836			0,790
VT5	0,861			0,807
VT6	0,689			0,613
Erklärte Varianz (%)	28,56	25,71	18,88	
Kumulierte Varianz (%)	28,56	54,28	73,16	

Hauptkomponentenanalyse, Varimax-Rotation
KMO-Kriterium 0,937, Stichprobe n=557, Faktorladungen $-0,4 < x < 0,4$ unterdrückt
LO: Loyalität

Tabelle 4.21: Ergebnisse der explorativen Faktorenanalyse für die Konstrukte zur Messung der Markenwahrnehmung (Teil 2)

Faktor Indikator	Faktor 1 LO1	Faktor 2 LO2	Kommunalität
WKA1	0,716	**0,408**	0,679
WKA2	0,851		0,740
WKA3	0,715	**0,443**	0,708
WKA4	0,860		0,751
WEA1		0,827	0,795
WEA2		0,810	0,758
WEA3	**0,433**	0,754	0,756
ZKA1		0,656	0,433
ZKA2	0,686	**0,479**	0,700
ZKA3	0,764	**0,408**	0,750
Erklärte Varianz (%)	39,46	31,24	
Kumulierte Varianz (%)	39,46	70,70	

Hauptkomponentenanalyse, Varimax-Rotation
KMO-Kriterium 0,911, Stichprobe n=557, Faktorladungen $-0,4 < x < 0,4$ unterdrückt
Fett gedruckte Werte verletzen die geforderten Gütekriterien
LO: Loyalität

zweifaktorielle Struktur (siehe Tabelle 4.21). Dabei laden fünf der 10 Indikatoren stark auf den jeweils anderen Faktor quer. Dies verstärkt die Vermutung, dass die dreifaktorielle Struktur in dieser Untersuchung nicht bestätigt werden kann.[109] Bei zwei extrahierten Faktoren beträgt die erfasste Varianz 70,7 Prozent.

Eine konfirmatorische Faktorenanalyse zur Überprüfung des Messmodells für das Konstrukt Vertrauen bestätigt die einfaktorielle Struktur. Bei Berücksichtigung aller sechs Indikatoren werden die geforderten Mindestmaße für die globalen und partiellen Gütemaße erfüllt (siehe Tabelle 4.22). Das Konstrukt weist mit einem Wert von 0,937 für Cronbachs Alpha eine hohe interne Konsistenz auf.

Trotz der offensichtlich zweifaktoriellen Struktur des Konstrukts Kundenloyalität wurde zunächst eine konfirmatorische Faktorenanalyse aller Indikatoren in einer dreifaktoriellen Struktur durchgeführt. Basierend auf deren Ergebnis wurden die Faktoren WKA1, WKA3 und ZKA1 in der folgenden Analyse unberücksichtigt gelassen. Dies aus nunmehr sieben Indikatoren bestehende Modell hatte eine akzeptable globale Güte, und bei nur einem Faktor ergab sich eine leicht unter dem geforderten Wert von 0,5 liegende durchschnittlich erfasste Varianz. Allerdings

---
[109] Auch die von Giering (2000, S. 76) genutzte schiefwinklige Rotation (OBLIMIN) ändert diesen Befund nicht.

Tabelle 4.22: Gütekriterien für das Konstrukt Vertrauen

	Kriterium		Wert
1. Generation	Cronbachs α		0,937
2. Generation	GFI		0,999
	AGFI		0,999
	NFI		0,999
	RMR		0,023
	Indikatorreliabilität	VT1	0,659
		VT2	0,831
		VT3	0,821
		VT4	0,727
		VT5	0,760
		VT6	0,518
	Faktorreliabilität		0,917
	Durchschnittlich erfasste Varianz		0,650

ist die Diskriminanzvalidität zwischen den Faktoren Wiederkaufabsicht und Zusatzkaufabsicht ungenügend. Daher wurden im Anschluss zwei zweifaktorielle Modelle untersucht.

Das Modell aus den Faktoren Weiterempfehlungsabsicht und Zusatzkaufabsicht erfüllte alle globalen und partiellen Gütemaße; allerdings ergab sich nach dem Fornell-Larcker-Kriterium eine ungenügende Diskriminanzvalidität. Für das aus den Faktoren Wiederkaufabsicht und Weiterempfehlungsabsicht bestehende Modell wurden die Gütekriterien im Großen und Ganzen erfüllt, lediglich die durchschnittlich erfasste Varianz des Faktors Wiederkaufabsicht unterschreitet das geforderte Maß geringfügig (siehe Tabelle 4.23). Da aber ausreichende Diskriminanzvalidität vorliegt, erscheint diese Struktur des Konstrukts für die folgenden Analysen am besten geeignet. Für den Faktor Wiederkaufabsicht ergibt sich ein Cronbachs Alpha von 0,853, für den Faktor Weiterempfehlungsabsicht von 0,904.

Dennoch sollen die beiden Dimensionen im Folgenden getrennt verwendet werden. Die Dimension WKA drückt zukünftiges Kaufverhalten aus, also normales Konsumentenverhalten. Die Dimension WEA umfasst aber eine Aktivität, die darüber hinausgeht (Bhattacharya und Sen 2003, S. 83-84): Eine Weiterempfehlung ist ein „extra-role behaviour". Daher wird Hypothese 13a aufgespalten. Hypothese 13b bleibt inhaltlich unverändert, wird aber in die Hypothesen 14b beziehungsweise 15b aufgespalten, um eine konsistente Nummerierung zu erhalten.

Tabelle 4.23: Gütekriterien für das Konstrukt Kundenloyalität

	Kriterium		Wert
1. Generation	Cronbachs α	WKA	0,853
		WEA	0,904
2. Generation	GFI		0,999
	AGFI		0,997
	NFI		0,998
	RMR		0,047
	Indikatorreliabilität	WKA2	0,764
		WKA4	0,725
	Faktorreliabilität		0,646
	Durchschnittlich erfasste Varianz		**0,477**
	Indikatorreliabilität	WEA1	0,764
		WEA2	0,715
		WEA3	0,793
	Faktorreliabilität		0,813
	Durchschnittlich erfasste Varianz		0,591
Diskriminanzvalidität	Quadrierte Korrelation der Faktoren		0,332
	Fornell-Larcker-Kriterium		erfüllt

Fett gedruckte Werte unterschreiten die geforderten Gütekriterien.

4.2 Methodische und empirische Grundlagen der Untersuchung

Tabelle 4.24: Übersicht über die Hypothesen nach Anpassung im Rahmen der Konstruktvalidierung

Konstrukt	Hypothese Nummer	Auswirkung auf (a) Ideenabgabe	(b) Ideenqualität
Innovativität	5	kein Effekt	kein Effekt
Meinungsführerschaft	6	+	+
Objektwissen	7	kein Effekt	kein Effekt
Neue Bedürfnisse	8	+	+
Unzufriedenheit	9	+	+
Involvement	10	+	+
Komplexität	11	-	kein Effekt
Vertrauen	12	+	kein Effekt
Wiederkaufabsicht	14	kein Effekt	kein Effekt
Weiterempfehlungsabsicht	15	+	kein Effekt

Hypothese 14a: *Die Wiederkaufabsicht hat keinen Effekt auf die Ideenabgabe.*

Hypothese 14b: *Das Ausmaß der Wiederkaufabsicht hat keinen Effekt auf die Ideenqualität.*

Hypothese 15a: *Die Weiterempfehlungsabsicht wirkt positiv auf die Ideenabgabe.*

Hypothese 15b: *Die Weiterempfehlungsabsicht hat keinen Effekt auf die Ideenqualität.*

Für die Konstrukte, die die Wahrnehmung des Markenanbieters messen, erfolgt keine gemeinsame konfirmatorische Faktorenanalyse, da sie keine Faktoren beziehungsweise Dimensionen eines übergeordneten Konstrukts bilden.

4.2.3.3.4 Zusammenfassung

Alle in der Untersuchung verwendeten Konstrukte konnten validiert werden. Basierend auf den Ergebnissen der explorativen und konfirmatorischen Faktorenanalysen wurden die Konstrukte modifiziert beziehungsweise um Indikatoren bereinigt. In den noch folgenden Untersuchungen werden die Konstrukte daher in ihrer validierten Form verwendet, um die in diesem Kapitel abgeleiteten Hypothesen zu überprüfen. Dabei wurden die Hypothesen 7b und 13a angepasst. Die Konstrukte Produktzufriedenheit und Kundenzufriedenheit werden aus den geschilderten Gründen nicht mehr verwendet. Eine Übersicht der modifizierten Hypothesen enthält Tabelle 4.24.

4.3 Befunde

4.3.1 Vorgehen

In diesem Abschnitt wird untersucht, wie sich Persönlichkeitsfaktoren auf das Ergebnis eines Ideenwettbewerbs auswirken. Dies schließt sowohl die Bereitschaft, eine Idee abzugeben, als auch die Ideenqualität ein. Zunächst wird in Abschnitt 4.3.2 untersucht, welche Faktoren die Ideenabgabe, also das Einreichen einer Idee, fördern. Dies beginnt mit einer deskriptiven Analyse, welche Gründe gegen das Einreichen sprechen und welche Motivationsgrundlage die Teilnehmer haben. Dabei werden die tatsächliche Erwartungshaltung der Konsumenten mit der von Unternehmen vermuteten Erwartungshaltung verglichen. Danach wird versucht, die Ideenabgabe mit einem quantitativen Modell auf Basis einer Logit-Funktion zu erklären.

Der folgende Teil in Abschnitt 4.3.3 befasst sich mit Einflussfaktoren auf die Ideenqualität. Zu diesem Zweck werden Tobit-Regressionen eingesetzt. Sie gestatten es, dass nur für einen Teil der Datenbasis Beobachtungen der abhängigen Variable vorliegen. Dies ist für diejenigen Probanden der Fall, die zwar an der Nachbefragung teilgenommen haben, aber beim Ideenwettbewerb zuvor keinen Beitrag abgegeben haben. Anschließend erfolgt eine deskriptive Analyse, wie sich vorherige Erfahrungen von Konsumenten, die sie bei vergleichbaren Maßnahmen der virtuellen Kundeneinbindung gesammelt haben, auf die Ideenqualität auswirken.

4.3.2 Einflussfaktoren auf die Ideenabgabe

4.3.2.1 Deskriptive Analyse von Gründen gegen eine Ideenabgabe

Im Rahmen der Nachbefragung erhielten diejenigen Teilnehmer, die beim Ideenwettbewerb keinen Beitrag abgeschickt hatten, eine zusätzliche Fragenseite eingeblendet. Diese zielte darauf ab, rein deskriptiv Gründe für die Nichtteilnahme herauszufinden. Zum einen mussten fünf Aussagen auf einer 7er-Likert-Skala (trifft überhaupt nicht zu – trifft vollständig zu) bewertet werden. Zusätzlich konnten in einem offenen Textfeld andere Gründe angegeben werden. Bei der Analyse in diesem Abschnitt werden auch die Rückläufe von Fragebogenabbrechern berücksichtigt. Insgesamt wurden 646 Teilnehmer, die keine Idee eingereicht hatten, zur Nachbefragung eingeladen. Von diesen beantworteten 324 die Fragen, was einem Rücklauf von gut 50 Prozent in dieser Gruppe entspricht.

Die Aussage „Ich hatte keine Zeit" wird dabei neutral bewertet, der Median beträgt 4, der Mittelwert 3,56 (siehe Abbildung 4.2).[110] Daraus wird deutlich, dass der Zeitaufwand kein wesentli-

---

[110] Alle Mittelwerte sind auf dem 1%-Niveau signifikant von 0 verschieden.

4.3 Befunde

	trifft überhaupt nicht zu					trifft vollständig zu
	1	2	3	4	5	6	7

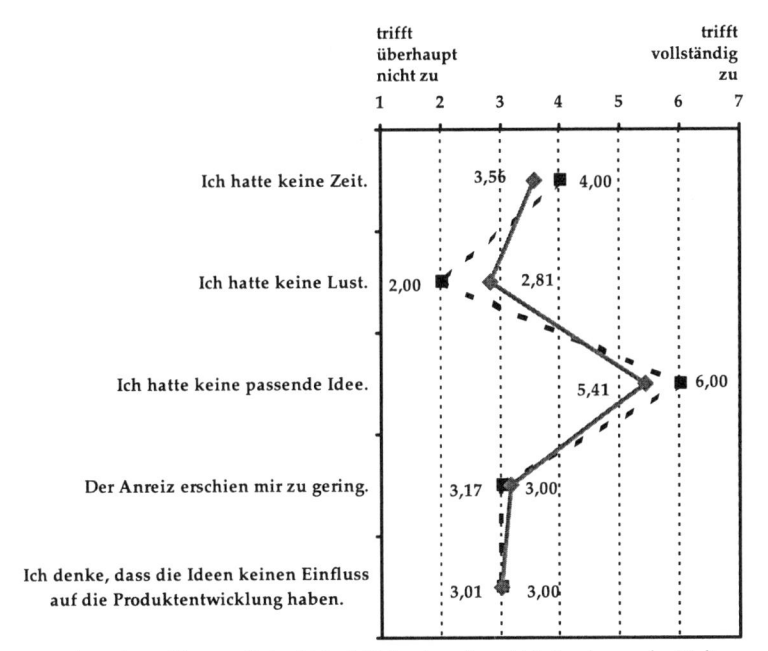

- Ich hatte keine Zeit. — 3,56 / 4,00
- Ich hatte keine Lust. — 2,00 / 2,81
- Ich hatte keine passende Idee. — 5,41 / 6,00
- Der Anreiz erschien mir zu gering. — 3,17 / 3,00
- Ich denke, dass die Ideen keinen Einfluss auf die Produktentwicklung haben. — 3,01 / 3,00

Anmerkung: Die graue Linie gibt den Mittelwert an, die gestrichelte schwarze den Median.

Abbildung 4.2: Gründe für das Nicht-Einreichen einer Idee

cher Hinderungsgrund ist. Dies gilt in stärkerem Maße auch für die Motivation der Teilnahme. Die Aussage „Ich hatte keine Lust" erfährt mit einem Median von 2 und einem Mittelwert von 2,81 eine noch geringere Zustimmung. Damit ist zu konstatieren, dass auch diese Probanden prinzipiell teilnehmen würden. Auch ein zu geringer Anreiz (Median 3 und Mittelwert 3,17) und ein als mangelhaft wahrgenommener Einfluss auf die Neuproduktentwicklung (Median 3 und Mittelwert 3,01) sind im Mittel für alle Probanden keine wesentlichen Hinderungsgründe. Hauptgrund dafür, keine Idee abzugeben, ist vielmehr, dass ein Teilnehmer keine passende Idee hat. Die Aussage „Ich hatte keine passende Idee" wird im Mittel mit 5,41 bewertet, der Median beträgt 6. Damit erfährt dieser Grund eine hohe Zustimmung und kann als maßgeblich für eine Nichtteilnahme angesehen werden. Vergleicht man die Gruppe der Nicht-Einreicher mit den Teilnehmern, die eine Idee abgaben, so ergibt sich für die Konstrukte „Neue Bedürfnisse" und „Latente Unzufriedenheit" in der letztgenannten Gruppe ein signifikant höherer Mittelwert.[111] Zusätzlich nutzten 22 Probanden das offene Textfeld, um einen sonstigen Grund anzugeben. Die Auswertung dieser Beiträge ergab, dass zwölf Probanden das für die Abgabe einer Idee vorgesehene Feld übersehen hatten oder aufgrund von Bedienungsfehlern keine Eingabe machten. Weitere vier gaben an, warum sie zum Zeitpunkt der Teilnahme keine Idee hatten. Drei Probanden hielten die Abgabe für zu aufwändig, jeweils ein Proband fand den Anreiz zu gering, sah keinen Sinn in der Maßnahme beziehungsweise verschenkt generell keine Ideen. Die Sichtung der offenen Kommentare bestätigt damit den Eindruck, der aus der Auswertung der geschlossenen Fragen entsteht.

Letztlich kann man daher feststellen, dass Teilnehmer, die keine Idee abgeben, ähnlich motiviert und damit auch bereit sind, einen ähnlichen Zeitaufwand zu investieren, wie solche Teilnehmer, die eine Idee abgeben. Unterscheidungsmerkmal ist, dass keine Idee vorhanden ist; Faktoren wie zu geringe wahrgenommene Relevanz oder zu niedrige Anreize spielen hingegen ebenfalls keine Rolle. Daher kann man davon ausgehen, dass mit einem Format wie dem Ideenwettbewerb große Teile der Zielgruppe angesprochen und zu einer Teilnahme motiviert werden können.

4.3.2.2 Deskriptive Analyse der Motivationsgrundlagen

Alle Teilnehmer an der Nachbefragung haben einen Fragenblock zur Untersuchung der Motivation für ihre Teilnahme beantwortet. Die Anzahl der Probanden beträgt entsprechend 557. Dabei haben die Teilnehmer Aussagen auf einer 7er-Likert-Skala bewertet. Zum einen wurden so Einstellungen sowohl zu intrinsischen als auch zu extrinsischen Anreizen gemäß der Klassifizierung in Abbildung 4.1 abgefragt. Zum anderen dienten zwei Fragen dazu, Altruismus als

---

[111] Signifikant am 1%-Niveau.

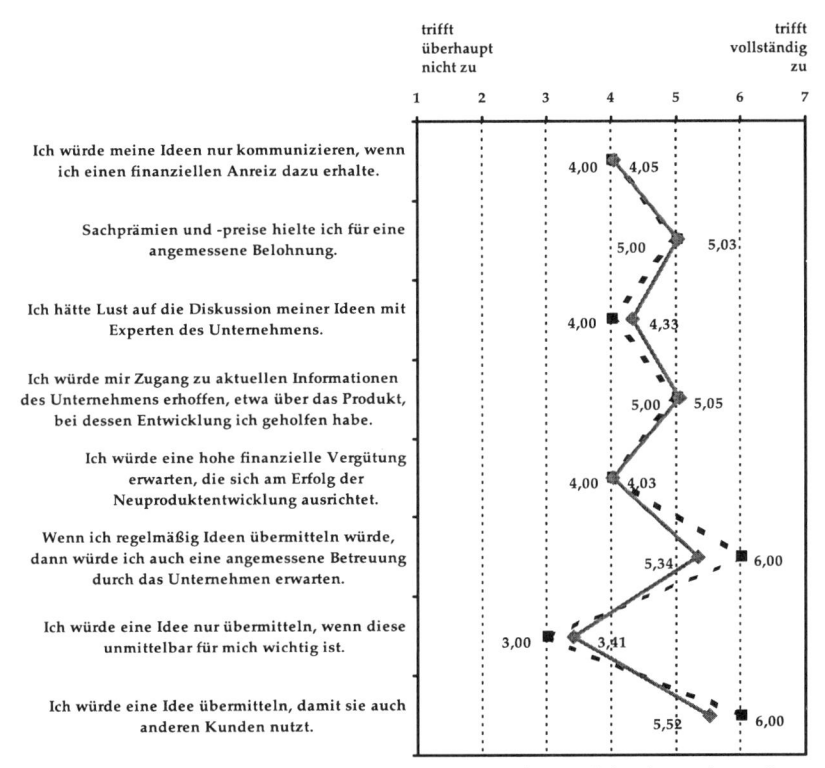

4.3 Befunde

	trifft überhaupt nicht zu						trifft vollständig zu
	1	2	3	4	5	6	7
Ich würde meine Ideen nur kommunizieren, wenn ich einen finanziellen Anreiz dazu erhalte.				4,00 ◆ 4,05			
Sachprämien und -preise hielte ich für eine angemessene Belohnung.					5,00 ◆ 5,03		
Ich hätte Lust auf die Diskussion meiner Ideen mit Experten des Unternehmens.				4,00 ■ 4,33			
Ich würde mir Zugang zu aktuellen Informationen des Unternehmens erhoffen, etwa über das Produkt, bei dessen Entwicklung ich geholfen habe.					5,00 ◆ 5,05		
Ich würde eine hohe finanzielle Vergütung erwarten, die sich am Erfolg der Neuproduktentwicklung ausrichtet.				4,00 ◆ 4,03			
Wenn ich regelmäßig Ideen übermitteln würde, dann würde ich auch eine angemessene Betreuung durch das Unternehmen erwarten.					5,34	■ 6,00	
Ich würde eine Idee nur übermitteln, wenn diese unmittelbar für mich wichtig ist.			3,00 ■ 3,41				
Ich würde eine Idee übermitteln, damit sie auch anderen Kunden nutzt.					5,52	■ 6,00	

Anmerkung: Die graue Linie gibt den Mittelwert an, die gestrichelte schwarze den Median.

Abbildung 4.3: Erwartete Anreize und Motivationsgrundlagen

Motivationsgrundlage zu testen. Die Ergebnisse sind in Abbildung 4.3 dargestellt, alle Mittelwerte sind auf dem 1%-Niveau signifikant von 0 verschieden.

Aus den Ergebnissen wird deutlich, dass die Teilnehmer als Gegenleistung für ihre Beiträge eher keine hohen finanziellen Anreize erwarten. Die Aussagen „Ich würde meine Ideen nur kommunizieren, wenn ich einen finanziellen Anreiz dazu erhalte" beziehungsweise deren Steigerung in der Formulierung „hohe finanzielle Vergütung, die sich am Erfolg ausrichtet" werden neutral bewertet: Der Median beträgt in beiden Fällen 4, die Mittelwerte weichen nur geringfügig ab. Allerdings ist der Median für letztere Aussage mit einem Wert von 5 in der Gruppe, die nach Einschätzung des Unternehmens besonders gute Idee eingereicht hat, etwas höher (Mittelwert

4,67).[112] Sachpreise im Rahmen einer Verlosung halten die Teilnehmer hingegen in der Tendenz für angemessen (Median 5; Mittelwert 5,03).[113]

Bei den intrinsisch wirkenden Anreizen werden Expertenchats von der Gesamtheit der Teilnehmer ebenfalls nur neutral bewertet (Median 4; Mittelwert 5,33). Etwas positiver schneidet der exklusive Zugang zu Informationen bezüglich des Produktes, bei dessen Entwicklung man geholfen hat, ab. Hier beträgt der Median 5, der Mittelwert 5,05. Beide Angebote fanden aber bei der Gruppe, die neuartige Ideen eingereicht hat, eine bessere Resonanz. Expertenchats werden hier mit einem Median von 5 und einem Mittelwert von 4,98 bewertet. Für die exklusiven Informationen beträgt der Median 6, der Mittelwert 5,70.

Für beide Gruppen deutet dies an, dass sie eher durch intrinsische Anreize motiviert werden können als durch hohe extrinsische. Sachpreise schneiden vergleichbar gut ab. Allerdings sind die Einsender neuartiger Ideen stärker an „weichen" Anreizen wie Expertenchats und exklusiven Information interessiert. Positiv für das veranstaltende Unternehmen ist aber in beiden Fällen, dass die Maßnahmen, die weniger administrativen und finanziellen Aufwand verursachen, besser abschneiden. So ist die standardisierte Bereitstellung von gesonderten Information einfacher und kostengünstiger als Chats mit Experten. Dies gilt natürlich auch auf Seiten der Teilnehmer, was für die höhere Präferenz für einen Zugang zu besonderen Informationen spricht. Eine ähnliche Möglichkeit nutzen einige Marktforschungsinstitute, die Probanden einen Zugang zu einigen ausgewählten Ergebnissen einer Untersuchung ermöglichen (Batinic 2001, S. 79).

Sollte ein Unternehmen allerdings die regelmäßige Beteiligung eines Konsumenten an der Neuproduktentwicklung wünschen, steigt die Erwartungshaltung. Die Bewertung der Aussage, dass bei regelmäßiger Übermittlung von Beiträgen auch eine angemessene Betreuung durch das Unternehmen erwartet wird, hat sowohl bei der Gesamtgruppe als auch der Gruppe, die Einsender neuartiger, also besonders relevanter Ideen umfasst, einen Median von 6 (Mittelwert 5,43 beziehungsweise 5,62). Bei der Betreuung handelt es sich aber auch eher um ein intrinsisch wirkendes Instrument. Dies bestätigt den Eindruck, dass die Teilnehmer eher keine finanziellen Anreize erwarten.

Entsprechend bewerten die Teilnehmer die Aussage, dass sie Ideen übermitteln, um auch anderen Kunden zu helfen, sehr positiv. In beiden Gruppen liegt der Median bei 6. In der größeren Gruppe aller 557 Teilnehmer beträgt der Mittelwert 5,52, in der anderen Gruppe 5,73. Damit erfährt die Aussage eine große Zustimmung. Dass Teilnehmer eine Idee nur dann übermitteln, wenn sie ihnen unmittelbar nützt, wird deutlich schlechter bewertet. Der Median beträgt 3; der

---

[112] Diese umfasst 91 Teilnehmer.
[113] Die Werte in der Gruppe der Einreicher guter Ideen weichen mit einem Median von 5 und einem Mittelwert von 5,34 kaum ab.

Mittelwert in der großen Gruppe 3,41 und in der kleinen Gruppe 3,04. Damit hat das altruistische Motiv, anderen Konsumenten helfen zu wollen, für die Motivation zur Abgabe einer Idee eine hohe Bedeutung.

Diese Beobachtungen decken sich mit den Erkenntnissen von Franke und Shah (2003, S. 18-19). Sie beobachten in Sport-Communities, dass das Motiv, anderen zu helfen, eine starke Motivationsquelle ist. Dagegen werden solche Dinge, von denen Innovatoren persönlich profitieren, als Motivationsgrundlage von diesen abgelehnt. Dies schließt insbesondere finanzielle Anreize ein. Lüthje (2000, S. 69) zeigt, dass Konsumenten mit hoher Innovationsneigung im Vergleich zu solchen, bei denen diese gering ist, eine niedrigere Erwartung an eine finanzielle Entlohnung durch den Hersteller haben.

Im nächsten Schritt werden die Einschätzungen der Teilnehmer an der Nachbefragung mit den Ergebnissen einer Unternehmensbefragung verglichen. In der Untersuchung von Bartl et al. (2004) wurden Unternehmensvertreter um ihre Einschätzung gebeten, welche Anreize ihr Unternehmen bei einer Maßnahme zur virtuellen Kundeneinbindung gewähren würde.[114] Zusätzlich sollten sie beurteilen, welche Anreize Teilnehmer ihrer Meinung nach als Gegenleistung erwarten würden. Zu diesem Zweck wurden vergleichbare Anreize auf einer 7er-Likert-Skala bewertet. Die Ergebnisse sind in Abbildung 4.4 dargestellt.[115]

Zunächst ist auffällig, dass in der Einschätzung der Unternehmensvertreter bei zahlreichen abgefragten Anreizen eine Erwartungslücke wahrgenommen wird: Es wird vermutet, dass Konsumenten fast durchgängig mehr erwarten, als das Unternehmen zu geben bereit ist. Vergleicht man diese Einschätzung mit den tatsächlichen Antworten der Teilnehmer (siehe Abbildung 4.3), fallen einige Diskrepanzen auf. Die Gewährung finanzieller Anreize ist für Unternehmen nicht attraktiv, die Beteiligung am Erfolg erfährt mit einem Mittelwert von 2,17 die geringste Zustimmung. Allerdings wird diese von Konsumenten auch nur neutral bewertet. Auch eine direkte finanzielle Aufwandsentschädigung oder Vergünstigungen für jeden Teilnehmer treffen nur auf geringe Akzeptanz (Mittelwert 2,7). Die vermutete und tatsächliche Kundenerwartung decken sich hier mit einem Mittelwert etwas über 4, also einer neutralen Bewertung. Letztlich lässt sich damit konstatieren, dass Unternehmen keine direkten finanziellen Anreize gewähren würden, diese aber von Konsumenten auch nicht unbedingt erwartet werden.

Gewinnspiele und Preisausschreiben sind aus Unternehmenssicht etwas attraktiver, sie werden im Mittel mit 4,15, also neutral, bewertet. Die Einschätzung der Erwartungshaltung der Teil-

---

[114] Insgesamt beteiligten sich 94 Unternehmen an der Untersuchung. Befragt wurden vornehmlich Unternehmen aus dem Bereich Konsumgüter und Konsumentenservices, unter anderem aus den Branchen Nahrungsmittel, Kosmetika, Elektronik sowie Banken und Versicherungen. Die Stichprobe umfasst sowohl Mittelständler als auch Großkonzerne. Für eine umfassende Beschreibung der Stichprobe siehe Bartl et al. (2004, S. 9).
[115] Alle Mittelwerte sind auf dem 1%-Niveau signifikant von 0 verschieden.

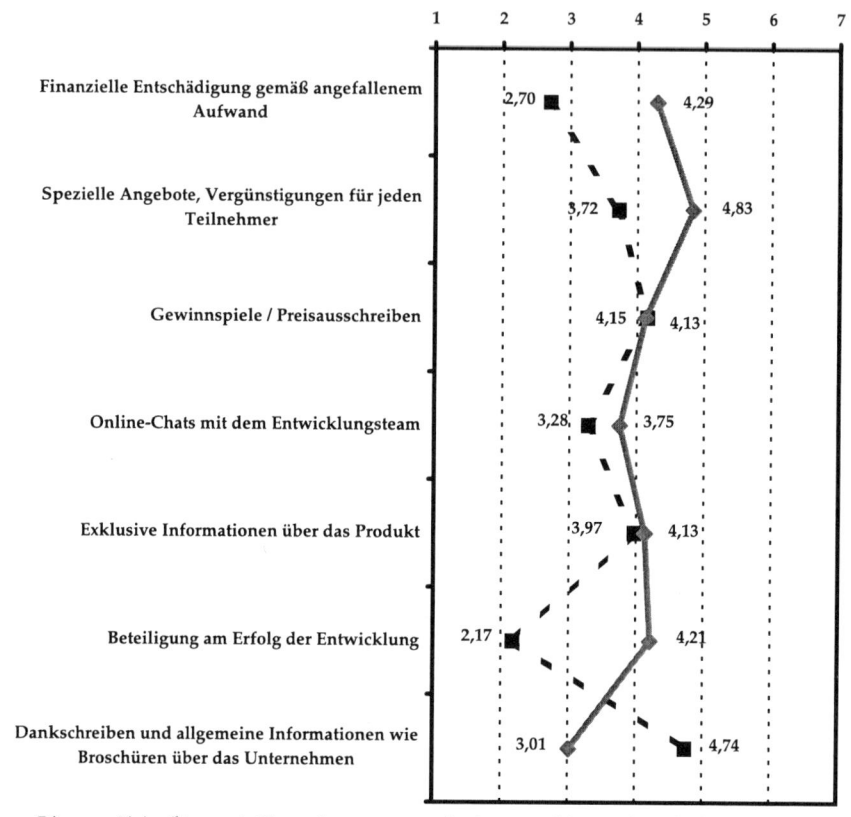

Anreiz	Teilnehmer-Erwartung	Unternehmen-Gewährung
Finanzielle Entschädigung gemäß angefallenem Aufwand	2,70	4,29
Spezielle Angebote, Vergünstigungen für jeden Teilnehmer	3,72	4,83
Gewinnspiele / Preisausschreiben	4,15	4,13
Online-Chats mit dem Entwicklungsteam	3,28	3,75
Exklusive Informationen über das Produkt	3,97	4,13
Beteiligung am Erfolg der Entwicklung	2,17	4,21
Dankschreiben und allgemeine Informationen wie Broschüren über das Unternehmen	3,01	4,74

Die graue Linie gibt an, wie Unternehmensvertreter einschätzen, welche Anreize Teilnehmer erwarten; die gestrichelte schwarze Linie gibt an, welche Anreize das Unternehmen gewähren würde.

Abbildung 4.4: Anreize und Motivationsgrundlagen in der Einschätzung von Konsumgüterunternehmen (Mittelwerte)

nehmer liegt in etwa gleich hoch. Die tatsächlich geäußerte Präferenz der Konsumenten liegt allerdings etwas höher (Mittelwert 5,03; Median 5). Preisausschreiben und Gewinnspiele sind daher ein gut geeigneter extrinsischer Anreiz, der sowohl auf Teilnehmer- als auch auf Unternehmensseite Zustimmung findet.

Auch in der Unternehmensbefragung wurden drei eher intrinsisch wirkende Anreize bewertet. Dabei handelte es sich um Online-Chats mit Experten, Zugang zu exklusiven Informationen und Dankschreiben an die Kunden. Online-Chats werden durch das Unternehmen relativ schlecht bewertet, sie sind wohl in der Durchführung zu aufwändig. Aus Sicht der Unternehmen erwarten Konsumenten diese auch nicht (Mittelwert 3,75). Die Einschätzung deckt sich grob mit der tatsächlichen Präferenz der Konsumenten. Die im Vergleich einfacher durchzuführende Bereitstellung von exklusiven Informationen wird mit 3,97 bewertet. Die Attraktivität für den Konsumenten erscheint den Unternehmenvertretern mit 4,13 ebenfalls höher. Dies stimmt mit deren tatsächlichen Bewertung überein.

Dankschreiben scheinen für viele Unternehmen relativ selbstverständlich, im Mittel werden sie mit 4,74 bewertet. Dies ist die beste Bewertung aller Anreize. Allerdings wird die Akzeptanz der Konsumenten viel schlechter eingeschätzt (Mittel 3,01). Aus der Sicht der Unternehmen sind Dankschreiben als Anreiz anscheinend nicht geeignet. Bewertet man diese allerdings als ein Merkmal angemessener Betreuung, so werden Dankschreiben vom Konsumenten tatsächlich deutlich besser bewertet (Mittel 5,34; Median 6). Es demonstriert ihm, dass er wahrgenommen wird und seine Idee an der richtigen Stelle im Unternehmen angekommen ist, auch wenn sie eventuell nicht weiter verfolgt wird. Für einen intrinsisch motivierten Konsumenten ist solch eine Antwort wichtig.

Die latente intrinsische Motivation der Konsumenten wird ebenfalls durch die Unternehmen völlig unterschätzt.[116] Die Aussage, dass die innere Motivation und das Produktinteresse einen Kunden ausreichend motivieren, wird von den Unternehmen mit einem Mittelwert von 3,66, also unter dem Skalenmittelwert, bewertet. Auch die Aussage, dass Spassfaktor und Neuigkeitscharakter der virtuellen Kundeneinbindung als Anreiz ausreichen, wird eher abgelehnt (Mittelwert 3,50).

Hingegen erfährt eine Aussage, die ein intrinsisch motiviertes Verhalten in der Nachbefragung erfasst („Ich würde eine Idee übermitteln, damit sie auch anderen nützt") eine sehr hohe Zustimmung (Mittelwert 5,52; Median 6). Dies lässt darauf schließen, dass die Motivation der Konsumenten von vielen Unternehmen (noch) nicht wahrgenommen wird, obwohl zahlreiche gegenteilige Anzeichen bestehen (siehe etwa die Artikel von Kozinets 2002 und Nikitas 2002).

---

[116] Die hier zur Messung verwendeten Indikatoren sind zwischen der Unternehmensbefragung und der Nachbefragung der Teilnehmer nicht identisch; daher sind diese in Abbildung 4.4 nicht dargestellt.

Dies könnte ein Faktor sein, warum Methoden der virtuellen Kundeneinbindung (VKE) eine nur geringe Akzeptanz finden: Auf Seite der Unternehmen existiert die Illusion, dass Kunden nur motiviert werden können, wenn sie finanzielle Anreize erhalten. Da diese nicht gewährt werden sollen, unterlassen Unternehmen Maßnahmen der VKE, obwohl viele Konsumenten auch freiwillig daran teilnehmen würden. Dies zeigen auch die Aussagen derjenigen Teilnehmer an der Nachbefragung, die keine Idee beim Ideenwettbewerb eingereicht haben (siehe Abschnitt 4.3.2.1).

Eine Kombination aus Verlosungen unter den Teilnehmern oder der Prämierung der besten Ideen, der Bereitstellung von Informationen und einer angemessen Betreuung etwa durch Dankschreiben per Post oder Email ist für die Unternehmen nach den Ergebnissen dieser Untersuchung akzeptabel. Auch auf Seiten der Konsumenten wird diese Kombination aus intrinsischer Motivierung und einem niedrigen extrinsischen Anreiz positiv bewertet. Zusammen mit der vorhandenen hohen latenten inneren Motivation können so zahlreiche Konsumenten für eine Teilnahme gewonnen werden.

4.3.2.3 Vorhersage der Ideenabgabe

In einem ersten Schritt soll untersucht werden, wie Persönlichkeitseigenschaften, Produkt- und Markenwahrnehmung die Bereitschaft beeinflussen, eine Idee abzugeben *(Ideenabgabe)*. Zunächst wird ein Modell spezifiziert, dass nur die in Abschnitt 4.2.3.3 validierten Konstrukte beinhaltet. Ein zweites Modell berücksichtigt zusätzlich zwei kategoriale Variablen. Zum einen handelt es sich mit der Themenbreite um den Experimentfaktor, der den stärksten Einfluss auf die Ideenquote hatte. Entsprechend der Ergebnisse des Methodenexperiments ist zu erwarten, dass ein enges Thema die Bereitschaft senkt, eine Idee abzugeben, da der Teilnehmer in seinem Freiraum begrenzt wird. Zum anderen wird berücksichtigt, ob ein Konsument bereits zuvor eine Idee an ein Unternehmen in irgendeiner Form übermittelt hat. Dies geschieht über eine Ja/Nein-Variable. Dabei sollte die vorherige Erfahrung einen positiven Effekt auf die Bereitschaft haben, eine Idee abzugeben. Da die abhängige Variable „Ideenabgabe", also ob ein Konsument einen Beitrag beziehungsweise eine Idee einreicht, ebenfalls 0,1-skaliert ist, wird zur Schätzung eine logistische Regression eingesetzt.[117] Tabelle 4.25 enthält die deskriptive Statistik der in den folgenden Analysen verwendeten Konstrukte.

Im ersten Schritt werden zwei Gruppen gebildet.[118] Eine besteht aus solchen Teilnehmern, die

---
[117] Zur Methodik siehe Abschnitt 4.2.3.1.
[118] In den folgenden Analysen sind die Gruppengrößen teilweise stark unterschiedlich. Dies kann zu einer Verzerrung der Ergebnisse von Logit-Regressionen führen; Abhilfe kann eine Gewichtung der Gruppen schaffen. Für jedes der hier vorgestellten geschätzten Modelle wurden zusätzlich gewichtete Modelle geschätzt. Die Befunde ändern sich dabei in der Richtung nicht, auch die Stärke ist fast unverändert, und auch die Signifikanzen verschieben

einen Beitrag mit Idee eingereicht haben, die zweite aus solchen, die keinen Beitrag eingereicht haben. Sollten beide kategorialen Kovariate einen signifikanten Effekt in die vermutete Richtung haben, wird für die weiteren Untersuchungen dasjenige Modell verwendet, das die bessere Gesamt- und Prognosegüte aufweist. Im zweiten Schritt werden diejenigen Teilnehmer aus der Analyse genommen, die eine bereits realisierte Idee, also ohne Neuigkeitscharakter, übermittelt haben. Die verbleibenden Ideen wurden vom Unternehmen als neuartig und damit besonders interessant eingestuft, haben also durchweg eine höhere Qualität.

Das zu Grunde liegende logistische Regressionsmodell ist wie folgt spezifiziert:

$$\begin{aligned}\text{logit}[\text{pr}(Y=1)] &= \beta_0 + \beta_1(\text{IN}) + \beta_2(\text{OL}) + \beta_3(\text{WI}) + \beta_4(\text{NB}) \\ &+ \beta_5(\text{UN}) + \beta_6(\text{IV}) + \beta_7(\text{KX}) + \beta_8(\text{VT}) + \beta_9(\text{WKA}) \\ &+ \beta_{10}(\text{WEA}) \end{aligned} \quad (4.8)$$

---

sich kaum. Daher werden hier die Ergebnisse der ungewichteten Schätzungen vorgestellt. Allerdings weisen die gewichteten Modelle durchgängig eine höhere Modellgüte auf, da der Hosmer-Lemeshow-Test immer mindestens am 10%-Niveau signifikant ist. Abweichungen in der Größe der Stichprobe gegenüber Tabelle 4.4 resultieren aus dem Ausschluss von Ausreißern mit Pearson-Residuen mit einem Absolutbetrag größer eins (Backhaus et al. 2003, S. 450).

Tabelle 4.25: Korrelationen und deskriptive Statistik der verwendeten Konstrukte

		IN	OL	WI	NB	UN	IV	KX	VT	WKA	WEA	μ	σ
IN	ρ	1										1,066	0,525
	Sign.												
OL	ρ	0,429**	1									1,492	0,301
	Sign.	0,000											
WI	ρ	0,331***	0,478***	1								1,573	0,314
	Sign.	0,000	0,000										
NB	ρ	0,38***	0,320***	0,222***	1							1,288	0,507
	Sign.	0,000	0,000	0,000									
UN	ρ	0,115***	0,028	-0,054	0,269***	1						0,891	0,522
	Sign.	0,007	0,511	0,207	0,000								
IV	ρ	0,401***	0,428***	0,311***	0,153***	-0,015	1					5,043	1,278
	Sign.	0,000	0,000	0,000	0,000	0,731							
KX	ρ	0,021	-0,117***	-0,149***	0,022	0,168***	-0,050	1				1,839	1,054
	Sign.	0,628	0,006	0,000	0,608	0,000	0,236						
VT	ρ	0,025	-0,010	0,055	-0,052	-0,222***	0,193***	-0,075*	1			5,509	1,026
	Sign.	0,558	0,812	0,191	0,219	0,000	0,000	0,078					
WKA	ρ	0,099**	0,066	0,097**	0,023	-0,093**	0,147***	-0,062	0,389***	1		3,310	1,671
	Sign.	0,019	0,122	0,021	0,594	0,028	0,000	0,145	0,000				
WEA	ρ	0,139***	0,295***	0,230***	0,046	-0,181***	0,344***	-0,068	0,566***	0,505***	1	4,854	1,351
	Sign.	0,001	0,000	0,000	0,280	0,000	0,000	0,109	0,000	0,000			

*** Signifikant auf dem 1%-Niveau
** Signifikant auf dem 5%-Niveau
* Signifikant auf dem 10%-Niveau
IN: Innovativität; OL: Meinungsführerschaft; WI: Objektwissen; NB: Neue Bedürfnisse; UN: Latente Unzufriedenheit; IV: Produktinvolvement; KX: Produktkomplexität; VT: Vertrauen; WKA: Wiederkaufabsicht; WEA: Weiterempfehlungsabsicht

Zu dessen Schätzung wird zunächst die größere Stichprobe eingesetzt. Zwischen dem Log-Likelihood-Wert des Nullmodells, das nur die Konstante β_0 enthält, und dem des vollständigen Modells besteht eine Differenz von 87,895. Diese ist annähernd χ^2-verteilt und dient als Prüfgröße für den Likelihood-Ratio-Test der Modellkoeffizienten (auch Omnibus-Test genannt). Der Test ist auf dem 1%-Niveau signifikant; daher kann die Nullhypothese, dass alle Modellkoeffizienten 0 sind, verworfen werden. Die Pseudo-R^2-Statistiken als Maß für den Erklärungswert erreichen ein gerade noch akzeptables Niveau. Das Cox & Snell-R^2 hat einen Wert von 0,161, das Nagelkerke-R^2 einen Wert von 0,217.[119] Der Hosmer-Lemeshow-Test, der die Erklärungsgüte testet, ist nicht signifikant.[120] Das Proportional-Chance-Kriterium (PCC) liegt bei dieser Stichprobe bei 51,6 Prozent (Krafft 1997, S. 632). Vom Modell werden insgesamt 67,8 Prozent der Fälle richtig klassifiziert. In der Gesamtbetrachtung ergibt dies eine zufriedenstellende Modellgüte (siehe Tabelle 4.26). Daher wird im nächsten Schritt die Güte der einzelnen Regressionskoeffizienten beurteilt.

Deren Untersuchung zeigt, dass nicht alle Effekte in die vermutete Richtung wirken oder signifikant sind (siehe Tabelle 4.27). Zwar ist der Parameter, der den Einfluss des Konstrukts Innovativität misst, auf dem 1%-Niveau signifikant. Im Gegensatz zur Vermutung in Hypothese 5a hat Innovativität einen Effekt, der zudem negativ ist: Eine Änderung des Index zur Messung der Innovativität senkt den Effektkoeffizienten und damit die Wahrscheinlichkeit, eine Idee abzugeben. Die Hypothese ist damit falsifiziert.

Der Regressionskoeffizient, der den Effekt des Konstrukts Meinungsführerschaft misst, ist hingegen nicht signifikant. Hypothese 6a wird daher ebenfalls abgelehnt. Auch der Regressionskoeffizient für das Konstrukt Wissen ist nicht signifikant; es übt also keinen Einfluss auf die Bereitschaft aus, eine Idee abzugeben. Dies ist in (der modifizierten) Hypothese 7a auch vermutet worden; entsprechend wird sie bestätigt.

Die verbleibenden zwei Konstrukte zur Messung der Persönlichkeitseigenschaften sind hingegen beide auf dem 1%-Niveau signifikant und wirken in die vermutete Richtung. Der Regressionskoeffizient für das Konstrukt „Neue Bedürfnisse" beträgt 1,32; ein Anstieg des Index zur Messung neuer Bedürfnisse um 1 erhöht den Effektkoeffizienten e^b entsprechend um 3,74. Im Falle des Konstrukts „Latente Unzufriedenheit" beträgt der Regressionskoeffizient 0,90, der Effektkoeffizient 2,46. Die Hypothesen 8a und 9a werden damit bestätigt.

Die Konstrukte zur Messung der Produktwahrnehmung sind in diesem Modell beide nicht signifikant.Die Hypothesen 10a und 11a werden damit nicht bestätigt. Das Konstrukt Vertrauen,

---

[119] Multikollinearität liegt nicht vor. Diese wurde hilfsweise durch den Variance-Inflation-Factor (VIF) einer identisch spezifizierten linearen Regression gemessen. Alle unabhängigen Variablen haben einen VIF kleiner 3.
[120] Die Untersuchung der Kontingenztabelle des Tests zeigt aber ein annehmbares Bild.

Tabelle 4.26: Gütekriterien der logistischen Regression zur Erklärung der Ideenabgabe (Modell laut Gleichung 4.8)

Kriterium	Testwert	Signifikanz
-2-Log-Likelihood-Wert	588,963	
Omnibus-Test der Modell-Koeffizienten[a]	87,895	0,000***
Cox & Snell-R^2	0,161	–
Nagelkerke-R^2	0,217	–
Hosmer-Lemeshow-Test[a]	5,448	0,709

*** Signifikant auf dem 1%-Niveau
[a] Die Prüfgröße ist näherungsweise χ^2-verteilt.

Tabelle 4.27: Übersicht über die Koeffizienten der logistischen Regression zur Erklärung der Ideenabgabe (Modell laut Gleichung 4.8)

Hypothese	Variable[a]	Koeffizient	SE	Wald	Signifikanz	Odds	Ergebnis
H5a	IN	-0,766	0,237	10,421	0,001***	0,465	
H6a	OL	0,124	0,466	0,070	0,791	1,132	
H7a	WI	0,224	0,393	0,324	0,564	1,251	bestätigt[c]
H8a	NB	1,320	0,263	25,180	0,000***	3,742	bestätigt[b]
H9a	UN	0,900	0,214	17,739	0,000***	2,458	bestätigt[b]
H10a	IV	0,131	0,097	1,815	0,173	1,140	
H11a	KX	-0,135	0,097	1,965	0,116	0,893	
H12a	VT	-0,289	0,130	4,928	0,026**	0,749	
H14a	WKA	-0,073	0,071	1,060	0,303	0,930	bestätigt[c]
H15a	WEA	0,411	0,114	13,095	0,000***	1,509	bestätigt[b]
	Konstante	-3,286	0,962	11,673	0,001***	0,037	

n=500
*** Signifikant auf dem 1%-Niveau
** Signifikant auf dem 5%-Niveau
[a] IN: Innovativität; OL: Meinungsführerschaft; WI: Objektwissen; NB: Neue Bedürfnisse; UN: Latente Unzufriedenheit; IV: Produktinvolvement; KX: Produktkomplexität; VT: Vertrauen; WKA: Wiederkaufsabsicht; WEA: Weiterempfehlungsabsicht
[b] Effekt wirkt in die vermutete Richtung und ist mindestens auf dem 10%-Niveau signifikant.
[c] Effekt ist nicht signifikant und hat daher, wie vermutet, keinen Einfluss.

das die Wahrnehmung der Marke erfasst, ist hingegen auf dem 5%-Niveau signifikant. Der Regressionsparameter beträgt -0,29, der Effektkoeffizient entsprechend 0,75. Damit hat das Konstrukt anders als in Hypothese 12a einen negativen Effekt auf die Bereitschaft, eine Idee abzugeben. Allerdings ist das Vertrauen zum Markenanbieter in beiden Gruppen sehr hoch. Der Mittelwert liegt in der Gruppe der Einreicher bei 5,36, in der Gruppe der Nicht-Einreicher bei 5,56. Beide Werte liegen deutlich über dem Skalenmittelwert von 4. Ein hohes Vertrauen in den Markenanbieter ist also bei allen Gruppen gegeben und daher nicht geeignet, zwischen den beiden Gruppen entsprechend Hypothese 12a zu unterscheiden.[121] Das Konstrukt Wiederkaufabsicht hat keinen signifikanten Effekt auf die Wahrscheinlichkeit, eine Idee abzugeben. Hypothese 14a wird damit bestätigt. Hingegen übt die zweite Dimension des Loyalitätskonstrukts einen auf dem 1%-Niveau signifikanten Effekt aus. Der Regressionskoeffizient der Weiterempfehlungsabsicht beträgt 0,41, der Effektkoeffizient entsprechend 1,51. Je höher die Weiterempfehlungsabsicht, desto höher also die Bereitschaft, eine Idee abzugeben. Dies bestätigt Hypothese 15a.

Das logistische Regressionsmodell ohne Dummy-Variablen liefert damit insgesamt akzeptable Ergebnisse. Diese sollen nun mit denen eines zweiten Modells bei Verwendung des gleichen Datensatzes verglichen werden. Es nimmt zusätzlich die zwei zu Beginn dieses Abschnitts beschriebenen kategorialen Variablen „Vorherige Erfahrung" und „Themenbreite" auf, die einen Einfluss auf die Abgabe einer Idee haben könnten. Dabei wird letztere Variable hier umgekehrt kodiert, also der Fall eines eng gestellten Themas modelliert. Entsprechend sollte sich ein negativer Einfluss ergeben.

Durch die Aufnahme der Dummy-Variablen ändert sich die Spezifikation des Modells für die logistische Regression:

$$\text{logit}[\text{pr}(Y=1)] = \beta_0 + \beta_1(\text{IN}) + \beta_2(\text{OL}) + \beta_3(\text{WI}) + \beta_4(\text{NB})$$
$$+ \beta_5(\text{UN}) + \beta_6(\text{IV}) + \beta_7(\text{KX}) + \beta_8(\text{VT}) + \beta_9(\text{WKA})$$
$$+ \beta_{10}(\text{WEA}) + \beta_{11}(\text{Erfahrung}) + \beta_{12}(\text{Thema}) \quad (4.9)$$

Zur Beurteilung der Signifikanz des Modells wird der Unterschied zwischen dem Log-Likelihood-Wert des Nullmodells und dem des vollständigen Modells für den Omnibus-Test herangezogen (siehe Tabelle 4.28). Dieser ist auf dem 1%-Niveau signifikant; damit kann die Nullhypothese, dass alle Modellkoeffizienten gleich 0 sind, verworfen werden. Die Erklärungswerte sind verglichen mit dem Modell ohne die beiden Dummy-Variablen höher und erreichen ein

---

[121] Der gleiche Effekt ist beim alternativen Konstrukt Kundenzufriedenheit zu beobachten. Allerdings ist der Effekt nicht signifikant.

Tabelle 4.28: Gütekriterien der logistischen Regression zur Erklärung der Ideenabgabe (Modell laut Gleichung 4.9)

Kriterium	Testwert	Signifikanz
-2-Log-Likelihood-Wert	554,815	
Omnibus-Test der Modell-Koeffizienten[a]	124,153	0,000***
Cox & Snell-R^2	0,220	–
Nagelkerke-R^2	0,296	–
Hosmer-Lemeshow-Test[a]	12,318	0,138

*** Signifikant auf dem 1%-Niveau
[a] Die Prüfgröße ist näherungsweise χ^2-verteilt.

Tabelle 4.29: Übersicht über die Koeffizienten der logistischen Regression zur Erklärung des Ideeneinreichens (Modell laut Gleichung 4.9)

Hypothese	Variable[a]	Koeffizient	SE	Wald	Signifikanz	Odds	Ergebnis
H5a	IN	-0,795	0,244	10,598	0,001***	0,452	
H6a	OL	0,354	0,485	0,533	0,466	1,424	
H7a	WI	-0,317	0,405	0,610	0,435	0,729	bestätigt[c]
H8a	NB	1,134	0,258	19,400	0,000***	3,109	bestätigt[b]
H9a	UN	0,844	0,224	14,266	0,000***	2,327	bestätigt[b]
H10a	IV	0,116	0,101	1,324	0,250	1,123	
H11a	KX	-0,179	0,101	3,164	0,075*	0,836	bestätigt[b]
H12a	VT	-0,329	0,135	5,904	0,015***	0,720	
H14a	WKA	-0,090	0,074	1,489	0,222	0,914	bestätigt[c]
H15a	WEA	0,473	0,120	15,663	0,000***	1,605	bestätigt[b]
	Erfahrung (ja)[d]	1,033	0,249	17,154	0,000***	2,809	bestätigt[b]
	Thema (eng)[e]	-1,072	0,219	23,946	0,000***	0,342	bestätigt[b]
	Konstante	-1,858	0,964	3,716	0,054	0,156	

n=500
*** Signifikant auf dem 1%-Niveau
* Signifikant auf dem 10%-Niveau
[a] IN: Innovativität; OL: Meinungsführerschaft; WI: Objektwissen; NB: Neue Bedürfnisse; UN: Latente Unzufriedenheit; IV: Produktinvolvement; KX: Produktkomplexität; VT: Vertrauen; WKA: Wiederkaufabsicht; WEA: Weiterempfehlungsabsicht
[b] Effekt wirkt in die vermutete Richtung und ist mindestens auf dem 10%-Niveau signifikant.
[c] Effekt ist nicht signifikant und hat daher, wie vermutet, keinen Einfluss.
[d] Erfahrung (ja) misst den Effekt auf die Bereitschaft, eine Idee abzugeben, wenn ein Teilnehmer bereits zuvor an Maßnahmen zur Kundeneinbindung teilgenommen hat.
[e] Thema (eng) misst den Effekt, den die Themenbreite auf die Bereitschaft, eine Idee abzugeben, hat. Hier wird der Effekt eines eng gestellten Themas modelliert.

4.3 Befunde

zufriedenstellendes Niveau. Das Cox & Snell-R^2 beträgt 0,22, das Nagelkerke-R^2 0,296.[122] Der Hosmer-Lemeshow-Test auf Anpassungsgüte verfehlt das Signifikanzniveau von 10 Prozent nur knapp, ebenfalls eine deutliche Verbesserung.[123] Das PCC beträgt 51,2 Prozent und wird vom Anteil korrekt klassifizierter Fälle in Höhe von 69,6 Prozent deutlich übertroffen. Damit ergibt sich eine akzeptable Gesamtgüte. Sie ist besser als diejenige des Modells ohne Dummy-Variablen.

Wie zu vermuten, decken sich die Effekte in diesem Modell mit denjenigen des Modells ohne Dummy-Variablen (siehe Tabelle 4.29). Im Bereich der Persönlichkeitsfaktoren, also der Variablen, die im Wesentlichen verschiedene Facetten des Innovationsverhaltens der Teilnehmer erfassen, sind die Befunde identisch, einzig in der Stärke der Effekte stellen sich leichte Unterschiede ein.

Einen Unterschied gibt es hingegen bei den Konstrukten zur Messung der Produktwahrnehmung. Zwar übt das Konstrukt Involvement wiederum keinen signifikanten Einfluss aus. Dies ist jedoch für die Produktkomplexität der Fall. Der Effekt ist schwach signifikant; der zugehörige Regressionskoeffizient beträgt -0,18. Erhöht sich also der Index des Konstrukts um 1, führt dies zu einer Verminderung des Effektkoeffizienten in Höhe von 0,84. Je komplexer ein Teilnehmer das Produkt Geschirrspüler wahrnimmt, desto geringer die Wahrscheinlichkeit, dass er eine Idee einreicht. Damit wird Hypothese 11a bestätigt. Für die Konstrukte, die die Wahrnehmung der Marke messen, ergeben sich Unterschiede ebenfalls nur in der Stärke der Effekte.

Die beiden Dummy-Variablen Themenbreite und Erfahrung sind jeweils auf dem 1%-Niveau signifikant. Der Regressionskoeffizient für die Variable Erfahrung beträgt 1,03. Hat ein Teilnehmer bereits früher eine Idee an irgendein Unternehmen übermittelt, so steigen die Odds für die Abgabe einer Idee um 2,81. Dies bestätigt die Vermutung über die Wirkung vorheriger Erfahrung. Der Regressionskoeffizient für den Effekt der Themenbreite beträgt -1,07, die korrespondierende Effektstärke 0,34. Ist das Thema eng gestellt, sinkt also die Wahrscheinlichkeit, dass eine Idee eingereicht wird. Auch dies ist erwartungskonform.

Das in Gleichung 4.9 spezifizierte Modell, das die beiden Dummy-Variablen aufnimmt, hat gegenüber dem in Gleichung 4.8 spezifizierten Modell ohne Dummy-Variablen eine bessere Gesamtgüte und weist auch ein verbessertes Klassifikationsergebnis auf. Da die beiden zusätzlichen Variablen zudem einen signifikanten Effekt ausüben und sich die Ergebnisse für die anderen Variablen leicht verbessern, wird für die folgenden Untersuchungen das erweiterte Modell gemäß Gleichung 4.9 genutzt.

---

[122] Auch hier liegt keine Multikollinearität vor.
[123] Zudem ist der Test bei einer nach Erfahrung gewichteten Schätzung am 10%-Niveau signifikant. Das Modell ist daher als robust einzustufen.

Im zweiten Schritt soll analysiert werden, welche Faktoren erklären, ob ein Teilnehmer eine für das Unternehmen neue und damit besonders interessante Idee einreicht. Dazu werden die Teilnehmer, die gar keinen Beitrag geleistet haben, mit denen verglichen, deren Idee neuartig ist.[124] Entsprechend ist die Stichprobe kleiner. Das Logit-Modell entspricht demjenigen, das für die größere Stichprobe, also allen Teilnehmern, die einen Beitrag eingereicht haben, verwendet wurde und die Dummy-Variablen „Themenbreite" und „Vorherige Erfahrung" berücksichtigt (siehe Gleichung 4.9).

Zwischen dem Log-Likelihood-Wert des Nullmodells und dem des vollständigen Modells besteht eine Differenz von 110,03 bei zwölf Freiheitsgraden (siehe Tabelle 4.30). Der Likelihood-Ratio-Test ist auf dem 1%-Niveau signifikant. Die Nullhypothese, dass alle Koeffizienten gleich Null sind, wird daher verworfen. Das Cox & Snell-R^2 beträgt 0,253, das Nagelkerke-R^2 0,389.[125] Beide erreichen damit akzeptable Werte. Ein weiteres Maß zur Beurteilung der Gesamtgüte ist der Hosmer-Lemeshow-Test. Der zugehörige p-Wert beträgt 0,154, damit wird die Nullhypothese, dass keine Differenz zwischen erwarteten und beobachteten Häufigkeiten besteht, verworfen.[126] Das PCC beträgt in diesem Fall 0,680. Im vollständigen Modell beträgt der Anteil der korrekt klassifizierten Beobachtungen 0,804. Allerdings ist das Klassifikationsergebnis der kleinen Gruppe (mit bewerteter Idee) mit 0,349 recht niedrig. Die Gesamtgüte ist dennoch akzeptabel.

Nachdem die Überprüfung des Gesamtmodells eine adäquate Modellgüte ergeben hat, können nun die Parameterschätzer beurteilt werden (siehe Tabelle 4.31). Wieder wirken nicht alle Regressionskoeffizienten in die vermutete Richtung. So war in Hypothese 5a angenommen worden, dass (Adoptions-) Innovativität keinen Einfluss auf die Bereitschaft, eine Idee abzugeben, hat. Der zugehörige Koeffizient im Logit-Modell beträgt -1,01 und ist auf dem 1%-Niveau signifikant. Er wirkt damit nicht entsprechend den Erwartungen. Sinkt der Index des Konstrukts um einen Punkt, so geht der Effektkoeffizient (Odd) (e^b) um 0,37 zurück. Die Wahrscheinlichkeit, dass ein Teilnehmer eine (bewertete) Idee einreicht, sinkt also. Hypothese 5a wird daher abgelehnt.

Entgegen Hypothese 6a übt die Meinungsführerschaft keinen signifikanten Einfluss auf die Bereitschaft aus, eine Idee abzugeben. Daher wird auch sie abgelehnt. Der Koeffizient des Konstrukts Wissen ist ebenfalls nicht signifikant. Dies entspricht aber den Erwartungen: Hypothese

---

[124] Daher werden diejenigen Teilnehmer, die einen Beitrag geleistet haben, der laut den Experten von BSH aber keine Idee enthält, aus der Analyse genommen. Dadurch sind nur noch Einsender qualitativ guter Beiträge in der Analyse enthalten (siehe Tabelle 4.4).
[125] Auch hier liegt keine Multikollinearität vor.
[126] Allerdings ist der Test bei einer nach Erfahrung gewichteten Schätzung am 10%-Niveau signifikant. Das Modell ist daher als robust einzustufen.

4.3 Befunde

Tabelle 4.30: Gütekriterien der logistischen Regression zur Erklärung des Ideenabgabe (Modell laut Gleichung 4.9)

Kriterium	Testwert	Signifikanz
-2-Log-Likelihood-Wert	287,049	
Omnibus-Test der Modell-Koeffizienten[a]	110,032	0,000***
Cox & Snell-R^2	0,253	–
Nagelkerke-R^2	0,389	–
Hosmer-Lemeshow-Test[a]	11,944	0,154

*** Signifikant auf dem 1%-Niveau
[a] Die Prüfgröße ist näherungsweise χ^2-verteilt.

Tabelle 4.31: Übersicht über die Koeffizienten der logistischen Regression zur Erklärung des Ideeneinreichens (Modell laut Gleichung 4.9)

Hypothese	Variable[a]	Koeffizient	SE	Wald	Signifikanz	Odds	Ergebnis
H5a	IN	-1,009	0,343	8,646	0,003***	0,365	
H6a	OL	-0,218	0,714	0,093	0,761	0,804	
H7a	WI	0,485	0,608	0,636	0,425	1,624	bestätigt[c]
H8a	NB	1,762	0,456	14,957	0,000***	5,826	bestätigt[b]
H9a	UN	1,371	0,343	15,999	0,000***	3,938	bestätigt[b]
H10a	IV	0,281	0,147	3,640	0,056*	1,324	bestätigt[b]
H11a	KX	-0,042	0,136	0,098	0,754	0,958	
H12a	VT	-0,569	0,203	7,849	0,005***	0,566	
H14a	WKA	-0,130	0,105	1,525	0,217	0,878	bestätigt[c]
H15a	WEA	0,574	0,184	9,768	0,002***	1,776	bestätigt[b]
	Erfahrung (ja)	1,095	0,340	10,365	0,001***	2,988	bestätigt[b]
	Thema (eng)	-1,537	0,322	22,812	0,000***	0,215	bestätigt[b]
	Konstante	-4,486	1,434	9,793	0,002***	0,011	

n=377
*** Signifikant auf dem 1%-Niveau
* Signifikant auf dem 10%-Niveau
[a] IN: Innovativität; OL: Meinungsführerschaft; WI: Objektwissen; NB: Neue Bedürfnisse; UN: Latente Unzufriedenheit; IV: Produktinvolvement; KX: Produktkomplexität; VT: Vertrauen; WKA: Wiederkaufabsicht; WEA: Weiterempfehlungsabsicht.
[b] Effekt wirkt in die vermutete Richtung und ist mindestens auf dem 10%-Niveau signifikant.
[c] Effekt ist nicht signifikant und hat daher, wie vermutet, keinen Einfluss.

7a kann damit bestätigt werden. Das Ausmaß an Objektwissen übt demnach keinen Einfluss auf die Bereitschaft, eine Idee abzugeben, aus.

Für das Konstrukt „Neue Bedürfnisse" ergibt sich ein auf dem 1%-Niveau signifikanter Befund. Erhöht sich der Index des Konstrukts um einen Punkt, steigt der Effektkoeffizient um 5,83. Damit haben „Neue Bedürfnisse" eine hohe Voraussagekraft bezüglich der Abgabe einer Idee. Der Befund bestätigt Hypothese 8a. Auch der Effekt des Konstrukts „Latente Unzufriedenheit" ist auf dem 1%-Niveau signifikant. Erhöht sich der Messindex um einen Punkt, so steigt der Effektkoeffizient um 3,94. Hypothese 9a wird ebenfalls bestätigt. Damit können im Bereich der Persönlichkeitsmerkmale drei der fünf Hypothesen bestätigt werden. Insbesondere „Neue Bedürfnisse" und „Latente Unzufriedenheit" wirken stark auf die Bereitschaft, eine Idee abzugeben.

Im Bereich der Produktwahrnehmung wurde die Auswirkung des Produktinvolvements und der Produktkomplexität getestet. Der Logit-Koeffzient für das Konstrukt Involvement beträgt 0,28, der Effekt-Koeffizient entsprechend 1,32. Die Wald-Statistik zeigt, dass der Effekt schwach auf dem 10%-Niveau signifikant ist. Da der Effekt in die vermutete Richtung wirkt, wird Hypothese 10a bestätigt. Für das Konstrukt Komplexität wurde ein negativer Effekt auf die Bereitschaft, eine Idee abzugeben, vermutet. Dieser stellt sich auch ein, allerdings ist der Koeffizient mit einem p-Wert von 0,754 nicht signifikant. Hypothese 11a wird daher nicht bestätigt. Der Wert des Index zur Berechnung der Skala ist in beiden Gruppen sehr niedrig, zudem unterscheiden sich die Mittelwerte kaum.

Auch für die Wahrnehmung des Anbieters ergeben sich gemischte Resultate. Der Koeffizient für das Konstrukt Vertrauen beträgt -0,57 und ist auf dem 1%-Niveau signifikant. Bei einem Rückgang des Index um eine Einheit verringert sich der Effektkoeffizient um 0,57. Damit wird Hypothese 12a falsifiziert. Für das Konstrukt Wiederkaufabsicht ergibt sich kein signifikanter Koeffizient, was Hypothese 14a bestätigt. Der Regressionskoeffizient für das Konstrukt Weiterempfehlungsabsicht ist auf dem 1%-Niveau signifikant. Er beträgt 0,57, der korrespondierende Effektkoeffizient 1,78. Hypothese 15a wird damit wiederum bestätigt.

Die beiden in das Modell aufgenommenen kategorialen Variablen wirken auch hier entsprechend der Vermutung. Hat ein Teilnehmer bereits vorher eine Idee an ein Unternehmen übermittelt, so erhöht sich der Effekt-Koeffizient um 2,99. Der Regressionskoeffizient beträgt 1,1 und ist auf dem 1%-Niveau signifikant. Der Regressionskoeffizient für die Variable Themenbreite beträgt -1,537 und ist ebenfalls auf dem 1%-Niveau signifikant. Ist das Thema eng gestellt, so verringert sich der Effekt-Koeffizient um 0,215.

Da die Konstrukte Wissen und Meinungsführerschaft in allen Logit-Modellen keinen signifikanten Einfluss haben und das Konstrukt Innovativität entgegen der Vermutung einen (negativen) Effekt hat, wurden für eine Kategorisierung der Teilnehmer an der Nachbefragung nach der

4.3 Befunde

Methode von Lüthje (2000, S. 151) nur die Kriterien „Latente Unzufriedenheit" und „Neue Bedürfnisse" verwendet. Diese stehen letztlich auch im Zentrum der Lead-User-Definition durch von Hippel (1986, S. 796), wenn man die Unzufriedenheit als Vorstufe zur Entdeckung neuer Bedürfnisse betrachtet. Entsprechend sollten sie ausreichen, um einen Lead User in Konsumgütermärkten zuverlässig zu identifizieren (Lüthje 2004, S. 32-44). Das Lead-User-Kriterium wird wie von Lüthje (2000) und Urban und Hauser (1993, S. 139) vorgeschlagen operationalisiert: Als Cut-Off-Kriterium dient der Mittelwert des Gesamtsamples für die Konstrukte „Latente Unzufriedenheit" und „Neue Bedürfnisse". Wenn beide simultan überschritten werden, wird ein Teilnehmer als Lead User klassifiziert. Diese Kriterien erfüllen 217 von 557 Teilnehmern und werden im Einklang mit den in der Literatur gebräuchlichen Bezeichnungen aus Konsistenzgründen im Folgenden als Lead User oder innovative Kunden (jeweils im Verständnis dieser Arbeit) kategorisiert.[127] Diese Variable wurde anstelle der fünf Konstrukte, die die in Kapitel 4.1.2 beschriebenen Eigenschaften innovativer Konsumenten messen, in einer weiteren Logit-Regression verwendet.

Entsprechend ist dieses Modell spezifiziert als:

$$\text{logit}[\text{pr}(Y=1)] = \beta_0 + \beta_{13}(\text{Lead User}) + \beta_6(\text{IV}) + \beta_7(\text{KX}) \\ + \beta_8(\text{VT}) + \beta_9(\text{WKA}) + \beta_{10}(\text{WEA}) + \beta_{11}(\text{Erfahrung}) \\ + \beta_{12}(\text{Thema}) \quad (4.10)$$

Da gegenüber dem in Gleichung 4.9 spezifizierten Modell drei signifikante metrisch skalierte Variablen durch eine 0,1-skalierte Dummy-Variable ersetzt wurden, ist davon auszugehen, dass der Erklärungswert sinkt. Dies ist in der Tat der Fall: So ergibt sich ein Cox & Snell-R^2 von 0,18 und ein Nagelkerke-R^2 von 0,27, was noch akzeptabel ist (siehe Tabelle 4.32).[128] Gegenüber dem Nullmodell, dass nur die Konstante einschließt, ergibt sich im vollständigen Modell entsprechend Gleichung 4.10 eine Veränderung des Log-Likelihood-Werts von 73,64. Der korrespondierende Test ist auf dem 1%-Niveau signifikant: Die Nullhypothese, dass alle Koeffizienten gleich 0 sind, wird verworfen.

Der Hosmer-Lemeshow-Test ist ebenfalls auf dem 1%-Niveau signifikant, was ein weiteres Indiz für eine akzeptable Modellgüte ist. Die Nullhypothese, dass keine Unterschiede zwischen erwarteten und beobachteten Werten bestehen, wird nicht verworfen. Das Proportional-Chance-Kriterium beträgt wiederum 0,68 und wird vom Prozentsatz korrekt klassifizierter Fälle in

---

[127] Im Teildatensatz, der nur Einsender neuartiger Ideen und Teilnehmer ohne Beitrag umfasst, sind es 138 von 249 Teilnehmern.
[128] Auch hier liegt keine Multikollinearität vor.

Höhe von 77,1 Prozent übertroffen; allerdings ist das Klassifizierungsergebnis für die Gruppe der Ideeneinreicher relativ schlecht. Dennoch ergibt sich damit aber eine insgesamt akzeptable Modellgüte.

Für die in den Regressionen des Modells gemäß Gleichung 4.9 signifikanten Konstrukte, die auch im Modell gemäß Gleichung 4.10 berücksichtigt sind, ergeben sich ähnliche Ergebnisse. Alle Effekte wirken in die gleiche Richtung (siehe Tabelle 4.33). Entsprechend der Vorzeichen für die Konstrukte „Neue Bedürfnisse" und „Latente Unzufriedenheit" sollte der Status als Lead User beziehungsweise als innovativer Konsument in der Diktion von Lüthje (2000) die Bereitschaft steigern, eine Idee abzugeben. In der Tat ergibt sich ein auf dem 1%-Niveau signifikanter Koeffizient, der -0,99 beträgt. Ist der Proband kein Lead User, so sinkt der Effektkoeffizient entsprechend um 0,37. Damit stellt sich die erwartete Wirkung ein: Seine Bereitschaft, eine Idee abzugeben, sinkt.

Vergleicht man die Gütekriterien dieses Modells mit denen des Modells 4.9, das „Neue Bedürfnisse" und „Latente Unzufriedenheit" als einzelne Konstrukte berücksichtigt, erkennt man, dass letzteres eine bessere Prognosegüte hat. Die Einzelkriterien gestatten daher prinzipiell eine bessere Vorhersage als die Aggregation der Kriterien. Wenn möglich sollte die Bereitschaft, eine Idee abzugeben, daher immer auf Basis der Einzelkriterien bewertet werden.

4.3 Befunde

Tabelle 4.32: Gütekriterien der logistischen Regression zur Erklärung der Ideenabgabe mit Lead-User-Eigenschaft als Dummy-Variable (Modell laut Gleichung 4.10)

Kriterium	Testwert	Signifikanz
-2-Log-Likelihood-Wert	327,822	
Omnibus-Test der Modell-Koeffizienten[a]	73,638	0,000***
Cox & Snell-R^2	0,176	–
Nagelkerke-R^2	0,270	–
Hosmer-Lemeshow-Test[a]	23,595	0,003***

*** Signifikant auf dem 1%-Niveau
[a] Die Prüfgröße ist näherungsweise χ^2-verteilt.

Tabelle 4.33: Übersicht über die Koeffizienten der logistischen Regression zur Erklärung der Ideenabgabe (Modell laut Gleichung 4.10)

Hypothese	Variable[a]	Koeffizient	SE	Wald	Signifikanz	Odds	Ergebnis
	Lead User (nein)	-0,991	0,294	11,363	0,001***	0,371	bestätigt[b]
H10a	IV	0,207	0,119	3,043	0,081*	1,230	bestätigt[b]
H11a	KX	0,025	0,125	0,040	0,842	1,025	
H12a	VT	-0,469	0,182	6,603	0,010***	0,626	
H14a	WKA	-0,109	0,098	1,237	0,266	0,897	bestätigt[c]
H15a	WEA	0,462	0,162	8,122	0,004***	1,587	bestätigt[b]
	Erfahrung (ja)	1,178	0,316	13,907	0,000***	3,247	bestätigt[b]
	Thema (eng)	-1,395	0,289	23,265	0,000***	0,248	bestätigt[b]
	Konstante	-0,697	0,926	0,567	0,451	0,498	

n=380
*** Signifikant auf dem 1%-Niveau
* Signifikant auf dem 10%-Niveau
[a] IV: Produktinvolvement; KX: Produktkomplexität; VT: Vertrauen; WKA: Wiederkaufabsicht; WEA: Weiterempfehlungsabsicht
[b] Effekt wirkt in die vermutete Richtung und ist mindestens auf dem 10%-Niveau signifikant.
[c] Effekt ist nicht signifikant und hat daher, wie vermutet, keinen Einfluss.

4.3.3 Einflussfaktoren auf die Ideenqualität

4.3.3.1 Modelle zur Vorhersage der Qualität der eingereichten Beiträge

Zur Erklärung der Einflussfaktoren auf die Ideenqualität werden Tobit-Regressionen verwendet (siehe Abschnitt 4.2.3.1). Als abhängige Variable wird die Ideenqualität verwendet. Wie in Abschnitt 3.3.2 erläutert, basiert die Qualitätseinschätzung auf den Bewertungen durch Experten der BSH. Die Operationalisierung erfolgt dabei alternativ als Summe oder als Produkt der vier Bewertungsdimensionen.[129] Die für die Regressionen verwendete Stichprobe von 387 Teilnehmern (aus insgesamt 557 Teilnehmern an der Nachbefragung) besteht aus zwei Teilgruppen: Die eine umfasst 91 Teilnehmer, deren Idee von BSH als neuartig eingestuft und damit detailliert bewertet wurden, die andere umfasst 296 Teilnehmer, die keinen Beitrag beim Ideenwettbewerb eingereicht haben.[130] Entsprechend werden Teilnehmer am Ideenwettbewerb mit neuartigen Ideen solchen gegenübergestellt, die keine Idee eingereicht haben. Dies ist auch ein entscheidender Unterschied zur Untersuchung der Aktivität, also der Ideeneinreichung, im vorangegangenen Abschnitt 4.3.2: Kriterium ist nicht nur, ob eine Idee eingereicht wurde, sondern auch, wie gut diese war. Daher ist das Sample der Teilnehmergruppe, die eine Idee eingereicht hat, erheblich kleiner.

Es werden wiederum zwei unterschiedliche Modelle verwendet: Im ersten entsprechen die unabhängigen Variablen Gleichung 4.9, im zweiten wird die Lead-User-Eigenschaft als Dummy operationalisiert. Die unabhängigen Variablen entsprechen dann Gleichung 4.10. Insgesamt werden damit vier Modelle geschätzt. Tabelle 4.34 enthält eine Übersicht der Mittelwerte und Korrelationen der unabhängigen Variablen, Tabelle 4.35 eine Übersicht der deskriptiven Statistik für die abhängigen Variablen.

---

[129] Siehe Tabelle 3.5 für eine deskriptive Statistik.
[130] Siehe Tabelle 4.4 für die Verteilung der Probanden auf die einzelnen Kategorien.

4.3 Befunde

Tabelle 4.34: Korrelationen und deskriptive Statistik der in den Tobit-Regressionen zur Erklärung der Ideenqualität verwendeten Konstrukte

		IN	OL	WI	NB	UN	IV	KX	VT	WKA	WEA	μ	σ
IN	ρ	1										1,055	0,518
	Sign.												
OL	ρ	0,406	1									1,483	0,306
	Sign.	0,000***											
WI	ρ	0,350	0,459	1								1,574	0,315
	Sign.	0,000***	0,000***										
NB	ρ	0,374	0,314	0,212	1							1,262	0,520
	Sign.	0,000***	0,000***	0,000***									
UN	ρ	0,125	0,020	-0,058	0,269	1						0,870	0,528
	Sign.	0,014**	0,700	0,255	0,000***								
IV	ρ	0,352	0,459	0,324	0,125	-0,021	1					5,020	1,276
	Sign.	0,000***	0,000***	0,000***	0,014**	0,679							
KX	ρ	0,013	-0,149	-0,169	0,030	0,176	-0,031	1				1,891	1,087
	Sign.	0,792	0,003***	0,001***	0,555	0,001***	0,545						
VT	ρ	-0,071	-0,052	0,003	-0,095	-0,193	0,163	-0,042	1			5,517	0,981
	Sign.	0,165	0,305	0,951	0,061*	0,000***	0,001***	0,414					
WKA	ρ	0,018	0,027	0,071	-0,005	-0,114	0,136	-0,096	0,390	1		3,324	1,629
	Sign.	0,730	0,594	0,164	0,919	0,025	0,008***	0,059*	0,000***				
WEA	ρ	0,068	0,249	0,201	0,028	-0,188	0,314	-0,076	0,555	0,509	1	4,806	1,340
	Sign.	0,183	0,000***	0,000***	0,581	0,000***	0,000***	0,138	0,000***	0,000***			

*** Signifikant auf dem 1%-Niveau
** Signifikant auf dem 5%-Niveau
* Signifikant auf dem 10%-Niveau

IN: Innovativität; OL: Meinungsführerschaft; WI: Objektwissen; NB: Neue Bedürfnisse; UN: Latente Unzufriedenheit; IV: Produktinvolvement; KX: Produktkomplexität; VT: Vertrauen; WKA: Wiederkaufabsicht; WEA: Weiterempfehlungsabsicht

Tabelle 4.35: Deskriptive Statistik der abhängigen Variablen in den Tobit-Regressionen zur Erklärung der Ideenqualität

	Qualität (Summe)	Qualität (Produkt)
Mittelwert	11,65	71,71
Median	12	72
Standardabweichung	2,06	47,74

Im ersten Schritt wird ein Modell, dessen abhängige Variable die als Produkt berechnete Ideenqualität ist und dessen unabhängige Variablen denen des Modells 4.9 entsprechen, geschätzt. Das vollständige Modell hat einen Log-Likelihood-Wert von 642,56 (siehe Tabelle 4.36). Im Vergleich zum Nullmodell, das nur die Konstante β_0 berücksichtigt, ergibt sich eine Differenz von 42,32. Sie ist auf dem 1%-Niveau signifikant; die Nullhypothese, dass alle Regressionskoeffizienten 0 sind, kann damit verworfen werden. Auch die Überprüfung der symmetrisch getrimmten Residuen ergibt ein positives Resultat. Das Modell eignet sich damit für die Erklärung der Ideenqualität. Im zweiten geschätzten Modell bleiben die unabhängigen Variablen unverändert, als abhängige Variable wird jedoch die als Summe operationalisierte Ideenqualität verwendet. Der Likelihood-Ratio-Test ist auch für dieses Modell auf dem 1%-Niveau signifikant. Allerdings sind die Residuen nicht normalverteilt. Damit hat es eine im Vergleich schlechtere Gesamtgüte.

Nach der Untersuchung der Gesamtgüte können nun die einzelnen Regressionskoeffizienten auf ihre individuelle Güte und Wirkungsrichtung untersucht werden (siehe Tabelle 4.37). Dies geschieht zunächst für das Modell, das die Ideenqualität als Produkt verwendet. Im Bereich der Persönlichkeitseigenschaften, die das Innovationsverhalten erfassen, ergeben sich nur zum Teil mit den Hypothesen konforme Ergebnisse. Wie schon in den Modellen zur Erklärung der Beitragsabgabe hat der Regressionskoeffizient für das Konstrukt Innovativität ein negatives Vorzeichen und ist hochsignifikant. Damit wird Hypothese 5b verworfen. Der Regressionskoeffizient des Konstrukts Meinungsführerschaft ist nicht signifikant, entsprechend muss Hypothese 6b abgelehnt werden. Der Koeffizient für das Konstrukt (Objekt-) Wissen ist hingegen erwartungskonform nicht signifikant, Hypothese 7b wird damit bestätigt. Das Konstrukt „Neue Bedürfnisse" hat einen auf dem 1%-Niveau signifikanten Einfluss auf die Ideenqualität. Ein Anstieg des Index zur Messung des Konstrukts um 1 erhöht die Ideenqualität um 78,28 Punkte, wenn der Teilnehmer eine Idee einreicht. Ein ähnlicher Effekt ist für das Konstrukt „Latente Unzufriedenheit" zu beobachten. Dieser ist ebenfalls auf dem 1%-Niveau signifikant. Erhöht sich der Messindex um 1, steigt die Ideenqualität um 48,38 Punkte. Die Hypothesen 8b und 9b werden damit bestätigt.

Die Konstrukte, die zur Messung der Produktwahrnehmung eingesetzt werden, wirken wie erwartet auf die Ideenqualität. Der Regressionskoeffizient des Konstrukts Produktinvolvement ist

Tabelle 4.36: Gütekriterien der Tobit-Regressionen zur Erklärung der Ideenqualität mit Variablen gemäß Modell 4.9

Kriterium	Bewertung Produkt	Bewertung Summe
Log-Likelihood-Wert (vollständiges Modell)	-642,56	-467,17
Log-Likelihood-Wert (nur Konstante im Modell)	-684,88	-511,29
Differenz	42,32[a]	44,12[a]
p-Wert	0,000***	0,000***
Normalverteilung der symmetrisch getrimmten Residuen (p-Wert)	0,343[b]	0,000[c]

*** Signifikant auf dem 1%-Niveau
[a] Die Prüfgröße ist näherungsweise χ^2-verteilt.
[b] Jarque-Bera-Test auf Normalverteilung: Residuen sind normalverteilt.
[c] Jarque-Bera-Test auf Normalverteilung: Residuen sind nicht normalverteilt.

auf dem 10%-Niveau signifikant und wirkt in die erwartete Richtung: Ein höheres Involvement steigert die Ideenqualität. Hypothese 10b wird damit unterstützt. Die wahrgenommene Komplexität hat hingegen keinen signifikanten Einfluss auf die Ideenqualität. Dies bestätigt Hypothese 11b.

Die Ergebnisse im Bereich der Markenwahrnehmung sind gemischt. Der Regressionskoeffizient des Konstrukts Vertrauen hat ein negatives Vorzeichen und ist auf dem 10%-Niveau signifikant. In Hypothese 12b war allerdings erwartet worden, dass sich kein Effekt auf die Ideenqualität einstellt. Daher wird die Hypothese verworfen. Die Wiederkaufabsicht hat hingegen keinen signifikanten Effekt. Dies war auch in Hypothese 14b vermutet worden. Die Weiterempfehlungsabsicht als zweite verwendete Dimension des Loyalitätskonstrukts von Giering (2000, S. 161) ist hingegen auf dem 5%-Niveau signifikant und hat einen positiven Einfluss auf die Ideenqualität. Steigt der Index zur Messung des Konstrukts um 1, erhöht sich die Ideenqualität um 19,33 Punkte. Dieses Ergebnis widerspricht Hypothese 15b.

Die im Rahmen der Untersuchung der Bereitschaft, eine Idee einzureichen, verwendeten Dummy-Variablen zur Messung des Effekts vorheriger Erfahrungen und der Themenbreite sind auch in der Tobit-Regression auf dem 1%-Niveau signifikant. Kann der Teilnehmer auf Erfahrungen aus einer Beteiligung an ähnlichen Maßnahmen zur Kundeneinbindung zurückgreifen, steigt die Ideenqualität um 40,52 Punkte, sofern er eine Idee einreicht. Auch die Themenbreite hat einen positiven Einfluss. Ist das Thema breit gestellt, so ist die Ideenqualität um 57,25 Punkte höher als im Fall eines eng gestellten Themas. Diese Effekte bestätigen die Vermutung, die bei der Aufnahme dieser Variablen in das Regressionsmodell in Abschnitt 4.3.2 entwickelt wurden.

Tabelle 4.37: Übersicht über die Koeffizienten der Tobit-Regressionen zur Erklärung der Ideenqualität mit Variablen gemäß Modell 4.9

		Abhängige Variable					
		Qualität (Produkt)			Qualität (Summe)		
Hyp.	Variable[a]	Koeffizient	p-Wert[b]	Ergebnis	Koeffizient	p-Wert[b]	Ergebnis
5b	IN	-32,367	0,001***		-5,163	0,001***	
6b	OL	17,517	0,553		2,751	0,495	
7b	WI	1,525	0,952	bestätigt[d]	1,146	0,756	bestätigt[d]
8b	NB	78,283	0,000***	bestätigt[c]	10,607	0,000***	bestätigt[c]
9b	UN	48,382	0,001***	bestätigt[c]	6,276	0,002***	bestätigt[c]
10b	IV	11,850	0,064*	bestätigt[c]	1,408	0,108	
11b	KX	1,795	0,767	bestätigt[c]	0,155	0,855	bestätigt[d]
12b	VT	-16,262	0,055*		-2,961	0,016***	
14b	WKA	-5,657	0,207	bestätigt[c]	-0,729	0,260	bestätigt[d]
15b	WEA	19,330	0,014**		3,072	0,003***	
	Erfahrung (ja)	40,516	0,010***	bestätigt[c]	5,590	0,011***	bestätigt[c]
	Thema (breit)	57,254	0,000***	bestätigt[c]	-8,458	0,000***	bestätigt[c]
	Konstante	-241,388	0,001***		-29,76	0,007***	

n=387
*** Signifikant auf dem 1%-Niveau
** Signifikant auf dem 5%-Niveau
* Signifikant auf dem 10%-Niveau
[a] IN: Innovativität; OL: Meinungsführerschaft; WI: Objektwissen; NB: Neue Bedürfnisse; UN: Latente Unzufriedenheit; IV: Produktinvolvement; KX: Produktkomplexität; VT: Vertrauen; WKA: Wiederkaufabsicht; WEA: Weiterempfehlungsabsicht
[b] Signifikanzniveau des Wald-Tests
[c] Effekt wirkt in die vermutete Richtung und ist mindestens auf dem 10%-Niveau signifikant.
[d] Hypothese vermutet keinen Effekt, entsprechend sollte der Regressionsparameter nicht signifikant sein.

Verwendet man die als Summe operationalisierte Ideenqualität, bleiben die Ergebnisse im Großen und Ganzen vergleichbar. Die absolute Höhe ist natürlich unterschiedlich, da die Bewertungen hier absolut gesehen ein niedrigeres Niveau haben. Das Verhältnis der Koeffizienten untereinander ist aber vergleichbar. Allerdings ergeben sich bei den Signifikanzen leichte Unterschiede. Der Regressionskoeffizient des Konstrukts Involvement ist nicht mehr signifikant, entsprechend kann in diesem Modell Hypothese 10b nicht bestätigt werden.

Im zweiten Schritt wurden die Konstrukte zur Messung der Persönlichkeitseigenschaften durch eine Dummy-Variable, die die Lead-User-Eigenschaft abbildet, ersetzt. Damit entsprechen die unabhängigen Variablen denen des Modells laut Gleichung 4.10. Die abhängigen Variablen bleiben unverändert. Für das Modell mit der als Produkt gemessenen Ideenqualität ergibt sich beim vollständigen Modell ein Log-Likelihood-Wert von -653,85, für das reduzierte Modell von -684,86 (siehe Tabelle 4.38). Der Likelihood-Ratio-Test ist auf dem 1%-Niveau signifikant; es ist also davon auszugehen, dass die Regressionskoeffizienten verschieden von 0 sind. Die symmetrisch getrimmten Residuen sind normalverteilt, der Jarque-Bera-Test liefert ein entsprechendes Resultat. Für das Modell mit der aufsummierten Ideenqualität als abhängiger Variable ergibt sich ebenfalls ein auf dem 1%-Niveau signifikanter Likelihood-Ratio-Test. Die symmetrisch getrimmten Residuen sind ebenfalls normalverteilt. Damit weisen beide Regressionen eine adäquate Modellgüte auf.

Im Anschluss können nun die einzelnen Regressionskoeffizienten überprüft werden; dies geschieht zunächst für das Modell, das die als Produkt gebildete Ideenqualität zu erklären versucht. Der Regressionskoeffizient der Dummy-Variable Lead User ist auf dem 1%-Niveau signifikant (siehe Tabelle 4.39). Ist ein Teilnehmer Lead User gemäß Definition dieser Arbeit (siehe Abschnitt 4.3.2.3), so erhöht sich die Ideenqualität um 56,63 Punkte, wenn er eine Idee einreicht, im Vergleich zu einem Teilnehmer, der dieses Kriterium nicht erfüllt.

Bei allen anderen Konstrukten aus den Bereichen Produkt- und Markenwahrnehmung sowie den beiden Dummy-Variablen stellen sich die gleichen Ergebnisse wie bei dem Modell mit den fünf Konstrukten zum Innovationsverhalten statt der Lead-User-Dummy-Variable ein, was die Robustheit der Ergebnisse unterstreicht; leichte Unterschiede ergeben sich nur bei der absoluten Höhe der Regressionskoeffizienten und den Signifikanzniveaus.

Für das Modell, das die aufsummierte Ideenqualität als abhängige Variable verwendet, stellen sich wiederum sehr ähnliche Ergebnisse ein. Alle Vorzeichen der Regressionskoeffizienten entsprechen den eben diskutierten, auch die Signifikanzniveaus sind relativ identisch. Im Vergleich zum Modell, das die als Produkt operationalisierte Ideenqualität als abhängige Variable verwendet, ist der Koeffizient des Konstrukts Involvement nur auf dem 10%-Niveau signifikant, während der Koeffizient des Konstrukts Weiterempfehlungsabsicht auf dem 1%- statt auf dem 5%-

Tabelle 4.38: Gütekriterien der Tobit-Regressionen zur Erklärung der Ideenqualität mit Variablen gemäß Modell 4.10

Kriterium	Bewertung Produkt	Bewertung Summe
Log-Likelihood-Wert (vollständiges Modell)	−653,85	−479,64
Log-Likelihood-Wert (nur Konstante im Modell)	−684,86	−511,28
Differenz	31,01[a]	31,65[a]
p-Wert	0,000***	0,000***
Normalverteilung der symmetrisch getrimmten Residuen (p-Wert)	0,619[b]	0,167[b]

*** Signifikant auf dem 1%-Niveau
[a] Die Prüfgröße ist näherungsweise χ^2-verteilt.
[b] Jarque-Bera-Test auf Normalverteilung: Residuen sind normalverteilt.

Tabelle 4.39: Übersicht über die Koeffizienten der Tobit-Regressionen zur Erklärung der Ideenqualität mit Variablen gemäß Modell 4.10

		Abhängige Variable					
		Qualität (Produkt)			Qualität (Summe)		
Hyp.	Variable[a]	Koeffizient	p-Wert[b]	Ergebnis	Koeffizient	p-Wert[b]	Ergebnis
	Lead User (ja)	56,631	0,000***	bestätigt[c]	6,980	0,001***	bestätigt[c]
10b	IV	12,294	0,022**	bestätigt[c]	1,487	0,051*	bestätigt[c]
11b	KX	1,731	0,776	bestätigt[c]	0,133	0,882	bestätigt[c]
12b	VT	−17,778	0,041**		−3,234	0,011**	
14b	WKA	−5,508	0,227	bestätigt[d]	−0,735	0,269	bestätigt[d]
15b	WEA	19,187	0,012**		3,169	0,003***	
	Erfahrung (ja)	55,837	0,000***	bestätigt[c]	7,992	0,000***	bestätigt[c]
	Thema (breit)	57,934	0,000***	bestätigt[c]	8,629	0,000***	bestätigt[c]
	Konstante	−118,365	0,016**		−12,295	0,081*	

n=387
*** Signifikant auf dem 1%-Niveau
** Signifikant auf dem 5%-Niveau
* Signifikant auf dem 10%-Niveau
[a] IV: Produktinvolvement; KX: Produktkomplexität; VT: Vertrauen; WKA: Wiederkaufabsicht; WEA: Weiterempfehlungsabsicht
[b] Signifikanzniveau des Wald-Tests
[c] Effekt wirkt in die vermutete Richtung und ist mindestens auf dem 10%-Niveau signifikant.
[d] Hypothese vermutet keinen Effekt, entsprechend sollte der Regressionsparameter nicht signifikant sein.

Niveau signifikant ist. Im Vergleich zu dem Modell mit den fünf Konstrukten zum Innovationsverhalten kann Hypothese 10b also bestätigt werden.

Die Ergebnisse der Tobit-Regressionen zur Erklärung der Ideenqualität sind vergleichbar mit denen der Logit-Regressionen zur Erklärung der Bereitschaft, eine Idee einzureichen. Die Methodik ist ein Grund dafür, weil, wie in Abschnitt 4.2.3.1 erläutert, ein Teil des Tobit-Modells einer klassischen Regression entspricht und der andere Teil eine bedingte Wahrscheinlichkeit für die zensierten Beobachtungen schätzt. Anderseits verdeutlicht dies inhaltlich, dass die Kriterien, die eine Prognose der Teilnahmeentscheidung gestatten, auch für die Vorhersage der Ideenqualität geeignet sind. Dies bedeutet im Umkehrschluss, dass Ideenwettbewerbe vor allem solche Konsumenten anziehen, die später auch wertvolle Beiträge einreichen. Es findet also eine Selbstauswahl statt. Dadurch könnte der Anteil besonders innovativer Konsumenten an der Gesamtzahl der Teilnehmer deutlich erhöht sein.

4.3.3.2 Deskriptive Analyse des Einflussfaktors Erfahrung

Etwas über 20 Prozent der 557 Teilnehmer der Nachbefragung haben angegeben, dass sie bereits vor der Beteiligung am Ideenwettbewerb an einer Maßnahme zur Kundeneinbindung teilgenommen hatten.[131] Dieser Gruppe wurde ein zusätzlicher Fragenteil zur Beantwortung eingeblendet. Darin sollten sie verschiedene Aussagen zu ihren bisherigen Aktivitäten im Rahmen der Kundeneinbindung und ihren dabei gemachten Erfahrungen auf einer Likert-Skala von 1 („trifft überhaupt nicht zu") bis 7 („trifft vollständig zu") bewerten.

Von diesen 126 Teilnehmern haben etwas mehr als 60 Prozent die Aussage, dass sie schon häufiger an einem Ideenwettbewerb oder einer Meinungsumfrage teilgenommen haben, positiv bewertet (siehe Abbildung 4.5). Daraus ergibt sich ein Mittelwert von 4,32 und ein Median von 5.[132] Gleiches gilt für die Übermittlung der Meinung des Konsumenten über ein Produkt an einen Hersteller oder an ein internetbasiertes Meinungsforum. Dies geschah häufig auch ohne spezielle Aufforderung an den Konsumenten. Daraus lässt sich schließen, dass Konsumenten generell bereit sind, Beiträge über ein Produkt an einen Hersteller oder ein anderes Unternehmen zu kommunizieren.

Allerdings beziehen sich diese Äußerungen wohl nur zu einem geringen Teil auf Produktideen oder sogar Produktkonzepte. So ist davon auszugehen, dass nur etwa 12 der 126 Teilnehmer ein

---

[131] Dabei wurden alle Formen der Kundenartikulation einbezogen, also auch über Meinungsforen, die nicht vom Markenanbieter betrieben werden.
[132] Alle Mittelwerte sind signifikant von 0 verschieden.

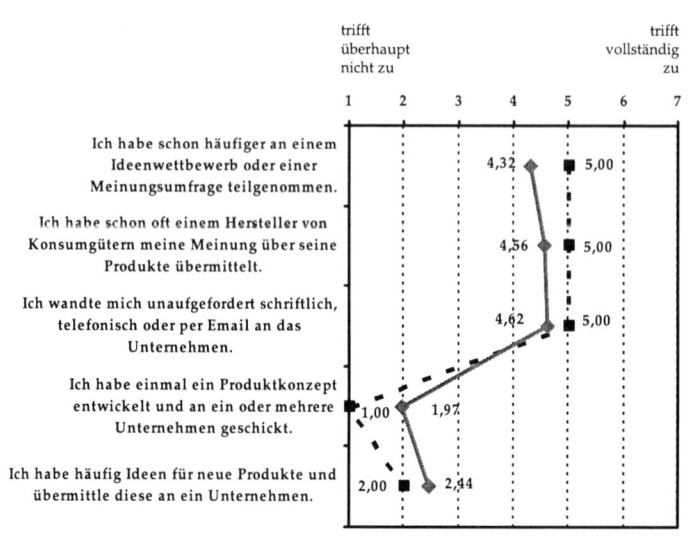

196   4 Einfluss der Persönlichkeitsfaktoren auf Ideenabgabe und Ideenqualität

	trifft überhaupt nicht zu					trifft vollständig zu
	1	2	3	4	5	6	7
Ich habe schon häufiger an einem Ideenwettbewerb oder einer Meinungsumfrage teilgenommen.				4,32	5,00		
Ich habe schon oft einem Hersteller von Konsumgütern meine Meinung über seine Produkte übermittelt.				4,56	5,00		
Ich wandte mich unaufgefordert schriftlich, telefonisch oder per Email an das Unternehmen.				4,62	5,00		
Ich habe einmal ein Produktkonzept entwickelt und an ein oder mehrere Unternehmen geschickt.	1,00	1,97					
Ich habe häufig Ideen für neue Produkte und übermittle diese an ein Unternehmen.		2,00	2,44				

Die graue Linie gibt den Mittelwert an, die gestrichelte schwarze den Median.

Abbildung 4.5: Innovationsverhalten der Teilnehmer, die bereits an Kundeneinbindungsmaßnahmen teilgenommen haben

komplettes Produktkonzept an ein Unternehmen übermittelt haben.[133] Gleiches gilt für die Bereitschaft zur Übermittlung von Produktideen: Hier bewerten nur 16 Teilnehmer die Aussage, dass sie bereits *öfter* eine Produktidee übermittelt haben, als tendenziell zutreffend. Setzt man dies in Relation zur Gesamtzahl der Teilnehmer an der Nachbefragung, beträgt der Anteil der Personen, die schon häufiger aktiv aus eigenem Antrieb auf ein Konsumgüterunternehmen zugegangen sind, etwa drei Prozent und ist damit sehr gering. Von den Teilnehmern an der Nachbefragung wurden 91 von Experten als neuartig eingestufte Produktideen eingereicht, dies entspricht einem Anteil von 16 Prozent. Durch eine aktive Ansprache können demnach erheblich mehr Konsumenten zu einer Kommunikation ihrer Ideen bewegt werden. Dies unterstützt die in Abschnitt 2.2.4 geäußerte Vermutung, dass eine Kundeneinbindung weniger an einer mangelnden Eignung der Konsumenten als an organisatorischen Schwierigkeiten scheitert.[134]

Im zweiten Teil wurde nach den Erfahrungen beim Kontakt mit den Unternehmen gefragt (siehe Abbildung 4.6). Auch hier wurden vorformulierte Aussagen auf einer 7er-Likert-Skala bewertet. Die meisten Aussagen zur Reaktion der Unternehmensmitarbeiter auf den Kontakt mit den Konsumenten werden neutral eingeschätzt und erfahren weder Zustimmung noch Ableh-

---

[133] Diese Teilnehmer bewerten die Aussage „Ich habe schon einmal ein Produktkonzept an ein Unternehmen geschickt." mit 5 oder mehr Punkten.
[134] Siehe Abschnitt 2.2.4.

4.3 Befunde

nung.[135] Die Freundlichkeit des Mitarbeiters wird mit einem Mittelwert von 4,85 und einem Median von 5 positiver bewertet. Eine Abweichung von diesem Antwortverhalten ergibt sich auch bei der Frage, ob sich der Konsument vom Unternehmen ausgenutzt fühlt. Die Bewertung liegt im Mittel bei 2,89 bewertet (Median 3). Dies deckt sich mit der Einschätzung aus Abschnitt 4.3.2.2, dass Konsumenten in aller Regel bereit sind, auch ohne (große) Gegenleistung ihre Ideen und Vorschläge zu kommunizieren.

Der Median von 4 bei sechs der insgesamt acht Fragen verdeutlicht, dass die Antworten in diesem Bereich eine starke Tendenz zum Skalenmittelpunkt aufweisen. Dies kann daran liegen, dass viele Probanden nicht in der Lage waren, eine Antwort zu geben, weil sie keinen persönlichen Unternehmenskontakt hatten. Daher wurden im zweiten Schritt die Aussagen derjenigen Teilnehmer isoliert ausgewertet, bei denen man davon ausgehen kann, dass sie bereits eine Idee oder ein Konzept unaufgefordert kommuniziert hatten. Es handelt sich um insgesamt 16 Fälle.[136] Dabei fühlten sich die Konsumenten überwiegend vom Unternehmensmitarbeiter, mit dem sie kommuniziert hatten, ernst genommen (Mittelwert 4,94; Median 5). Die Freundlichkeit wurde durchweg positiv bewertet, bei anderen prozessualen Aspekten wie Schnelligkeit und Fairness differieren die Antworten relativ stark. Dennoch liegt die Bewertung leicht oberhalb des Skalenmittelwerts (Mittelwerte 4,31 und 4,5; Median 5 und 4,5). Ein ähnliches Bild ergibt sich bei der Beurteilung der Gegenleistung, der Mittelwert liegt bei 4,19 (Median 4,5) und damit nahe am Skalenmittelpunkt. Die Bewertungen haben wiederum eine hohe Varianz, so dass man von sehr unterschiedlichen Erfahrungen der Teilnehmer ausgehen kann. Allerdings hatte auch diese Teilnehmergruppe wohl keine überzogenen Erwartungen bezüglich einer Gegenleistung, da sie sich überwiegend nicht ausgenutzt fühlt. Dieser Aussage stimmen nur drei Probanden in der Tendenz zu, von allen anderen wird sie als neutral beziehungsweise unzutreffend bewertet (Mittelwert 3,13; Median 3). Auch diese Erkenntnisse stützen die Vermutung, dass Konsumenten in der Regel gerne bereit sind, ihre Ideen mit einem Unternehmen zu teilen, ohne dafür eine finanzielle Gegenleistung zu erwarten.

Schließlich wurde isoliert untersucht, ob sich die Gruppe der Teilnehmer mit Erfahrung von der Gruppe der Teilnehmer ohne Erfahrung bezüglich der Qualität der eingereichten Ideen unterscheidet. Dies legen bereits die Ergebnisse der Tobit-Regression nahe, trotzdem soll dieser Aspekt hier noch einmal detailliert betrachtet werden. Dazu wurde für die beiden Teilnehmergruppen ein Mittelwertvergleich der zwei Maße der Ideenqualität und der vier Unterdimensionen vorgenommen.

Entlang aller Kriterien ergibt sich ein Mittelwert deutlich unter dem Skalenmittelpunkt (siehe Tabelle 4.40). Dies ist allerdings für durch ein Unternehmen bewertete Konsumentenideen nicht

---
[135] Alle Mittelwerte sind signifikant von 0 verschieden.
[136] Diese 16 Teilnehmer beantworteten die entsprechenden Aussagen mit einem Wert größer dem Skalenmittel.

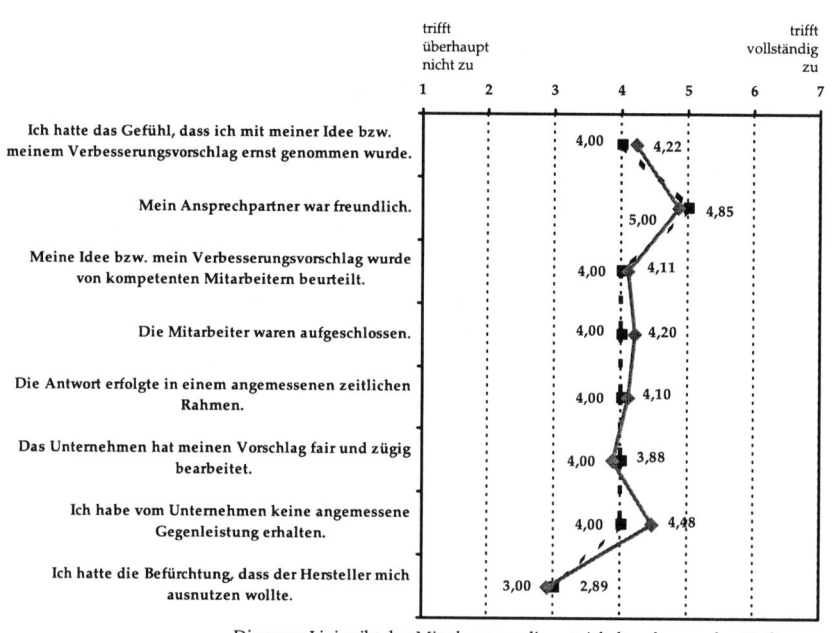

198 4 Einfluss der Persönlichkeitsfaktoren auf Ideenabgabe und Ideenqualität

	trifft überhaupt nicht zu						trifft vollständig zu
	1	2	3	4	5	6	7
Ich hatte das Gefühl, dass ich mit meiner Idee bzw. meinem Verbesserungsvorschlag ernst genommen wurde.				4,00 / 4,22			
Mein Ansprechpartner war freundlich.					5,00 / 4,85		
Meine Idee bzw. mein Verbesserungsvorschlag wurde von kompetenten Mitarbeitern beurteilt.				4,00 / 4,11			
Die Mitarbeiter waren aufgeschlossen.				4,00 / 4,20			
Die Antwort erfolgte in einem angemessenen zeitlichen Rahmen.				4,00 / 4,10			
Das Unternehmen hat meinen Vorschlag fair und zügig bearbeitet.				4,00 / 3,88			
Ich habe vom Unternehmen keine angemessene Gegenleistung erhalten.				4,00 / 4,48			
Ich hatte die Befürchtung, dass der Hersteller mich ausnutzen wollte.		3,00 / 2,89					

Die graue Linie gibt den Mittelwert an, die gestrichelte schwarze den Median.

Abbildung 4.6: Erfahrungen bei vorherigen Unternehmenskontakten

4.3 Befunde

Tabelle 4.40: Mittelwertvergleich der Ideenbewertung für Teilnehmer mit und ohne vorherige Erfahrung

Bewertungskategorie		Bisherige Erfahrung ja (n=78)	nein (n=160)	p-Wert Mittelwertvergleich
Marktpotenzial	Mittelwert	2,01	1,63	0,027**
	σ	1,34	1,31	
Technische Machbarkeit	Mittelwert	1,86	1,61	0,040**
	σ	1,33	1,43	
Wirtschaftlichkeit	Mittelwert	1,46	1,18	0,005***
	σ	0,75	0,78	
Strategische Relevanz	Mittelwert	1,95	1,66	0,068*
	σ	1,28	1,36	
Summe der Bewertungen	Mittelwert	7,28	6,08	0,045**
	σ	4,35	4,45	
Produkt der Bewertungen	Mittelwert	34,18	24,88	0,043**
	σ	46,47	44,64	

*** Signifikant auf dem 1%-Niveau
** Signifikant auf dem 5%-Niveau
* Signifikant auf dem 10%-Niveau
Die Ideen wurden auf einer Skala von 1 bis 5 bewertet, wobei 5 die beste Bewertung ist. Entsprechend reichen die Bewertungen bei der Operationalisierung als Summe von 4 bis maximal 20 Punkten, bei der Operationalisierung als Produkt von einem Punkt bis zu maximal 256 Punkten.

ungewöhnlich, wie auch die Untersuchung von Kristensson et al. (2004, S. 10) zeigt. Für die Gruppe mit Erfahrung ergeben sich bei allen Variablen höhere Mittelwerte. Die Differenzen sind bis auf eine Ausnahme mindestens auf dem 5%-Niveau signifikant. Die Gruppe mit vorheriger Erfahrung liefert Ideen mit höherer Qualität entlang aller Dimensionen, die der Bewertung zu Grunde liegen. Dies untermauert die Ergebnisse der Tobit-Regressionen.

4.4 Gesamtbetrachtung der Ergebnisse

4.4.1 Ergebnisse zur Ideenabgabe

Die Untersuchung der Motivationsgrundlagen der Teilnehmer und die Analyse der Gründe gegen die Abgabe einer Idee hat ein für die Methodeneignung sehr positives Ergebnis: Es wird deutlich, dass das Format Ideenwettbewerb Besucher auf den Internet-Seiten der Marken Bosch Hausgeräte und Siemens Hausgeräte grundsätzlich anspricht und sie bereit sind, eine Idee einzureichen. Primärer Grund gegen die Abgabe ist nicht etwa ein zu geringer Anreiz. Die Teilnehmer sind in erster Linie intrinsisch motiviert und erwarten daher keine hohen finanziellen Anreize. Dieses Ergebnis deckt sich mit den Erkenntnissen aus zahlreichen Studien über das Innovationsverhalten von Konsumenten (Lüthje 2000, S. 70, von Hippel 2001a, S. 84-85 sowie Franke und Shah 2003, S. 24). Auch in der Praxis ist dies zu beobachten, wie unter anderem die Beispiele Swarovski, Lego und Procter & Gamble zeigen (Füller et al. 2003, o.V. 2003b und o.V. 2003c). Konsumenten teilen Unternehmen ohne monetäre Gegenleistung Produktideen und Verbesserungsvorschläge mit.

Der Befund wird durch zwei weitere Ergebnisse dieser Untersuchung gestützt: Eine Verlosung von Elektro-Kleingeräten im Rahmen des Methodenexperiments war völlig ausreichend, um die Reichweite des Ideenwettbewerbs signifikant zu vergrößern. Auch bei der Untersuchung der Gründe gegen die Abgabe einer Idee blieb die Anzahl der Teilnehmer, die den Anreiz als zu gering erachteten, verschwindend gering. Hauptgrund war vielmehr, dass die Teilnehmer keine Idee hatten, die sie hätten einreichen können.

Wie erläutert, war das Vorhandensein von „Neuen Bedürfnissen" und „Latenter Unzufriedenheit" ein wichtiger Faktor, der zwischen Teilnehmern, die eine (neuartige) Idee abgeben, und solchen, die dies nicht tun, unterscheidet. Aus theoretischer Sicht sorgt eine latente Unzufriedenheit für das Erkennen neuer Bedürfnisse. Erst im Anschluss daran kann ein Konsument Produktideen und Verbesserungsvorschläge entwickeln. Diese Vermutung deckt sich auch mit den Ergebnissen der Logit-Modelle.

4.4 Gesamtbetrachtung der Ergebnisse

Mit „Neuen Bedürfnissen" und „Latenter Unzufriedenheit" wirken in der vorliegenden Untersuchung die beiden Eigenschaften, die in der Lead-User-Forschung als Auslöser für eine eigenständige Entwicklung von Produktideen durch Kunden identifiziert werden, besonders stark positiv auf die Bereitschaft, eine Idee abzugeben. „Unmet Needs" stehen im Zentrum der Lead-User-Definition durch von Hippel (1986, S. 796). Für Konsumgütermärkte ermittelt Lüthje (2000, S. 33), dass Unzufriedenheit einen Konsumenten antreibt, seine neuen Bedürfnisse in Produktideen und Verbesserungsvorschläge umzusetzen. Dies zeigt sich, wie erwähnt, auch in dieser Untersuchung.

Hingegen wirkt die Innovativität entgegen der Vermutung. Dies steht dem Befund von Morrison et al. (2004) entgegen. Die Ergebnisse dieser Arbeit legen nahe, dass die Innovativität gemessen als Adoptionsaffinität sogar einen negativen Einfluss auf die Ideenabgabe hat. Zwischen der Untersuchung von Morrison et al. (2004) und dieser Arbeit gibt es allerdings zentrale Unterschiede: Gegenstand der Untersuchung von Morrison et al. (2004) waren Organisationen, das untersuchte Produkt Software. Damit unterscheiden sich Art des Produktes und Art der innovativen Kunden beziehungsweise Lead User deutlich. Die von Morrison et al. (2004, S. 356) verwendeten Items zur Messung des Konstrukts „leading edge status" deuten auch an, dass ihre Operationalisierung neben den durch von Hippel (1986) beschriebenen Kernkriterien ein starkes Gewicht auf Adoptionsgesichtspunkte und Produktverbesserungen legt. Die Operationalisierung des Kernkriteriums „high level of expected benefits" geschieht durch Einschätzung, ob eine frühe Adoption von Neuheiten besonders nützlich für die Organisation ist. Dies ist nicht völlig deckungsgleich mit dem Verständnis von Hippels (1986), der dies mit der Realisierung einer exakt auf die unerfüllten Bedürfnisse eingehenden Innovation verbindet. Der Befund könnte daher methodisch bedingt sein: Operationalisiert man den Lead User mit starkem Gewicht auf Adoptionsgesichtspunkten, kann eine hohe Korrelation des „leading edge status" mit Innovativität gemessen über Adoptionsverhalten nicht verwundern.

Darüber hinaus spricht auch ein weiterer Aspekt gegen eine allgemeine Generalisierbarkeit der Ergebnisse der Studie von Morrison et al. (2004). Bei dem von ihnen verwendeten Produkt Software ist es relativ einfach, eigenständig Verbesserungen vorzunehmen. Dies drückt sich auch in einigen der von ihnen verwendeten Items aus. So ist ein Kriterium, ob die Organisation oft als Beta-Tester verwendet wird. Diese Aktivitäten sind aber eher den späten Phasen des Innovationsprozesses zuzuordnen. Es ist davon auszugehen, dass Software-Unternehmen gerade solche Kunden für einen Beta-Test auswählen, die einerseits eine hohe Problemlösungskompetenz haben und bei denen andererseits davon auszugehen ist, dass sie das Produkt relativ früh einführen. Dies sind weitere mögliche Gründe für eine möglicherweise hohe Korrelation mit der Adoptionsaffinität.

Aus den Ausführungen wird deutlich, dass der Befund von Morrison et al. (2004) zwar durchaus valide sein könnte, aber phasenspezifisch ist. Kunden, die sich für eine Einbindung in späte Phasen des Innovationsprozesses eignen, haben eine hohe (Adoptions-) Innovativität. Die Einbindung dieser aufgeschlossenen Kundengruppe („Early Adopter") kann auch die Diffusionsgeschwindigkeit steigern; die Integration in den Entwicklungsprozess durch ein Unternehmen ist also eine rationale Entscheidung.

Hingegen ist das in den frühen Phasen des Innovationsprozesses („fuzzy front end") etwa bei der Ideengenerierung geforderte Eigenschaftsprofil deutlich anders. Hier kommt es auf die sogenannte „use innovativeness" an (Hirschman 1980, S. 288). Diese erfasst, in welchem Umfang ein Konsument auf existierende Produkte zurückgreift und sie eventuell auch anpasst, um sie für eine neuartige Verwendungssituation nutzen zu können (Price und Ridgway 1983, S. 680-681). Die Verwendung existierender Produkte zu einem neuen, ursprünglich nicht intendierten Zweck geht häufig einher mit einem gewissen Maß an Kreativität (Ridgway und Price 1994, S. 70 sowie Hirschman 1980, S. 293). Dieses Verständnis der Innovativität ist im Kontext der frühen Phasen relevant, was auch intuitiv plausibel erscheint, da die Bereitschaft, Produktinnovationen anzunehmen nicht unbedingt etwas darüber aussagt, ob man selbst dazu in der Lage ist, innovative Ideen zu generieren. Zwar war dies aufbauend auf den Erkenntnissen von Morrison et al. (2004) in Abschnitt 4.1.2.1 vermutet worden; offensichtlich ist es jedoch nicht der Fall. Innovativität gemessen über das Adoptionsverhalten eines Konsumenten kann die Abgabe einer Idee nicht erklären.

Dies kontrastiert ebenfalls mit den Befunden der Arbeit von Lüthje (2004). Auch er stellt einen Zusammenhang zwischen der Eigenschaft „Innovativer Kunde" und der Adoption fest. Seine Operationalisierung legt wie bei Morrison et al. (2004) einen starken Wert auf die eigenständige Verbesserung bestehender Produkte und die Erstellung von Prototypen für neue Produkte. Dies ist ein weiterer Hinweis darauf, dass die Art des untersuchten Produktes eine Rolle spielt. Auch Lüthje (2004) verwendet Produkte, die ein Konsument selbständig modifizieren kann; bei dem in dieser Arbeit untersuchten Produkt Geschirrspüler ist dies nicht der Fall. Ebenfalls ist es ein Indiz für den wichtigen Einfluss, den die Art des vom Konsumenten erwarteten Beitrags hat.

Ein weiteres Indiz für diesen Befund ist die Untersuchung von Kristensson et al. (2004): Sie zeigt, dass Konsumenten innovativere Ideen als Lead User generieren, weil sie weniger von der technischen Umsetzbarkeit beeinflusst sind. Für diese Art des Beitrags ist, wie oben beschrieben, Innovativität gemessen über Adoptionsverhalten nicht relevant. Die entscheidenden Merkmale der „use innovativeness" werden in dieser Arbeit über die Items des Konstrukts „Neue Bedürfnisse" gemessen. Im Kontext der Ideengenerierung von Konsumgütern können innovative Kunden (Lead User) daher über die Kriterien „Neue Bedürfnisse" und „Latente Unzufriedenheit" hinreichend beschrieben werden.

Auch die Meinungsführerschaft hat keine Prognosekraft für die Vorhersage, ob ein Teilnehmer eine Idee einreicht oder nicht. Offensichtlich hat das Kommunikationsverhalten keinen Bezug zum Teilnahmeverhalten. Zudem ist die Eigenschaft des Meinungsführers zu weit verbreitet, um zuverlässig zwischen Einreichern und Nicht-Einreichern unterscheiden zu können. So sind in einer Meta-Studie von King und Summers (1970, S. 46) für sechs Produktbereiche 69 Prozent der Probanden in zumindest einem Produktbereich Meinungsführer. Kroeber-Riehl und Weinberg (1999, S. 507) setzen diese Zahl mit 20 bis 25 Prozent zwar erheblich niedriger an; jedoch wird durch die Ergebnisse dieser Arbeit deutlich, dass Meinungsführerschaft eine weit verbreitete Eigenschaft von Konsumenten ist. Der Median der Meinungsführerschaft-Skala liegt mit 4,76 zudem sehr hoch. Dies deutet darauf hin, dass unter den Probanden überdurchschnittlich viele Meinungsführer sind. Entsprechend ist diese Eigenschaft nicht trennscharf.

Insofern wird die Forderung von Sawhney und Prandelli (2001, S. 262), dass die für eine Einbindung besonders geeigneten Kunden Trendsetter-Eigenschaft haben sollten, etwas relativiert. Sie hat weniger einen Einfluss auf die Ideenabgabe, als vielmehr auf einen möglichen Multiplikator-Effekt. Teilnehmer, die Meinungs- oder Innovationsführer im Sinne des Adoptionsverhaltens sind, sorgen zwar für ein hohes Maß an Mundwerbung, reichen aber eher keinen Beitrag ein.

Im Bereich der Produktwahrnehmung stellt sich für das Konstrukt Involvement der erwartete Effekt ein.[137] Bei höherem Involvement ist ein Teilnehmer eher bereit, sich intensiv mit einer Aufgabe auseinanderzusetzen, da er intrinsisch dazu motiviert ist. Dies deckt sich mit den Erkenntnissen aus der Kreativitätsforschung (Amabile 1996, S. 113). Hingegen kann der vermutete Effekt für das Konstrukt Komplexität in nur einem Modell bestätigt werden. Eine Erklärung hierfür könnte sein, dass das Produkt Geschirrspüler im Mittel von allen Teilnehmern als überhaupt nicht komplex angesehen wird. Der Median der Skala liegt bei 1,33, der Mittelwert bei 1,88. Dies verdeutlicht, dass Konsumenten ein Produkt weniger in seiner technischen Dimension als vielmehr die konkrete Verwendung wahrnehmen. Dies ist ein weiteres Indiz dafür, dass das von Lüthje (2000, S. 37-40) geforderte Objektwissen nicht notwendig ist, um Ideen für neue Produkte zu entwickeln.

Auch im Bereich der Markenwahrnehmung ergab die empirische Überprüfung, dass ein Konstrukt signifikant entgegen der vermuteten Richtung wirkt. Vertrauen in den Markenanbieter senkt die Bereitschaft eine Idee abzugeben. Vermutlich hängt dies mit einem Selbstselektionseffekt im Datensatz zusammen: 90 Prozent der Teilnehmer vertrauen den Marken Bosch oder Siemens tendenziell (Mittelwert größer 4), 30 Prozent sogar sehr stark (Mittelwert größer 6). Insofern ist der Befund dieser Untersuchung wahrscheinlich ein Artefakt, da ein hohes Vertrauen bei fast allen Teilnehmern vorliegt. Mit dem vorliegenden Datensatz kann daher nicht eindeutig geklärt werden, ob Vertrauen die Bereitschaft, eine Idee abzugeben, steigert. Die im Mittel

---

[137] Das Konstrukt hat allerdings nicht in allen Modellen einen signifikanten Einfluss.

sehr hohen Werte für das Konstrukt legen aber nahe, dass Vertrauen eine Voraussetzung dafür ist. Die Weiterempfehlungsabsicht wirkt wie vermutet: Ist ein Kunde zu „extra role behaviours" bereit, ist er auch geneigter, eine Idee abzugeben und damit das Unternehmen zu unterstützen (Bhattacharya und Mitra 1998, S. 83-84).

Die Ergebnisse machen deutlich, dass die Teilnahme am Ideenwettbewerb nicht nur von Persönlichkeitsfaktoren, die das Innovationsverhalten messen, gesteuert wird. Vielmehr spielen, wie vermutet, auch Faktoren, die das Konsumentenverhalten beschreiben, eine wichtige Rolle. Eine wichtige neue Erkenntnis im Bereich der innovationsbezogenen Faktoren ist, dass das Adoptionsverhalten keine Prognose des Teilnehmerverhaltens gestattet. Für die Ideengenerierung mit Konsumenten reichen „Neue Bedürfnisse" und „Latente Unzufriedenheit" zur Identifikation besonders innovativer Kunden völlig aus.

Es kann aber nicht abschließend geklärt werden, ob dieser Befund wiederum phasenspezifisch ist oder aber generell für den gesamten Produktentwicklungsprozess im Bereich Konsumgüter zutrifft. Durchaus plausibel wäre aber, dass die Kriterien, die einen Konsumenten für eine Einbindung in den Innovationsprozess qualifizieren, phasenspezifisch unterschiedlich sind. Zudem dürfte die Art des vom Konsumenten erwarteten Beitrags einen wichtigen Einfluss haben. Wie eingangs vermutet, wird die Teilnahmeentscheidung aber auch von Faktoren beeinflusst, die das Konsumentenverhalten beschreiben. So hängt die Bereitschaft, eine Idee abzugeben, auch vom Produktinvolvement und der Weiterempfehlungsabsicht ab.

4.4.2 Ergebnisse zur Ideenqualität

Die Analyse der Einflussfaktoren auf die Ideenqualität liefert gemischte Ergebnisse. So werden einige der postulierten Hypothesen bestätigt, andere hingegen falsifiziert. Im Großen und Ganzen sind die Ergebnisse vergleichbar mit denen der Analyse der Bereitschaft, eine Idee einzureichen.

Im Bereich der Konstrukte, die das Innovationsverhalten messen, wirken „Neue Bedürfnisse" und „Latente Unzufriedenheit" stark positiv auf die Ideenqualität. Hingegen hat das Konstrukt Objektwissen keine signifikante Wirkung, was den Erwartungen entsprach, da technisches Wissen (Objektwissen) bei der Ideenentwicklung für Konsumgüter keinen Einfluss auf die Qualität haben dürfte. Dieser Befund steht wiederum den Ergebnissen von Lüthje (2000, S. 65-66) entgegen, der zwischen Objektwissen und Innovationsaktivität einen mittelstarken positiven Zusammenhang findet. Wie bereits erwähnt, unterscheiden sich die von ihm untersuchten Produkte deutlich von der hier betrachteten Kategorie und auch von schnell drehenden Konsumgütern.

4.4 Gesamtbetrachtung der Ergebnisse

So ist der Mittelwert für das Konstrukt Objektwissen für Teilnehmer mit Idee und ohne Idee kaum verschieden; die Abweichung beträgt nur gut ein Prozent. Daher hat der Faktor auch keine Erklärungskraft, was der Vermutung entspricht. Technisches Wissen ist für die Generierung qualitativ guter Produktideen nicht notwendig. Beim Konstrukt Innovativität wiederholt sich der negative Befund aus der Analyse der Bereitschaft, eine Idee einzureichen. Die dort vermutete Ursache, dass nicht Adoptionsinnovativität sondern „use innovativeness" in der frühen Phase entscheidend für die Teilnahme und die Generierung guter Ideen ist, erscheint auch hier plausibel.

Für die Konstrukte, die die Wahrnehmung des Produkts abbilden, wiederholen sich die Ergebnisse ebenfalls. Ein hohes Involvement wirkt positiv auf die Ideenqualität; Komplexität hat, wie erwartet, keinen Effekt auf die Ideenqualität. Auch hierfür ist die in Abschnitt 4.4.1 vermutete Erklärung plausibel: Die Konsumenten sehen das Produkt Geschirrspüler nicht als komplex an, was unterstreicht, dass sie Produkte weniger in ihren technischen Dimension als vielmehr deren konkrete Verwendung wahrnehmen.

Die Ergebnisse für die Konstrukte im Bereich Markenwahrnehmung sind ebenfalls vergleichbar. Die Weiterempfehlungsabsicht übt hier wiederum einen positiven Einfluss aus. Allerdings war vermutet worden, dass sie keine Auswirkung hat. Der Effekt ist aber in absoluter Höhe relativ klein. Daraus folgt, dass ein hohes Maß an Weiterempfehlungsabsicht allein nicht ausreicht, um eine gute Idee zu produzieren.

Im Rahmen der Regressionsanalyse wurde zudem das als Dummy-Variable operationalisierte Vorhandensein von Erfahrungen mit Maßnahmen der Kundeneinbindung als Einflussfaktor identifiziert. Die theoretische Begründung dafür ist, dass diese Gruppe sich bereits ein gewisses Maß an notwendigem Methodenwissen aneignen konnte, was die Kreativität fördert (Amabile 1996, S. 113). Zusätzlich könnten Konsumenten in dieser Gruppe eine höhere intrinsische Motivation besitzen. Die Ergebnisse dieser Untersuchung und die Erkenntnisse der Forschung über Charakteristika innovativer Konsumenten legen nahe, dass diese aus einem hohen Maße an „Latenter Unzufriedenheit" und „Neuen Bedürfnissen" resultiert. Tatsächlich sind die Mittelwerte in beiden Gruppen signifikant verschieden: Teilnehmer mit Erfahrung haben ein höheres Maß an „Latenter Unzufriedenheit" und „Neuen Bedürfnissen". In der Konsequenz generieren sie Ideen höherer Qualität, wie der in Abschnitt 4.3.3.2 dokumentierte Mittelwertvergleich zeigt. Zudem hat diese Gruppe bereits Eigeninitiative bei der Kommunikation einer Produktidee oder eines Verbesserungsvorschlags gezeigt. Daher ist diese Gruppe für eine Einbindung in die Neuproduktentwicklung über den Ideenwettbewerb hinaus besonders interessant.

Tabelle 4.41: Übersicht der Wirkungen auf Ideenabgabe und Ideenqualität

Konstrukt	Hypothese Nummer	Auswirkung auf Ideenabgabe Hyp. / Bef.	Auswirkung auf Ideenqualität Hyp. / Bef.
Innovativität	5	k. E./-[b]	k. E./-[b]
Meinungsführerschaft	6	+/k. E.[b]	+/k. E.[b]
Objektwissen	7	k. E./k. E.[a]	k. E./k. E.[a]
Neue Bedürfnisse	8	+/+[a]	+/+[a]
Unzufriedenheit	9	+/+[a]	+/+[a]
Involvement	10	+/+[a]	+/+[a]
Komplexität	11	-/-[a]	k. E./k. E.[a]
Vertrauen	12	+/-[b]	+/-[b]
Wiederkaufabsicht	14	k. E./k. E.[a]	k. E./k. E.[a]
Weiterempfehlungsabsicht	15	+/+[a]	k.E./ +[b]

[a] Hypothese bestätigt
[b] Hypothese nicht bestätigt
Hyp.: Hypothese (postulierte Wirkung)
Bef.: Befund (Ergebnis der empirischen Untersuchung)
k. E.: kein Effekt
Die fett gedruckten Konstrukte können zur Identifikation besonders geeigneter Kunden eingesetzt werden.

4.4.3 Fazit

Neben innovationsbezogenen Charakteristika haben sowohl Produktwahrnehmung als auch Markenwahrnehmung einen Einfluss auf die Ideenabgabe und die Qualität der eingereichten Beiträge. Damit bestätigt sich die in Abschnitt 2.4.3 geäußerte Vermutung. Die gesamten Ergebnisse der Hypothesenprüfung fasst Tabelle 4.41 zusammen.

Dennoch spielen Eigenschaften, die das Innovationsverhalten eines Konsumenten beschreiben, bei der Erklärung der Ideenabgabe eine wichtige Rolle. Die Ergebnisse legen jedoch nahe, dass mit „Neuen Bedürfnissen" und „Latenter Unzufriedenheit" zwei Eigenschaften ausreichen, um Konsumenten zu identifizieren, die eine hohe Teilnahmewahrscheinlichkeit haben und zudem Produktideen hoher Qualität generieren. Meinungsführerschaft und Wissen spielen keine Rolle, (Adoptions-) Innovativität ist als Identifikationskriterium, wie erläutert, sogar ungeeignet. Dies vereinfacht die Identifikation gegenüber dem von Lüthje (2000, S. 151-152) beschriebenen Verfahren erheblich. Die Regressionen mit einer Dummy-Variable, die die fünf zur Beschreibung des Innovationsverhaltens verwendeten Konstrukte ersetzt, aber zu deren Bestimmung nur „Latente Unzufriedenheit" und „Neue Bedürfnisse" berücksichtigt, liefern vergleichbar gute Ergebnisse im Vergleich zu den Modellen, die die einzelnen Konstrukte berücksichtigen. Der

4.4 Gesamtbetrachtung der Ergebnisse

Befund verdeutlicht, dass bereits diese beiden Kriterien, die im Kern der ursprünglichen Lead-User-Definition von von Hippel stehen, zur Identifikation ausreichen.

Wie von Lüthje (2004, S. 151) vermutet, wirken sich vorherige Erfahrungen mit dem eigenständigen Generieren von Produktideen positiv auf die Ideenqualität aus. Allerdings trifft diese Eigenschaft nur auf etwa 20 Prozent der Teilnehmer an der Nachbefragung zu; ein Wert der typisch für Konsumgütermärkte sein dürfte, da Kunden hier an eine passive Rolle bei der Produktentwicklung gewöhnt sind (Sawhney und Prandelli 2001, S. 258). Insofern würde eine Aufnahme dieses Kriteriums zur Identifikation die Reichweite unnötig einschränken. Ist sie für bestimmte Aufgaben abseits der Ideengenerierung aber weniger wichtig, so sind Konsumenten mit vorheriger Erfahrung für eine Einbindung besonders interessant.

Ein hohes Involvement sowie Weiterempfehlungsabsicht der Marke sorgen ebenfalls für eine höhere Bereitschaft, eine Idee abzugeben und haben einen positiven Einfluss auf die Ideenqualität. Sowohl Produkt- als auch Markenwahrnehmung sollten daher nicht außer acht gelassen werden. Auffällig ist zudem, dass alle Teilnehmer an der Nachbefragung ein hohes Maß an Vertrauen in die Hausgeräte der Marken Bosch und Siemens haben. Zwar konnte der vermutete Zusammenhang nicht bestätigt werden, aber es erscheint plausibel, dass ein hohes Maß an Vertrauen ein wichtiger Vorläufer der Faktoren ist, die für die Teilnahmeentscheidung eine Rolle spielen. Letztlich ist dies aber wohl bereits durch Selbstauswahl erreichbar: Es entscheiden sich nur Konsumenten mit einem hohen Markenvertrauen für eine Teilnahme. Im Umkehrschluss bedeutet dies aber auch, dass auf ein Mindestmaß an Vertrauen geachtet werden sollte, wenn Teilnehmer für eine Einbindung in die Neuproduktentwicklung auf Einladungsbasis rekrutiert werden.

Hohes Vertrauen, Bereitschaft zu „extra-role behaviours" und soziodemographische Eigenschaften machen die Teilnehmer zu einer auch aus Marketingsicht hoch interessanten Zielgruppe. Sie ist im Vergleich zur Gesamtbevölkerung und auch zur Online-Population überdurchschnittlich gebildet und gehört überproportional stark der kaufrelevanten Altersgruppe an. Damit ist sie auch für über eine Einbindung in die Neuproduktentwicklung hinausgehende Marketingaktionen sehr gut geeignet. Allerdings sollte man hier auf eine explizite Zustimmung der Konsumenten achten, da ein Teil der Teilnehmer solchen Maßnahmen kritisch gegenübersteht. Beim Ideenwettbewerb stimmten gut 70 Prozent einer Kontaktierung zur Information über zukünftige Projekte der Kundeneinbindung im Rahmen der Neuproduktentwicklung zu, deutlich mehr als der Einwilligung in eine Kontaktaufnahme zu Werbezwecken (50 Prozent Zustimmung).

Aus Unternehmenssicht ist darüber hinaus vorteilhaft, dass Kunden als Gegenleistung für eine Einbindung keine hohen extrinsischen Anreize erwarten. Dies wird von Unternehmen häufig falsch eingeschätzt, was eventuell daran liegt, dass bei explorativen Methoden wie Fokusgruppen häufig hohe Incentives als Aufwandsentschädigung gewährt werden. Ein weiterer Faktor könnte sein, dass beim weitverbreiteten innerbetrieblichen Vorschlagswesen häufig hohe monetäre Prämien gezahlt werden (Carrier 1998, S. 67-68).

Bei der virtuellen Kundeneinbindung in die Neuproduktentwicklung von Konsumgütern sind andere Anreize wichtiger. Dazu zählt eine angemessene Kommunikation mit den Konsumenten, etwa darüber, wie ihre Beiträge genutzt werden. Deren Wichtigkeit für die Konsumenten kann man auch daran ablesen, dass sie bei einer dauerhaften Einbindung eine angemessene Betreuung erwarten. Ein Ansatz hierfür könnte ein Entwicklerclub sein oder auch eine eigene Website, die sich dem Thema Kundeneinbindung widmet. Dies praktiziert Procter & Gamble.

Die Ergebnisse der empirischen Untersuchung zeigen damit, dass es bei der Auswahl von Konsumenten für eine virtuelle Einbindung keine Abwägung zwischen Innovationsverhalten sowie Produkt- und Markenwahrnehmung gibt. Alle drei Dimensionen sind in diesem Kontext bedeutsam. Aus praktischer Sicht ist von Interesse, dass eine kleine Anzahl von Eigenschaften (fett gedruckt in Tabelle 4.41) ausreicht, um die Eignung eines Konsumenten zu prüfen. Dies erlaubt den Einsatz relativ einfacher Befragungsinstrumente, die trotzdem eine zuverlässige Identifikation gestatten.

5 Zusammenfassung und Implikationen

5.1 Zusammenfassung der Ergebnisse

Die Untersuchung über die virtuelle Kundeneinbindung in die Phase der Ideengenerierung hatte zwei übergeordnete Ziele. Zunächst wurden Ideenwettbewerbe methodisch auf ihre Eignung zur virtuellen Kundeneinbindung in die Ideengenerierung untersucht. Im zweiten Schritt folgte die Analyse des Effekts verschiedener Konsumenteneigenschaften auf die Bereitschaft zur Ideenabgabe sowie die Beitragsqualität.

Ausgangspunkt der Untersuchung war die Frage, wie die frühen Phasen des Innovationsprozesses durch Methoden der virtuellen Kundeneinbindung unterstützt werden können. Diese Fragestellung berührt zwei Aspekte: Zum einen muss eine Methode gefunden werden, die die Anforderungen einer hohen Reichweite und der Generierung relevanten Wissens erfüllt. Zum anderen gilt es zu klären, welche Eigenschaften Konsumenten haben, die bei einer Beteiligung die besten Ergebnisse liefern.

In zwei Sätzen lassen sich die Ergebnisse so zusammenfassen: Virtuelle Ideenwettbewerbe sind für die Zwecke der Ideengenerierung sehr gut geeignet und sollten nach der Regel „Verlosung von relativ geringwertigen themenbezogenen Sachpreisen als Anreiz und möglichst breit gestelltes Thema" gestaltet werden. Die Zielgruppe sollte weit gewählt werden, eine Fokussierung auf ein bestimmtes Segment, etwa Lead User, ist nicht ratsam. Im Folgenden werden die Ergebnisse ausführlicher erläutert.

Unter Berücksichtigung theoretischer Gesichtspunkte wurden Ideenwettbewerbe als eine Methode identifiziert, die für die Ideengenerierung im Rahmen der virtuellen Kundeneinbindung optimal geeignet ist. Ein Methodenexperiment diente zur Untersuchung, wie sich die Gestaltung eines Ideenwettbewerbs auf seine Reichweite und seine Ergebnisse auswirkt. Dazu wurden die vier Faktoren Anreiz, Zusatzinformationen, Zusatzideen und Themenbreite im Rahmen eines fraktionierten faktoriellen Experiments variiert. Zur Datenerhebung diente ein Web-Experiment, das in zwei Erhebungswellen während fünf Monaten über 100.000 mal auf den Homepages von Bosch Hausgeräte und Siemens Hausgeräte eingeblendet wurde. Durch Randomisierung wurde ein hohes Maß an interner Validität erreicht; die Gestaltung als „normaler" Bestandteil der Websites im jeweiligen Corporate Design stellte eine hohe externe Validität sicher. Die methodischen Vorteile von Web-Experimenten konnten auf diese Weise genutzt werden.

Bereits die quantitative Betrachtung des Rücklaufs untermauert die gute Eignung von Ideenwettbewerben für die Zwecke der Wissensgenerierung. Es nahmen über 1.700 Konsumenten teil, die über 500 Ideen einreichten. Von diesen hatten 209 Neuigkeitscharakter, waren also noch nicht in existierenden Geschirrspülern verwirklicht. Im Schnitt erhielt das Unternehmen also pro Tag etwas mehr als eine Idee. Die Untersuchung der Wirkung der Gestaltungsparameter hat dennoch seine Berechtigung: Nur auf diese Weise lässt sich feststellen, wie die Methode gestaltet werden sollte, um die Reichweite zu maximieren, ohne dabei die Ergebnisqualität zu vermindern.

Auf Basis der Experimentdaten wurde der Effekt der Faktoren auf die abhängigen Variablen Ansichtsquote, Teilnahmequote, Ideenquote und Beitragsqualität analysiert. Dabei messen die ersten beiden Größen die Reichweite, während die verbleibenden die Ergebnisqualität erfassen. Das Gewähren eines Anreizes in Form eines Gewinnspiels mit geringwertigen Preisen steigert die Reichweite erheblich. Es ergeben sich dadurch sowohl eine höhere Ansichtsquote als auch eine höhere Teilnahmequote. Auch auf die Anzahl der eingereichten Ideen hat ein Anreiz einen positiven Effekt. Die Wirkung auf die Ideenqualität ist hingegen nicht eindeutig. Zwar ergibt sich für den gesamten Datensatz beider Marken und den Teildatensatz der Marke Bosch ein negativer Effekt. Bei der Marke Siemens ist dies jedoch umgekehrt. Im Ergebnis ist der Einsatz eines Anreizes bei Ideenwettbewerben zu empfehlen.

Auch bei der Themenbreite stellen sich die erwarteten Effekte ein. Ein inhaltlich eng gefasstes Thema macht es schwerer, das Interesse der Konsumenten zu wecken. In der Konsequenz ergibt sich eine deutlich niedrigere Reichweite. Zudem ist der Personenkreis kleiner, der für die Aufgabe relevantes Wissen besitzt und sie mit dessen Hilfe bearbeiten kann. Zusammen mit der geringeren Motivation resultiert daraus, dass die Ergebnisqualität bei einem engen Thema im Mittel geringer ist. Im Umkehrschluss bedeutet dies aber nicht, dass das Thema immer auf der Ebene des Produkts gestellt werden muss: Es sollte aber immer so weit gestellt sein, wie es die Erfordernisse des konkreten Neuproduktentwicklungsprozesses zulassen. Interessanterweise resultierte die beste Idee des Ideenwettbewerbs aus einer Variante mit eng gefasstem Thema. Dies verdeutlicht, dass hier Aussagen über die Auswirkungen auf die mittlere Ideenqualität getroffen wurden, nicht aber über die gesamte Verteilung.

Beim Ideenwettbewerb angebotene Zusatzideen und Zusatzinformationen helfen den Teilnehmern bei der Bearbeitung der Aufgabe nicht. Beide Faktoren haben eine stark negative Wirkung auf die Reichweite und auch auf die Anzahl der eingereichten Ideen. Der Effekt auf die Ideenqualität ist hingegen positiv. Dennoch sollten Zusatzinformationen im Rahmen eines Ide-

5.1 Zusammenfassung der Ergebnisse

enwettbewerbs nicht angeboten werden. Da Zusatzideen inhaltlich leichter zu erschließen sind, können sie angeboten werden, wenn das Thema schwer zugänglich erscheint. Ist dies nicht der Fall, sollte man auf deren Einblendung verzichten. Geht man davon aus, dass die Ideenqualität normalverteilt ist, kann es eine sinnvolle Strategie sein, das Augenmerk vor allem auf die Reichweite des Ideenwettbewerbs zu legen. Dies maximiert die Chancen, herausragende Ideen zu erhalten. Daher ist es ja auch ein Ziel in der Phase der Ideengenerierung, möglichst viele Beiträge zu erhalten.

Insgesamt kann man Ideenwettbewerben daher eine gute methodische Eignung für die Zwecke der Ideengenerierung attestieren. Sie sollten für die Teilnehmer möglichst einfach zugänglich sein, also ohne ausführliche inhaltliche Hilfen, und ein breites Thema haben. In jedem Fall sollte ein geringwertiges, thematisch passendes Incentive gesetzt werden. Wie die Untersuchung zeigt, muss es nicht leistungsbezogen sein. Dies erleichtert die Durchführung eines Ideenwettbewerbs.

Im zweiten Teil der Untersuchung wurde analysiert, welchen Einfluss Konsumenteneigenschaften auf das Teilnahmeverhalten haben. Bereits die deskriptiven Analysen ergaben interessante Ergebnisse. Konsumenten sind intrinsisch motiviert und fordern keine hohen finanziellen Anreize. Es steht für sie im Vordergrund, auch anderen mit ihren Ideen zu helfen. Im Gegenzug erwarten sie eine faire Behandlung durch das Unternehmen. Diese äußert sich etwa in Dankschreiben oder durch den Zugang zu Informationen über den Fortgang des Projekts. Auch Verlosungen haben eher einen symbolischen Charakter für die Konsumenten: Sie unterstreichen das aufrichtige Interesse des Unternehmens an ihren Beiträgen. Unternehmen überschätzen die Erwartungshaltung der Konsumenten in Bezug auf monetäre Incentives allerdings systematisch. Es ist wohl für professionelle Produktentwickler und Marketing-Fachleute schwer vorstellbar, dass Konsumenten ohne finanzielle Gegenleistungen zu Anstrengungen bereit sind. Dabei übersehen sie, dass die Aufgabe selbst bereits Motivation stiftet. Da die Unternehmen die vermeintlich hohen Erwartungen der Konsumenten nicht erfüllen wollen, hemmt dies die Verbreitung der virtuellen Kundeneinbindung.

Primäres Motiv, beim Ideenwettbewerb keine Idee einzureichen, ist entsprechend auch nicht, dass diesen Konsumenten der Anreiz zu gering ist. Hauptgrund ist schlicht und ergreifend eine fehlende Idee. Dies leitet über zu den Ergebnissen der Modelle, die Ideenabgabe und Ideenqualität erklären. Innovativität, Objektwissen und Meinungsführerschaft haben keine Erklärungskraft. Von den in der Innovationsforschung diskutierten Kriterien, die in der bisherigen Forschung als Kennzeichen von Lead Usern oder innovativen Kunden in Konsumgütermärkten identifiziert wurden, erweisen sich nur „Neue Bedürfnisse" und „Latente Unzufriedenheit" als relevant im Kontext von dauerhaften Konsumgütern.

Im Bereich der Produkt- und Markenwahrnehmung ergaben sich gemischte Resultate. Das Produktinvolvement hat einen positiven Einfluss auf Ideenqualität und Ideenabgabe. Gleiches gilt für die Weiterempfehlungsabsicht, ein Konstrukt, das die Bereitschaft von Konsumenten zu einer Handlung misst, die über ihre normale Rolle hinaus geht. Zwar hat Vertrauen in dieser Untersuchung eine negative Wirkung. Dennoch ist davon auszugehen, dass es Voraussetzung für das Einreichen einer Idee ist. In allen Teilnehmergruppen ist es ausgesprochen hoch.

Die vier Kriterien „Neue Bedürfnisse", „Latente Unzufriedenheit", Weiterempfehlungsabsicht und Produktinvolvement reichen daher vollkommen aus, um für eine Beteiligung an den frühen Phasen der Neuproduktentwicklung besonders geeignete Konsumenten zu identifizieren. Die Kriterien können zu diesem Zweck in einem Fragebogen eingesetzt werden. Es ist aber auch möglich, die Ergebnisse eines Ideenwettbewerbs dafür zu nutzen. Weil die vier erwähnten Kriterien einen positiven Effekt auf die Ergebnisqualität haben, können auch über die Beitragsqualität besonders interessante Konsumenten identifiziert werden. Gleichzeitig erfüllen sie zwei weitere Bedingungen: Sie vertrauen dem veranstaltenden Unternehmen und sind zu „extra-role behaviours" bereit.

Die Ergebnisse zeigen, dass eine Berücksichtigung rein innovationsbezogener Kriterien zu kurz greift. Auch Produkt- und Markenwahrnehmung haben einen Einfluss auf das Teilnahmeverhalten. Allerdings bedeuten die Ergebnisse nicht, dass nur Konsumenten, die die genannten Kriterien erfüllen, gute Ideen einreichen. Sie sind lediglich ein Indiz, dass dies wahrscheinlicher ist. Auch einige Teilnehmer, die diese Bedingungen nicht erfüllen, reichen prinzipiell Ideen hoher Qualität ein: Nicht alle Ideen hoher Qualität stammen von Konsumenten, die die vier oben genannten Kriterien erfüllen.

Oberstes Ziel in der Phase der Ideengenerierung ist die Gewinnung möglichst vieler Beiträge. Eine Einengung der Zielgruppe auf Konsumenten mit besonderen Merkmalen ist daher nicht sinnvoll. Dies wird erst im Kontext späterer Phasen relevant. Bei der Ideenbewertung und Konzeptformulierung ist eine Einbindung großer Gruppen in der Regel nicht wünschenswert und auch unter theoretischen Gesichtspunkten nicht notwendig.

Ideenwettbewerbe erfüllen auf die geschilderte Weise zwei Aufgaben: Sie haben eine sehr hohe Reichweite und erlauben es vielen Konsumenten, zielgerichtet Produktideen und Produktwünsche an ein Unternehmen zu kommunizieren. Gleichzeitig ziehen sie eine Zielgruppe an, die für eine Einbindung in die frühen Phasen der Neuproduktentwicklung ideal geeignet ist. Ideenwettbewerbe generieren wichtiges Wissen und identifizieren für eine spätere Einbindung interessante Konsumenten. Zugleich sind sie im Vergleich zu anderen Methoden der virtuellen Kundeneinbindung methodisch einfach und sehr gut durchführbar. Es ist daher verwunderlich, dass Ideenwettbewerbe als Methode der virtuellen Kundeneinbindung von der Forschung und der Unternehmenspraxis bisher weitestgehend unbeachtet geblieben sind.

5.2 Implikationen für Forschung und Praxis

Aus der vorliegenden Untersuchung ergeben sich mehrere Anknüpfungspunkte für die Forschung. Innovationsbezogene Faktoren haben einen wichtigen Einfluss auf das Teilnahmeverhalten der Konsumenten. Allerdings erklären sie es nicht allein. Insofern sind die Ergebnisse kein expliziter Widerspruch zu den Ergebnissen von Lüthje (2004). Jedoch sind weniger Kriterien zur Identifikation besonders innovationsaktiver Kunden notwendig als von ihm beschrieben. Diese teilweise Bestätigung bedeutet aber auch keinen Widerspruch zu den Ergebnissen von Kristensson et al. (2004): Konsumenten ohne spezielles Profil sind ebenfalls in der Lage, sinnvolle Produktideen zu generieren. Qualitativ schneiden diese im Einzelfall nicht unbedingt schlechter ab.

Daher ist eine Fokussierung auf ein bestimmtes Kundensegment, wie etwa Lead User, in Konsumgütermärkten nicht ratsam. Obwohl sie im Schnitt bessere Beiträge generieren, bedeutet dies nicht, dass sie auch absolut die besten Beiträge einreichen. Wie auch beim Design eines Ideenwettbewerbs darauf geachtet werden muss, die Reichweite nicht künstlich einzuschränken, ist dies auch bei der Wahl der Zielgruppe geboten. Eine Konzentration auf ein bestimmtes Segment ist im Kontext der Ideengenerierung nicht effektiv. Auch das Effizienzargument steht dem nicht entgegen: Die Befragung eines zusätzlichen Konsumenten verursacht keine inkrementellen Kosten.

Für die Unternehmenspraxis liefert die vorliegende Untersuchung ebenfalls wichtige Ergebnisse. Ideenwettbewerbe ziehen eine hoch attraktive Zielgruppe an. Sie ist überdurchschnittlich gebildet und hat ein hohes Einkommen. Zudem sind die Teilnehmer dem Thema Haushaltsgeräte gegenüber aufgeschlossen und haben gegenüber den Marken Bosch beziehungsweise Siemens eine hohe Loyalität. Auch unter Marketinggesichtspunkten sind diese Teilnehmer wertvoll. Gut 70 Prozent sind zu einer Kontaktaufnahme im Rahmen der Neuproduktentwicklung bereit. Nur etwa die Hälfte aber willigt in eine Speicherung ihrer Adresse zu Werbezwecken ein. Dies zeigt, dass die Gruppe mit klassischer Direktwerbung nur schwer zu erreichen ist, Maßnahmen der virtuellen Kundeneinbindung jedoch aufgeschlossen gegenüber steht.

Ideenwettbewerbe sind damit gut geeignet, um die Formulierung von Produktkonzepten sinnvoll zu unterstützen. Zugleich sind sie sehr einfach zu implementieren. Sie erfordern kein methodisches Wissen, wie dies zur Durchführung von Methoden wie Information Pump, User Design und Conjoint-Analyse erforderlich ist. Berücksichtigt man die Formel „Verlosung mit kleinen Preisen und möglichst breit gestelltes Thema", kann man bei der Implementierung nicht viel falsch machen. Ein Produktmanager kann einen Ideenwettbewerb daher ohne Unterstützung einer Fachfunktion oder eines externen Dienstleisters durchführen. Zudem ergeben sich für den virtuellen Ideenwettbewerb im Vergleich mit klassischen qualitativen Methoden der traditionellen Marktforschung deutliche Kosten- und Größenvorteile. 200 Konsumenten in Fokusgruppen zu befragen, kostet etwa 100.000 Euro (Keenan 2001). Am virtuellen Ideenwettbewerb nahmen über 1.500 Konsumenten teil, die mehr als 500 Ideen einreichten. Die Gesamtkosten lagen bei etwa 20.000 Euro.

Ideenwettbewerbe können die Aktivitäten der Entwicklungsabteilung bei der Ideengenerierung nicht ersetzen, sondern nur ergänzen. Alles andere wäre illusorisch. Jedoch ermöglichen sie, die frühen Phasen der Neuproduktentwicklung zu verbessern. Sie verbreitern die Informationsbasis und integrieren zum frühest möglichen Zeitpunkt Konsumentenmeinungen in den Innovationsprozess. Dies kann das Marktrisiko entscheidend vermindern, da im Zusammenspiel von Ideen der Konsumenten und Knowhow der internen Produktentwickler bessere Produktkonzepte definiert werden können.

Ideenwettbewerbe sollten nicht auf einen Einsatz im Einzelfall beschränkt bleiben. Das Beispiel Procter & Gamble zeigt, dass sie dauerhaft die Ideengenerierung unterstützen können. Zudem sind die Konsumenten, die sich daran beteiligen, zu „wertvoll", um sie nur einmal einzubinden. Idealerweise stellen Ideenwettbewerbe daher den Einstieg in eine Reihe von Maßnahmen der virtuellen Kundeneinbindung dar. Gut vorstellbar ist eine Kunden-Community, die die Aktivitäten bis zur Konzeptdefinition unterstützt. Für spätere Phasen des Innovationsprozesses sind die etablierten Methoden der Marktforschung überlegen. Diese kann man natürlich auch Online durchführen. So können die Kompetenzen der Konsumenten optimal genutzt werden, um das Ergebnis der Neuproduktentwicklung zu unterstützen.

5.3 Ausblick

Diese Arbeit liefert eine Antwort sowohl auf die Fragestellung, wie die Ideengenerierung sinnvoll mit einer Methode der virtuellen Kundeneinbindung unterstützt werden kann, als auch auf die Fragestellung, welche Konsumenten für eine Beteiligung gewonnen werden sollten. Im Unterschied zu vorherigen Untersuchungen zur klassischen Kundeneinbindung wird zum ersten Mal ein typisches dauerhaftes Konsumgut verwendet. Es zeichnet sich nicht durch ein hohes Involvement seitens der Konsumenten aus: Geschirrspüler sind in den seltensten Fällen Teil eines Hobbys des Konsumenten, sondern erregen seine Aufmerksamkeit nur bei ungenügendem Funktionieren oder im Falle eines Defektes. Dies unterscheidet die Produktkategorie deutlich

5.3 Ausblick

zum Beispiel von Outdoor-Produkten oder Sportgeräten, die einen Konsumenten in die Lage versetzen, eine seiner Freizeitbeschäftigungen auszuüben.

Diese Tatsache bedingt deutliche Unterschiede in der Rolle, die Konsumenten bei einer Einbindung in die frühen Phasen übernehmen. Im Vordergrund stehen die Gewinnung von Produktideen und die Erkennung von latenten Bedürfnissen aus Konsumentenbeiträgen, nicht aber von fertigen Produktkonzepten oder Prototypen. Entsprechend kommt diese Untersuchung teilweise zu deutlich anderen Ergebnissen als bisherige Studien zur klassischen Kundeneinbindung. (Adoptions-) Innovativität und Objektwissen sind als Eigenschaften innovativer Kunden nicht bedeutend, wichtig sind dagegen Involvement, Bereitschaft zu „extra-role behaviours" und wohl auch Markenvertrauen.

Das hier betrachtete Produkt Geschirrspüler ist ein weit verbreitetes dauerhaftes Konsumgut. Daher sollten auch schnell drehende Produkte mit geringem Wert in den Bereichen „Food" und „Non-Food" untersucht werden. Es ist gut vorstellbar, dass die Ergebnisse übertragbar sind. Prinzipiell ist die Produktkategorie Hausgeräte schnell drehenden Konsumgütern näher verwandt als etwa Sportgeräten, die ja auch ein dauerhaftes Konsumgut sind. Die Projekte einiger Konsumgüterhersteller wie etwa Procter & Gamble, aber auch Mars und Henkel, zeigen, dass auch für diese Produkte eine Unterstützung der frühen Phasen durch Konsumentenbeiträge sinnvoll ist. Eine explizite Untersuchung könnte diese Vermutung bestätigen.

Die Übertragbarkeit des Lead-User-Konzepts auf typische Konsumgütermärkte wirft jedoch weitere Fragenkomplexe auf, die diese Arbeit nicht beantwortet. Es ist davon auszugehen, dass das Eigenschaftsprofil von für eine Einbindung ideal geeigneter Konsumenten phasenabhängig ist. So ist die Rolle, die Konsumenten im Neuproduktentwicklungsprozess zukommt, je nach Phase unterschiedlich (siehe auch Abbildung 2.1). Daher ist zu vermuten, dass diese Arbeit nur beantwortet, welche Konsumenten auf welche Art idealerweise in die Ideenphase einzubinden sind. Das Eigenschaftsprofil in der Entwicklungsphase und in der Markteinführung dürfte unterschiedlich sein. Hier sollten weitere Untersuchungen durchgeführt werden, um diese Fragestellung zu beantworten. Auf der anderen Seite wird hierdurch deutlich, dass die Existenz eines über alle Phasen stabilen Lead-User-Konzepts in Konsumgütermärkten nicht wahrscheinlich ist. Dies wäre ein zentraler Unterschied zu Industriegütermärkten. Auch hier können nur weitere Untersuchungen einen empirischen Beleg für diese Vermutung bringen.

Innerhalb des Forschungsgegenstands dieser Arbeit, der optimalen virtuellen Kundeneinbindung in die Ideenphase der Entwicklung von Konsumgütern, verbleiben einige Fragen ungeklärt. Von Interesse ist insbesondere eine systematische Betrachtung, wie eine ganzheitliche virtuelle Kundeneinbindung in den Frühphasen des Innovationsprozesses gestaltet werden müsste, da sich der empirische Teil der vorliegenden Arbeit auf die Ideengenerierung konzentriert.

Auf der einen Seite sind dafür methodische Aspekte wichtig. Es sollte untersucht werden, auf welche Weise eine integrierte Methodik optimal aufzubauen ist. Es bestehen Anzeichen, dass Online-Communities für diesen Zweck gut geeignet sind. In diesem Umfeld sind Verfahren der Beobachtung, wie sie von Kozinets (2002) sowie Leonard und Rayport (1997) beschrieben werden, gut durchführbar. Auch gestatten sie, Mitglieder mit besonderem Eigenschaftsprofil für die Phase der Ideenbewertung auszuwählen.

Auf der anderen Seite sollte auch die Konsumentenperspektive systematisch beleuchtet werden. In diesem Bereich ist von Interesse, welche Eigenschaften in den Phasen der Ideenbewertung und der Konzeptentwicklung einen besonderen Einfluss auf die Ergebnisqualität haben. Zudem sollte untersucht werden, welche Anforderungen und Erwartungen Konsumenten an diese eher langfristige Kundeneinbindung haben. Es deutet sich an, dass aus deren Sicht wiederum Online-Communities gut geeignet sind. Der soziale Zusammenhalt sorgt bereits für eine Motivation der Mitglieder. Zudem wird durch das Verfolgen eines gemeinsamen Interesses sowohl ein Zugehörigkeitsgefühl zur Community als auch eine Bindung an das veranstaltende Unternehmen erzeugt (McWilliam 2000 sowie Keenan 2001).

Konsumgüter unterscheiden sich damit deutlich von standardisierten Industriegütern. Für diese Produktkategorie haben zahlreiche Untersuchungen eine prinzipielle Übertragbarkeit nachgewiesen. Verwender von Industriegütern haben in der Regel hohes technisches Wissen, was sie zur Entwicklung eigener Modifikationen und sogar Prototypen befähigt, also klassischen Lead-User-Verhaltensweisen. Darüber hinaus wird die Identifikation von Lead Usern durch einen direkten Zugang zum Kunden ermöglicht: Selbst standardisierte Industriegüter werden in aller Regel über einen Außendienst verkauft, so dass alle Kunden bekannt sind. Die Identifikation besonders innovativer Kunden kann daher einfach und schnell über die Vertriebsorganisation erfolgen. Dies sind Indizien für die Verschiedenartigkeit der beiden Produktkategorien.

Konsumgüterherstellern fehlt der direkte Kundenzugang. Sie müssen daher andere Strategien zur Kundeneinbindung anwenden. Traditionell geschah dies durch testende Marktforschung; durch die virtuelle Kundeneinbindung bekommen diese Unternehmen aber neue Möglichkeiten, da das Internet einen kostengünstigen direkten Kundenkontakt ermöglicht. Die Ergebnisse dieser Arbeit zeigen, dass zumindest für die Ideenphase eine simple Übertragung des Lead-User-Konzepts falsch ist. Zum einen sind die Kriterien, die in Studien zur Existenz von Lead Usern in Konsumgütermärkten genannt werden, nur zum Teil relevant. Zum anderen ist eine Beschränkung auf eine relativ kleine Gruppe innerhalb der Gesamtgruppe der Konsumenten nicht optimal. Dies verdeutlicht, dass durch den Einsatz von Methoden der virtuellen Kundeneinbindung neue Möglichkeiten geschaffen werden, die aber auch eine andere Herangehensweise an die Konsumentenauswahl und die Einbindungstrategie erfordern. Die Ergebnisse dieser Untersuchung geben eine Antwort auf die Frage, wie Konsumenten optimal in die Ideenphase der

5.3 Ausblick

Produktentwicklung von Konsumgütern eingebunden werden können. Ob diese Eigenschaften über den gesamten Innovationsprozess stabil sind, bleibt ungeklärt; weitere Untersuchungen müssen hier eine Antwort geben. Eine Abkehr vom phasenstabilen Lead-User-Paradigma der klassischen Kundeneinbindung in Industriegütermärkten, das in einigen Arbeiten auch auf ausgewählte Konsumgütermärkte übertragen wurde, ist wahrscheinlich. Nachfolgende Untersuchungen werden die Frage beantworten, welche Konsumenten auf welche Art je nach Phase des Entwicklungsprozesses im Rahmen der virtuellen Kundeneinbindung angesprochen werden sollten. Damit tragen sie dazu bei, ein umfassendes Bild von Konsumentenauswahl und Methodenauswahl bei der virtuellen Kundeneinbindung in Konsumgütermärkten zu zeichnen. Die vorliegende Arbeit ist ein Schritt auf dem Weg dorthin.

A Anhang

A.1 Tabellen

Tabelle A.1: Übersicht über die Ausprägungen der abhängigen Variablen nach Experimentvariante

Variante		Bosch	Siemens	Gesamt
1	Einblendungen	7.436	4.809	12.245
	Ansichten	364	206	570
	Ansichtsquote (%)	4,90	4,28	4,65
	Teilnahmen	127	84	211
	Teilnahmequote (%)	1,71	1,75	1,72
	Ideen	47	26	73
	Ideenquote (%)	0,63	0,54	0,60
	Ideenqualität (Summe)	7,93	8,48	8,17
	Ideenqualität (Produkt)	35,52	36,13	35,79
2	Einblendungen	7.625	4.712	12.337
	Ansichten	329	189	518
	Ansichtsquote (%)	4,31	4,01	4,20
	Teilnahmen	137	93	230
	Teilnahmequote (%)	1,80	1,97	1,86
	Ideen	70	41	111
	Ideenquote (%)	0,92	0,87	0,90
	Ideenqualität (Summe)	8,29	7,57	8,03
	Ideenqualität (Produkt)	43,73	33,39	39,97

Tabelle A.1: Übersicht über die Ausprägungen der abhängigen Variablen nach Experimentvariante (Fortsetzung)

Variante		Bosch	Siemens	Gesamt
3	Einblendungen	7.399	4.558	11.957
	Ansichten	253	117	370
	Ansichtsquote (%)	3,42	2,57	3,09
	Teilnahmen	101	51	152
	Teilnahmequote (%)	1,37	1,12	1,27
	Ideen	46	18	64
	Ideenquote (%)	0,62	0,39	0,54
	Ideenqualität (Summe)	8,78	7,41	8,35
	Ideenqualität (Produkt)	46,11	35,82	42,87
4	Einblendungen	7.330	4.717	12.047
	Ansichten	323	193	516
	Ansichtsquote (%)	4,41	4,09	4,28
	Teilnahmen	129	89	218
	Teilnahmequote (%)	1,76	1,89	1,81
	Ideen	58	39	97
	Ideenquote (%)	0,79	0,83	0,81
	Ideenqualität (Summe)	7,62	7,80	7,69
	Ideenqualität (Produkt)	27,16	30,88	28,66
5	Einblendungen	6.931	10.202	17.133
	Ansichten	169	270	439
	Ansichtsquote (%)	2,44	2,65	2,56
	Teilnahmen	76	130	206
	Teilnahmequote (%)	1,10	1,27	1,20
	Ideen	22	37	59
	Ideenquote (%)	0,32	0,36	0,34
	Ideenqualität (Summe)	6,05	7,80	7,25
	Ideenqualität (Produkt)	18,63	35,00	29,82

Tabelle A.1: Übersicht über die Ausprägungen der abhängigen Variablen nach Experimentvariante (Fortsetzung)

Variante		Bosch	Siemens	Gesamt
6	Einblendungen	6.957	10.165	17.122
	Ansichten	169	279	448
	Ansichtsquote (%)	2,43	2,74	2,62
	Teilnahmen	71	136	207
	Teilnahmequote	1,02	1,34	1,21
	Ideen	22	37	59
	Ideenquote (%)	0,32	0,36	0,34
	Ideenqualität (Summe)	7,48	6,28	6,75
	Ideenqualität (Produkt)	30,70	23,36	26,22
7	Einblendungen	7.150	10.363	17.513
	Ansichten	154	294	448
	Ansichtsquote (%)	2,15	2,84	2,56
	Teilnahmen	63	141	204
	Teilnahmequote (%)	0,88	1,36	1,16
	Ideen	14	30	44
	Ideenquote (%)	0,20	0,29	0,25
	Ideenqualität (Summe)	4,75	7,48	6,68
	Ideenqualität (Produkt)	8,92	33,48	26,29
8	Einblendungen	7.057	10.141	17.198
	Ansichten	256	387	643
	Ansichtsquote (%)	3,63	3,82	3,74
	Teilnahmen	116	194	310
	Teilnahmequote (%)	1,64	1,91	1,80
	Ideen	19	40	59
	Ideenquote (%)	0,27	0,39	0,34
	Ideenqualität (Summe)	7,83	5,89	6,55
	Ideenqualität (Produkt)	42,00	18,23	26,30

A.2 Fragebogen

Den Fragebogen und das Codebuch erhalten Sie gerne per Anfrage an jhsoll@whu.edu.

Literaturverzeichnis

AAKER, D. A., KUMAR, V. und DAY, G. S. (2001): *Marketing Research*. 6. Aufl., John Wiley & Sons, New York

ACHROL, R. S. (1997): Changes in the theory of interorganizational relations in marketing. Journal of the Academy of Marketing Science, 25(1), S. 56–71

ADAMSON, R. E. (1952): Functional Fixedness as Related to Problem Solving: A Repetition of Three Experiments. Journal of Experimental Psychology, 45(2), S. 288–291

ADDELMAN, S. (1972): Recent Developments in the Design of Factorial Experiments. Journal of the American Statistical Association, 67(337), S. 103–111

ADRIAENSSENS, C. und CADMAN, L. (1999): An adaption of moderated e-mail focus groups to assess the potential for a new online (Internet) financial services offer in the UK. Journal of the Market Research Society, 41(4), S. 417–425

AHEARNE, M., BHATTACHARYA, C. B. und GRUEN, T. (2003): *Beyond the Brand: Antecedents and Consequences of Customer-Company-Identification*. Boston University School of Management Working Paper Series, Boston

AJZEN, I. und FISHBEIN, M. (1980): *Understanding Attitudes and Predicting Social Behaviors*. Prentice-Hall, Englewood Cliff

ALAM, I. (2002): An Exploratory Investigation of User Involvement in New Service Development. Journal of the Academy of Marketing Science, 30(3), S. 250–261

ALBERS, S. und SKIERA, B. (1998): Regressionsanalyse. In: HERRMANN, A. und HOMBURG, C. (Hg.), *Marktforschung*, Gabler, Wiesbaden, S. 205–236

ALGESHEIMER, R., DHOLAKIA, U. M. und HERRMANN, A. (2005): The Social Influence of Brand Community: Evidence from European Car Clubs. Journal of Marketing, 69(3), S. 19–34

AMABILE, T. M. (1996): *Creativity in Context*. Westview Press, Boulder

AMABILE, T. M., CONTI, R., COON, H., LAZENBY, J. und HERRON, M. (1996): Assessing the work environment for creativity. Academy of Management Journal, 39(5), S. 1154–1184

ANDALEEB, S. S. und BASU, A. K. (1994): Technical Complexity and Consumer Knowledge as Moderators of Service Quality Evaluation in the Automobile Service Industry. Journal of Retailing, 70(4), S. 367–381

ANDERSON, J. C. (1991): Partnering as a Focused Market Strategy. California Management Review, 33(3), S. 95–113

ARMSTRONG, J. S. und OVERTON, T. S. (1977): Estimating Nonresponse Bias in Mail Surveys. Journal of Marketing Research (JMR), 14(3), S. 396–402

ATUAHENE-GIMA, K. (1995): An Exploratory Analysis of the Impact of Market Orientation on New Product Performance. Journal of Product Innovation Management, 12(3), S. 275–293

ATUAHENE-GIMA, K. (1996): Differential Potential of Factors Affecting Innovation Performance in Manufacturing and Services Firms in Australia. Journal of Product Innovation Management, 13(1), S. 35–52

ATUAHENE-GIMA, K. und KO, A. (2002): An Empirical Investigation of the Effect of Market Orientation and Entrepreneurship Orientation Alignment on Product Innovation. Organization Science, 12(1), S. 54–73

BACKHAUS, K., ERICHSON, B., PLINKE, W. und WEIBER, R. (2003): *Multivariate Analysemethoden*. 10. Aufl., Springer-Verlag, Berlin

BAGOZZI, R. P. (1994): Structural Equation Models in Marketing Research: Basic Principles. In: BAGOZZI, R. P. (Hg.), *Principles of Marketing Research*, Blackwell, Cambridge, S. 317–385

BAGOZZI, R. P. und PHILLIPS, L. W. (1982): Representing and Testing Organizational Theories: A Holistic Construal. Administrative Science Quarterly, 27(3), S. 459–489

BAGOZZI, R. P. und YI, Y. (1988): On the Evaluation of Structural Equation Models. Journal of the Academy of Marketing Science, 16(1), S. 74–94

BAGOZZI, R. P., YI, Y. und PHILIPPS, L. W. (1991): Assessing construct validity in organizational research. Administrative Science Quarterly, 36(3), S. 421–458

BANKS, S. (1965): *Experimentation in Marketing*. McGraw-Hill, New York

BARTL, M., FÜLLER, J., ERNST, H. und MÜHLBACHER, H. (2004): *Managerial Perspectives on Virtual Customer Integration*. WHU-Forschungspapier Nr. 93, Vallendar

BATINIC, B. (2001): *Fragebogenuntersuchungen im Internet*. Shaker Verlag, Aachen

BAYUS, B. L. (1994): Are Product Life Cycles Really Getting Shorter? Journal of Product Innovation Management, 11(4), S. 300–308

BAYUS, B. L. (1998): An analysis of product lifetimes in a technologically dynamic industry. Management Science, 44(6), S. 763–775

BENTLER, P. M. und BONETT, D. G. (1980): Significance Tests and Goodness of Fit in the Analysis of Covariance Structures. Psychological Bulletin, 88(3), S. 588–606

BERTHON, P. und HULBERT, J. M. (1999): To Serve or Create? California Management Review, 42(1), S. 37–58

BERTHON, P., HULBERT, J. M. und PITT, L. F. (1999): Brand management prognostications. Sloan Management Review, 40(2), S. 53–65

BETTENCOURT, L. A. (1997): Customer Voluntary Performance: Customers as Partners in Service Delivery. Journal of Retailing, 73(3), S. 383–406

BHATTACHARYA, C. B. und MITRA, A. (1998): The Individual, the Company, and the Product: The Role of Organizational Identification in Consumer Behavior. Advances in Consumer Research, 25(1), S. 54

BHATTACHARYA, C. B. und SEN, S. (2003): Consumer-Company Identification: A Framework for Understanding Consumers' Relationships with Companies. Journal of Marketing, 67(2), S. 76–88

BHATTACHARYA, R., DEVINNEY, T. M. und PILLUTLA, M. M. (1998): A formal model of trust based on outcomes. Academy of Management Review, 23(3), S. 459–472

BIEMANS, W. G. (1991): User and third-party involvement in developing medical equipment innovations. Technovation, 11(3), S. 163–182

BJÖRKMAN, H. (2004): Design Dialogue Groups as a Source of Innovation: Factors behind Group Creativity. Creativity & Innovation Management, 13(2), S. 97–108

BLOCH, P. H. und RICHINS, M. L. (1983): A Theoretical Model for the Study of Product Importance Perceptions. Journal of Marketing, 47(3), S. 69–81

BLOCH, P. H., RIDGWAY, N. M. und SHERELL, D. L. (1989): Extending the Concept of Shopping: An Investigation of Browsing Activity. Journal of the Academy of Marketing Science, 17(1), S. 13–21

BOLTON, R. N. und LEMON, K. N. (1999): A Dynamic Model of Customers' Usage of Services: Usage as an Antecedent and Consequence of Satisfaction. Journal of Marketing Research (JMR), 36(2), S. 171–186

BORTZ, J. (1999): *Statistik für Sozialwissenschaftler*. 5. Aufl., Springer, Berlin

BOSNJAK, M. (2001): Teilnahmeverhalten bei Web-Befragungen – Nonresponse und Selbstselektion. In: THEOBALD, A., DREYER, M. und STARSETZKI, T. (Hg.), *Online-Marktforschung*, Gabler, Wiesbaden, S. 79–95

BOX, G. E. P., HUNTER, W. P. und HUNTER, J. S. (1978): *Statistics for Experimenters*. John Wiley & Sons, New York

BOYD, T. C. und MASON, C. H. (1999): The Link Between Attractiveness of 'Extrabrand' Attributes and the Adoption of Innovations. Journal of the Academy of Marketing Science, 27(3), S. 306–319

BREEN, R. (1996): *Regression Models – Censored, Sample-Selected, or Truncated Data*, Bd. 07-111 von *Sage University Paper Series Quantitative Applications in the Social Sciences*. Sage Publications, Thousand Oaks

BROCKHOFF, K. (1985): Abstimmungsprobleme von Marketing und Technologiepolitik. DBW, 45(6), S. 623–632

BROCKHOFF, K. (1997): Wenn der Kunde stört - Differenzierungsnotwendigkeiten bei der Einbeziehung von Kunden in die Produktenwicklung. In: BRUHN, M. und STEFFENHAGEN, H. (Hg.), *Marktorientierte Unternehmensführung: Reflexionen - Denkanstöße - Perspektiven*, Gabler, Wiesbaden, S. 351–370

BROCKHOFF, K. (1998): Der Kunde im Innovationsprozess. Joachim Jungius-Gesellschaft der Wissenschaften

BROCKHOFF, K. (1999): *Produktpolitik*. 4. Aufl., Lucius & Lucius, Stuttgart

BROCKHOFF, K. (2003): Customers' Perspectives of Involvement in New Product Development. International Journal of Technology Management, 26(5/6), S. 464–481

BROCKHOFF, K. (2005): Konflikte in der Einbeziehung von Kunden in die Produktentwicklung. Zeitschrift für Betriebswirtschaft, 75(9), S. 859–877

BROWN, S. L. und EISENHARDT, K. M. (1995): Product Development: Past research, present findings, and future directions. Academy of Management Review, 20(2), S. 343–378

BROWN, S. R. und MELAMED, L. E. (1990): *Experimental Design and Analysis*, Bd. 07-074 von *Sage University Paper Series Quantitative Applications in the Social Sciences*. Sage Publications, Newbury Park

BURKE, R. R. (1996): Virtual Shopping: Breakthrough in Marketing Research. Harvard Business Review, 74(2), S. 120–129

BURTON, S. und NETEMEYER, R. G. (1992): The Effect of Enduring, Situational, and Response Involvement on Preference Stability in the Context of Voting Behavior. Psychology & Marketing, 9(2), S. 143–156

BUTLER, B., SPROULL, L., KIESLER, S. und KRAUT, R. (2002): *Community Effort in Online Groups: Who Does the Work and Why?* Working paper, University of Pittsburgh

BÖTTCHER, G. (2003): Kundenideen profitabel umsetzen. SalesBusiness, 2003(8), S. 1–6

CALDER, B. J. (1977): Focus Groups and the Nature of Qualitative Marketing Research. Journal of Marketing Research (JMR), 14(3), S. 353–364

CALDER, B. J., PHILLIPS, L. W. und TYBOUT, A. M. (1982): The Concept of External Validity. Journal of Consumer Research, 9(3), S. 240–244

CANNON, J. P. und PERREAULT, J. W. D. (1999): Buyer-Seller Relationships in Business Markets. Journal of Marketing Research (JMR), 36(4), S. 439–460

CARRIER, C. (1998): Employee Creativity and Suggestion Programs: An Empirical Study. Creativity & Innovation Management, 7(2), S. 62–72

CELSI, R. L. und OLSON, J. C. (1988): The Role of Involvement in Attention and Comprehension Processes. Journal of Consumer Research, 15(2), S. 210–224

CHAN, N. T., DAHAN, E., KIM, A., LO, A. W. und POGGIO, T. (2002): *Securities Trading of Concepts (STOC).* Working paper, Massachusetts Institute of Technology, Cambridge

CHAN, N. T., DAHAN, E., LO, A. W. und POGGIO, T. (2001): *Experimental Markets for Product Concepts.* Working paper, Massachusetts Insitute of Technology, Cambridge

CHAUDHURI, A. und HOLBROOK, M. B. (2001): The Chain of Effects from Brand Trust and Brand Affect to Brand Performance: The Role of Brand Loyalty. Journal of Marketing, 65(2), S. 81–93

CHEN, Y. und GANESH, I. (2002): Consumer Adressability and Customized Pricing. Marketing Science, 21(2), S. 197–208

CHILDERS, T. L. (1986): Assessment of the Psychometric Properties of an Opinion Leadership Scale. Journal of Marketing Research (JMR), 23(2), S. 184–188

CHRISTENSEN, C. M., SUAREZ, F. F. und UTTERBACK, J. M. (1998): Strategies for Survival in Fast-Changing Industries. Management Science, 44(12), S. S207–S220

CHURCHILL JR, G. A. (1979): A Paradigm for Developing Better Measures of Marketing Constructs. Journal of Marketing Research (JMR), 16(1), S. 64–73

CICCANTELLI, S. und MAGIDSON, J. (1993): FROM EXPERIENCE: Consumer Idealized Design: Involving Consumers in the Product Development Process. Journal of Product Innovation Management, 10, S. 341–347

CONTI, R., AMABILE, T. M. und POLLAK, S. (1995): The Positive Impact of Creative Activity: Effects of Creative Task Engagement and Motivational Focus on College Students' Learning. Personality and Social Psychology Bulletin, 21(10), S. 1107–1116

COOPER, R. G. (1979): The Dimensions of Industrial New Product Success and Failure. Journal of Marketing, 43(3), S. 93–103

COX III, E. P. (1980): The Optimal Number of Response Alternatives for a Scale: A Review. Journal of Marketing Research (JMR), 17(4), S. 407–422

CRAIG, C. S. und GINTER, J. L. (1975): An Empirical Test of a Scale for Innovativeness. Advances in Consumer Research, 2(1), S. 555–562

CRAWFORD, C. (1987): New Product Failure Rates: Reprise. Research Management, 30(4), S. 20–24

CRONBACH, L. J. (1951): Coefficient Alpha and the Internal Structure of Tests. Psychometrika, 16(3), S. 297–334

DAHAN, E. und HAUSER, J. R. (2002): The Virtual Customer. Journal of Product Innovation Management, 19(5), S. 332–353

DAHAN, E. und SRINIVASAN, V. (2000): The Predictive Power of Internet-Based Product Concept Testing Using Visual Depiction and Animation. Journal of Product Innovation Management, 17(2), S. 99–109

DAMANPOUR, F. (1991): Organizational Innovations: A Meta-Analysis of Effects of Determinants and Moderators. Academy of Management Journal, 34(3), S. 555–590

DEDEKIND, D. C. und STALLBAUMER, R. (2001): *Kundenanregungen im Neuproduktentwicklungsprozess*. Seminararbeit, Wissenschaftliche Hochschule für Unternehmensführung, Vallendar

DELGADO-BALLESTER, E., MUNUERA-ALEMÁN, J. L. und YAGÜE-GUILLÉN, M. J. (2003): Development and validation of a brand trust scale. International Journal of Market Research, 45(1), S. 35–53

DENNIS, A. R. und VALACICH, J. S. (1994): Group, Sub-Group, and Nominal Group Idea Generation: New Rules for a New Media? Journal of Management, 20(4), S. 723–736

DESHPANDÉ, R. und FARLEY, J. U. (1993): Corporate Culture Customer Orientation, and Innovativeness in Japanese Firms: A Quadrad Analysis. Journal of Marketing, 57(1), S. 23–37

DEY, A. (1985): *Orthogonal Fractional Factorial Designs*. Wiley Eastern Limited, New Delhi

DHOLAKIA, P. M. und MORWITZ, V. G. (2002a): How Surveys Influence Customers. Harvard Business Review, 80(5), S. 18–19

DHOLAKIA, U. M. und MORWITZ, V. G. (2002b): The Scope and Persistence of Mere-Measurement Effects: Evidence from a Field Study of Customer Satisfaction Measurement. Journal of Consumer Research, 29(2), S. 159–167

DIAMANTOPOULOS, A. (1994): Modelling with LISREL: A Guide for the Uninitiated. Journal of Marketing Management, 10(1-3), S. 105–136

DONEY, P. M. und CANNON, J. P. (1997): An Examination of the Nature of Trust in Buyer-Seller Relationships. Journal of Marketing, 61(2), S. 35–51

EGGERT, A. und FASSOT, G. (2003): *Zur Verwendung formativer und reflektiver Indikatoren in Strukturgleichungsmodellen*. Working paper, Universität Kaiserslautern, Kaiserslautern

EKVALL, G. (1994): Organizational Conditions and Levels of Creativity. Creativity and Innovation Management, 6(4), S. 195–205

EPPLE, M. und HAHN, G. (2003): Dialog im virtuellen Raum – Die Online-Focusgroup in der Praxis der Marktforschung. In: THEOBALD, A., DREYER, M. und STARSETZKI, T. (Hg.), *Online-Marktforschung*, 2. Aufl., Gabler, Wiesbaden, S. 297–308

ERNST, H. (2001): *Erfolgsfaktoren neuer Produkte*. Deutscher Universitätsverlag, Wiesbaden

ERNST, H. (2002): Success factors of new product development: a review of the empirical literature. International Journal of Management Reviews, 4(1), S. 1–40

ERNST, H. (2004): Virtual Customer Integration – Maximizing the Impact of Customer Integration on New Product Performance. In: ALBERS, S. (Hg.), *Cross-functional Innovation Management*, Gabler, Wiesbaden, S. 191–208

ERNST, H., SOLL, J. H. und SPANN, M. (2004): Möglichkeiten der Lead-User-Identifikation in Online-Medien. In: HERSTATT, C. und SANDER, J. G. (Hg.), *Produktentwicklung mit virtuellen Communities*, Gabler, Wiesbaden, S. 121–140

ERNST, O. und SATTLER, H. (2000): Multimediale versus traditionelle Conjoint-Analysen - Ein empirischer Vergleich alternativer Produktpräsentationen. Marketing - ZFP, 22(2), S. 161–172

FISCHER, G. (2002): Beyond "Couch Potatoes": From Consumers to Designers and Active Contributors. First Monday, 7(12)

FLYNN, L. R. und GOLDSMITH, R. E. (1993): Identifying Innovators in Consumer Service Markets. Service Industries Journal, 13(3), S. 97–109

FLYNN, L. R., GOLDSMITH, R. E. und EASTMAN, J. K. (1994): The King and Summers Opinion Leadership Scale: Revision and Refinement. Journal of Business Research, 31(1), S. 55–64

FORNELL, C. und LARCKER, D. F. (1981): Evaluating Structural Equation Models with Unobservable Variables and Measurement Error. Journal of Marketing Research (JMR), 18(1), S. 39–50

FORSYTHE, R., NELSON, F., NEUMANN, G. R. und WRIGHT, J. (1992): Anatomy of an Experimental Political Stock Market. American Economic Review, 82(5), S. 1142–1161

FRANKE, N. und SHAH, S. (2003): How communities support innovative activities: An exploration of assistance and sharing among end-users. Research Policy, 32(1), S. 157–178

FÜLLER, J., MÜHLBACHER, H. und RIEDER, B. (2003): An die Arbeit, lieber Kunde! Harvard Business Manager, 25(8), S. 36–45

GADEIB, A. (1999): Ansprüche und Entwicklung eines Systems zur Befragung über das World Wide Web. In: BATINIC, B., WERNER, A., GRÄF, L. und BANDILLA, W. (Hg.), *Online Research*, Hogrefe, Göttingen, S. 103–112

GARBARINO, E. und JOHNSON, M. S. (1999): The Different Roles of Satisfaction, Trust, and Commitment in Customer Relationships. Journal of Marketing, 63(2), S. 70–87

GATIGNON, H. und ROBERTSON, T. S. (1985): A Propositional Inventory for New Diffusion Research. Journal of Consumer Research, 11(4), S. 849–867

GERBING, D. W. und ANDERSON, J. C. (1986): An Updated Paradigm for Scale Development: Incorporating Unidimensionality and Its Assessment. Journal of Marketing Research, 25(2), S. 186–192

GIERING, A. (2000): *Der Zusammenhang zwischen Kundenzufriedenheit und Kundenloyalität*. Gabler, Wiesbaden

GIESKES, J. und VAN DER HEIJDEN, B. (2004): Measuring and Enabling Learning Behaviour in Product Innovation Processes. Creativity & Innovation Management, 13(2), S. 109–125

GOLDENBERG, J., LEHMANN, D. R. und MAZURSKY, D. (2001): The Idea Itself and the Circumstances of Its Emergence as Predictors of New Product Success. Management Science, 47(1), S. 69–84

GOLDENBERG, J., MAZURSKY, D., HOROWITZ, R. und LEVAV, A. (2003): Finding Your Innovation Sweet Spot. Harvard Business Review, 81(3), S. 120–129

GOLDSMITH, R. und FLYNN, L. R. (1992): Identifying Innovators in Consumer Product Markets. European Journal of Marketing, 26(12), S. 42–55

GOLDSMITH, R. E. und DESBORDE, R. (1991): A Validity Study of a Measure of Opinion Leadership. Journal of Business Research, 22(1), S. 11–19

GOLDSMITH, R. E. und HOFACKER, C. F. (1991): Measuring Consumer Innovativeness. Journal of the Academy of Marketing Science, 19(3), S. 209–221

GRANBERG, D. und HOLMBERG, S. (1992): The Hawthorne effect in election studies: The impact of survey participation on voting. British Journal of Political Science, 22(2), S. 240–247

GRANOVETTER, M. (1985): Economic Action and Social Structures: the Problem of Embeddedness. American Journal of Sociology, 91(3), S. 481–510

GREEN, P. E., KRIEGER, A. M. und WIND, Y. (2001): Thirty Years of Conjoint Analysis: Reflections and Prospects. Interfaces, 31(3), S. 56–73

GREEN, P. E. und TULL, D. S. (1982): *Methoden und Techniken der Marktforschung*. 4. Aufl., C. E. Poeschel Verlag, Stuttgart

GREENE, W. H. (2003): *Econometric Analysis*. 5. Aufl., Prentice Hall, Upper Saddle River

GREENWALD, A. G. und LEAVITT, C. (1984): Audience Involvement in Advertising: Four Levels. Journal of Consumer Research, 11(1), S. 581–592

GRIFFIN, A. und HAUSER, J. R. (1993): The Voice of the Customer. Marketing Science, 12(1), S. 1–27

GROTH, J. und PETERS, J. (1999): What Blocks Creativity? A Managerial Perspective. Creativity & Innovation Management, 8(3), S. 179–187

GRUNER, K. (1997): *Kundeneinbindung in den Produktinnovationsprozess*. Gabler, Wiesbaden

GRUNER, K. und HOMBURG, C. (2000): Does Customer Interaction Enhance New Product Success? Journal of Business Research, 49(1), S. 1–14

GRÜN, O. und BRUNNER, J.-C. (2003): Wenn der Kunden mit anpackt – Wertschöpfung durch Ko-Produktion. zfo, 72(2), S. 87–93

GUJARATI, D. N. (1995): *Basic Econometrics*. 3. Aufl., McGraw-Hill, New York

GÖRITZ, A. (2001): Online-Panels. In: THEOBALD, A., DREYER, M. und STARSETZKI, T. (Hg.), *Online-Marktforschung*, Gabler, Wiesbaden, S. 67–78

GÖRTS, T. (2001): Gruppendiskussion – Ein Vergleich von Online- und Offline-Focus-Group. In: THEOBALD, A., DREYER, M. und STARSETZKI, T. (Hg.), *Online-Marktforschung*, Gabler, Wiesbaden, S. 149–164

HABERMEIER, K. F. (1990): Product use and product improvement. Research Policy, 19(3), S. 271–283

HAGEL, J. und RAYPORT, J. F. (1997): The Coming Battle for Consumer Information. Harvard Business Review, 75(1), S. 53–65

HAMILTON, H. (1971): Dimensions of Self-Designated Opinion Leadership and their Correlates. Public Opinion Quarterly, 35(2), S. 266–274

HAMMANN, P. und ERICHSON, B. (2000): *Marktforschung*. 4. Aufl., Lucius & Lucius, Stuttgart

HAN, J. K., KIM, N. und SRIVASTAVA, R. K. (1998): Market Orientation and Organizational Performance: Is Innovation a Missing Link? Journal of Marketing, 62(4), S. 30–45

HANSEN, U. (1982): Die Stellung der Konsumenten im Prozess der unternehmerischen Produktentwicklung. Marketing - ZFP, 4(1), S. 27–36

HANSEN, U., JESCHKE, K. und SCHÖBER, P. (1995): Beschwerdemanagement – Die Karriere einer kundenorientierten Unternehmensstrategie im Konsumgütersektor. Marketing - ZFP, 17(2), S. 77–88

HANSEN, U. und RAABE, T. (1991): Konsumentenbeteiligung an der Produktentwicklung von Konsumgütern. Zeitschrift für Betriebswirtschaft, 61(2), S. 171–194

HAUSCHILDT, J. und PETERSEN, K. (1987): Phasen-Theorem und Organisation komplexer Entscheidungsverläufe. Zeitschrift für betriebswirtschaftliche Forschung, 39(12), S. 1043–1062

HEDDERICH, F. und VITZTHUM, S. (2002): *Innovative User Integration Concept*. Praxisarbeit, WHU, Vallendar

HENARD, D. H. und SZYMANSKI, D. M. (2001): Why Some New Products Are More Successful Than Others. Journal of Marketing Research (JMR), 38(3), S. 362–375

HENNIG-THURAU, T. und DALLWITZ-WEGNER, D. (2002): Online-Befragungen. WiSt, 31(6), S. 309–314

HENNIG-THURAU, T. und HANSEN, U. (2001): Kundenartikulation im Internet. DBW, 61(5), S. 560–580

HERSTATT, C. und VON HIPPEL, E. (1992): FROM EXPERIENCE: Developing New Product Concepts Via the Lead User Method: A Case Study in a "Low-Tech" Field. Journal of Product Innovation Management, 9, S. 213–221

HERSTATT, C., LÜTHJE, C. und LETTL, C. (2002): Wie fortschrittliche Kunden zu Innovationen stimulieren. Harvard Business Manager, 24(1), S. 60–68

HERSTATT, C. und SANDER, J. G. (2004): Online-Kundeneinbindung in den frühen Innovationsphasen. In: HERSTATT, C. und SANDER, J. G. (Hg.), *Produktentwicklung mit virtuellen Communities*, Gabler, Wiesbaden, S. 99–120

HIGGINS, E. T. und CHAIRES, W. M. (1980): Accessibility of Interrelational Constructs: Implications for Stimuls Encoding and Creativity. Journal of Experimental Social Psychology, 16(4), S. 348–361

VON HIPPEL, E. (1978a): A Customer Active Paradigm for Industrial Product Idea Generation. Research Policy, 7(3), S. 240–266

VON HIPPEL, E. (1978b): Successful Industrial Products From Customer Ideas. Journal of Marketing, 42(1), S. 39–49

VON HIPPEL, E. (1986): Lead Users: A Source of Novel Product Concepts. Management Science, 32(7), S. 791–805

VON HIPPEL, E. (1994): 'Sticky Information' and the Locus of Problem Solving: Implications for Innovation. Management Science, 40(4), S. 429–439

VON HIPPEL, E. (1998): Economics of Product Development by Users: The Impact of "Sticky" Local Information. Management Science, 44(5), S. 629–644

VON HIPPEL, E. (2001a): Innovation by User Communities: Learning from Open-Source Software. MIT Sloan Management Review, 42(4), S. 82–86

VON HIPPEL, E. (2001b): PERSPECTIVE: User Toolkits for Innovation. Journal of Product Innovation Management, 18(4), S. 247–257

VON HIPPEL, E. und KATZ, R. (2002): Shifting innovation to users via toolkits. Management Science, 48(7), S. 821–833

HIRSCHMAN, E. C. (1980): Innovativeness, Novelty Seeking, and Consumer Creativity. Journal of Consumer Research, 7(3), S. 283–295

HOEFFLER, S. (2003): Measuring Preferences for Really New Products. Journal of Marketing Research (JMR), 40(4), S. 406–420

HOLLAND, C. W. und CRAVENS, D. W. (1973): Fractional Factorial Experimental Designs in Marketing Research. Journal of Marketing Research (JMR), 10(3), S. 270–276

HOLT, K. (1988): The role of the user in product innovation. Technovation, 7, S. 249–258

HOMBURG, C. (1995): *Kundennähe von Industriegüterunternehmen*. Gabler, Wiesbaden

HOMBURG, C. und BAUMGARTNER, H. (1995a): Beurteilung von Kausalmodellen. Marketing - ZFP, 17(3), S. 162–176

HOMBURG, C. und BAUMGARTNER, H. (1995b): Die Kausalanalyse als Element der Marktforschung. Zeitschrift für Betriebswirtschaft, 65(10), S. 1091–1108

HOMBURG, C. und GIERING, A. (1996): Konzeptualisierung und Operationalisierung komplexer Konstrukte: Ein Leitfaden für die Marketingforschung. Marketing - ZFP, 18(1), S. 5–24

HOMBURG, C. und KROHMER, H. (2003): *Marketing Management*. Gabler, Wiesbaden

HOMBURG, C. und PFLESSER, C. (2000): A Multiple-Layer Model of Market-Oriented Organizational Culture: Measurement Issues and Performance Outcomes. Journal of Marketing Research (JMR), 37(4), S. 449–462

HOMBURG, C. und RUDOLPH, B. (1998): Theoretische Perspektiven zur Kundenzufriedenheit. In: HOMBURG, C. und SIMON, H. (Hg.), *Kundenzufriedenheit*, 3. Aufl., Gabler, Wiesbaden, S. 17–32

HOPKINS, K. D. und GULLICKSON, A. R. (1993): Response Rates in Survey Research: A Meta-Analysis of the Effects of Monetary Gratuities. Journal of Experimental Education, 61(1), S. 52–62

HOSMER, D. W. und LEMESHOW, S. (2000): *Applied Logistic Regression*. 2. Aufl., John Wiley & Sons, New York

HUNTER, J. S. und NAYLOR, T. H. (1970): Experimental Designs for Computer Simulation Experiments. Management Science, 16(7), S. 422–434

IANSITI, M. und MACCORMACK, A. (1997): Developing Products on Internet Time. Harvard Business Review, 75(5), S. 108–117

IM, S. und WORKMAN JR, J. P. (2004): Market Orientation, Creativity, and New Product Performance in High-Technology Firms. Journal of Marketing, 68(2), S. 114–132

IVERSEN, G. R. und NORPOTH, H. (1976): *Analysis of Variance*, Bd. 07-001 von *Sage University Papers Series on Quantitative Applications in the Social Sciences*. Sage Publications, Newbury Park

JACOBY, J. (1978): CONSUMER RESEARCH: How Valid and Useful Are All Our Consumer Behavior Research Findings? – A State of the Art Review. Journal of Marketing, 42(2), S. 87–96

JAIN, D. (1994): Regression Analysis for Marketing Decisions. In: BAGOZZI, R. P. (Hg.), *Principles of Marketing Research*, Blackwell, Cambridge, S. 162–194

JAWORSKI, B. J. und KOHLI, A. K. (1993): Market Orientation: Antecedents and Consequences. Journal of Marketing, 57(3), S. 53–70

JEPPESEN, L. B. (2001a): *Making Consumer Knowledge Available and Useful: the Case of the Computer Games*. DRUID Working Paper Series, Copenhagen

JEPPESEN, L. B. (2001b): *Organizing and Tapping Consumer Communities*. Working paper, Copenhagen Business School, Copenhagen

KAISER, H. F. (1970): A Second Generation Little Jiffy. Psychometrika, 35(4), S. 401–415

KAISER, H. F. (1974): An Index of Factorial Simplicity. Psychometrika, 39, S. 31–36

KEENAN, F. (2001): Friendly Spies On the Net. Business Week, 2001(3740), S. EB26–EB28

KENNEDY, P. (1998): *A Guide to Econometrics*. 4. Aufl., Blackwell, Oxford

KHURANA, A. und ROSENTHAL, S. R. (1997): Integrating the Fuzzy Front End of New Product Development. Sloan Management Review, 38(2), S. 103–120

KHURANA, A. und ROSENTHAL, S. R. (1998): Towards Holistic "Front End" In New Product Development. Journal of Product Innovation Management, 15(1), S. 57–74

KIM, B., BARUA, A. und WHINSTON, A. B. (2002): Virtual field experiments for a digital economy: a new research methodology for exploring an information economy. Decision Support Systems, 32(3), S. 215

KIM, J. und WILEMON, D. (2002): Focusing the fuzzy-front end in new product development. R&D Management, 32(4), S. 269–279

KING, C. W. und SUMMERS, J. O. (1970): Overlap of Opinion Leadership Across Product Categories. Journal of Marketing Research, 7(1), S. 43–50

KLEPPMANN, W. (2001): *Taschenbuch Versuchsplanung*. Praxisreihe Qualitätswissen, Hanser, München

KOEN, P. A., AJAMIAN, G. M., BOYCE, S., CLAMEN, A., FISHER, E., FOUNTOULAKIS, S., JOHNSON, A., PURI, P. und SEIBERT, R. (2002): Fuzzy Front End: Effective Methods, Tools, and Techniques. In: BELLIVEAU, P., GRIFFIN, A. und SOMERMEYER, S. (Hg.), *The PDMA Toolbook for New Product Development*, John Wiley and Sons, New York, S. 5–35

KOHLI, A. K. und JAWORSKI, B. J. (1990): Market Orientation: The construct, Research Propositions. Journal of Marketing, 54(2), S. 1–18

KOZINETS, R. V. (2002): The Field Behind the Screen: Using Netnography for Marketing Research in Online Communities. Journal of Marketing Research (JMR), 39(1), S. 61–72

KRAFFT, M. (1997): Der Ansatz der logistischen Regression und seine Interpretation. Zeitschrift für Betriebswirtschaft, 67(5/6), S. 625–642

KRAFFT, M. und KRIEGER, K. (2004): Successful Innovations Driven by Customer Relationship Management. In: ALBERS, S. (Hg.), *Cross-functional Innovation Management*, Gabler, Wiesbaden, S. 209–226

KRIEGER, K. (2005): *Customer Relationship Management und Innovationserfolg*. Deutscher Universitäts-Verlag, Wiesbaden

KRISTENSSON, P., GUSTAFSSON, A. und ARCHER, T. (2004): Harnessing the Creative Potential among Users. Journal of Product Innovation Management, 21(1), S. 4–14

KRISTENSSON, P., MAGNUSSON, P. R. und MATTHING, J. (2002): Users as a Hidden Resource for Creativity: Findings from an Experimental Study on User Involvement. Creativity and Innovation Management, 11(1), S. 55–61

KROEBER-RIEHL, W. und WEINBERG, P. (1999): *Konsumentenverhalten*. 7. Aufl., Vahlen, München

LAMM, H. und TROMMSDORFF, G. (1973): Group versus individual performance on tasks requiring ideational proficiency (brain storming): A review. European Journal of Social Psychology, 3(4), S. 361–388

LAURENT, G. und KAPFERER, J.-N. (1985): Measuring Consumer Involvement Profiles. Journal of Marketing Research (JMR), 22(1), S. 41–52

LEAVITT, C. und WALTON, J. (1975): Development of a Scale for Innovativeness. Advances in Consumer Research, 2(1), S. 545–554

LEE, Y. und O'CONNOR, G. C. (2003): The Impact of Communication Strategy on Launching New Products: The Moderating Role of Product Innovativeness. Journal of Product Innovation Management, 20(1), S. 4–21

LEONARD, D. und RAYPORT, J. F. (1997): Spark Innovation Through Emphatic Design. Harvard Business Review, 75(6), S. 102–113

LIECHTY, J., RAMASWAMY, V. und COHEN, S. H. (2001): Choice Menus for Mass Customization: An Experimental Approach for Analyzing Customer Demand with an Application to a Web-Based Information Service. Journal of Marketing Research (JMR), 38(2), S. 183–196

LILIEN, G. L., MORRISON, P. D., SEARLS, K., SONNACK, M. und VON HIPPEL, E. (2002): Performance Assessment of the Lead User Idea-Generation Process for New Product Development. Management Science, 48(8), S. 1042–1059

LINDER, J. C., JARVENPAA, S. und DAVENPORT, T. H. (2003): Toward an Innovation Sourcing Strategy. MIT Sloan Management Review, 44(4), S. 43–49

LÜTHJE, C. (2000): *Kundenorientierung im Innovationsprozess.* Deutscher Universitäts-Verlag, Wiesbaden

LÜTHJE, C. (2004): Characteristics of innovating users in a consumer goods field. Technovation, 24(9), S. 1–28

LÜTHJE, C. und HERSTATT, C. (2004): The Lead User method: an outline of empircal findings and issues for future research. R&D Management, 34(5), S. 553–568

MACCORMACK, A., VERGANTI, R. und IANSITI, M. (2001): Developing Products on "Internet Time": The Anatomy of a Flexible Development Process. Management Science, 47(1), S. 133–150

MANNING, K. C., BEARDEN, W. O. und MADDEN, T. J. (1995): Consumer Innovativeness and the Adoption Process. Journal of Consumer Psychology, 4(4), S. 329–345

MARSH, H. W., BALLA, J. R. und MCDONALD, R. P. (1988): Goodness-of-Fit Indexes in Confirmatory Factor Analysis: The Effect of Sample Size. Psychological Bulletin, 103(3), S. 391–410

MAXHAM III, J. G. und NETEMEYER, R. G. (2003): Firms Reap What They Sow: The Effects of Shared Values and Perceived Organizational Justice on Customers' Evaluations of Complaint Handling. Journal of Marketing, 67(1), S. 46–62

MCALEXANDER, J. H., SCHOUTEN, J. W. und KOENIG, H. F. (2002): Building Brand Community. Journal of Marketing, 66(1), S. 38–54

MCWILLIAM, G. (2000): Building Stronger Brands through Online Communities. MIT Sloan Management Review, 41(3), S. 43–54

MIDGLEY, D. F. und DOWLING, G. R. (1978): Innovativeness: The Concept and Its Measurement. Journal of Consumer Research, 4(March 1978), S. 229–242

MITTAL, B. (1989a): Must Consumer Involvement Always Imply More Information Search? Advances in Consumer Research, 16(1), S. 167–172

MITTAL, B. (1989b): A Theoretical Analysis of Two Recent Measures of Involvement. Advances in Consumer Research, 16(1), S. 697–702

MITTAL, B. (1995): A comparative analysis of four scales of consumer involvement. Psychology & Marketing, 12(7), S. 663–682

MITTELHAMMER, R. C., JUDGE, G. G. und MILLER, D. J. (2000): *Econometric Foundations*. Cambridge University Press, Cambridge

MOENAERT, R., DE MEYER, A., SOUDER, W. E. und DESCHOOLMESTER, D. (1995): R&D/Marketing Communication During the Fuzzy Front-End. IEEE Transactions on Engineering Management, 42(3), S. 243–258

MONTGOMERY, D. B. und MORRISON (1973): A Note on Adjusting R^2. Journal of Finance, 28(4), S. 1009–1013

MONTOYA-WEISS, M. M. und CALANTONE, R. (1994): Determinants of New Product Performance. Journal of Product Innovation Management, 11(5), S. 397–417

MOORMAN, C., DESHPANDÉ, R. und ZALTMAN, G. (1993): Factors Affecting Trust in Market Research Relationships. Journal of Marketing, 57(1), S. 81–101

MOORMAN, C., ZALTMAN, G. und DESHPANDÉ, R. (1992): Relationships Between Providers and Users of Market Research. Journal of Marketing Research (JMR), 29(3), S. 314–328

MORGAN, R. M. und HUNT, S. D. (1994): The Commitment-Trust Theory of Relationship Marketing. Journal of Marketing, 58(3), S. 20–38

MORRISON, P. D., ROBERTS, J. H. und VON HIPPEL, E. (2000): Determinants of User Innovation in a Local Market. Management Science, 46(12), S. 1513–1527

MORRISON, P. D., ROBERTS, J. H. und MIDGLEY, D. F. (2004): The nature of lead users and measurement of leading edge status. Research Policy, 33(2), S. 351–362

MUNIZ, A. M. und O'GUINN, T. C. (2001): Brand Community. Journal of Consumer Research, 27(4), S. 412–432

MUSCH, J. und REIPS, U.-D. (2000): A Brief History of Web Experimenting. In: BIRNBAUM, M. H. (Hg.), *Psychological Experiments on the Internet*, Academic Press, San Diego, S. 61–87

NAMBISAN, S. (2002): Designing virtual customer environments for new product development: toward a theory. Academy of Management Review, 27(3), S. 392–413

NARVER, J. C. und SLATER, S. F. (1990): The Effect of a Market Orientation on Business Profitability. Journal of Marketing, 54(4), S. 20–35

NASH, W. R. (1975): The effects of warm-up activities on small group divergent problem-solving with young children. Journal of Psychology, 89(2), S. 237–241

NIKITAS, T. (2002): Your Customers Are Talking: Are You Listening? Smart Business, 15(1), S. 50

NOELLE-NEUMANN, E. (1985): Identifying Opinion Leaders. In: *Esomar Congress 1985 Proceedings*, Wiesbaden, S. 173–215

NONAKA, I. und KONNO, N. (1998): The Concept of 'Ba': Building a Foundation for Knowledge Creation. California Management Review, 40(3), S. 40–54

OLIVER, R. L. (1999): Whence Consumer Loyalty? Journal of Marketing, 63(4), S. 33–44

OLIVER, R. L. und BEARDEN, W. O. (1985): Crossover Effects in the Theory of Reasoned Action: A Moderating Influence Attempt. Journal of Consumer Research, 12(3), S. 324–340

OLSON, E. L. und BAKKE, G. (2001): Implementing the lead user method in a high technology firm: A longitudinal study of intentions versus actions. Journal of Product Innovation Management, 18(6), S. 388–395

O'NEIL, K. und PENROD, S. D. (2001): Methodological variables in Web-based research that may affect results: Sample type, monetary incentives, and personal information. Behavior Research Methods, Instruments, & Computers, 33(2), S. 226–233

OSBORN, A. F. (1963): *Applied Imagination*. 3. Aufl., Charles Scribner's Sons, New York

O.V. (2003a): Fehlender Wettbewerb hemmt Breitband-Internet. Frankfurter Allgemeine Zeitung, 3. November 2003, S. 23

O.V. (2003b): *LEGO: Customers Are the Building Blocks of Success.* http://www.informative.com/customers/casestudies/case_study_lego.pdf, Informative Inc.

O.V. (2003c): *Procter & Gamble: Pioneering Consumer-Built Concepts.* http://www.informative.com/customers/casestudies/case_study_pg.pdf, Informative Inc.

O.V. (2003d): Who Clicks Who – Online Reichweiten Monitor 2003 II. Gruner und Jahr Electronic Media Services

O.V. (2004a): 38 Millionen Deutsche sind online. Hannoversche Allgemeine Zeitung, 6. August 2004, S. 11

O.V. (2004b): Informationstechnologie in Haushalten. Statistisches Bundesamt

O.V. (2004c): „Reagieren oder Sterben". Wirtschaftswoche, 2004(38), S. 62

PAGAN, A. und VELLA, F. (1989): Diagnostic Tests for Models Based on Individual Data: A Survey. Journal of Applied Econometrics, 4(5), S. S29–S59

PAMPEL, F. C. (2000): *Logistic regression: A Primer*, Bd. 07-111 von *Sage University Paper Series Quantitative Applications in the Social Sciences*. Sage, Thousand Oaks

PARASURAMAN, A., ZEITHAML, V. A. und BERRY, L. L. (1988): SERVQUAL: A Multiple-Item Scale for Measuring Consumer Perceptions of Service Quality. Journal of Retailing, 64(1), S. 12–40

PATZER, G. L. (1996): *Experiment-Research Methodology in Marketing*. Quorum Books, Westport

PAULUS, P. B. (2000): Groups, Teams, and Creativity: The Creative Potential of Idea-generating Groups. Applied Psychology, 49(2), S. 237–262

PAULUS, P. B. und DZINDOLET, M. T. (1993): Social Influence Processes in Group Brainstoring. Journal of Personality and Social Psychology, 64(4), S. 575–586

PETER, J. P. (1979): Reliability: A Review of Psychometric Basics and Recent Marketing Practices. Journal of Marketing Research (JMR), 16(1), S. 6–17

PETER, J. P. und CHURCHILL JR, G. A. (1986): Relationships Among Research Design Choices and Psychometric Properties of Rating Scales: A Meta-Analysis. Journal of Marketing Research (JMR), 23(1), S. 1–10

PETERSON, R. A. (1994): A Meta-Analysis of Cronbach's Coefficient Alpha. Journal of Consumer Research, 21(2), S. 381–391

PFLEIDERER, R. (2001): Zufallsauswahl im Internet. In: THEOBALD, A., DREYER, M. und STARSETZKI, T. (Hg.), *Online-Markforschung*, Gabler, Wiesbaden, S. 55–65

PHILLIPS, D. M. (1996): Anticipating the future: The role of consumption visions in consumer behavior. Advances in Consumer Research, 23(1), S. 70–75

PINSONNEAULT, A. und BARKI, H. (1999): Electronic Brainstorming: The Illusion of Productivity. Information Systems Research, 10(2), S. 110–133

POWELL, J. L. (1986): Symmetrically Trimmed Least Squares Estimation for Tobit Models. Econometrica, 54(6), S. 1435–1460

PRAHALAD, C. K. und RAMASWAMY, V. (2000): Co-opting Customer Competence. Harvard Business Review, 78(1), S. 79–87

PRICE, L. L. und RIDGWAY, N. M. (1983): Development of a Scale to Measure Use Innovativeness. Advances in Consumer Research, 10(1), S. 679–684

PRICEWATERHOUSECOOPERS (2004): *The Broadband Future*. Studie, PricewaterhouseCoopers, Frankfurt

PULLMAN, M. E., MOORE, W. L. und WARDELL, D. G. (2002): A comparison of quality function deployment and conjoint analysis in new product design. Journal of Product Innovation Management, 19(5), S. 354–364

RAM, S. und HYUNG-SHIK, J. (1989): The Link Between Involvement, Use Innovativeness, and Product Usage. Advances in Consumer Research, 16(1), S. 160–166

REICHHELD, F. F. und SCHEFTER, P. (2000): E-Loyalty. Harvard Business Review, 78(4), S. 105

REICHWALD, R. und PILLER, F. T. (2002): Der Kunde als Wertschöpfungspartner: Formen und Prinzipien. In: ALBACH, H. (Hg.), *Wertschöpfungsmanagement als Kernkompetenz*, Gabler, Wiesbaden, S. 359–382

REIPS, U.-D. (1999): Theorie und Techniken des Web-Experimentierens. In: BATINIC, B., WERNER, A., GRÄF, L. und BANDILLA, W. (Hg.), *Online Research*, Hogrefe, Göttingen, S. 277–296

REIPS, U.-D. (2000): The Web Experiment Method: Advantages, Disadvantages, and Solutions. In: BIRNBAUM, M. H. (Hg.), *Psychological Experiments on the Internet*, Academic Press, San Diego, S. 89–117

REIPS, U.-D. (2001a): Psychological Web Experiments and Web Questionnaire Studies. In: REIPS, U.-D. und MICHAEL, B. (Hg.), *Dimensions of Internet Science*, Pabst Science Publishers, Lengerich, S. 1–22

REIPS, U.-D. (2001b): Web-Experimente - Eckpfeiler der Online-Forschung. In: THEOBALD, A., DREYER, M. und STARSETZKI, T. (Hg.), *Online-Marktforschung*, Gabler, Wiesbaden, S. 97–112

REIPS, U.-D. (2002): Standards for Internet-Based Experimenting. Experimental Psychology, 49(4), S. 243–256

REUSS, H. H. (2001): *Konzeption einer Online-Community fortschrittlicher Kunden für „Mobile Services".* Diplomarbeit, Ludwig-Maximilians-Universität, München

RHEINGOLD, H. (1993): *The virtual community: Homesteading on the electronic frontier.* Addison-Wesley, Reading

RIDGWAY, N. M. und PRICE, L. L. (1994): Exploration in Product Usage: A Model of Use Innovativeness. Psychology & Marketing, 11(1), S. 69–84

ROBERTSON, T. S. (1971): *Innovative Behaviour and Communication.* Holt, Rinerhart and Winston, New York

ROGERS, E. M. (1962): *Diffusion of Innovations.* The Free Press, New York

ROGERS, E. M. (1976): New Product Adoption and Diffusion. Journal of Consumer Research, 2(4), S. 290–301

ROGERS, E. M. und SHOEMAKER, F. F. (1971): *Communication of Innovations.* The Free Press, New York

ROTHAERMEL, F. T. und SUGIYAMA, S. (2001): Virtual internet communities and commercial success: individual and community-level theory grounded in the atypical case of TimeZone.com. Journal of Management, 27(3), S. 297–312

RÜDIGER, M. (2001): *„E-Customer-Innogration" - Potenziale der internetbasierten Kundeneinbindung in Innovationsprozesse.* Wissenschaftliche Schriftenreihe des Zentrums für marktorientierte Unternehmensführung, Vallendar

SAWHNEY, M. und KOTLER, P. (1999): *Marketing in the Age of Information Democracy.* Working paper, University of Michigan, Ann Arbor

SAWHNEY, M. und PRANDELLI, E. (2000): Communities of Creation: Managing Distributed Innovation in Turbulent Markets. California Management Review, 42(4), S. 24–54

SAWHNEY, M. und PRANDELLI, E. (2001): Beyond Customer Knowledge Management: Customers as Knowledge Co-Creators. In: MALHOTRA, Y. (Hg.), *Knowledge Management and Virtual Organization,* Idea Group Publishing, Hershey, S. 258–281

SAWHNEY, M., PRANDELLI, E. und VERONA, G. (2003): The Power of Innomediation. MIT Sloan Management Review, 44(2), S. 77–82

SCHRÖDER, H.-H. und JETTER, A. J. M. (2003): Integrating market and technological knowledge in the fuzzy front end: an FCM-based actions support system. International Journal of Technology Management, 26(5/6), S. 517

SCHUMPETER, J. A. (1911): *Theorie der wirtschaftlichen Entwicklung*. 8. Aufl., Duncker & Humblot, Berlin

SCHÄFERS, B. (2004): *Preisgebote im Internet als Maße für individuelle Zahlungsbereitschaften.* Gabler, Wiesbaden

SETHI, R., PANT, S. und SETHI, A. (2003): Web-Based Product Development Systems Integration and New Product Outcomes: A Conceptual Framework. Journal of Product Innovation Management, 20(1), S. 37–56

SETHI, R., SMITH, D. C. und PARK, C. W. (2001): Cross-Functional Product Development Teams, Creativity, and the Innovativeness of New Consumer Products. Journal of Marketing Research (JMR), 38(1), S. 73–85

SHAH, S. (2000): *Sources and Pattern of Innovation in a Consumer Products Field: Innovations in Sporting Equipment.* Working paper, Massachusetts Institute of Technology, Cambridge

SILK, A. S. (1966): Overlap Among Self-Designated Opinion Leaders: A Study of Selected Dental Products and Services. Journal of Marketing Research (JMR), 3(3), S. 255–259

SINGER, E., VAN HOEWYK, J. und MAHER, M. P. (1998): Does the payment of incentives create expectation effects? Public Opinion Quarterly, 62(2), S. 152–164

SINGH, J. (1990): Voice, exit, and negative word-of-mouth behaviors: An investigation across three service categories. Journal of the Academy of Marketing Science, 18(1), S. 1–15

SINGH, J. und SIRDESHMUKH, D. (2000): Agency and Trust Mechanisms in Consumer Satisfaction and Loyalty Judgments. Journal of the Academy of Marketing Science, 28(1), S. 150

SIRDESHMUKH, D., SINGH, J. und SABOL, B. (2002): Consumer Trust, Value, and Loyalty in Relational Exchanges. Journal of Marketing, 66(1), S. 15–37

SLATER, S. F. und NARVER, J. C. (1995): Market Orientation and the Learning Organization. Journal of Marketing, 59(3), S. 63–74

SLATER, S. F. und NARVER, J. C. (1998): Customer-Led and Market-Oriented: Let's Not Confuse the Two. Strategic Management Journal, 19(10), S. 1001–1006

SOBEL, R. S. und ROTHENBERG, A. (1980): Artistic Creation as Stimulated by Superimposed Versus Seperated Visual Images. Journal of Personality and Social Psychology, 39(5), S. 953–961

SPANN, M. (2002): *Virtuelle Börsen als Instrument zur Marktforschung.* Gabler Verlag, Wiesbaden

SPANN, M., ERNST, H. und SKIERA, B. (2004): *Using Experimental Stock Markets to Identify Innovative Users.* Working paper, WHU-Forschungspapier Nr. 98, Vallendar

SPANN, M. und SKIERA, B. (2001): *Design, Application and Validation of Internet-Based Virtual Stock Markets for Corporate Planning Problems.* Working paper, Goethe-Universität Frankfurt

SPANN, M. und SKIERA, B. (2003): Internet-Based Virtual Stock Markets for Business Forecasting. Management Science, 49(10), S. 1310–1326

STEENKAMP, J.-B. E. M. und VAN TRIJP, H. C. M. (1991): The use of LISREL in validating marketing constructs. International Journal of Research in Marketing, 8(4), S. 283–299

STOCK, R. (2002): Kundenorientierung auf individueller Ebene: Das Einstellungs-Verhaltens-Modell. DBW, 62(1), S. 59–76

STRUMANN, A. (1997): *Vertikale Kooperation bei Produktinnovationen im Investitionsgüterbereich.* Josef Eul Verlag, Lohmar

SUMMERS, J. O. (1970): The Identity of Women's Clothing Fashion Opinion Leaders. Journal of Marketing Research (JMR), 7(2), S. 178–185

SUTTON, R. I. (2002): Weird Ideas That Spark Innovation. MIT Sloan Management Review, 43(2), S. 83–87

TAUBER, E. M. (1972): HIT: Heuristic Ideation Technique – A Systematic Procedure For New Product Search. Journal of Marketing, 36(1), S. 58–61

TAYLOR, R. N. (1975): Perception of Problem Constraints. Management Science, 22(1), S. 22–29

THEOBALD, A. (2000): *Das World Wide Web als Befragungsinstrument.* Deutscher Universitäts-Verlag, Wiesbaden

THEOBALD, A. (2001): Sinn und Unsinn von Incentives in der Online-Marktforschung. In: THEOBALD, A., DREYER, M. und STARSETZKI, T. (Hg.), *Online-Markforschung*, Gabler, Wiesbaden, S. 179–190

THOMKE, S. (2003): R&D Comes to Services. Harvard Business Review, 81(4), S. 70–79

THOMKE, S. und VON HIPPEL, E. (2002): Customers as Innovators: A New Way to Create Value. Harvard Business Review, 80(4), S. 74–81

TOBIN, J. (1958): Estimation of Relationships for Limited Dependent Variables. Econometrica, 26(1), S. 24–36

TROMMSDORFF, V. (1993): *Konsumentenverhalten.* 2. Aufl., Kohlhammer, Stuttgart

ULWICK, A. W. (2002): Turn Customer Input into Innovation. Harvard Business Review, 80(1), S. 91–97

URBAN, G. I. und VON HIPPEL, E. (1988): Lead User Analyses for the Development of New Industrial Products. Management Science, 34(5), S. 569–582

URBAN, G. L. und HAUSER, J. R. (1993): *Design and Marketing Of New Products*. 2. Aufl., Prentice Hall

URBAN, G. L. und HAUSER, J. R. (2004): "Listening In" to Find and Explore New Combinations of Customer Needs. Journal of Marketing, 68(2), S. 72–88

URBAN, G. L., HAUSER, J. R., QUALLS, W. J., WEINBERG, B. D., BOHLMANN, J. D. und CHICOS, R. A. (1997): Information Acceleration: Validation and Lessons From the Field. Journal of Marketing Research (JMR), 34(1), S. 143–153

VAN DE VEN, A. H. (1986): Central Problems in the Management of Innovation. Management Science, 32(5), S. 590–607

WARRINER, K., GOYDER, J., GJERTSEN, H., HOHNER, P. und KATHLEEN, M. (1996): Charities, No; Lotteries, No; Cash, Yes. Public Opinion Quarterly, 60(1), S. 542–562

WARSHAW, P. R. (1980): Predicting Purchase and Other Behaviors from General and Contextually Specific Intentions. Journal of Marketing Research (JMR), 17(1), S. 26–33

WEBER, R. J. und PERKINS, D. N. (1989): How to Invent Artifacts and Ideas. New Ideas in Psychology, 7(1), S. 49–72

WEIMANN, G. (1991): The Influentials: Back to the Concept of Opinion Leaders? Public Opinion Quarterly, 55(1), S. 267–279

WERMELSKIRCHEN, S. (2002): Marktforschung über das Internet hat Konjunktur. Handelsblatt, 15.07.2002, S. 16

WIEDMANN, K.-P. und BUXEL, H. (2003): Die Beobachtung in der Online-Marktforschung. WiSt, 32(9), S. 528–534

WIEGRAN, G. und HARTER, G. (2002): *Kunden-Feedback im Internet*. Gabler, Wiesbaden

WIETHOFF, T. (2004): Passende Anlaufstelle für jedes Modell. Spiegel Online, 20.04.2004

WIND, Y. (1982): *Product Policy: Concepts, Methods and Strategy*. Addison-Wesley, Reading

WINER, B. (1971): *Statistical Principles in Experimental Design*. 2. Aufl., McGraw-Hill, New York

WINER, R. S. (1999): Experimentation in the 21st Century: The Importance of External Validity. Journal of the Academy of Marketing Science, 27(3), S. 349–358

WIRTZ, B. W. (2001): *Electronic Business.* 2. Aufl., Gabler, Wiesbaden

WOBSER, G. (2003): *Produktentwicklung in Kooperation mit Anwendern.* Deutscher Universitätsverlag, Wiesbaden

ZAICHKOWSKY, J. L. (1985): Measuring the Involvement Construct. Journal of Consumer Research, 12(3), S. 341–352

ZAJONC, R. B. (1965): Social Facilitation. Science, 149, S. 269–274

Stichwortverzeichnis

ANOVA, *siehe* Varianzanalyse
Anreize, 78, 124
Ansichtsquote, 69, 90

Community
    Markencommunity, 35
    Online-Community, 39

Effekt
    Haupteffekt, 63
    Vermengung, 64
    Wechselwirkung, 64
Erfahrung, 194
Experiment, 61
    Experimentalvariable, 63
    Faktor, 68
    Feldexperiment, 66
    Laborexperiment, 65
    Versuchsplan, 68
    Web-Experiment, 66
Expertenschätzungen, 72

Faktorenanalyse
    explorative, 140
    konfirmatorische, 139

Ideenabgabe, 69
    Vorhersage der, 173
Ideenqualität, 69, 95
    Vorhersage der, 187
Ideenquote, 69, 94
Ideenwettbewerb, 36

Indikator
    formativ, 138
    reflexiv, 138
Innovation, 7
Innovationsprozess, 11
    frühe Phase des, 13
Innovativität, 105

Kausalhypothese, 62
Konstruktmessung, 137
Konsument
    Innovationseigenschaften, 104
    soziodemographische Merkmale, 130
    Wahrnehmung des Anbieters, 119
    Wahrnehmung des Produkts, 116
Kundenbedürfnisse, 14
Kundeneinbindung, 17
Kundenorientierung, 8

Latente Unzufriedenheit, 114
Lead User, 10, 19
„High Involvement"-Kunden, 25
    Identifikation, 21
    Konsumgütermärkte, 23
Loyalität, 122

Markenvertrauen, 119
Marktforschung
    entdeckende, 15
    testende, 15
Marktorientierung, 8

Meinungsführerschaft, 108
Motivation, 124, 167

Neue Bedürfnisse, 112
Neuproduktentwicklungsprozess, *siehe* Innovationsprozess

Online-Fragebogen, 127

Produkterfolg, 10, 14
Produktinnovation, *siehe* Innovation
Produktinvolvement, 116
Produktkomplexität, 118
Produktwahrnehmung, 116
Produktwissen, 110

Regression
 linear, 133
 logistisch, 134
 Tobit-, 135
Reliabilität, 138

Teilnahmequote, 69, 92
Themenbreite, 86

Unsicherheit, 13, 32

Validität, 64, 138
Varianzanalyse, 88
Virtuelle Kundeneinbindung, 29
 phasenübergreifend, 34
 phasenspezifisch, 35

Web-Experiment, 66
Wissensgenerierung, 33, 43
 direkte Methoden, 45
 indirekte Methoden, 43

Zusatzideen, 81
Zusatzinformationen, 83
Zwei-Wege-Kommunikation, 28